新版
要約 離婚判例 171

本橋美智子
［著］

学陽書房

新版はしがき

　早いもので、平成19年に本書を出版してから8年が経過しました。
　この間、人口減少等に伴い、婚姻件数及び離婚件数はゆるやかに減少しています。しかし、離婚件数が減少しているにもかかわらず、家庭裁判所の家事新受件数は、一貫して増加しています。
　平成16年の家事新受件数は約70万件でしたが、平成26年には約91万件に達しています。これには、相続事件等も含まれているのですが、離婚関連では、特に子の監護、親権者の指定・変更、婚姻費用の分担事件の増加が著しくなっています。
　離婚件数が減少しているのに、家庭裁判所の離婚関連家事事件が増加している背景には、働く女性の増加等に伴い、男女の役割分担に関する意識、離婚や子どもの養育に関する意識の変化があると思います。
　民事、刑事事件の新受件数が減っているなかで、ほぼ家事事件のみが増加している現状では、弁護士にとって、離婚事件の重要性は以前より増していることになります。
　平成19年以降の主な法律改正としては、平成24年4月からの親権・監護に関する改正民法の施行、平成25年1月からの家事事件手続法の施行、平成26年4月からの「国際的な子の奪取の民事上の側面に関する条約の実施に関する法律」（ハーグ条約国内実施法）の施行があります。
　また、特に面会交流を含む子の監護、子の引渡しに関する判例の傾向も変化してきています。
　新版では、これらの新しい判例を掲載とすると共に、判例の傾向に関する解説部分の手直しをしました。
　本書が、離婚事件に携わる弁護士などの実務家のみならず、離婚事件に直面した当事者の方々にも参考としていただけましたら幸いです。
　新版についても、旧版と同様に学陽書房の齋藤岳大氏のご尽力、ご助言を得て出版の運びとなりました。ここに改めて感謝いたします。

平成27年12月

本橋　美智子

はしがき

　離婚件数は、戦後ほぼ同水準で推移しましたが、昭和39年以降は毎年増加し、平成14年には年間約29万件に達し、その後はやや減少しています。

　また、離婚調停の申立件数も、昭和24年からほぼ一貫して増加しており、平成17年度は約5万3000件にのぼり、平成17年度の人事訴訟事件も約1万1000件となっています。

　そして、結婚、離婚をとりまく社会情勢、家族観、夫婦観等の変化は著しいものがあります。

　特に、男女平等意識の確立、働く女性の増大、出生率の低下等の要因によって、離婚についての意識は大きく変化しています。家族や夫婦は決して社会から孤立した存在ではあり得ないのです。

　このような社会情勢、家族観の変化を反映して、離婚判例も大きく変化しています。

　特に、有責配偶者の離婚請求を認めた昭和62年の最高裁大法廷判決以来、離婚の破綻主義化が加速し、離婚事件の争点は、離婚自体よりも離婚に伴う財産分与、子の親権、監護等に移行してきています。

　このように、離婚事件は、当事者にとっては勿論、実務家、研究者にとってもその重要性が高まっているにもかかわらず、離婚事件の多くは調停により解決される等のため、事件数に比して公表される判例は少なく、またその研究も必ずしも十分であったとはいえないでしょう。

　そこで、本書は、離婚に関する判例の動向を知るうえでのガイドとして利用していただくことを期待して、離婚に関する判例の要旨を紹介することとしました。

　本書の基本的な編集方針は、
① 同じ事件の一審、控訴審、上告審の判例を一緒に掲載すること
② 各分野のリーディングケースの判例のほかは、最近の判例を中心として掲載すること
③ 単なる要約ではなく、できるかぎり判決文のエッセンスをそのまま抽出

し、判決全体の考え方を理解できるようにすることです。

　もとより法を学ぶものとしては、判決文全文を読むべきではありますが、本書をそのための導入として利用していただければ幸いです。

　本書は、学陽書房の齋藤岳大氏のご尽力、ご助言がなければ出版の運びには至らなかったものです。ここに改めて感謝いたします。

平成19年11月

　　　　　　　　　　　　　　　　　　　　　　　　　　　本橋　美智子

凡　例

- 法令等の内容は、平成27年12月１日現在による。
- 各章における掲載順は、第一審の判例年月日順となっている。これにより時代相が明らかになるという狙いもある。
- 判例の引用は、「　」内は原文のままとし、文中の途中省略部分には「（略）」を入れた。ただし、改行後の省略が頻出するため、煩雑となることを避け、あえて入れていない。また、明らかに誤植と思われる部分には「ママ」と付した。
- 巻末に判例索引を付けた。
- 法令・判例等の略語は、以下による。

■　法令

〈略記〉	〈正式〉
民訴法	民事訴訟法
家事法	家事事件手続法
家事規	家事事件手続規則
人訴法	人事訴訟法
人保法	人身保護法
民執法	民事執行法
民保法	民事保全法
適用通則法	法の適用に関する通則法
法例	平成元年６月公布、平成２年１月１日施行の改正された法例をいう
旧法例	上記改正前の法例をいう

〈法令以外〉

最（大）判（決）	最高裁判所（大法廷）判決（決定）
高判（決）	高等裁判所判決（決定）
地判（決）	地方裁判所判決（決定）
家審	家庭裁判所審判
支判（決）（審）	支部判決（決定）（審判）
民集	最高裁判所民事判例集
高民集	高等裁判所民事判例集
家月	家庭裁判月報
判時	判例時報
判タ	判例タイムズ

判解	最高裁判所判例解説民事篇
際商	国際商事法務
ジュリ	ジュリスト
別ジュリ	別冊ジュリスト（判例百選）
金判	金融・商事判例
判評	判例評論（判例時報付録）
ひろば	法律のひろば
法時	法律時報
法セミ	法学セミナー
リマ	私法判例リマークス（法律時報別冊）
法協	法学協会雑誌
法教	法学教室
民商	民商法雑誌

新版　要約離婚判例●目次

1　離婚手続……21

傾向と実務……22

1. 離婚の意思
   法律上の婚姻関係を解消する意思で足りるとした事例……24
2. 婚姻破綻を理由とする離婚請求の本訴と反訴
   双方の請求自体を重大な事由とし請求を認容した事例……25
3. 離婚を翻意した場合の協議離婚の効力
   離婚届提出時点で離婚意思が存しない場合は無効とした事例……26
4. 控訴審における予備的損害賠償の反訴、財産分与の申立て
   相手側の同意は不要とした事例……27
5. 協議離婚における親権者の指定
   親権者を母とする指定協議が無効とされた事例……29

2　離婚原因……31

傾向と実務……32

6. 精神病を原因とした離婚請求
   具体的方途の見込みがなければ離婚は認められないとした事例……36
7. 精神病を原因とした離婚請求
   具体的方途の見込みを認定し離婚を認めた事例……38
8. 別居後の他の相手との同棲
   別居後の同棲は破綻原因でないとし、離婚請求を認めた事例……40
9. 有責配偶者の離婚請求3要件
   離婚請求を認める3要件を示した事例……41
10. 別居期間8年余の有責配偶者からの離婚請求
    別居期間が短いとし請求を認めなかった事例……43

11	別居期間8年余の有責配偶者からの離婚請求
	有責配偶者の離婚請求を認容した事例……………………………45

12	宗教活動を原因とする離婚請求
	離婚請求を認容した事例………………………………………………47

13	難病を原因とする離婚請求
	離婚請求を棄却した事例………………………………………………49

14	宗教活動を原因とする離婚請求
	離婚請求を認容した事例………………………………………………51

15	アルツハイマー病の罹患を原因とする離婚請求
	民法770条1項5号により請求を認めた事例…………………………53

16	高校2年の子がいる場合の有責配偶者からの離婚請求
	離婚請求を認めた事例…………………………………………………54

17	夫定年後の妻の離婚請求
	請求を棄却した事例……………………………………………………56

18	別居6年の有責配偶者からの離婚請求
	離婚請求を認容した事例………………………………………………58

19	別居2年4か月、7歳の子がいる場合の有責配偶者からの離婚請求
	離婚請求を棄却した事例………………………………………………59

20	別居9年の有責配偶者からの離婚請求
	離婚請求を棄却した事例………………………………………………61

21	未成熟子がいる場合の有責配偶者からの離婚請求
	離婚請求を認めた事例…………………………………………………63

3 婚姻費用……………………………………………………65

■ 傾向と実務…………………………………………………………66

22	基礎収入の算定
	高額な相続財産を義務者の収入とみなさなかった事例……………70

23	婚姻費用分担額の算定
	夫と同棲中の女性の生活費は考慮しないとした事例………………72

24	有責配偶者からの婚姻費用分担請求
	請求を権利の濫用とし子の監護費用のみを認めた事例……………73

25	借金と婚姻費用分担額の算定
	借金を可処分所得から控除すべきでないとした事例………………75

26	共同財産の費消と婚姻費用分担額	
	費消分を既払い分とした事例	76
27	標準的算定方式による婚姻費用分担額の算定	
	働いていない妻の基礎収入を同年齢のパート収入から推定した事例	78
28	自動車ローン支払分の控除方法	
	算定表に基づき分担額からローン月額を控除した事例	79
29	預金の持ち出しと婚姻費用分担	
	共有財産が権利者の管理下にある場合、分担義務はないとした事例	81
30	事情変更による婚姻費用分担額の変更申立て	
	契約に基づく婚姻費用の支払いを求める訴訟の係属中でも申立てが可能とした事例	83
31	離婚訴訟を提起した有責配偶者からの婚姻費用分担請求	
	信義則に照らして許されないとした事例	84
32	住宅ローン支払い分の控除	
	住宅ローンを特別経費として控除しないとした事例	86
33	義務者が権利者の居住する自宅の住宅ローンを負担している場合	
	標準的算定方式を修正した事例	88
34	婚姻費用分担義務の終期	
	故意による条件成就として、婚姻費用支払義務があるとされた事例	90

4 慰謝料 93

4-1 配偶者に対する慰謝料請求 93

	傾向と実務	94
35	離婚による慰謝料請求権の性質	
	財産分与請求権との関係を明らかにした事例	96
36	財産分与後の慰謝料請求権	
	財産分与の後でも離婚による慰謝料請求ができるとした事例	97
37	性交渉がない場合の慰謝料	
	500万円の慰謝料が認められた事例	99
38	暴力による損害賠償請求	
	離婚訴訟の反訴として請求できるとした事例	100

| 39 | 婚姻外の男女関係解消による慰謝料請求
いわゆるパートナーシップ関係は法的保護の対象外とした事例……101

| 40 | 不貞行為等による慰謝料請求判決の既判力
離婚請求に伴う慰謝料請求には及ばない……103

4-2　不貞行為の相手に対する慰謝料請求……105

■ 傾向と実務……106

| 41 | 未成年の子からの慰謝料請求
子の不利益と同棲相手の行為は因果関係がないとした事例……109

| 42 | 慰謝料請求権の消滅時効
配偶者が同棲を知った時から進行するとした事例……111

| 43 | 婚姻破綻後の肉体関係
相手方は配偶者に対し不法行為責任を負わないとした事例……113

| 44 | 配偶者の慰謝料債務の免除
相手の慰謝料債務には影響しないとした事例……115

| 45 | 婚姻関係が破綻していない場合の慰謝料
相手の責任は副次的とし、慰謝料を50万円とした事例……117

| 46 | 慰謝料請求と権利濫用
慰謝料請求を権利濫用として棄却した事例……119

| 47 | 慰謝料請求権の消滅時効の起算点
離婚成立時を起算点とした事例……121

| 48 | 同棲の差止請求
精神的平穏の侵害について差止請求は認められないとした事例……123

5　財産分与……125

■ 傾向と実務……126

| 49 | 財産分与請求権に基づく債権者代位権の行使
行使はできないとした事例……132

| 50 | 過去に過当に負担した婚姻費用の清算金
財産分与の額に含めることができるとした事例……134

| 51 | 財産分与と詐害行為
不相当に過大ではない限り詐害行為とはいえないとした事例……135

52	扶養的財産分与
	1200万円の支払いが命じられた事例……………………………………………137

53	財産分与義務の相続
	相続の対象となるとした事例………………………………………………………139

54	不動産財産分与契約の錯誤による無効
	多額の譲渡所得税を誤信しており無効とした事例……………………………140

55	配偶者が居住する建物の財産分与
	敷地について使用借権を設定した事例…………………………………………142

56	財産分与の裁判の性質
	不利益変更禁止の原則は適用されないとした事例……………………………144

57	離婚に際し合意した多額の金銭支払請求
	1000万円を超える支払請求分は権利濫用とした事例…………………………146

58	財産分与金支払請求権の性質
	義務者が破産した場合、取戻権の行使はできないとした事例………………147

59	財産分与義務者の財産分与の申立て
	義務者からの申立ては許されないとした事例…………………………………149

60	妻が持ち出した共有財産と財産分与
	差額を夫に支払うよう妻に命じた事例…………………………………………151

61	夫婦共通の養母の遺産分割により夫が妻に取得させた土地の財産分与
	財産分与の対象財産とした事例……………………………………………………152

62	財産分与の対象財産
	夫、妻名義の預貯金、著作権は対象とならないとした事例…………………154

63	扶養的財産分与
	権利者にかなりの資産があること等から認めなかった事例…………………156

64	不動産の財産分与の方法
	妻の持分を夫に分与し、夫が妻に清算金を支払うとした事例………………157

65	財産分与、慰謝料と詐害行為
	不相当に過大な部分は取り消されるとした事例………………………………159

66	将来支給される退職金の財産分与
	退職金支給時の支払いを命じた事例……………………………………………161

67	将来の退職金の財産分与
	将来受給する退職金から中間利息を控除して清算対象として算出し、即時の支払いを命じた事例…163

68	将来受給する退職金の財産分与
	現時点で自己都合により退職した場合に受給できる退職手当額のみを対象とした事例……………165

69	年金の財産分与
	退職共済年金の30％を分与するとした事例……………………………………167

70	離婚調停中に配偶者が死亡した場合の財産分与
	財産分与請求権は発生しないとした事例…………………………………………169

71	不動産の財産分与と詐害行為
	詐害行為を認め、権利者に対して価格賠償が命じられた事例………………171

72	損害保険金の財産分与
	逸失利益分のみを対象財産とした事例……………………………………………173

73	将来支給される見込みの退職金の財産分与
	計算式による金額を退職時に支払うよう命じた事例…………………………175

74	妻が居住するマンションの財産分与
	妻に対し賃貸することを命じた事例………………………………………………177

75	財産分与の寄与割合
	夫の寄与割合を6割とした事例……………………………………………………179

76	離婚判決後の不動産
	不動産が共有関係にあるとされた事例……………………………………………181

6 親権者・監護者の指定・変更 …… 183

6-1 親権者・監護者の指定 …… 183

傾向と実務……………………………………………………………………184

77	離婚訴訟における親権者の指定
	現状の監護状態から、低年齢の子でも親権者を父に指定した事例…………187

78	離婚訴訟における親権者の指定
	15歳の長女の親権者を父、12歳の長男の親権者を母に指定した事例………188

79	親権と監護権の分属
	分属を認めず親権者を母に指定した事例…………………………………………190

80	人工授精子の親権者の指定
	自然的血縁関係がないことも考慮すべき事情の一つとした事例……………192

81	父の無断連れ出しによる生活の安定
	無断連れ出しによる監護状態の継続性は重視すべきでないとした事例……194

| 82 | 監護者の指定の審判前の保全処分
子の祖母を仮に監護者に指定した事例……………………………………196
| 83 | 親権者指定協議無効確認の訴え
訴えの利益を認めた事例……………………………………………………198
| 84 | 離婚調停中の子の監護者の指定
母を監護者と認めた事例……………………………………………………200
| 85 | 2歳の女児の監護者の指定
母を監護者に指定した事例…………………………………………………202
| 86 | 父が子を奪取した場合の子の監護者の指定
母を監護者に指定した事例…………………………………………………203
| 87 | 祖父母の監護者の指定申立て
不適用として却下した事例…………………………………………………205
| 88 | 離婚訴訟中の子の監護者の指定
理由がないとして却下した事例……………………………………………207
| 89 | 子の監護者指定の判断基準
父を監護者と指定した事例…………………………………………………209

6-2　親権者・監護者の変更……………………………………211

傾向と実務………………………………………………………212

| 90 | 親権者変更の判断基準
監護の継続性を重視し変更を却下した事例………………………………215
| 91 | 親権者変更の審判前の保全処分
子の利益を重視し、保全処分を認めた事例………………………………217
| 92 | 親権者母死亡後の父への親権者変更
子の福祉に合致するかを判断し、却下した事例…………………………218
| 93 | 離婚調停後短期間で申し立てられた親権者変更
子の生活の安定の点から3歳の女児の父から母への変更を却下した事例……220
| 94 | 離婚裁判後の親権者変更
子本人の意思を尊重した事例………………………………………………222
| 95 | 離婚裁判後の事情変更
違法性よりも監護の継続性を重視した事例………………………………224
| 96 | 父から母への親権者変更申立て
親権者変更は認めず、母を監護者に指定した事例………………………226

| 97 | 親権者変更の届出
親権者変更の確定審判に基づく届出の不受理処分が違法とされた事例……………228
| 98 | 非監護親への親権者変更
面会交流の不履行がある場合に親権者変更を認めた事例………………………………230

7　養育費 …………………………………………………………………………231

■　傾向と実務……………………………………………………………………………………232

| 99 | 養育費支払義務と扶養義務の関係
養育費のほか、増額分の扶養料支払を認めた事例…………………………………………236

| 100 | 離婚訴訟における養育費の附帯申立て
附帯申立てを認めた事例……………………………………………………………………………237

| 101 | 調停における清算条項と事情変更
事情変更を認め養育費請求を認めた事例……………………………………………………239

| 102 | 大学生の子の父に対する扶養料請求
大学卒業時までの支払いを認めた事例………………………………………………………240

| 103 | 公正証書により合意した養育費の減額
事情変更により減額を認めた事例……………………………………………………………242

| 104 | 事情変更による養育費の減額
事情変更により減額を認めた事例……………………………………………………………244

| 105 | 「一切の教育に関する費用」の範囲
予備校受講料は含まれるが、子の興味に基づく活動費用は含まれないとした事例……245

| 106 | 父に多額の負債がある場合
子の養育費支払義務は免れないとした事例…………………………………………………247

| 107 | 離婚訴訟における離婚前の養育費請求の附帯申立て
附帯申立てを認め、離婚前の監護費用の支払いを命じた事例…………………………249

| 108 | 養育費の一時払いと事情変更
事情変更を認めず養育費の申立てを却下した事例………………………………………251

| 109 | 合意した養育費の請求方法
民事訴訟により請求できるとした事例………………………………………………………253

| 110 | 母の借金返済のための養育費の請求
権利濫用として認めなかった事例……………………………………………………………255

| 111 | 母の再婚相手と子が養子縁組した場合
実父の扶養義務は劣後するとした事例………………………………………………………256

| 112 | 成人に達した子から父への扶養料請求
　　　子が健康な成人であるからといって要扶養状態でないとはいえないとした事例……………… 257

| 113 | 養育費の算定方法
　　　算定表により算定した事例…………………………………………………………………… 259

| 114 | 無収入を理由とする養育費の免除申立て
　　　養育費の支払いを逃れるため退職した前勤務先の収入を基準に養育費を算定した事例………… 261

| 115 | 離婚前の監護費用
　　　離婚の訴えに附帯して申立てできるとされた事例…………………………………………… 262

| 116 | 養育費の減額
　　　期限の利益喪失約定がある公正証書による養育費の減額を認めた事例…………………………… 264

| 117 | 成人に達した子の扶養料請求
　　　大学在学中の扶養料請求を認めた事例………………………………………………………… 266

| 118 | 再婚等による養育費の減額
　　　高額所得者である元夫について事情の変更に該当するとして、養育費の減額を認めた事例……… 268

8　面会交流 …………………………………………………………………………… 271

　　傾向と実務……………………………………………………………………………… 272

| 119 | 裁判上の和解による面会交流の変更
　　　事情変更により面会交流を禁止した事例……………………………………………………… 276

| 120 | 面会交流の棄却と憲法13条
　　　特別抗告事由に当たらないとした事例………………………………………………………… 278

| 121 | 子の監護者の指定等申立事件における面会交流の審判
　　　裁判所は申立ての趣旨に拘束されず、子の福祉に最も望ましい内容を定めれば足りるとした事例… 279

| 122 | 乳児院入所中の子と母の面会交流
　　　職員同席の下で月1回の面会を認めた事例…………………………………………………… 281

| 123 | 離婚無効確認訴訟係属中の面会交流
　　　申立てを時期尚早として却下した事例………………………………………………………… 283

| 124 | 子どもの年齢と面会交流の可否
　　　中学2年の男子については認め、小学4年の女子については却下した事例…………………… 284

| 125 | イギリス居住のイギリス人父の子との面会交流の保全処分
　　　両親の対立が激しいことのみで面会交流を否定すべきでないとした事例……………………… 286

| 126 | 父母別居中の面会交流
　　　民法766条を類推適用し、審判により面会交流を認めた事例…………………………………288

127	面会交流拒否による不法行為責任
	500万円の慰謝料支払いを命じた事例…290

128	外国に居住する母との面会交流
	面会の指針のみを示すにとどめた事例…292

129	父母の対立と面会交流
	暴力が原因で、離婚後も接見禁止の仮処分が下されているため、申立てを棄却した事例…293

130	面会交流の間接強制
	不履行1回につき20万円の支払いを命じた事例…295

131	暴力を原因とする離婚と面会交流
	暴力を振るった父の申立てを却下した事例…297

132	面会交流の調停に基づく間接強制
	調停条項が債務名義にならないとして申立てを却下した事例…299

133	保護命令が発令された父の面会交流
	父の申立てを却下した事例…301

134	面会交流調停の変更
	子の福祉に反するとし面会交流を一時停止した事例…303

135	親権者の再婚相手と子の養子縁組による面会交流の変更
	再婚による事情変更を認め、宿泊付面会交流を認めないとした事例…305

136	面会交流審判に基づく間接強制
	間接強制を認めた事例…307

9 子の引渡し … 309

傾向と実務 … 310

137	共同親権に服する子についての人身保護請求
	夫による監護が子の幸福に反することが明白とはいえないとし棄却した事例…315

138	人事訴訟法による子の引渡し仮処分
	人身保護請求における明白性の要件は不要であるとした事例…317

139	別居中の妻から夫に対する人身保護請求
	夫による拘束が子の幸福に反することが明白といえないと棄却した事例…319

140	別居中の妻から夫に対する人身保護請求
	明白性の要件に該当する場合を例示した事例…321

141	調停における合意に反する拘束
	明白性の要件を認め人身保護請求を認容した事例…323

142	直接強制による子の引渡し執行
	仮処分に基づく直接強制は法に規定がなく認められないとした事例……………325

143	家事審判法に基づく子の引渡し請求
	子の引渡しの実行方法は直接強制によるしかないとした事例………………………327

144	非監護権者に対する人身保護法に基づく子の引渡し請求
	監護権者による監護が著しく不当でない限りは引渡しを認めるとした事例………329

145	離婚調停中の妻から夫に対する子の人身保護請求
	面接の機会に子を連れ去った父の拘束には顕著な違法性があるとした事例………331

146	親権者母から父に対する子の引渡し請求
	父に法的権限がなく、特段の事情がない限り認めるとした事例……………………333

147	子の引渡しの審判前の保全処分
	保全の必要性を虐待・放任など限定的に解した事例……………………………………335

148	家事審判法による子の引渡し請求
	親権指定の協議が調っていたとはいえ、子の福祉から母への引渡しを認めた事例…337

149	親権侵害による損害賠償請求
	子の連れ去りに協力したカウンセラーの責任を認め賠償を命じた事例……………339

150	親権者父の未成年者略取罪
	違法性は阻却されず、未成年者略取罪の成立を認めた事例……………………………341

151	別居中の父が子を無断で連れ去った場合
	父の監護が母より優位でない限り母の引渡し請求を認容するとした事例…………343

152	子の連れ去りによる審判前の保全処分
	父へ仮の子の引渡しを認めた事例…………………………………………………………345

153	審判前の保全処分の必要性
	母の申立てを却下した事例…………………………………………………………………347

10　国際離婚 ……………………………………………349

■ 傾向と実務 …………………………………………………………………………………350

154	日本居住の韓国人妻の日本非居住の韓国人夫に対する離婚請求
	被告が日本非居住でも、原告住所があり特別の事情があれば日本の裁判管轄を認めるとした事例……354

155	日本居住の韓国人夫婦間の子の親権者の指定
	大韓民国民法を公序良俗に反するとして適用排除した事例…………………………356

156	イギリス人父と日本居住子との面会交流
	旧法例20条、29条により日本法を適用した事例………………………………………358

| 157 | フランス人妻からイギリス人夫に対する子の親権者指定申立て
　　　法例21条によりイギリス法を適用した事例 …………………………………… 360

| 158 | 日本居住アメリカ人夫の日本居住アメリカ人妻に対する離婚等請求
　　　共通常居所地である日本法を適用した事例 …………………………………… 362

| 159 | 日本居住日本人夫のドイツ居住ドイツ人妻に対する離婚等請求
　　　被告の住所地が日本になくとも条理に従って日本の裁判管轄を認めた事例 ……… 364

| 160 | 子の引渡しを命じたテキサス州判決の執行
　　　公序良俗に反して許されないとした事例 ……………………………………… 366

| 161 | 中国人妻から日本人夫に対する離婚慰謝料請求
　　　慰謝料の算定は請求者の現居住地を重視せず婚姻地での額を相当とするとした事例 …… 368

| 162 | フランス居住父と日本居住子との面会交流事件
　　　フランス判決に基づく面会交流を認めず、日本での面会交流のみを認めた事例 …… 370

| 163 | 日本居住日本人妻のカナダ居住カナダ人夫に対する離婚予備的反訴
　　　日本の裁判管轄を認めた事例 …………………………………………………… 372

| 164 | 給与天引きによる養育費の支払いを命ずるミネソタ州判決の執行
　　　判決の執行を認めた事例 ………………………………………………………… 374

| 165 | 日本居住アメリカ人夫のアメリカ居住中国人妻に対する離婚等請求
　　　夫の現住地、過去の夫婦生活地である日本法を準拠法とした事例 …………… 376

| 166 | 日本人夫のアメリカ人妻に対する離婚等請求
　　　被告非居住でも日本の裁判管轄を認めた事例 ………………………………… 378

| 167 | 中華民国国籍夫婦の財産分与
　　　中華民国民法を公序良俗に反するとして適用排除した事例 ………………… 380

| 168 | カリフォルニア州裁判所の扶養料支払いを命じる判決の執行
　　　判決内容が日本法と大きく隔たり、公序良俗に反し許されないとした事例 …… 382

| 169 | 日本人妻のフランス人夫に対する離婚請求
　　　フランスでの裁判で身の危険を生じるおそれがあるとして日本の裁判管轄を認めた事例 …… 384

| 170 | オーストラリアの離婚判決の効力
　　　日本における効力を認めなかった事例 ………………………………………… 386

| 171 | 子の監護に関する事件の国際裁判管轄
　　　日本の管轄を認めなかった事例 ………………………………………………… 388

判例索引 ……………………………………………………………………………… 391

1

離婚手続

傾向と実務

第1　離婚の意思

　協議離婚が成立するには、離婚の意思（実質的要件）及び離婚の届出（形式的要件）が必要である。

　離婚の意思の内容に関しては、学説上、事実上の婚姻関係を解消する意思と解する実質的意思説（中川善之助ほか）と離婚の届出をして法律上の婚姻関係を解消する意思と解する形式的意思説（末川博ほか）の対立があり、その後、第三の学説も様々提唱されている（中川高男、鈴木禄弥、平井宜雄、北川善太郎ほか）。

　この点について、判例は、離婚の意思を「法律上の婚姻関係を解消する意思」と解し［➡1］、離婚が戸主の地位を得るためや、生活保護金を受給するためのいわば方便であって、実態としては、離婚届出後も夫婦生活が営まれていたとしても、離婚は有効であると判断しており、この判例の考えは確立しているといっていいだろう。

　ただし、判例が形式的意思説に基づくものであるか否かについては、争いがある。

第2　離婚届出時における離婚意思の認定

　離婚意思は、離婚届出時に存しなければならないことは当然である。しかし、離婚届用紙への署名捺印時から離婚届出までに期間がかかっている場合には、離婚届出時に離婚意思がなくなっていたことがありうる。［➡3］は、裁判所がどのような事情により離婚届出時の離婚意思の有無を認定するかの参考になる。また、離婚届出時に離婚意思がない場合でも、その後離婚を追認したと認められる事案もある［➡5］。

　また、離婚と親権者指定は独立別個の身分行為と考えられているので、親権者の指定協議がされておらず無効であっても、離婚意思の合致があり、また離婚を追認すれば、離婚自体は有効と解される［➡5］。

第3　離婚の本訴と反訴

　離婚の本訴に対し、被告から離婚の反訴が提起されている場合であっても、かつては、離婚原因の具体的内容を審理、判断した判例がかなりあり、その場合に有責配偶者からの離婚請求を認めるかどうかについては判断が分かれていた。

　しかし、その後、離婚の意思は合致していることから、夫婦関係の内容に立ち入って判断するまでもなく、婚姻を継続し難い重大な事由があるとして、有責配偶者からの離婚請求であっても本訴、反訴双方の離婚請求を認容する判例が多くなっている［➋］。この判例の傾向は、ほぼ定着しつつあるといっていいだろう。

第4　控訴審における反訴の提起

　民事訴訟法では、控訴審においては、反訴の提起は相手方の同意がある場合に限りすることができる（民訴300条1項）。

　これと異なり、人事訴訟法18条は、「人事訴訟に関する手続においては、民事訴訟法第143条第1項及び第4項、第146条第1項並びに第300条の規定にかかわらず、第一審又は控訴審の口頭弁論の終結に至るまで、原告は、請求又は請求の原因を変更することができ、被告は、反訴を提起することができる。」と定める。

　これは、人事訴訟においてはその性質上、紛争の全面的解決と審理の集中が要請されるからである。

　また、離婚訴訟において、被告は離婚訴訟の原因事実によって生じた損害賠償請求を予備的反訴として提起することができ、財産分与についても、予備的申立てができると解されている。

　したがって、控訴審における予備的損害賠償の反訴提起、予備的財産分与の申立てについても、人事訴訟法18条に基づき、相手方の同意を要しないと解される。［➍］はこのことを明らかにしたものである。

1 離婚の意思
法律上の婚姻関係を解消する意思で足りるとした事例

　一　審…札幌地判昭和55年3月21日（昭和54年（タ）82号）
　控訴審…札幌高判昭和56年8月27日（昭和55年（ネ）125号）判時1034号97頁
　上告審…最判昭和57年3月26日（昭和56年（オ）1197号）判時1041号66頁

事案

　A（夫）は、昭和47年7月頃病気で倒れ収入の途が断たれたので、生活保護の申請をし、同年8月から生活扶助等を受給していた。Aは、昭和47年冬頃、福祉課担当者から、妻であるXが収入を得ているにもかかわらず、その届出をせず、またXと別れたといっても離婚届を出していないと、不正受給になるから処罰される旨を告げられた。そこで、AとXは、離婚届を出せば、いままでの不正受給額の返済を免れ、引続き従前と同額の生活保護金が支給されるものと思い、昭和48年2月に、協議離婚の届出をした。Xは、離婚届出後も実質上はAと夫婦であると思い、昭和48年9月にAが死亡した後も、同人の債務を支払い、遺骨を引き取り、その法要も主宰した。
　Xは、Aの死亡から約6年後に、Y（検察官）を被告として、離婚無効確認の訴えを提起した。

判旨

1　一審はXの請求を棄却した。
2　控訴審も、「Xと亡Aとは、不正受給した生活保護金の返済を免れ、かつ引続き従前と同額の生活保護金の支給を受けるための方便とするため、法律上の婚姻関係を解消する意思の合致に基づいて本件届出をしたものであるから、右両者間に離婚意思があったものというべきであり、また右に認定した諸事情があるからといって、本件離婚が法律上の離婚意思を欠くものとして無効であるということはできない。」として、Xの控訴を棄却した。
3　上告審も、以下のように述べて、上告を棄却した。
「原審の適法に確定した事実関係のもとにおいて、本件離婚の届出が、法律上の婚姻関係を解消する意思の合致に基づいてされたものであって、本件離婚を無効とすることはできないとした原審の判断は、その説示に徴し、正当として是認することができ、その過程に所論の違法はない。」

Key point

　不正受給した生活保護金の返済を免れ、引続き生活保護金の支給を受けるためにした離婚届出について、法律上の婚姻関係を解消する意思があるとして、離婚を無効とすることはできないとした最高裁の判例である。
　「法律上の婚姻関係を解消する意思」は届出意思とは必ずしも一致するものではなく、本最高裁判例は離婚の意思について形式的意思説をとるとまではいえない。
〔解説・評釈等〕久留都茂子・民商87巻4号159頁、石川稔・別ジュリ132号26頁、久保野恵美子・別ジュリ193号24頁

2 婚姻破綻を理由とする離婚請求の本訴と反訴
双方の請求自体を重大な事由とし請求を認容した事例

東京地判昭和61年12月22日（昭和57年（タ）487号、昭和58年（タ）356号）判時1249号86頁

事案　X（夫）とY（妻）は、昭和38年2月に婚姻届出をした。Yは、昭和47年頃から三味線の教授をし、昭和52、3年頃にAと知り合った。XとYは、昭和52年頃から不仲になり、家庭内離婚の状態となった。Xは、昭和56年2月に、Aに対してYとの不貞関係を詰問したところ、Aはこれを認めた。そこでXはAに慰謝料として1000万円を要求し、Aはこれを払った。

Xは、Yに対して、Yの不貞及び婚姻の破綻を理由に、離婚と500万円の慰謝料請求をなし、Yは、Xに対して婚姻の破綻を理由に、離婚と500万円の慰謝料、自宅不動産の財産分与を求める反訴を提起した。

判旨　裁判所は、①XとYの離婚、②XからYへの自宅不動産の3分の1の分与を認め、XY双方の慰謝料請求を棄却した。

判決は、離婚の本訴、反訴を「本件においては、Xは、本訴においてYの不貞及び婚姻の破綻を理由に離婚を求め、Yは、反訴において婚姻の破綻を理由に離婚を求めている。かかる場合には、婚姻の破綻を理由とする離婚の点において双方の意思は一致しており、婚姻の継続が望めないことは明らかであるから、協議離婚制度を採用する法の趣旨に則って考えてみると、特段の事情のない限り、夫婦関係の内容に立ち入って判断するまでもなく、婚姻を継続し難い重大な事由があるものとして、本訴、反訴とも離婚請求を認容することができると解するのが相当である。右の理は、たとえYの不貞が認められ、Yが有責配偶者といえる場合でも同様である。けだし、有責配偶者からの離婚請求が排斥されるのは、婚姻の継続を望む有責でない配偶者の利益を保護しようする信義則上の理由に基づくものであるから、該配偶者が離婚の意思を明らかにしている以上、有責配偶者の離婚請求を排斥する根拠が失われるからである。

したがって、本件においては、その余の点について判断するまでもなく、本訴及び反訴に基づき、XYの離婚を肯認することができるというべきである。」

判決は、YとAとの不貞行為は認めたが、Xの慰謝料請求については、Xが既にAから1000万円の慰謝料を受領しているから、Xの慰謝料については共同不法行為者の一方から既に全額補塡済になっているとして、これを棄却した。

Key point　民法770条1項5号に基づいて離婚を求める本訴、反訴が提起されている場合に、それ自体が「婚姻を継続し難い重大な事由」に該当するとして、離婚原因について審理することなく、本訴反訴ともに離婚請求を認めるとした点で意味がある。特に一方が有責配偶者といえる場合でも、その離婚請求も認めるとした点が重要である。わが国が協議離婚制度を採用していることや訴訟経済の点から、妥当であろう。

〔解説・評釈等〕高野芳久・判タ677号152頁

3 離婚を翻意した場合の協議離婚の効力

離婚届提出時点で離婚意思が存しない場合は無効とした事例

一　審…神戸地龍野支判平成5年2月5日（平成4年（タ）4号）
控訴審…大阪高判平成6年3月31日（平成5年（ネ）749号）判時1515号89頁

事案

X（夫）とY（妻）は、昭和49年4月に婚姻し、昭和49年10月に長女が生まれた。平成3年1月に、YはXに対して、日頃から感じていたXの態度等について不満に思っていることを話したが、Xがこれを受け入れる態度を示さなかったため、Yは、予め用意していた離婚届用紙を示し「これだけ話合っても判ってもらえないなら、結婚生活を続けていくことは無理です。お金も何も要らないから、判を押して。」と離婚を求めた。Xは「何も要らないなら署名する。」といって離婚届に署名押印してYに渡した。

翌日、Xは知人の市役所職員に離婚届けが出たら止めて欲しい旨を依頼し、知人にYに思い直すように取りなしを依頼し、X自身もYに対し「私が悪かった。悪いところは直すから、やり直すように考えてくれ。1、2か月様子をみて、それで直らなければ離婚届を出してもよい。」と述べた。Yは、これを受入れ、しばらくXの様子を見てみることにした。しかし、1か月後位からまた夫婦の関係が悪化したため、Yは離婚する決意を固め、平成3年6月頃親戚の者に離婚届の証人欄に署名押印をしてもらい、Xに知らせることなく平成3年7月6日に離婚届を提出した。

その後、Xは離婚無効の調停を、Yは財産分与の調停を申し立てがいずれも不成立となり、XがYに対して離婚無効確認の訴訟を提起した。

判旨

1　一審は、Xの請求を棄却した。

2　控訴審は、以下のとおり述べて、離婚届時点においてXに離婚意思があったとは認められないとして、離婚無効確認の請求を認めた。

離婚届が「有効となるためには、その時点においてXに離婚の意思があったことが必要であり、（筆者注：離婚の届出を思い止まるように依頼した際、Xがそれまでの態度を改めることを条件としていたが）その条件が満たされなかったことは一応右意思の存在を推測すべき一事情となるとしても、他方、Xが市職員に対して前記のような依頼をしている点や離婚届用紙に署名がされてから現に離婚届がされるまでには約6か月の長い期間が経過していること及び離婚届がされたことを知った後のXの行動などを考慮すると、その事情だけから右届時点におけるXの離婚意思の存在を推認することは相当ではない。」

Key point

1　離婚届に署名捺印はしたが、その後すぐに翻意した夫からの離婚無効確認請求を認めた事案である。

2　特に離婚届作成から離婚届出までに6か月の期間が経過していることが最も重要視されたと思われる。

4 控訴審における予備的損害賠償の反訴、財産分与の申立て
相手側の同意は不要とした事例

一　審…名古屋地岡崎支判平成13年6月27日（平成12年（タ）88号）
控訴審…名古屋高判平成13年12月19日（平成13年（ネ）598号外）
上告審…最判平成16年6月3日（平成14年（受）505号）家月57巻1号123頁

事案

X（夫）は、Y（妻）に対して、離婚請求訴訟を提起した。
一審は、婚姻の破綻を理由にXの請求を認容した。
Yは、控訴し、離婚請求が認容されることを条件として予備的に、慰謝料1500万円の支払を求める反訴の提起と1500万円の財産分与を求める申立てをしたが、Xはこれらに同意しなかった。
控訴審は、Yの控訴を棄却し、Yの予備的反訴提起及び財産分与申立てについてはXの同意がないため不適法であるとして却下した。
Yは、上告及び上告受理の申立てをした。

判旨

1　上告は事実誤認又は単なる法令違反をいうものとして棄却され、上告受理申立ての理由中、下記の理由部分が認められ、控訴審判決全部が破棄され、高裁に差し戻された。
2　「離婚の訴えの原因である事実によって生じた損害賠償請求の反訴の提起及び離婚の訴えに附帯してする財産分与の申立てについては、人事訴訟手続法8条の規定の趣旨により、控訴審においても、その提起及び申立てについて相手方の同意を要しないものと解すべきである。」
「人事訴訟法32条1項（同法附則3条本文、8条参照）は、家庭裁判所が審判を行うべき事項とされている財産分与の申立て（家事審判法9条1項乙類5号）につき、手続の経済と当事者の便宜とを考慮して、訴訟事件である離婚の訴えに附帯して申し立てることを認め、両者を同一の訴訟手続内で審理判断し、同時に解決することができるようにしたものである。したがって、原審の口頭弁論の終結に至るまでに離婚請求に附帯して財産分与の申立てがされた場合において、上訴審が、原審の判断のうち財産分与の申立てに係る部分について違法があることを理由に原判決を破棄し、又は取り消して当該事件を原審に差し戻すとの判断に至ったときには、離婚請求を認容した原審の判断に違法がない場合であっても、財産分与の申立てに係る部分のみならず、離婚請求に係る部分をも破棄し、又は取り消して、共に原審に差し戻すこととするのが相当である。」

1　人事訴訟手続法（旧法）8条と人事訴訟法18条（平成16年4月1日施行）とは同旨である。したがって、人事訴訟法施行後も、控訴審における予備的な慰謝料請求の反訴、財産分与の申立てについて相手方の同意を要しないことは、本判決のとおりである。

2　予備的財産分与の申立て部分についての原判決が違法な場合、離婚請求部分も原審に差戻すべきかについて、本判決は、これを肯定した初めての最高裁判決である。しかし、この点については、本判決が常に離婚請求部分をも差戻す必要があると判示しているか否かについては見解が分かれている。

〔解説・評釈等〕梶村太市・判評557号205頁、川嶋四郎・法セミ50巻10号128頁、畑瑞穂・民商133巻2号113頁、山本和彦・リマ31号118頁

5 協議離婚における親権者の指定
親権者を母とする指定協議が無効とされた事例

一　審…東京家八王子支判平成19年6月28日（平成18年（家ホ）310号）
控訴審…東京高判平成20年2月27日（平成19年（ネ）4045号）判タ1278号272頁

事案
　X（夫）とY（妻）は平成9年に婚姻し、同時にXはYと前夫との間の子Cと養子縁組をした。XとYとの間には、長男Aと二男Bが生まれた。
　平成17年12月に、XとYとの離婚届書が提出され、AとBの親権者をいずれもYと定めた記載がされている。同時に、XとCとの離縁届出も提出された。
　XはYに対し、本件離婚及び離縁につき、離婚及び離縁の意思並びに各届出意思がないと主張して、本件各届出による離婚及び離縁の無効確認の訴えを提起した。

判旨
　1　一審は、本件離婚届時にXに離婚意思があり、親権者の指定につき協議・合意がなかったとはいえない等として、Xの請求をいずれも棄却した。
　2　控訴審では、Xは、予備的に本件離婚届における親権者の指定協議の無効確認を求めた。
　裁判所は、以下のように述べて、協議離婚、離縁は有効としたが、親権指定協議は無効と判示した。
「Xは、Yに対し指示して入手した離婚届用紙に、自らを二人の子の親権者とするなどの上記認定の事項を記載して届出人欄に署名した上、Yに対してこれを手渡したが、その後YにおいてXに無断で二人の子の親権者をYとする旨記載を変えて本件離婚届書を提出したものであり、離婚に関し、XとYとの間で、長男A及び二男Bの親権者をいずれもYと指定することについての協議をしていないなどの事実関係によれば、Xとしては、本件離婚届書を記載する時点で、二人の子の親権者をXとすることを前提とし、そうであるならば離婚をするとの意思を有していたものと認められる。本件においては、Xに、親権者の指定については別途協議するとか、XあるいはYのいずれが親権者となろうとも、とにかく離婚をするとの意思があったとまで認めることはできない。
　そうすると、本件離婚届書の提出による離婚については、届出の時点ではXに離婚の合意があったものとは認められない。」
「Yは、子らを連れて別居し、以後、Yの手元で三人の子を監護養育しているが、これに対し、Xは、平成18年3月、Yに対して子らを頼むという趣旨の発言をした上、離婚無効等調停の申立てを取り下げたこと、その後、現在に至るまでYに対し生活費等を送っていないなど別居状態を事実上容認する態度が窺えること、さらに、親権者指定の協議をしていないことに対しては強い不満を示しているものの、離婚についてはやむを得ないとの意思をも表明しており、これらの諸事情に照らすと、Xは、親権者をYと指定することについては到底受け容れられないとしながらも、少なくとも離

婚そのものについては、平成18年3月ころには、やむを得ないものとして、これを追認したものと認めるべきである。」

1　妻が無断で協議離婚届の子の親権者欄の記載を夫から妻に変えて離婚届を提出した事案について、控訴審は、離婚については夫が追認したので有効としながら、親権者の指定協議については無効とした。
2　離婚と親権者の指定とは独立別個の身分行為と解されている。
したがって、離婚意思の合致があれば、親権者指定に瑕疵があっても、離婚自体は有効であるとされる。
3　親権者指定の無効判決により、子は父母の共同親権となり、戸籍法116条により子の親権者の記載は抹消される。
その後、父母が子の親権者の協議をするか、親権者指定の審判等の申立てをすることになる。
〔解説・評釈等〕釜元修・別冊判夕25号110頁

2

離婚原因

傾向と実務

第1　はじめに

1　民法770条1項は、下記の離婚原因を定めている。
　1号　配偶者に不貞な行為があったとき
　2号　配偶者から悪意で遺棄されたとき
　3号　配偶者の生死が3年以上明らかでないとき
　4号　配偶者が強度の精神病にかかり、回復の見込みがないとき
　5号　その他婚姻を継続し難い重大な事由があるとき
　そして、1号から4号の離婚原因は、5号の「婚姻を継続し難い重大な事由」の例示であると解する説（一元論）が有力である。
　また、民法770条2項は、1号から4号の事由がある場合であっても一切の事情を考慮して婚姻の継続を相当と認めるときは、離婚の請求を棄却できると定めている（裁量棄却条項）。

2　離婚訴訟の訴訟物について、判例は、1号から5号それぞれに基づく離婚請求権が別個の訴訟物になると解していると説明されている。
　しかし、離婚訴訟の実務では、一元論を前提に、5号が訴訟物であると取り扱われていることが多い。
　なお、人事訴訟法25条1項は、人事訴訟判決の確定後は、原告は当該人事訴訟において請求又は請求の原因を変更することにより主張することができた事実に基づいて同一の身分関係についての人事に関する訴えを提起することができないと定めている。
　ただし、離婚確定判決後のあらたな事実に基づき、再度離婚訴訟を提起することは可能である［→**20**］。

第2　精神病を原因とする離婚

　4号の配偶者が強度の精神病にかかり回復の見込みがないことを原因とする離婚請求の場合には、2項の裁量棄却条項の適用が問題となることが多い。

4号に基づく離婚請求については、昭和33年の最高裁判例［●6］により、病者の今後の療養、生活に具体的方途の見込みがついていることが事実上要件とされ、その後の判例もほぼこれを踏襲している。

しかし、その後の判例は、この具体的方途の見込みを、過去の療養費を支払い、将来の治療費についても可能な範囲で支払意思のあることを表明していることや［●7］、病者が離婚後に公的扶助で生活できること等によっても認めているので、この要件の認定はかなり緩和されている。

したがって、実際には、この具体的方途の見込みがないとして、離婚請求が棄却される場合は、きわめて少ないと思われる。

また、4号に基づく離婚請求が認められない場合であっても、5号に基づく離婚請求を認める判例もある［●15］。

第3　5号に基づく離婚

1　婚姻関係の破綻

婚姻関係が破綻し回復の見込みがない場合には、5号の「その他婚姻を継続し難い重大な事由」があると解される。

相当期間の別居は、破綻を認定する重要な要素である。

判例は、婚姻関係の破綻を認定する場合に、以下のような事情を考慮している。なお、無責配偶者が有責配偶者に離婚請求をする場合には、破綻の原因が被告にあることで離婚を認容し、相当期間の別居は必要とされていない。

① 　別居の原因、期間

いわゆる家庭内別居について、［●17］の一審判決は、破綻の徴表としての別居と認定し、控訴審判決はこれを否定している。

また、夫が他の女性と同棲しながら定期的に自宅に帰っていた事例について、夫の帰宅は婚姻継続の意思に基づくものではないとして、この期間も別居と認定した例もある［●59］。

② 　別居期間中の双方の言動

③ 　原告の離婚意思が固いこと

④ 　被告に婚姻継続の意思がないことが推認されることや被告が婚姻関係を修復する努力をしていないこと

2 宗教活動 [⇒12、14]

配偶者の宗教活動を原因とする離婚請求の場合には、配偶者の信仰の自由との関係等で、5号の事由があるとするか否かの判断は分かれる。

しかし、この場合にも別居期間が相当長期となった場合には（[⇒12]の事案は4年弱、[⇒14]の事案は8年）、夫婦関係の破綻を認める傾向にあるといえよう。

3 精神病以外の病気 [⇒13、15]

配偶者が精神病以外の病気に罹患していることが、離婚原因となるかは、事案により判断が異なる。

判例は、夫婦関係が破綻しているか否かの判断の中で、実質上病気の配偶者の療養、生活の具体的方途の見込みを考慮しているように思える。

第4 有責配偶者の離婚請求

1 昭和62年最高裁判決以前の判例

判例は、有責配偶者の離婚請求を認めていなかった（最高裁昭和27年2月19日判決ほか）。

しかし、婚姻破綻後に配偶者が他の女性と不貞行為、同棲をした場合には、その同棲等は婚姻関係破綻の原因ではないとして、離婚請求を認めている [⇒8]。

2 昭和62年最高裁判決 [⇒9]

昭和62年の最高裁判決は、以前の判例を変更し、有責配偶者からの離婚請求であっても信義誠実の原則に照らして容認できる場合があるとし、その認容の要件ないし考慮要因（便宜的に「要件」という。）を以下の3点とした。

① 別居期間が両当事者の年齢及び同居期間との対比において相当の長期間に及ぶこと（長期の別居期間）
② 未成熟子が存在しないこと（未成熟子の不存在）
③ 相手方配偶者が離婚により精神的・社会的・経済的に極めて苛酷な状態におかれる等離婚請求を容認することが著しく社会正義に反するような特段の事情が認められないこと（苛酷状態の不存在）。

3 昭和62年最高裁判決以後の判例

昭和62年最高裁判決では、有責配偶者は「離婚につき専ら責任のある当事

者」と解されていたが、その後の判例では、有責配偶者は「離婚事由に専ら又は主として責任のある当事者」［⇒10］と解されている。

　なお、有責配偶者からの離婚請求の事案は、そのほとんどが原告が不貞行為をなした事案である。

　昭和62年最高裁判決が示した上記の要件は、その後の判例でも維持されているが［⇒19］、その各要件は、以下のように徐々に緩和して適用されている。

　①については、8年または6年の別居期間がほぼ目安となっている［⇒10、11、18］が、9年の別居期間でも離婚請求を認めなかった事例もある［⇒20］。また、別居期間が相当の長期間に及んだかどうかについては、時の経過が当事者双方の事情に与える影響も考慮すべきであるとして、単に数量的期間だけでなく別居期間中の双方の事情が考慮されている［⇒11］。

　②については、未成熟子がいるその一事をもって有責配偶者からの離婚請求を排斥すべきではなく、総合的に事情を考慮して、その請求が信義誠実の原則に反するといえないときには、離婚請求を認容するとし、高校2年の未成熟子がいる場合でも離婚を認容する最高裁判決が出ている［⇒16］。この判決によれば、上記の3要件は、有責配偶者からの離婚請求を認容する必要要件ではなく、考慮要素であり、3つを充足しない場合でも離婚を認容する場合があるということになる。またこの未成熟子の不存在の要件を全く考慮していない判例もある（⇒19の控訴審判決）。

　更に、家庭裁判所調査官の調査によって、離婚による未成熟子への影響を調査し、その影響が低いこと等から16歳及び18歳の未成熟子がいても有責配偶者の離婚請求を認めた判例もある［⇒21］。

6 精神病を原因とした離婚請求
具体的方途の見込みがなければ離婚は認められないとした事例

一　審…前橋地高崎支判昭和26年3月23日民集12巻12号1832頁
控訴審…東京高判昭和28年11月28日民集12巻12号1844頁
上告審…最判昭和33年7月25日（昭和28年（オ）1389号）民集12巻12号1823頁

事案

X（夫）とY（妻）は、昭和13年4月に婚姻し、昭和14年2月に長男が、昭和16年2月に二男が、昭和19年3月に長女がそれぞれ生まれた。

Xは、歯科医を開業している。

Yは、昭和14年5月に生母が死亡したことから精神異常の徴候を示し、昭和20年12月に入院して、退院したが、その後、病状が悪化し、昭和23年6月に、精神病院に入院して控訴審の口頭弁論終結時まで入院中である。

Yは、精神分裂症で治療の見込みはないと診断されている。

Xは、Yに対して、民法770条1項4号に基づき離婚と子らの親権者をXと指定することを求める本件訴訟を提起した。

なお、Yについては特別代理人が選任されて、特別代理人が訴訟を追行した。

判旨

1　一審、控訴審とも、Xの請求を認容した。

2　上告審は、以下のとおり述べて、原判決、一審判決を破棄して、地裁に差し戻した。

①　「およそ心神喪失の常況に在るものは、離婚に関する訴訟能力を有しない、また、離婚のごとき本人の自由なる意思にもとづくことを必須の要件とする一身に専属する身分行為は代理に親しまないものであつて、法定代理人によつて、離婚訴訟を遂行することは人事訴訟法のみとめないところである。同法4条は、夫婦の一方が禁治産者であるときは、後見監督人又は後見人が禁治産者のために離婚につき訴え又は訴えられることができることを規定しているけれども、これは後見監督人又は後見人が禁治産者の法定代理人として訴訟を遂行することを認めたものではなく、その職務上の地位にもとづき禁治産者のため当事者として訴訟を遂行することをみとめた規定と解すべきである。離婚訴訟は代理に親しまない訴訟であること前述のとおりであるからである。

翻つて、民訴56条は、「法定代理人ナキ場合又ハ法定代理人カ代理権ヲ行フコト能ハサル場合ニ」未成年者又は禁治産者に対し訴訟行為をしようとする者のため、未成年者又は禁治産者の「特別代理人」を選任することをみとめた規定であるが、この「特別代理人」は、その訴訟かぎりの臨時の法定代理人たる性質を有するものであつて、もともと代理に親しまない離婚訴訟のごとき訴訟については同条は、その適用を見ざる規定である。そしてこの理は心神喪失の常況に在つて未だ禁治産の宣告を受けないものについても同様であつて、かかる者の離婚訴訟について民訴56条を適用する

余地はないのである。

　従つて、心神喪失の状況に在つて、未だ禁治産の宣告を受けないものに対し離婚訴訟を提起せんとする夫婦の一方は、先づ他方に対する禁治産の宣告を申請し、その宣告を得て人訴4条により禁治産者の後見監督人又は後見人を被告として訴を起すべきである。」

　②　「民法770条は、あらたに「配偶者が強度の精神病にかかり回復の見込がないとき」を裁判上離婚請求の一事由としたけれども、同条2項は、右の事由があるときでも裁判所は一切の事情を考慮して婚姻の継続を相当と認めるときは離婚の請求を棄却することができる旨を規定しているのであつて、民法は単に夫婦の一方が不治の精神病にかかつた一事をもつて直ちに離婚の訴訟を理由ありとするものと解すべきでなく、たとえかかる場合においても、諸般の事情を考慮し、病者の今後の療養、生活等についてできるかぎりの具体的方途を講じ、ある程度において、前途に、その方途の見込のついた上でなければ、ただちに婚姻関係を廃絶することは不相当と認めて、離婚の請求は許さない法意であると解すべきである。」

1　民法770条1項4号を原因とする離婚の場合には、同法2項を適用して、病者の今後の療養、生活等についてできるかぎりの具体的方途を講じ、ある程度において、前途に、その方途の見込みのついた上でなければ、離婚は認められないとした最高裁判例として重要である。

2　人事訴訟法14条は、人事に関する訴えの原告又は被告となるべき者が成年被後見人であるときは、その成年後見人は、成年被後見人のために訴え、又訴えられることができると定める。しかし、意思無能力で後見が開始されていない場合に、特別代理人が離婚訴訟を追行できるかについては、学説は分かれている（注1）。判例は本判例を踏襲して、否定するものが多い（注2）。

注1　梶村太市・徳田和幸編『家事事件手続法 第2版』162頁（本間靖規）（有斐閣、2007年）は「原告の法的不安定の解消のために特別代理人選任の余地を残すべき」とする。

注2　東京高判昭和49年2月20日判時738号72頁

〔解説・評釈等〕三淵乾太郎・法時30巻11号42頁、有地享・判評15号12頁、久留都茂子・別ジュリ12号60頁、本間義信・別ジュリ36号32頁、砂川恵伸・別ジュリ66号60頁、萩大輔・別ジュリ76号50頁、宮里節子・別ジュリ45号106頁、下村眞美・別ジュリ169号46頁、大橋真弓・別ジュリ226号40頁

7 精神病を原因とした離婚請求
具体的方途の見込みを認定し離婚を認めた事例

一　審…大阪地判昭和40年12月8日（昭和39年（タ）19号）民集24巻12号1953頁
控訴審…大阪高判昭和45年1月28日（昭和40年（ネ）1866号）民集24巻12号1951頁
上告審…最判昭和45年11月24日（昭和45年（オ）426号）民集24巻12号1943頁

事案　X（夫）とA（妻）は、昭和30年5月に婚姻し、同年10月に長女Bが生まれた。Xは、Aが人嫌いで近所の人とも付き合わず、Xが経営する新聞販売店の従業員とも打ちとけず、店の仕事に無関心で全く協力しなかったので離婚したいと考え、昭和32年12月に離婚調停を申立て、以後Aは実家に引き取られXと別居している。離婚調停中の昭和33年4月にAは精神病になり入院したため、Xは調停を取り下げた。Aは、昭和39年1月に禁治産宣告を受け、Aの父であるYが後見人に選任された。Aは、一時退院したものの、昭和38年4月から入院し、以後控訴審の口頭弁論終結時の昭和44年7月においても入院中である。
　Xは、民法770条1項4号に基づきYに対して離婚及び長女Bの親権者をXに指定することを求める本件訴訟を提起した。

判旨
1　一審、控訴審とも、Xの請求を認容した。
2　上告審も、以下のとおり述べて、Yの上告を棄却した。

「民法770条1項4号と同条2項は、単に夫婦の一方が不治の精神病にかかつた一事をもつて直ちに離婚の請求を理由ありとするものと解すべきでなく、たとえかかる場合においても、諸般の事情を考慮し、病者の今後の療養、生活等についてできるかぎりの具体的方途を講じ、ある程度において、前途に、その方途の見込みのついた上でなければ、ただちに婚姻関係を廃絶することは不相当と認めて、離婚の請求は許さない法意であると解すべきであることは、当裁判所の判例とするところである（最高裁判所昭和28年（オ）第1389号、同33年7月25日第二小法廷判決、民集12巻12号1823頁、筆者注：◆6）。ところで、Aは、婚姻当初から性格が変つていて異常の行動をし、人嫌いで近所の人ともつきあわず、Xの店の従業員とも打ちとけず、店の仕事に無関心で全く協力しなかつたのであり、そして、昭和32年12月21日頃から上告人である実家の許に別居し、そこから入院したが、Aの実家は、Xが支出をしなければAの療養費に事欠くような資産状態ではなく、他方、Xは、Aのため十分な療養費を支出できる程に生活に余裕はないにもかかわらず、Aの過去の療養費については、昭和40年4月5日Yとの間で、Aが発病した昭和33年4月6日以降の入院料、治療費および雑費として金30万円をYに分割して支払う旨の示談をし、即日15万円を支払い、残額をも昭和41年1月末日までの間に約定どおり全額支払い、Yにおいても異議なくこれを受領しており、その将来の療養費については、本訴が第二審に係属してから後裁判

所の試みた和解において、自己の資力で可能な範囲の支払をなす意思のあることを表明しており、XとAとの間の長女BはXが出生当時から引き続き養育していることは、原審の適法に確定したところである。そして、これらの諸般の事情は、前記判例にいう婚姻関係の廃絶を不相当として離婚の請求を許すべきでないとの離婚障害事由の不存在を意味し、（略）Xの民法770条1項4号に基づく離婚の請求を認容した原判決は正当として是認することができる。」

民法770条1項4号の精神病を原因とする離婚請求について、病者の療養生活等に具体的方途の見込みがついたことが、同法2項の離婚障害事由の不存在を意味することを前提として、夫が過去の療養費を支払い、将来の治療費についても可能な範囲で支払う意思のあることを表明していることから、その離婚請求を認容した最高裁判例として重要である。

〔解説・評釈等〕鈴木重信・判解〈昭和45年［56］〉530頁、中川淳・判タ261号81頁、久貴忠彦・別ジュリ40号69頁、島津一郎・民商65巻4号153頁、福地陽子・別ジュリ40号131頁、高野竹三郎・ジュリ482号66頁、犬伏由子・別ジュリ193号28頁

8 別居後の他の相手との同棲

別居後の同棲は破綻原因でないとし、離婚請求を認めた事例

一 審…宇都宮地足利支判昭和42年2月16日（昭和38年（タ）1号）民集25巻3号413頁
控訴審…東京高判昭和45年10月29日（昭和42年（ネ）2747号）民集25巻3号420頁
上告審…最判昭和46年5月21日（昭和46年（オ）50号）民集25巻3号408頁

事案

X（夫）は、Y1（妻）と昭和35年3月に挙式し、同年4月に婚姻届をなし、同時にY1の父であるY2、母であるY3と養子縁組届けをした。Xは、結婚後Y2が営む質商及び貸衣装商の仕事をした。

Y2は、Xの親族を罵り、Xに対して男色的行為を強要し、Xがこれを避けるとXをいびり、夫婦関係にまで干渉した。Y1もY2の言動に同調追随した。昭和35年12月に長男が生まれたが、Xは、昭和36年1月に家を出て、Y1と別居した。

Xは、昭和38年1月に本件離婚及び離縁の訴えを提起した。

Xは、昭和42年10月頃からAと同棲して夫婦同様の生活を送り、昭和43年10月にはAとの間に女児が生まれた。

判旨

1 一審、控訴審とも、XとY1との間には、婚姻を継続し難い重大な事由があるとして、Xの請求を認容した。

2 上告審も、以下のとおり述べて、Y1らの上告を棄却した。
「原審が適法に確定した事実によれば、Xは、Y1との間の婚姻関係が完全に破綻した後において、Aと同棲し、夫婦同様の生活を送り、その間に一児をもうけたというのである。右事実関係のもとにおいては、その同棲は、XとY1との間の婚姻関係を破綻させる原因となつたものではないから、これをもつて本訴離婚請求を排斥すべき理由とすることはできない。右同棲が第一審継続中に生じたものであるとしても、別異に解すべき理由はない。」

Key point

夫が妻との婚姻破綻、別居後に他の女性と同棲し、その女性との間に子どもが生まれた事案について、この同棲は婚姻関係を破綻させる原因となったものではないとして、その夫の離婚請求を認容した事例である。

有責配偶者からの離婚請求を排斥する要件として、有責行為と婚姻破綻の間に因果関係が存在することを必要とした最高裁判例として、実務上よく引用される判例である。

〔解説・評釈等〕柳川俊一・判解〈昭和46年［10］〉92頁、中川淳・民商66巻2号136頁、久留都茂子・別ジュリ40号77頁、国府剛・法時43巻12号164頁、浦本寛雄・別ジュリ66号64頁

9 有責配偶者の離婚請求3要件
離婚請求を認める3要件を示した事例

- 一　審…東京地判昭和60年6月28日（昭和59年（タ）178号）民集41巻6号1441頁
- 控訴審…東京高判昭和60年12月19日（昭和60年（ネ）1813号）民集41巻6号1443頁
- 上告審…最判昭和62年9月2日（昭和61年（オ）260号）民集41巻6号1423頁
- 差戻審…東京高判平成元年11月22日（昭和62年（ネ）2794号、平成元年（ネ）2530号）判時1330号48頁

事案

X（夫、明治45年3月生）とY（妻、大正5年6月生）は、昭和12年2月に婚姻し、Xが昭和17年から昭和21年まで南方で従軍した期間を除き平穏に同居生活をしていた。XYは子が生まれなかったため、昭和23年12月にB及びCと養子縁組をした。

Xは、昭和24年8月ころAと同棲し、以後XとYは別居状態にある。XとAとの間には二子が生まれ、Xはこの二子を認知した。Xは、昭和26年ころ、Yに対して離婚請求訴訟を提起したが、これは棄却された。

Xは、昭和59年に離婚調停申立てをしたが、不成立となったので、Yに対して本件離婚請求訴訟を提起した。

判旨

1　一審、控訴審とも、有責配偶者であるXの請求を認容することは信義誠実の原則に照らし許されないとして、Xの請求を棄却した。

2　上告審は、以下のとおり述べて、原判決を破棄し、高裁に差し戻した。
「（民集770条1項）5号所定の事由による離婚請求がその事由につき専ら責任のある一方の当事者（以下「有責配偶者」という。）からされた場合において、当該請求が信義誠実の原則に照らして許されるものであるかどうかを判断するに当たっては、有責配偶者の責任の態様・程度を考慮すべきであるが、相手方配偶者の婚姻継続についての意思及び請求者に対する感情、離婚を認めた場合における相手方配偶者の精神的・社会的・経済的状態及び夫婦間の子、殊に未成熟の子の監護・教育・福祉の状況、別居後に形成された生活関係、たとえば夫婦の一方又は双方が既に内縁関係を形成している場合にはその相手方や子らの状況等が斟酌されなければならず、更には、時の経過とともに、これらの諸事情がそれ自体あるいは相互に影響し合って変容し、また、これらの諸事情のもつ社会的意味ないしは社会的評価も変化することを免れないから、時の経過がこれらの諸事情に与える影響も考慮されなければならないのである。

そうであってみれば、有責配偶者からされた離婚請求であっても、夫婦の別居が両当事者の年齢及び同居期間との対比において相当の長期間に及び、その間に未成熟の子が存在しない場合には、相手方配偶者が離婚により精神的・社会的・経済的に極め

て苛酷な状態におかれる等離婚請求を認容することが著しく社会正義に反するといえるような特段の事情の認められない限り、当該請求は、有責配偶者からの請求であるとの一事をもって許されないとすることはできない」

「XとYとの婚姻については5号所定の事由があり、Xは有責配偶者というべきであるが、XとYとの別居期間は、原審の口頭弁論の終結時まででも約36年に及び、同居期間や双方の年齢と対比するまでもなく相当の長期間であり、しかも、両者の間には未成熟の子がいないのであるから、本訴請求は、前示のような特段の事情がない限り、これを認容すべきものである。」

3　差戻審では、Yは、4000万円の予備的財産分与の申立て、3000万円の慰謝料請求の予備的反訴を提起した。差戻審は、離婚請求を認容することができない特段の事情が認められないとして、Xの離婚請求を認めた。そして、Xに対して、月10万円ずつ平均余命の範囲内である10年分の離婚後の生活費にかかる財産分与として1000万円、慰謝料として1500万円の支払を命じた。

1　有責配偶者からの離婚請求を否定してきたこれまでの判例を変更し、有責配偶者からの離婚請求を認めた画期的な最高裁大法廷判決である。この判例により、その後の離婚判例、実務は大きく変わった。

2　この判決により、有責配偶者からの離婚請求が信義誠実の原則に照らして認められる3要件ないし考慮要因が明らかとなった。

〔解説・評釈等〕山口純夫・判夕727号48頁、西原諄・判夕727号51頁

10 別居期間8年余の有責配偶者からの離婚請求

別居期間が短いとし請求を認めなかった事例

一　審…横浜地小田原支判昭和60年7月29日（昭和57年（タ）29号）家月41巻7号74頁
控訴審…東京高判昭和62年3月9日（昭和60年（ネ）2175号）家月41巻7号71頁
上告審…最判平成元年3月28日（昭和62年（オ）839号）家月41巻7号67頁

事案

X（夫、大正15年5月生）とY（妻、昭和3年1月生）は、昭和27、28年ころから同棲し、昭和30年4月に婚姻の届出をした。昭和30年3月長女、昭和33年12月二女、昭和39年9月長男、昭和41年11月二男がそれぞれ生まれた。昭和44年ころXは、自宅近くにアパートを借りてそこで寝泊りするようになったが、昭和49年ころには、Yら家族と再度同居した。Xは、昭和51年ころからAと関係を持ち、昭和53年には、Aの家の一間を賃借してそこで生活するようになり、昭和56年以降はAと同棲関係と見える状態になった。

Xは、Yに対して本件離婚請求訴訟を提起した。

判旨

1　一審は、XYの婚姻関係は昭和57年2月頃には完全に破綻し、その原因はXY双方にあるとして、Xの離婚請求を認めた。

2　控訴審は、婚姻破綻の主たる責任はXにあるとして、有責配偶者であるXの請求を棄却した。

3　上告審は、以下のとおり述べて、上告を棄却した。

「民法770条1項5号所定の事由による離婚請求がその事由につき専ら又は主として責任のある一方の当事者（以下「有責配偶者」という。）からされた場合であっても、夫婦の別居が両当事者の年齢及び同居期間との対比において相当の長期間に及び、その間に未成熟の子が存在しない場合には、相手方配偶者が離婚により精神的・社会的・経済的に極めて苛酷な状態におかれる等離婚請求を認容することが著しく社会正義に反するといえるような特段の事情が認められない限り、当該請求は、有責配偶者からの請求であるとの一事をもって許されないとすることはできないというべきである（最高裁昭和61年（オ）第260号同62年9月2日大法廷判決・民集41巻6号1423頁、筆者注：◯9）。」

「XとYとの婚姻については同号（筆者注：民法770条1項5号）所定の事由があり、Xは有責配偶者というべきであるが、XとYとの別居期間は、原審の口頭弁論終結時（昭和61年8月18日）まで8年余であり、双方の年齢や同居期間を考慮すると、別居期間が相当の長期間に及んでいるものということはできず、その他本件離婚請求を認容すべき特段の事情も見当たらないから、本訴請求は、有責配偶者からの請求とし

て、これを棄却すべきものである。」

Key point

1　未成熟子がいない有責配偶者からの離婚請求について、8年余の別居期間では、相当の長期間に及んでいるとはいえないとして、離婚請求を棄却した最高裁判例である。

2　最高裁判決は有責配偶者を「民法770条1項5号所定の事由による離婚請求がその事由につき専ら又は主として責任のある一方の当事者」としており、昭和62年最高裁判例［→ 9］が「専ら責任のある一方の当事者」としている点からみると、有責配偶者の定義を広く解している。

3　この婚姻届出からの同居期間約22年、別居期間8年余の事案で、有責配偶者からの離婚請求を認めるか否かは微妙であり、これ以降の判例の動向からすると離婚請求を認容することも十分にありうると思われる。

〔解説・評釈等〕山口純夫・法セミ34巻11号123頁、村重慶一・判タ735号174頁、西原道雄・リマ1号128頁

11 別居期間8年余の有責配偶者からの離婚請求

有責配偶者の離婚請求を認容した事例

一　審…東京地判昭和63年6月20日（昭和62年（タ）440号）判タ682号204頁
控訴審…東京高判平成元年4月26日（昭和63年（ネ）1939号）判時1317号82頁
上告審…最判平成2年11月8日（平成元年（オ）1039号）判時1370号55頁

事案

　X（夫）とY（妻）は、昭和33年5月に婚姻し、昭和36年6月長男、昭和39年4月二男が生まれた。Xは昭和36年ころ独立して商売を始め、Yはその仕事を手伝っていたが、商売のやり方について意見が異なり、口論が絶えなかった。そのため昭和44年ころYは手伝いをやめた。

　昭和56年夏ころXは、「1人になって暫く考えたい。疲れた。」と言って別居し、当初2、3か月は週に2日位Y方に帰っていたが、その後はこれも止めた。Xは、別居前からAと肉体関係があり、Yとの別居後にAと同棲するようになり、間もなくAとは別れたものの、Yや子どもには自分の住所も明かさなかった。

　Xは、Yに対して、昭和61年2月ころまで生活費を渡していたが、YがXの名義の不動産に対して処分禁止の仮処分の執行をしたことに立腹して、これを中止した。その後、婚姻費用分担の調停が成立し、昭和63年5月からは月20万円の婚姻費用を送金している。

　Xは、Yに対して本件離婚請求訴訟を提起した。

　控訴審の和解において、Xは、離婚に伴う財産分与として、Yが居住しているX名義の土地建物の処分代金から経費を控除した残金を折半し、抵当権の被担保債務はXの取得分の中から弁済するとの案を提示している。

判旨

　1　一審は、Xは有責配偶者であると認定したが、Xの離婚請求を認容することが著しく社会正義に反するような特段の事情はないとして、Xの請求を認めた。

　2　控訴審は、約8年の別居期間は、23年余の同居期間、XとYの年齢（控訴審の口頭弁論終結時Xは52歳、Yは55歳）と対比した場合に、いまだXの有責配偶者としての責任とYの婚姻関係継続の希望とを考慮の外に置くに足りる相当の長期間ということはできないとして、Xの請求を棄却した。

　3　上告審は、以下のとおり述べて、原判決を破棄し、差し戻した。

「有責配偶者からの民法770条1項5号所定の事由による離婚請求の許否を判断する場合には、夫婦の別居が両当事者の年齢及び同居期間との対比において相当の長期間に及んだかどうかをも斟酌すべきものであるが、その趣旨は、別居後の時の経過とともに、当事者双方についての諸事情が変容し、これらのもつ社会的意味ないし社会的評価も変化することを免れないことから、右離婚請求が信義誠実の原則に照らして許

されるものであるかどうかを判断するに当たっては、時の経過がこれらの諸事情に与える影響も考慮すべきであるとすることにある（最高裁昭和61年（オ）第260号同62年9月2日大法廷判決・民集41巻6号1423頁参照、筆者注：➡9）。したがって、別居期間が相当の長期間に及んだかどうかを判断するに当たっては、別居期間と両当事者の年齢及び同居期間とを数量的に対比するのみでは足りず、右の点をも考慮に入れるべきものであると解するのが相当である。」

「XとYとの別居期間は約8年ではあるが、Xは、別居後においてもY及び子らに対する生活費の負担をし、別居後間もなく不貞の相手方との関係を解消し、更に、離婚を請求するについては、Yに対して財産関係の清算についての具体的で相応の誠意があると認められる提案をしており、他方、Yは、Xとの婚姻関係の継続を希望しているとしながら、別居から5年余を経たころにX名義の不動産に処分禁止の仮処分を執行するに至っており、また、成年に達した子らも離婚については婚姻当事者たるYの意思に任せる意向であるというのである。そうすると、本件においては、他に格別の事情の認められない限り、別居期間の経過に伴い、当事者双方についての諸事情が変容し、これらのもつ社会的意味ないし社会的評価も変化したことが窺われるのである（当審判例（最高裁昭和62年（オ）第839号平成元年3月28日第3小法廷判決・裁判集民事156号417頁、筆者注：➡10）は事案を異にし、本件に適切でない。）」

Key point
別居期間8年、同居期間23年余、未成熟子がいない事案で、有責配偶者からの離婚請求を認めるか否かについて、高裁と最高裁の判断が異なった事例である。
最高裁判決が、別居期間中の双方の事情から、この間に婚姻の意味や評価が変容していると判断した点は注目に値する。特に、別居期間中に、夫が不貞関係を解消したこと、妻が夫名義の不動産に処分禁止仮処分を執行したことが、重視されているようである。

〔解説・評釈等〕富越和厚・ジュリ975号77頁、床谷文雄・法セミ36巻6号129頁、神谷遊・民商104巻4号531頁、村重慶一・判夕790号114頁、佐藤義彦・リマ4号73頁

12 宗教活動を原因とする離婚請求
離婚請求を認容した事例

一　審…東京地八王子支判昭和63年9月29日（昭和62年（タ）92号）
控訴審…東京高判平成2年4月25日（昭和63年（ネ）3168号）判時1351号61頁

事案

　X（夫）とY（妻）は、昭和45年4月に婚姻し、昭和46年7月に長女が、昭和50年1月に長男が、昭和60年1月に二女が生まれた。

　Yは、昭和51年ころからエホバの証人の勉強会に参加するようになり、昭和53年ころからその熱心な信者となり、子どもを連れて定期的に集会に参加するようになった。Xは、昭和54年ころにYが信仰している宗教がエホバの証人であることを知り、Yに対して信仰を止めるように説得したが、Yはこれを聞かなかった。Xは、昭和60年初めころからYとは家庭内別居の状態になり、昭和61年4月には自宅を出てYや子ども達と別居した。

　Xは、昭和59年5月、昭和62年2月に、離婚調停の申立てをしたが、いずれも不調となった。

　Xは、Yに対して、離婚、慰謝料として600万円の支払い、子ども達の親権者をYと定めることを求める本件訴訟を提起した。

判旨

　1　一審は、XとYとの婚姻生活は破綻に瀕しているが、その責任は主としてXにあり、Xが家庭の幸福を取り戻すための努力をすべきで、円満な家庭を回復する可能性はあるとして、Xの請求を棄却した。

　2　控訴審は、以下のように述べて、原判決を取り消し、民法770条1項5号に基づきXの離婚請求を認容したが、Xの慰謝料請求については、婚姻破綻の責任は双方にあるとして、認めなかった。

「Xは、前記認定の経過に基づき、自らの意思によって既に長期間別居しており、今後Yが宗教活動を止めても再び夫婦としての共同生活を営む気持ちは完全に喪失したと考えているのに対し、Yは、Xと離婚する気持ちは全くなく、Xが帰ってくるのをいつまでも待っているとはいうものの、Xとの共同生活を回復するために、宗教活動を止めるとか自粛する気持ちは毛頭なく、Xが「エホバの証人」を嫌悪するのは、同人がその教義を正しく理解しておらず、かつ、アルコール依存症により精神状態が不安定になっているためであると考えるなど、Xの考え方とは全く相容れない正反対の考え方をしているから、今後、双方が相手のために自分の考え方や立場を譲り、夫婦としての共同生活を回復する余地は全くないものといわざるを得ない。

　したがって、XとYとの婚姻関係は、既に完全に破綻しているものと認めるべきである。」

「信仰の自由は、個人の基本的人権に属する問題であり、夫婦といえどもこれを侵害することは許されない。しかし、夫婦の間では、互いに相手の考え方や立場を尊重し

て、自己の行為の節度を守り、相協力して、家族間の精神的融和をはかり、夫婦関係を円満に保つように努力をすべき義務があるのであり、夫婦の一方が自己の信仰の自由のみを強調し、その信仰に基づく宗教活動に専念して、相手の生活や気持ちを全く無視するような態度をとった結果、夫婦関係が悪化し、婚姻関係を継続しがたい状態に立ち至った場合には、その者にも婚姻関係破綻の責任があるとされてもやむを得ないものといわなければならない。

一方、前記認定の事実によれば、Xは、Yとの婚姻生活中、飲酒にふけり、酔余落書きや器物損壊に及んだこと等が認められるが、これらは、婚姻関係破綻の原因というよりは、むしろその結果というべきであり、仮にこれらが婚姻関係破綻の一因となったとしても、これのみでその破綻が生じたものとは解し得ない。また、XがYに対し、同人の宗教活動を止めさせようとしたこと自体も、前記認定の事実関係の下においては、それほど非難に値いする行為であったということはできない。

むしろ、本件においては、当事者双方が、それぞれ相手方の考え方や立場を無視してかたくなな態度をとり、婚姻関係を円満に継続する努力を怠ったことが婚姻関係破綻の原因であると考えられるから、Xのみに右婚姻関係破綻の責任を負わせることはできず、その責任はXとYとの双方にあるものといわざるを得ない。」

妻の宗教活動により婚姻関係が破綻しているか否か、その責任がいずれにあるかについて、一審と控訴審の判断が異なった事例である。
夫婦の協力扶助義務に反する程度の妻の宗教活動が、婚姻破綻の一因であり、婚姻破綻について夫婦双方に責任がある場合に、夫の離婚請求を認めた判例として参考になる。

〔解説・評釈等〕高野芳久・判タ762号158頁

13 難病を原因とする離婚請求
離婚請求を棄却した事例

一　審…津地四日市支判平成 2 年 4 月23日（昭和62年（タ）21号）判時1398号76頁
控訴審…名古屋高判平成 3 年 5 月30日（平成 2 年（ネ）267号）判時1398号75頁

事案　X（夫）とY（妻）は、昭和47年12月に婚姻し、昭和50年 9 月に長男が、昭和53年11月に長女が生まれた。

Yは、昭和62年 2 月ころ、国が指定する難病である脊髄小脳変性症（本症）と診断され同年 3 月から入院した。本症は脊髄と小脳が主として変性するので、平衡感覚に失調をきたすが、知能障害はみられない。Yは、入院後も真っ直ぐ歩けない、階段は手すりにつかまらなければ昇降できないなどの平衡感覚の障害が顕著にあり、言語障害もあり、家事労働を行うことは困難である。

XはYの入院後 1 回面会に来ただけで、入院の費用も昭和62年 6 月頃まで支弁したのみで、子どもに対してYとの面会を禁止している。

なお、本症は、国の特定疾患に指定されているため、治療費の個人負担はない。

XはYに対して、民法770条 1 項 5 号に基づき、離婚請求をした。

判旨　1　一審は、以下のように述べてXの離婚請求を認容した。

「右事実によれば、今後、XYが夫婦として暮らして行くことは困難であると認められ、したがって、XY間の婚姻を継続し難い重大な事由があるものといわざるをえない。

なるほど、妻が難病に罹患した場合に、夫が献身的に妻の介護にあたり、夫婦のきずなを保ち続けるという事例もあることは公知の事実であるが、このような行為は美談として称賛されるものではあっても法的にこれを強制することまではできず、また、Xは、昭和62年 6 月初めに見舞った後は、Yの見舞いにも行かず、入院雑費も負担しておらず、これが夫婦の関係を疎遠なものにした一因ではあるが、これが婚姻関係の破綻の主たる原因であるともいえない。」

2　逆に控訴審は、以下のように述べて、一審判決を取り消して、Xの離婚請求を棄却した。

「右認定事実によると、XとYとの婚姻生活における障害は、Yが本症に罹患したという一点にあるところ、なるほど、Yの現在の症状に照らせば、Yは家事をこなす能力に欠けており、周囲の者の理解ある援助がなければ、日常生活さえ支障をきたす状態にあるが、一方、知能障害は認められないから、夫婦間あるいは親子間における精神的交流は可能であり、子供との同居を願い、婚姻生活の継続を希望するYの意思を考慮すると、本症に罹患し、日常生活の役に立たなくなったからという理由だけで、Yを妻の座から去らせようとし、しかも、入院はさせたものの、国の援助に頼るのみ

で、看病はおろか、入院生活の援助もせずに放置し、将来に亘る誠意ある支援態勢を示さず、Yの希望する子供との交流さえ拒む、Xの態度のみによって、婚姻が回復しがたいほど破綻していると認めることはできない。また、Yの現在における症状からすれば、本症が、民法770条1項4号に定める、強度の精神病にも比肩しうる程度の疾患であるということもできない。」

1　妻が難病に罹患したことにより、婚姻を継続し難い重大な事由があるといえるかについて、一審と控訴審で逆の判断がされた事例である。
2　控訴審は、Xが有責配偶者であると認定したわけではないが、実質上、Xの請求が信義則に反すると判断したように思える。

14 宗教活動を原因とする離婚請求
離婚請求を認容した事例

一　審…大阪地判平成 2 年 5 月14日（昭和63年（タ） 1 号）判時1367号78頁
控訴審…大阪高判平成 2 年12月14日（平成 2 年（ネ）1079号）判時1384号55頁

事案

　X（夫）とY（妻）は、昭和47年11月に婚姻届出をし、Xの母Aと同居し、昭和48年 8 月に長男が、昭和50年 5 月に二男が生まれた。

　Yは、昭和55年ころから、エホバの証人の伝導士の話を聞くようになり、そのうち月に一度その集会にも参加するようになった。昭和57年 9 月ころ、エホバの証人を信仰しているから先祖崇拝はしないとYが言うのを聞いて、XとXの母Aは、これではXの先祖の位牌や墓を守ってもらうことができず、Yは、Xの妻として相応しくないと考え、Yとの間で深刻な対立状態となった。

　Aは、Yが信仰をやめないことから、X方に置いておくことはできないと言い、Yはやむなく昭和57年10月に実家に帰り、以後Xや 2 人の子どもとは別居することになった。

　XとYは、別居後 2 、 3 年の間は訪問したり、手紙を出したりしていたが、Yは、別居後ますます熱心にエホバの証人を信仰するようになり、昭和59年 6 月に洗礼を受け、週 3 回の集会に参加し、Yの父の葬儀やXの母の葬儀にも焼香はしなかった。

　Xは、Yに対して、Yの信仰により婚姻関係は破綻しているとして、本件離婚請求訴訟を提起した。

判旨

1　一審は、以下のように述べて、Xの離婚請求を棄却した。

「Yがエホバの証人を信仰するようになり、それが原因で夫婦間に亀裂が生じたことは明らかである。しかし、YはXと同居中は 1 週間に約 1 時間の聖書の勉強会に出席した程度で、その宗教活動のために日常の家事や子供の養育を特に疎かにしたということはなく（それを認めるに足りる証拠はない。）、また、仏壇に花を供えなかったり、初詣や墓参に行かないことはあったが、XやAがこれらのことをするのを非難したり、妨害することはなく、Yとしては、日常の家事や子供の養育には支障がないように相応の配慮をしていたものである。そうとすれば、Xの方でもYの信仰の自由を尊重する寛容さをもつべきで、エホバの証人の信仰自体を全く許そうとしなかったXには、その寛容さが著しく欠けていたといわなければならない。XとYとは、すでに 7 年間以上別居状態が続いているが、別居後 2 、 3 年の間は双方が婚姻の継続を希望して交渉が続いていたこと、Yは、Xと再び実体のある婚姻生活をすることを強く願い、子供 2 人とも連絡をとり合っていることからすると、Xがこれまでの態度を改め、はじめからYの信仰を禁圧するのではなく、その自由を尊重することを前提として、X及びAとYの融和を図る積極的努力をし、Yも、婚姻生活の中でその宗教上の信条を余りにもかたくなに押し通すことなく、状況によってはこれを自制す

る弾力的な態度をとれば、実体のある婚姻関係を修復する余地があるものというべきである。X、Y間には、婚姻関係を継続し難い重大な事由があるとはいえない。」

2　控訴審は、以下のように述べて、原判決を取り消し、Xの離婚請求を認容した。

「Yには自己の宗教活動をXとの関係を円満にするために自粛しようとの気持ちは全くないこと、仮にXとYとが同居を再開したとしても、Yが現に行っている宗教活動の状況からすれば日常の家事や子供の養育に相当の支障が出てくるのは必至であり、Xがこれを容認することは全く期待できないこと。XのYに対する不信と憎悪の念が強く離婚の意思が固いこと、Yは離婚の意思がなくXの言うことにも従いたいというが、別居期間はすでに8年に及んでおり（もっとも、当初の2、3年は両者間に若干の交渉があったが）現実に夫婦関係が円満に回復するという見込みは全くないことが明らかであり、XとYとの間の婚姻関係は既に完全に破綻しているものと認めるのが相当である。

ところで、信仰の自由は夫婦といえども互いに尊重しなければならないことはいうまでもないが、しかし、信仰の自由といっても、夫婦として共同生活を営む以上自ずから節度があるべきものであり、相手方の意見や立場を尊重して夫婦及び家族間の関係が円満に行くように努力し、行き過ぎは慎むべきものである。これを本件についてみるのに、前記認定事実によれば、Yの行動は、いささか限度を越えるところがあり夫婦間の協力扶助義務に反しているといわざるを得ない。XにもYの信仰の自由を尊重する寛容さが足りない面がないとはいえないが、Yの行動と対比すれば、婚姻関係破綻につきXを主たる有責配偶者であるとみることはできない。

以上によれば、Xの本件離婚請求は、民法770条1項5号所定の事由に該当するので、これを認容すべきものである。」

妻がエホバの証人を信仰していることにより、婚姻関係が破綻したか否かについて、一審と控訴審で判断が異なった事例である。

別居期間が8年に及んでおり、その間妻の宗教活動は更に熱心になったこと等から、控訴審が婚姻破綻を認定したのは妥当といえるだろう。

15 アルツハイマー病の罹患を原因とする離婚請求
民法770条1項5号により請求を認めた事例

長野地判平成2年9月17日（平成2年（タ）2号）判時1366号111頁

事案

X（夫、昭和22年11月生）とY（妻、昭和6年5月生）は、昭和46年8月に婚姻した。

Yは、昭和57年に背骨が右側に湾曲し始め、話の内容がおかしくなったり妄想も起きてきた。そのため、昭和58年に入院して検査したところ、アルツハイマー病とパーキンソン病に罹患していると診断された。その後、Yは自宅療養をしXが世話をしていたが、症状がひどくなり、昭和61年10月にXの実家近くの特別養護老人ホームに入所した。Yは、平成元年10月に、アルツハイマー病に罹患しており、痴呆の程度は重度で回復の見込みはないと鑑定され、平成元年11月には、禁治産宣告を受け、Xが後見人になった。

Xは、再婚を考えるようになり、Yの後見監督人A（弁護士）に対して民法770条1項4号、5号に基づき離婚請求訴訟を提起した。

判旨

裁判所は、以下のように述べて、Xの離婚請求を認容した。

「XY間の婚姻関係は、Yがアルツハイマー病に（又は同時にパーキンソン病にも。）罹患し、長期間に亘り夫婦間の協力義務を全く果せないでいることなどによって破綻していることが明らかであり、右1の13ないし15の各事実（筆者注：Xは、Yが老人ホームに入所した後も1週間から2週間に1度の割合でYを見舞い世話をしていること、Xは離婚後もYへの若干の経済的援助及び面会をすることを考えていること、XとYの離婚後は、Yが入所している特別養護老人ホームは全額公費負担となること等）をも併せて考慮すると、Xの民法770条1項5号に基づく離婚請求はこれを認容するのが相当である（なお、Yの罹患している病気の性質及び前記のとおりYに対する精神鑑定が禁治産宣告申立事件のためになされたものであることなどの理由により、本件の場合が民法770条1項4号に該当するか否かについては疑問が残るので、同号による離婚請求は認容し難い。）。」

Key point

1　妻がアルツハイマー病に罹患したことにより、民法770条1項5号に基づく離婚請求を認めた事例である。
2　本判決は、民法770条1項4号（精神病）に基づく離婚請求は認めていないが、Yの療養等について具体的方途の要件も満たしていると考えられ、4号に基づく離婚請求も認められる事案であろう。
3　成年後見制度制定後も、夫が妻の成年後見人となっている場合には、人事訴訟法14条2項に基づき成年後見監督人が当事者となる。

〔解説・評釈等〕床谷文雄・法時63巻12号124頁

16 高校2年の子がいる場合の有責配偶者からの離婚請求

離婚請求を認めた事例

一 審…大阪地堺支判平成4年4月30日（平成元年（タ）24号）家月46巻9号79頁
控訴審…大阪高判平成5年3月10日（平成4年（ネ）1271号）家月46巻9号68頁
上告審…最判平成6年2月8日（平成5年（オ）950号）家月46巻9号59頁

事案　X（夫）とY（妻）は、昭和39年2月に婚姻し、昭和40年8月に長女、昭和42年8月に長男、昭和45年7月に二男、昭和50年12月に三男がそれぞれ生まれた。Xは、会社の経営に行き詰まり、昭和54年2月に家出をして行方をくらました。そして、Xは、昭和56年ころAと知り合い、昭和58年にはAと同棲をはじめた。

昭和63年9月に、Xに対して婚姻費用として毎月17万円等の支払いを命ずる審判がされ、その後Xは、Yに対して毎月15万円等を送金している。XはYに対して民法770条1項5号に基づき本件離婚請求訴訟を提起した。

判旨　1　一審は、未成熟子があり、別居後のXの婚姻費用の分担も十分でなく、離婚に際してのXの給付の申し出も十分なものではないとして、Xの離婚請求を棄却した。

2　控訴審は、以下のように述べてXの離婚請求を認容した。

「現在、Xは56歳、Yは54歳であり、双方の婚姻による同居期間が15年であったのに対し、別居期間はすでに14年に及んでいること、4人の子のうち3人まではすでに成人に達し、長女は既に婚姻するなど独立しており、残る三男も未成年であるとはいえ、まもなく高校を卒業する年齢にまでは達していること、昭和63年9月以降は、婚姻費用分担の審判の結果とはいえ、XからYに対し毎月15万円の生活費が継続して送られていることに加え、離婚に伴う給付として、Xから具体的で相応の誠意ある提案がなされていて、Yが離婚によって精神的・社会的・経済的に極めて過酷な状態におかれるとまではいい難いこと、Xの所在が判明した後のYの対応は、離婚にはあくまで応じないとしながらも、Xやその同棲相手に対し執拗に威迫的な電話を掛けたり葉書を送ったりし、直接には夫婦間のいさかいに無関係な同棲相手の両親や前夫にまで害意のある電話を掛けるなどして、Xの嫌悪感情を増幅するような言動を取り続け、婚姻関係の回復を真摯に願っているとは受けとれない面のあること等の事情に照らすと、別居期間の経過に伴い、当事者双方についての諸事情が変容し、社会的意味ないし評価も変化したと認められるから、有責配偶者であるXからの本件離婚請求を認容することが著しく社会正義に反するとまではいえず、本件離婚の請求が信義誠実の原則に反して許されないということはできない。」

3　上告審も、以下のように述べて、上告を棄却して原判決を維持した。
「有責配偶者からされた離婚請求で、その間に未成熟の子がいる場合でも、ただその一事をもって右請求を排斥すべきものではなく、前記の事情を総合的に考慮して右請求が信義誠実の原則に反するといえないときには、右請求を認容することができると解するのが相当である。」
「Yが今日までに受けた精神的苦痛、子らの養育に尽くした労力と負担、今後離婚により被る精神的苦痛及び経済的不利益の大きいことは想像に難くないが、これらの補償は別途解決されるべきものであって、それがゆえに、本件離婚請求を容認し得ないものということはできない。
　そして、現在では、YとX間の4人の子のうち3人は成人して独立しており、残る三男Dは親の扶養を受ける高校2年生であって未成熟の子というべきであるが、同人は3歳の幼少時から一貫してYの監護の下で育てられてまもなく高校を卒業する年齢に達しており、XはYに毎月15万円の送金をしてきた実績に照らしてDの養育にも無関心であったものではなく、XのYの対する離婚に伴う経済的給付もその実現を期待できるものとみられることからすると、未成熟子であるDの存在が本件請求の妨げになるということもできない。」

Key point
　1　婚姻による同居期間15年、別居期間14年の夫婦について、高校2年生の未成熟子がいる場合であっても、有責配偶者からの離婚請求を認容した最高裁判例として重要である。
　2　本最高裁判例によれば、未成熟子の不存在は、有責配偶者の離婚請求を認める際の独立した要件ではなく、有責配偶者の離婚請求が信義誠実の原則に反するか否かを総合的に考慮する際の一事情ということになる。
〔解説・評釈等〕佐々木典子・法教168号150頁、犬伏由子・判評436号204頁、村重慶一・判タ882号138頁、上野雅和・リマ11号89頁

17 夫定年後の妻の離婚請求
請求を棄却した事例

一　審…横浜地相模原支判平成11年7月30日（平成9年（タ）36号）判時1708号142頁
控訴審…東京高判平成13年1月18日（平成11年（ネ）4495号）判タ1060号240頁

事案

　X（妻）とY（夫）は、昭和35年6月に婚姻し、昭和36年3月に長女H、昭和42年3月に長男Kが生まれた。Yは、仕事熱心で、家庭内では無口であった。Xは、専業主婦で、病気がちで、昭和61年には胃癌の手術を受け、その後体力が低下したこともあり、家事を十分にしなくなった。平成4年1月に長男Kは結婚して独立し、平成4年6月ころからXとYは別の部屋で就寝し、食事も別に取るようになった。Yは、平成7年4月に会社を定年退職し、年金生活に入った。Xは左股関節臼蓋手術をして平成8年8月に退院したが、そのころからXはYと会話をしなくなり、Xは2階で、Yは1階で別々に生活をするようになった。Xは、平成9年6月に離婚調停申立てをなし、長女とともに平成9年10月に自宅を出て、以後長女とともにアパートで生活している。
　平成9年11月に、XはYに対して、民法770条1項5号に基づき離婚を求め、①離婚慰謝料1000万円、②財産分与として、6201万円もしくは2922万円及びXの死亡時まで毎月21万円、③財産分与として自宅土地建物のYの持分2分の1の分与とその移転登記、④自宅建物からの退去及び明渡を請求した。

判旨

　1　一審は、7年の家庭内別居、Xが自宅を出て別居してから2年近くが経過しており、婚姻を継続しがたい事情があるとして、Xの離婚請求を認容した。そして、①離婚慰謝料として200万円、②清算的財産分与として、Yの財産のうち5分の2相当にあたる自宅土地建物のY持分の各2分の1及び1694万円の分与、③扶養的財産分与として、今後Yが受領する年金のX受領額との差額の4割相当額として、X死亡時まで毎月16万円の支払い、を命じた。
　2　控訴審は、以下のように述べて、一審判決を取り消し、Xの離婚請求を棄却した。
「XとYの長年にわたる婚姻生活にかかる前記の事情を見ても、Yには、Xの立場を思いやるという心遣いに欠ける面があったことは否定できないものの、格別に婚姻関係を破綻させるような行為があったわけではない。XとYの関係が通常の夫婦と著しく異なっているわけでもない。そして、XとYは現在別居状態にあるものの、これもXがH（筆者注：長女）と共に自宅を出たために生じたものであり、Xが一方的にYとの同居生活を拒否しているというべきものである。
　なるほど、XとYは、平成9年10月11日以降、別居状態にあり、X（筆者注：Yの誤り）とHとの確執もあって、このまま推移すると、XとYの婚姻関係が破綻に至る可能性がないではない。しかし、Yは、XとYの年齢やXの身体的条件等をも考慮す

ると、離婚という道はさけるべきであるとして、Xとの婚姻関係の継続を強く望んでいる。また、長男のKも、前記のとおり、XとYの婚姻関係の継続を望んでいる。そして、HとYとの間には確執があって、Hの意向がXの意向に強く関わっていることが窺われるが、Hに今後自立した人生を歩ませるという観点からも現状は好ましいものではない。

　右のような諸事情を総合考慮すると、XとYが平成9年10月以降別居状態にあり、Xの離婚の意向が強いことを考慮しても、現段階で、XとYの婚姻関係が完全に破綻しているとまで認めるのは相当でないというべきである。」

　1　婚姻関係が破綻しているか否かについて、一審と控訴審で判断が異なった事例である。
　2　特に、一審はXとYが寝室を別にした平成4年から約7年の家庭内別居を認定しているのに対し、控訴審は現実の別居期間のみを判断材料としている点が異なる。
　現実の別居期間のみで考えると、別居から本訴提起までが約1か月であり、婚姻期間が本訴提起まででも約36年の長期であること等からすると、やや性急であった感はある。
〔解説・評釈等〕二宮周平・判夕1076号92頁

別居6年の有責配偶者からの離婚請求
離婚請求を認容した事例

一　審…東京地判平成13年4月3日（平成12年（タ）376号）家月55巻5号160頁
控訴審…東京高判平成14年6月26日（平成13年（ネ）5675号）家月55巻5号150頁

事案
　　X（夫、昭和25年8月生）とY（妻、昭和26年12月生）は、昭和49年5月に婚姻し、昭和49年12月に長男、昭和54年1月に二男が生まれた。
　　Xは会社員で、Yは外国人相手の日本語学校の教師をしている。
　　平成2、3年ころ、外国人男性の妻から、Yとその外国人男性が交際しているので、Xに指導・監督して欲しいと言われたこと等があり、XはYが外国人男性と親密な関係にあるのではないかと疑念を抱くようになった。
　　Xは、Aと親密な関係になり、平成8年3月ころ家を出てYと別居し、そこにAが訪ねてくる生活になったが、週に1回は自宅に帰っていた。
　　Xは、平成9年3月ころからはAと同棲し、自宅へも帰らなくなった。
　　平成12年1月、Xは離婚を求める調停を申し立てたが、同年5月不成立となった。
　　XはYに対して民法770条1項5号に基づき本件離婚請求訴訟を提起した。

判旨
　1　一審は、XとYとの婚姻はもはや修復が困難であるとまでは認められないから、破綻状態にあると評価することはできないとして、Xの離婚請求を棄却した。
　2　控訴審は以下のように述べて、一審判決を取り消し、Xの離婚請求を認めた。
　①「XとYとは、もともと会話の少ない意思の疎通が不十分な夫婦であったところ、Yと外国人男性との不倫疑惑で夫婦の溝が大きく広がり、更にXがAと婚姻外の男女関係を続けた中で互いに夫婦としての愛情を喪失して別居に至ったもので、別居後既に6年を超えているところ、その間夫婦関係の改善は全くみられずXの離婚意思は極めて強固であることが明らかであって、XとYの婚姻関係は完全に破綻し、今後話合い等によってこれを修復していくことは期待できないものと認められる。」
　②「Xは有責配偶者であると認められるが、別居期間は平成8年3月から既に6年以上経過しているところ、Xら夫婦はもともと会話の少ない意思の疎通が不十分な夫婦であって、別居前もYと外国人男性との交遊に夫であるXの側からみて前記のような疑念を抱かせるものがあり、そのころから夫婦間の溝が大きく広がっていたこと、二子とも成人して大学を卒業しているなど夫婦間に未成熟子がいないこと、Yは日本語学校に勤務して相当の収入を得ているところ、Xは離婚に伴う給付としてYに現在同人が居住している自宅建物を分与し同建物について残っているローンも完済するまで支払続けるとの意向を表明していることなどの事情に鑑みると、その請求が信義誠実の原則に反するとはいえない。」

Key point
　1　婚姻関係が破綻しているか否かについて、一審と控訴審で判断が異なった事案である。
　2　婚姻期間約28年、別居期間約6年、未成熟子がいない事案について、有責配偶者からの離婚請求を認めた事例として参考になる。

〔解説・評釈等〕清水節・判タ1154号108頁

19 別居2年4か月、7歳の子がいる場合の有責配偶者からの離婚請求

離婚請求を棄却した事例

一 審…広島地判平成15年6月27日（平成14年（タ）52号）
控訴審…広島高判平成15年11月12日（平成15年（ネ）307号）
上告審…最判平成16年11月18日（平成16年（受）247号）家月57巻5号40頁

事案

X（夫）とY（妻）は、平成6年12月に婚姻し、平成8年3月に長男が生まれた。

Xは税務署に勤務しており、Xは、遅くとも平成12年7月ころには、Aと性関係にあったものと推認され、平成12年10月初めころ、Xは、突然Yに対して「好きな人がいる、その人が大事だ」「二馬力で楽しい人生が送れる」「女の人を待たせている」などと言って、離婚を申し入れた。

その後XとY間にほとんど会話がなくなり、Xは平成13年6月に家を出て一人暮らしをはじめ、以後別居生活が続いている。

Xは、別居後Yに対し、毎月生活費として8万円を送金している。

Xは、Yに対して民法770条1項5号に基づき本件離婚請求訴訟を提起した。

判旨

1 一審は、XとYとの婚姻関係は破綻しておらず、Xの離婚請求は有責配偶者からの離婚請求であり許されないとして、Xの離婚請求を棄却した。

2 控訴審は、XとYとの婚姻関係は既に破綻しており、有責配偶者からの離婚請求ではあるが、以下のように述べて、Xの請求を認容した。
「Yは、かなり極端な清潔好きの傾向があり、これをXに強要するなどしたYの前記の生活態度には問題があったといわざるを得ず、Yにも婚姻関係破たんについて一端の責任がある。これに加えて、上記のとおり、YとXとは互いに夫婦としての情愛を全く喪失しており、既に別居生活を始めてから約2年4か月が経過していること、その間、Y、X夫婦間には家族としての交流もなく、将来、正常な夫婦として生活できる見込みもないこと、Yの両親は健在であり、経済的にも比較的余裕があること等の点を考慮すると、Xが不貞に及んだことやYが子宮内膜症にり患しているため就職して収入を得ることが困難であることを考慮しても、Xの離婚請求を信義誠実の原則に反するものとして排斥するのは相当ではないというべきである。」

3 上告審は、以下のように述べて、原判決を破棄し、Xの控訴を棄却した。
「①YとXとの婚姻については民法770条1項5号所定の事由があり、Xは有責配偶者であること、②YとXとの別居期間は、原審の口頭弁論終結時（平成15年10月1日）に至るまで約2年4か月であり、双方の年齢や同居期間（約6年7か月）との対比において相当の長期間に及んでいるとはいえないこと、③YとXとの間には、その

監護、教育及び福祉の面で配慮を要する7歳（原審の口頭弁論終結時）の長男（未成熟の子）が存在すること、④Yは、子宮内膜症にり患しているため就職して収入を得ることが困難であり、離婚により精神的・経済的に苛酷な状況に置かれることが想定されること等が明らかである。

　以上の諸点を総合的に考慮すると、Xの本件離婚請求は、信義誠実の原則に反するものといわざるを得ず、これを棄却すべきものである。」

Key point

　1　最高裁が、[➡9]の基準に従い、同居期間約6年7か月、別居期間約2年4か月、7歳の子がいる場合に有責配偶者からの離婚請求を棄却した事例である。

　2　最高裁の判決は妥当であるが、高裁判決が、このような事案であっても離婚請求を認容していること、特に未成熟子の存在に全く言及していないことが注目される。

〔解説・評釈等〕石川博康・NBL 799号5頁、高橋朋子・民商132巻3号163頁、大杉麻美・リマ32号72頁、東條宏・判タ1215号120頁

20 別居9年の有責配偶者からの離婚請求
離婚請求を棄却した事例

一審…福岡地判平成15年10月24日（平成14年（タ）175号）家月58巻1号96頁
控訴審…福岡高判平成16年8月26日（平成15年（ネ）957号）家月58巻1号91頁

事案　X（夫）とY（妻）は、昭和48年12月に婚姻し、昭和50年に長女、昭和57年に長男が生まれた。

Xは、婚姻前に交際のあったCと再会し、平成6年8月ころには、同人と男女関係を有するに至り、Xは、平成6年6月に福岡への転勤のために単身赴任して以来、Yとの別居生活が継続している。

Xは、Yに対して、平成12年4月に、離婚を求める訴訟（前訴）を提起したが、同年11月に、Xを有責配偶者と認定し、Xの請求を棄却する判決が下され、同判決は確定した。

Xは、平成14年11月に、再度離婚を求める本件訴訟を提起した。

判旨
1　一審は、Xの離婚請求はなお信義則に反するとして、棄却した。
2　控訴審も、以下のように述べて、控訴を棄却し、一審判決を維持した。

「ア　Xは未だにCと同居しておらず、1か月に1回程度、それぞれの家を行き来するにとどめている。また、依然、XとCとの間に婚外子はない。

もっとも、Cの勤務先の破綻等を契機に同人の収入が減少したことを受け、同人及び同人が養育に当たっている大学生の娘の生活を援助する意味で、平成13年ごろから毎月10万円ずつ、平成15年8月以降は同15万円ずつ、Cに送金するようになった。

イ　当事者間の長男は、その後高校を卒業し、1浪して、平成14年4月に大学に入学した。現在もYと肩書地で同居している。

ウ　現在のYの給与（パート）収入は、月額約7万円である。これとXから支払われる月額20万円（毎年7月と12月に各30万円を加算）の婚姻費用分担金により生計を維持している。

なお、Xは、上記婚姻費用とは別に、長男の大学授業料等を任意に支払っている。

エ　Xは、いまやYとの同居生活を再開する意思を全く持っておらず、Cとの婚姻を志向し、その前提としてYとの離婚を強く望んでいる。そして、Xは、離婚に伴う給付として合計800万円を支払うとの提案をするとともに、経済的に可能な範囲内での増額にも応じる意向である。

一方、Yは、Xとの同居を再開することを通じて家族としての生活を取り戻したいとの理由から離婚を拒み続けている。」

「前記認定のとおり、当事者間の婚姻関係が既に破綻してしまっている状況下においては、YがXの帰ってくるのをなお待ち続けるというのはいささか非現実的であるとの感を否めず、当事者双方の再出発という観点からは疑問なしとしない。しかも、前訴判決時には高校3年生（18歳）で、大学受験を控えていた長男も今では成人して大学に在学中であること、その授業料等をXが負担していることなどの事情に照らすと、もはやXとYとの離婚が子の福祉に重大な影響を与えるともいい難い。

しかし、既に認定・判断したとおり、両者の婚姻関係が決定的に破綻した直接の原因はXの不貞にあるところ、当審口頭弁論終結時（平成16年6月29日）までの別居期間は、XがYに対して初めて離婚を切り出した平成6年11月から起算して約9年余であるのに対し、同居期間が約21年間に及ぶことや双方の年齢等も考慮すると、別居期間が相当の長期間に及ぶとまで評価することは困難である。さらに、XとCとの間に子がいないことに加え、XとCとの交際の実態等に照らすと、Xの離婚請求を認めた上で、Cとの間の新たな婚姻関係を形成させなければならないような緊急の要請もないものといわなければならない。他方、Yは、Xから支払われる婚姻費用によって、ようやく生活を維持できている状態にあるというほかはなく、その職歴、年齢等に照らすと経済的に自立できる程度の職業に就ける見通しも乏しいから、Yが離婚によってたちまち経済的に困窮する事態に追い込まれることは、容易に予測されるところである。さらに、離婚に伴う給付としてXが提案する内容も、前記事実関係の下においては、なお十分であるとはいい難い。

してみると、Xによる本件離婚請求は、信義誠実の原則に照らし、なお容認することはできないといわなければならない。」

1　有責配偶者の夫が前訴から2年後（長男が成人し大学在学中となった）に再度提起した離婚訴訟について、同居期間約21年、別居期間約9年、夫婦の年齢（一審口頭弁論終結当時夫55歳、妻54歳）等も考慮すると別居期間が相当長期に及ぶとまではいえない等として、離婚請求を認めなかった事例である。

2　再度の離婚訴訟の場合には、原則として前訴の口頭弁論終結後の事情により判断するとした点は、ほぼ確定した考えである。

本件のような事案の場合には、裁判所により判断が分かれると思われる。

21 未成熟子がいる場合の有責配偶者からの離婚請求

離婚請求を認めた事例

一　審…大阪家判平成18年8月30日（平成17年（家ホ）620号）
控訴審…大阪高判平成19年5月15日（平成18年（ネ）2622号）判タ1251号312頁

事案

X（夫）とY（妻）は昭和61年2月に婚姻し、同人間には、長男（昭和63年12月生）と二男（平成2年7月生）の子どもがいる。

Xは、平成2年9月から訴外Aと男女の関係を持ち、平成6年5月には家を出てYや子らと別居し、平成6年7月に別居調停が成立した。Xは、平成11年7月からAと同居している。

Xは、3回の離婚調停を経て、平成14年1月には離婚訴訟を提起したが、平成15年に離婚請求を棄却する判決が確定した。

Xは、4回目の離婚調停を経て、平成17年11月に再度本離婚訴訟を提起した。

判旨

1　一審は、有責配偶者であるXの離婚請求を認めることは、Yを精神的、社会的、経済的に極めて過酷な状況に陥れることになるとして、Xの請求を棄却した。

2　控訴審では、親権者の指定に関する子らの意向及び子らの監護についての離婚した場合の影響の有無につき、家庭裁判所調査官による事実の調査を行った。

そして、①離婚が成立した時には、XはYに対し離婚慰謝料として150万円を直ちに支払う、②Yが二男の親権者に指定された場合には、XはYに対し、毎月払いの養育費のほかに、二男が大学に入学する場合には養育費として150万円を二男の大学入学が確定した時点で直ちに支払う、③これらの合意は、YのXに対する訴訟、審判手続におけるその余の請求及び申立てを制限するものではない、等の内容の一部和解が成立した。

そのうえで、裁判所は、以下のように述べて、Xの離婚請求を認容し、長男、二男の親権者をYに指定し、Xに対し、子らが20歳に達する月まで1人あたり毎月5万円の養育費の支払いを命じた。

「当分の間別居生活を続ける旨の調停が成立した後約13年の別居期間がすでに経過しようとしており、別居後、XがAとの間で既に約8年、内縁関係ともいえる同居を続けているのに対し、婚姻後の同居期間は約8年（約2年の家庭内別居の期間を含む。）にとどまり、XとYはともに46歳に達し、子らも高校生になっていることなどからすると、婚姻関係を破綻させたXの責任及びこれによってYが被った精神的苦痛や前件離婚訴訟で詳細に認定されている生活の苦労などの諸事情や、さらには前件離婚訴訟の確定後の期間等の点を考慮しても、今日においては、Yの婚姻継続の意思及

び離婚による精神的・経済的・社会的影響などを重視して、Xの離婚請求を信義誠実に反するものとして棄却するのは相当ではない。

Yが今日までに受けた精神的苦痛、子らの養育に尽くした労力と負担、離婚により被る精神的・経済的不利益などについては、慰謝料等の支払や前記のように特別に加算された養育費の支払などを通じて補償されるべきものであって、そのために本件離婚請求自体を容認できないものということはできない。」

Key point

1　同居期間約8年、別居期間約13年、長男18歳、二男16歳の夫婦について、控訴審が一審判決を取り消して、有責配偶者である夫の離婚請求を認容した判決である。

2　高裁で、家庭裁判所調査官の調査を行い、その調査によって、離婚による長男、二男への影響が低いと判断し、また一部和解を成立させることにより、離婚後のYの経済的不安をある程度解消させたこと等、人事訴訟の方法論として参考になる判例である。

〔解説・評釈等〕中山直子・別冊判タ22号140頁

3

婚姻費用

傾向と実務

第1 夫婦間の生活費の負担根拠

1 　民法760条は「夫婦は、その資産、収入その他一切の事情を考慮して、婚姻から生ずる費用を分担する。」と定める。また、752条は「夫婦は同居し、互いに協力し扶助しなければならない。」と定める。

　760条と752条の関係については、学説上は説が分かれているが、実務上は、夫婦間の生活費の請求方法としては、婚姻費用には子の監護費用（養育費）も含めることができるので、760条に基づき、調停、審判として申立てがされる（家事法別表第2第2項）。

2 　夫婦の扶養の程度としては、夫婦間の扶養、親の未成熟子に対する扶養は、生活保持義務とされ、権利者の生活を自己の生活の一部として自己と同程度の水準まで扶養する義務であると解されている。

第2 婚姻費用の算定方法

1 　平成15年4月に、東京・大阪養育費等研究会による「簡易迅速な養育費等の算定を目指して—養育費・婚姻費用の算定方式と算定表の提案」（判タ1111号285頁、以下「算定表」という）が公表された。

　算定表は、従来の家庭裁判所の実務で採用された考え方を踏襲している。具体的には、以下の方法で、婚姻費用を算定する。
① 　権利者、義務者それぞれの基礎収入を認定
② 　父母及び子が同居したと仮定して、権利者及び権利者と同居する子のために費消されるはずの生活費の額を算定
③ 　②から①の権利者の基礎収入を引いて、義務者が権利者に支払うべき婚姻費用分担額を算定

算定表公表以降、調停、審判、裁判において、婚姻費用分担額の算定について、算定表を使用することが定着している。判例においても、算定表に基づき婚姻費用を算定することが適切であることが述べられている［⇒**27**、**32**］。そ

のため、婚姻費用算定にあたっては、特別に考慮すべき事情の有無が主な争点となっている。

2　婚姻費用算定において考慮する事情

(1)　相続財産等の特有財産　夫婦が同居中、夫の給与で生活をしていた場合には、夫が亡父から相続した財産や相続税は、婚姻費用算定にあたり考慮しないとの判例がある［⇨22］。

(2)　権利者の稼働能力　権利者が働いていない場合であっても稼働能力がある場合には、賃金センサス等による同年齢のパート収入程度の年収が得られるものと推定した判例があり［⇨27、32］、この考え方が定着しつつあると思われる。

(3)　義務者と同棲する女性の生活費　夫と同棲する女性の生活費については、夫婦関係が夫の責めに帰すべからざる事由によって完全に破綻した後、夫とその女性の同棲関係が生じたなど特段の事情がない限り、夫の妻に対する婚姻費用分担額算定にあたり考慮しないとする判例がある［⇨23］。

(4)　義務者の債務　義務者の母への負債の返済、カードローン、サラ金への返済金について、事業運営及び婚姻生活維持のための負債とは認められないとして、特別経費とは認めなかった判例がある［⇨25］。

(5)　住宅ローン　義務者が住宅ローンを返済している場合に、この返済金を特別経費として考慮すべきかについては、権利者と子が居住している家の住宅ローンであっても、義務者の資産維持のための出費でもあるとして、控除を認めなかった判例がある［⇨32］。

また、義務者が権利者の居住している自宅の住宅ローンを負担している場合に、算定表による婚姻費用額から権利者の総収入に対応する標準的な住居関係費を控除して、義務者の負担すべき婚姻費用分担額とした判例があり［⇨33］、実務ではこの判例の方法の方が多いと思われる。

(6)　権利者が持ち出した預金等　権利者が別居に際して夫婦共同財産である預金等を持ち出している場合に、婚姻費用分担額の算定にあたりその預金等を考慮すべきかが問題となる。

判例は、持ち出した預金等は財産分与の際に清算すべきものであり、婚姻費用分担額の算定にあたっては考慮しないとするものが多い（⇨26の原審判決）。しかし、権利者が預金を払い戻して生活費に充てることができる状態に

3章　婚姻費用　67

あり、義務者もこれを容認している場合には、預金を婚姻費用に充てることができるので、婚姻費用分担義務はないとした判例もある［⇒29］。
3　婚姻破綻の責任と婚姻費用分担義務
　婚姻破綻の責任の有無、程度によって、婚姻費用分担額を減免すべきであるかについては、判例も分かれている。
　権利者が有責配偶者である場合には、権利濫用の法理から配偶者分の婚姻費用額を零ないし減額する判例がある［⇒24］。なお、この場合でも子の生活費分について支払義務があることは当然である。
　しかし、婚姻費用分担調停・審判において、婚姻破綻の責任を認定するのは困難であり、時間もかかることから、権利者の有責性が明白である場合を除き、婚姻費用分担額算定にあたり、婚姻破綻の有責性は考慮しないとするのが実務の大勢であると思われる［⇒22］。
　なお、有責配偶者の権利者が離婚訴訟を提起後に、婚姻費用分担を求めた事案については、婚姻破綻を自認していることから信義則に反し許されないとしたのは妥当であろう［⇒31］。

第3　婚姻費用分担義務の始期と終期

1　婚姻費用分担義務の始期については、
　① 　分担の必要が生じたとき
　② 　別居開始時
　③ 　請求時
　④ 　調停申立時［⇒28］

　の各考え方があるが、判例では、③請求時ないし④調停申立時をとるものが多い。
2　婚姻費用の分担義務の終期については、調停・審判では「別居の解消または離婚に至るまで」とするのが一般的である。
　算定表は、権利者と義務者が別居していることを前提に婚姻費用を算定しているので、「別居状態の解消」とは、夫婦の協力扶助義務が履行される状態になったことをいうのでなく、単に別々の場所で居住するという状態が解消されたことを意味すると判示した判例がある［⇒34］。

第4　婚姻費用分担額の変更

　協議・調停・審判に基づいて婚姻費用分担額が決定した場合でも、その後に事情の変更が生じたときには、民法880条の類推適用により、家庭裁判所に婚姻費用分担額の変更の調停、審判申立てをすることできる［●30］。この場合には、婚姻費用分担額の変更は、事情の変更が生じた時点に遡って請求できるとする判例があるが［●30］、変更を請求される相手方の保護の必要もあり、変更の効力発生は、変更通知時または調停申立時とする考え方もあるだろう。

22 基礎収入の算定
高額な相続財産を義務者の収入とみなさなかった事例

原　審…横浜家審昭和57年2月15日（昭和55年（家）5108号）家月35巻11号86頁

抗告審…東京高決昭和57年7月26日（昭和57年（ラ）148258号）家月35巻11号80頁

事案　X（妻）とY（夫）は、昭和49年11月に婚姻し、昭和54年6月に長男が生まれた。

XとYは、昭和54年10月に別居した。

Yは、昭和55年6月に、離婚調停申立てをなし、これが不成立となり、昭和56年12月に、離婚訴訟を提起した。Xは、昭和55年12月に本件婚姻費用分担の調停申立てをし、審判に移行した。

Xは、別居後長男とともに、同人の父母方で生活し、ピアノの個人教授をして1か月約2万円前後の収入がある。Yは、会社員で、昭和55年度についてはその給与所得から所得税及び社会保険料を控除した額は、約296万円である。更に、昭和48年にYの父が死亡し、Yは、約6億6000万円の財産を相続し、その相続税とその延納により昭和62年までに支払うべき利子税との合計は約5億円である。

判旨　1　原審は、以下のように述べて、Yに対して、婚姻費用として直ちに150万円及び昭和57年2月以降別居解消又は離婚成立に至るまで、毎月14万円の支払いを命じた。

「婚姻中の夫婦は互いにその婚姻費用を分担する義務があり、たとえ夫婦の関係が破綻し、離婚訴訟中であっても同様であり、専らいわゆる有責配偶者と認められない限り、婚姻費用の分担を他方に請求できるところ、その分担額は各自の資産・収入及び従前の生活状態あるいは別居に至る経緯等の諸般の事情を考慮してこれを決すべきである。そこで本件におけるその分担額については、まず、当事者の婚姻生活の破綻が専らいずれの当事者にあるともにわかに認められないこと及びYの収入・資産等を考慮し、さらに当事者の過去・現在の生活状況等の諸般の事情を考え併わせてこれを決すべきところ、YのXに対する婚姻費用の分担額は1か月金14万円を以つて相当とする。また、本件審判時以前の過去の婚姻費用の分担額は諸般の事情を考慮し、金150万円とする。なお、Yは前記多額の相続税及び利子税をすべて納めておらず、その納税の負担は大きいといえるが、右税に見合う資産を保有し、不動産収入もあり、また、配偶者と未成熟子に対する扶養の意味を有する本件の婚姻費用分担義務はいわゆる生活保持義務であり、納税に優先してこれを負担する義務があるというべきである。」

2　抗告審は、以下のように述べて、Yの抗告およびXの附帯抗告をいずれも棄却した。

「XとYは、婚姻から別居に至るまでの間、就中〇〇区のマンションに住んでいた当時、専らYが勤務先から得る給与所得によつて家庭生活を営み、Yの相続財産またはこれを貸与して得た賃料収入は、直接生計の資とはされていなかつたものである。従つて、Yと別居したXとしては従前と同等の生活を保持することが出来れば足りると解するのが相当であるから、その婚姻費用の分担額を決定するに際し考慮すべき収入は、主としてYの給与所得であるということになる。

以上の通りであるから、Yが相続によりかなりの特有財産（その貸与による賃料収入を含む）を有していることも、また、Yが右相続により相当多額の公租公課を負担していることも、いずれも、本件においてYがXに対して負担すべき婚姻費用の額を定めるについて特段の影響を及ぼすものではないというべきである。」

1　義務者が高額の相続財産を有し、また高額の相続税を負担している場合に、同居期間中に、相続財産やその賃料収入は、生計の資とはされていなかったことから、これらの相続財産やその賃料収入を、婚姻費用分担額を算定する場合に考慮する義務者の収入とはしなかった事例である。

2　原審は、夫婦の関係が破綻し、離婚訴訟中であっても、権利者が専ら有責配偶者と認められない限り、婚姻費用の分担を他方に請求できると述べており、これが一般的判例の考えであろう。

23 婚姻費用分担額の算定
夫と同棲中の女性の生活費は考慮しないとした事例

原　審…東京家審昭和57年11月25日（昭和57年（家）4869号）
抗告審…東京高決昭和58年6月21日（昭和57年（ラ）794号）家月36巻6号37頁

事案　X（妻）とY（夫）は、昭和33年6月に婚姻し、長男が生まれた。
　Yは、Xとの別居後の昭和41年ころからAと同居し、以後17年に及んでおり、この間にAとの間に非嫡出子Bが生まれた。
　Xは、Yに対して、本件婚姻費用分担の審判申立てをした。

判旨　1　原審判は、Yに対して、婚姻費用として月額8万円の支払を命じた。
　2　A（無職）は、昭和41年以降17年間Yと同居し、Xとの別居の原因ともなったYの母の面倒をみ、Yの会社倒産、失業の間の家族を支え、実質的な夫婦関係にあるのに、原審判がそのAの生活費を婚姻費用分担額算定にあたり考慮しなかったのは不当である等と主張して、Yが抗告した。
　抗告審は、以下のように述べて、Yの抗告を棄却した。
「およそ婚姻関係が継続している以上、夫婦双方の可処分所得は、未成年の子などの扶養すべき親族の生活を含めた相互の生活の維持のために必要とされる程度に応じてこれを分配することを原則とすべきであり、夫婦の一方が異性と同棲している場合に、その扶養に要する費用は、特段の事情のない限り右分配にあたって考慮すべきではない。そうして、本件において、夫婦関係がYの責めに帰すべからざる事由によって完全に破綻したのちにYとAとの同棲関係が生じたなど、前記原則によらない取扱いを相当とするような特段の事情が存するとは認められないから、所論は理由がない。」

Key point　重婚的内縁関係が営まれている場合に、内縁の妻の生活費を、正妻に支払うべき婚姻費用分担額の算定にあたり考慮すべきか否かについて、原則としてこれを否定した判例である。

24 有責配偶者からの婚姻費用分担請求
請求を権利の濫用とし子の監護費用のみを認めた事例

原　審…東京家審昭和57年12月10日（昭和56年（家）9827号）
抗告審…東京高決昭和58年12月16日（昭和57年（ラ）821号）家月37巻3号69頁

事案

X（妻）とY（夫）は、昭和37年12月に婚姻し、昭和38年3月に長女が、昭和42年6月に二女が生まれた。

Yは、昭和41年に課長に昇進したが、そのころから深酒して深夜に帰宅することが多くなり、昭和42年8月に、これを非難したXと口論となり、Xは、生後間もない二女だけを連れて実家に帰った。昭和42年12月にはXが二女を連れずに帰宅し、昭和43年5月には、二女も帰って共同生活が再開された。昭和45年5月にかねて鬱病と診断されていたYは、医師から入院治療をすすめられたがこれを拒絶した。Xは、同月に2人の子どもを連れて実家に帰り、その後入院したYの面会にも行かなかった。Yは、その後Xに同居を求めたが、Xはこれに応ぜず、昭和47年から昭和54年まで互いに全く音信がない状態が続いた。

Yは、昭和54年1月にAと見合いをして、同年4月からAと同棲を始めた。

Yは、昭和56年5月に離婚調停申立てをなし、不調となったので、昭和57年7月に離婚訴訟を提起した。

Xは、Yに対して、昭和55年10月、本件婚姻費用分担の申立てをした。

判旨

1　原審判は、Yに対して、婚姻費用の支払を命じた（金額は不明）。
2　抗告審は、以下のように述べて、原審判の一部を取り消し、2人の子どもの監護費用分として、月4万円の婚姻費用の支払を命じた。

「民法760条、752条に照らせば、婚姻が事実上破綻して別居生活に入ったとしても、離婚しないかぎりは夫婦は互に婚姻費用分担の義務があるというべきであるが、夫婦の一方が他方の意思に反して別居を強行し、その後同居の要請にも全く耳を藉さず、かつみずから同居生活回復のための真摯な努力を全く行わず、そのために別居生活が継続し、しかも右別居をやむを得ないとするような事情が認められない場合には、前記各法条の趣旨に照らしても、少なくとも自分自身の生活費にあたる分についての婚姻費用分担請求は権利の濫用として許されず、ただ、同居の未成年の子の実質的監護費用を婚姻費用の分担として請求しうるにとどまるというべきである。そして、右認定事実によれば、XはYの意思に反して別居を強行し、その後のYの再三の話合いの要請にも全く応ぜず、かつみずからは全く同居生活回復の努力を行わず、しかも右別居についてやむを得ない事情があるとは到底いいがたい状態で10年以上経過してから本件婚姻費用分担の申立てをしたものと評価すべきであるから、自己の生活費を婚姻費用の分担としてYに請求するのは、まさに権利の濫用であって許されず、ただXと同居する長女、二女の実質的監護費用だけを婚姻費用の分担としてYに請求しうるにとどまるというべきである。」

Key point　1　妻が夫の意思に反して別居を強行し、別居が10年以上経過してから、婚姻費用分担の申立てをした事案について、妻の生活費を請求するのは権利濫用として許されず、子どもの監護費用分のみの支払いを命じた事案である。
　　　　　　　2　本件ではＸが婚姻破綻の有責配偶者といえるかについては、疑問がある。抗告審は、音信不通の状態が7年も続き、別居10年以上経過してから婚姻費用分担の申立てをした事実を重視していると思われる。
〔解説・評釈等〕上野雅和・別ジュリ162号12頁、冷水登紀代・別ジュリ193号16頁

25 借金と婚姻費用分担額の算定
借金を可処分所得から控除すべきでないとした事例

原　審…千葉家松戸支審平成8年7月4日（平成8年（家）127号）家月49巻7号78頁
抗告審…東京高決平成8年12月20日（平成8年（ラ）1246号）家月49巻7号72頁

事案　X（妻）とY（夫）は、昭和61年10月に婚姻し、平成元年10月に長男、平成3年10月に二男、平成6年1月に三男がそれぞれ生まれた。

平成7年9月に、Yの不倫行為が原因で、XとYは別居した。

別居後Xは、実家の両親方に同居したが、平成8年4月からアパートで長男、三男とともに生活し、同月から病院の看護助手として勤務し、手取り収入は月6万円から7万円程度である。

Yは、両親及び二男と同居し、整体師を開業している。Yは、約10か所から借入金を抱えており、月額26万1060円の返済をしている。

Xは、Yに対して、毎月8万円の婚姻費用分担金の支払いを求めた。

判旨　1　原審は、Yのやむを得ない必要的支出（合計月額31万3360円）は収入（月額31万1414円）を超えており、Xらについての婚姻費用を分担する能力はないとして、Xの請求を却下した。

2　抗告審は、以下のように述べて、原審判を取り消し、月8万円の婚姻費用分担金の支払いを認めた。

「Yが同居している母に返済している月額8万円やカードローン及びサラ金の返済金が、婚姻費用に先んじて支払うべきことが相当な負債（事業運営及び婚姻生活維持のための負債）であるとの点については、乙2（筆者注：Yの陳述書）によってもこれを認めるに足りず、これを認定するに足りる客観的な証拠がないから、特別経費とすることはできない。」更に「Yは多額の負債を抱えているが、Xの生活状況はYと比較しても極めて厳しく、要扶養状態にあることは明らかである。したがって、Yは負債の返済を理由に婚姻費用の分担義務を免れることはできないというべきで、Yの母に対するYの債務をXが保証している事実をもってしてもこれを左右するものではない。しかも、Yの不貞が別居の原因であることからすると、Yの婚姻費用分担の責任は重く、収入の増加や負債の返済方法を変更する等の努力をしても、婚姻費用を捻出すべきである」。

Key point　義務者に、義務者の母、カードローン、サラ金への負債がある場合に、これを可処分所得から控除する特別経費とは認めなかった事例である。

〔解説・評釈等〕犬伏由子・民商119巻6号164頁

26 共同財産の費消と婚姻費用分担額
費消分を既払い分とした事例

原　審…大津家審平成10年8月5日（平成5年（家）607号）家月51巻7号71頁
抗告審…大阪高決平成11年2月22日（平成10年（ラ）756号）家月51巻7号64頁

事案

　X（妻）とY（夫）は、昭和48年11月に婚姻し、昭和49年10月に長女、昭和50年12月に長男が生まれた。

　Yは、平成元年7月ころ、家を出てXら家族と別居した。

　別居後Xは、実家の両親方に同居したが、平成2年3月ころ、X名義で買った土地に居宅を建築し、長女とともに同所に転居した。

　Xは、Yとの別居時に、X、Y、長女、長男名義の通帳、証書類を保管し、その後もその管理を継続し、この預金（本件預金等）のうち合計2283万円余を解約等していた。

　Xは、平成3年10月にYに対して、婚姻費用分担の調停申立てをした。

　Yは、平成6年10月Xに対して離婚等請求訴訟を提起し、平成10年3月に離婚及びYに対して200万円の慰謝料の支払いを命ずる判決が下され、同判決は確定した。なお、この離婚訴訟では、Xは財産分与の附帯申立てはしていない。

判旨

　1　原審は、以下のように述べて、婚姻費用分担調停申立時から離婚判決確定日の前日までの婚姻費用分担金として、Yに対して796万9181円の支払いを命じた。「本件預金等については、将来の財産分与審判において、分与の対象財産に含め、Xにおいて既に処分したものは財産分与の先取りとして清算すべきものとして、本件審判においては、婚姻費用の前払いとしては考慮しないこととする。」

　2　抗告審は、以下のように述べて、原審判を取り消し、Xの申立てを却下した。

　①　離婚と婚姻費用の分担請求

「婚姻費用の分担は、本来、婚姻が有効に存続している夫婦について行われるものである（民法760条）。夫婦が離婚し夫婦でなくなった場合は、その間に婚姻費用の分担はあり得ず、過去分の婚姻費用の分担額の請求は、財産分与という離婚後の財産清算手続に委ねられる。

　しかし、夫婦が婚姻中に婚姻費用の分担の申立がなされ、それが家庭裁判所で審理中に離婚判決が確定するなどにより離婚が成立したような場合には、これにより直ちに従来の手続における当事者の努力を無駄にすることなく、これを生かすべきである。すなわち、この場合には、財産分与請求手続が他で先行しているなど特段の事情がない限り、訴訟（手続）経済の観点から、従前の婚姻費用分担手続は、以後、婚姻費用の分担という限られた部分において、財産分与手続（離婚後の財産関係の清算手続）の一部に変質してなお存続する」

　②「Xが生活費等として費消した金額が前示の婚姻費用の分担額をはるかに上

回ることは明らかである。必要な婚姻費用はこれによって現実に十分まかなわれていたのである。そうだとすると、XはもはやYに対して改めて前示の婚姻費用の分担額を請求することはできない」

「たしかに、離婚時に現にXが保管している預金等は、財産分与の手続によって分配すべきである。しかし、生活費に充てることについての了解があり、現に生活費等にあてられ既に費消された預金等は、これが婚姻費用の分担と関係がないとはいえない。財産分与の際には過去の婚姻費用の清算の趣旨をも含んで分与額が定められる。しかし、そのために、婚姻中から係属していた婚姻費用の分担の審判手続によって過去の婚姻費用の分担を命ずる際に、既に生活費等に費消された夫婦共同財産の額を考慮することが許されなくなるわけではない。」

1　権利者が既に生活費等として使った夫婦共同財産の預金額を、婚姻費用分担金の既払い分として考慮した事例である。
2　また、婚姻費用分担の審理中に離婚が成立した場合、訴訟経済の観点から、婚姻費用分担手続は財産分与手続の一部に変質して存続すると判示した判例として意義がある。

27 標準的算定方式による婚姻費用分担額の算定
働いていない妻の基礎収入を同年齢のパート収入から推定した事例

原　審…東京家審平成15年10月6日（平成15年（家）3370号）家月56巻6号152頁
抗告審…東京高決平成15年12月26日（平成15年（ラ）2047号）家月56巻6号149頁

事案　　X（妻、昭和24年12月生）とY（夫、昭和24年12月生）は、昭和51年11月に婚姻し、昭和56年3月に長女が生まれた。
　Yは、平成14年12月ころ、家を出てXと別居した。
　Xは、平成15年1月にYに対して、夫婦関係調整の調停申立てをなし、同調停事件の第2回期日である平成15年3月に、本件婚姻費用分担調停を申し立てた。
　XはXの実家で、母、姉、長女と4人で生活しており、働いておらず、主に姉の収入に頼って生活している。Yは、平成15年1月から母が借りた都民住宅で母と同居し、ホテルに勤務し、その給与収入は年間約614万円である。

判旨　　1　原審は、以下のように述べて、Yに対して、月7万円の婚姻費用の支払いを命じた。
　「Yの実母の生活に要する費用が必要であるとの主張については、「実母は必ずしも十分ではないものの年金収入があり、Yが扶養しているとしても、それは生活扶助義務の範疇の問題であって、生活保持義務である婚姻費用の分担を定めるに当たっては考慮すべき事情とはいえない上、平均的な生活費を基礎とすることに加えて特別に考慮すべき事情とはいえない」とし、Xが働いていない点については「婚姻費用の分担のいわば原資となる収入については、Xは現在稼働していないものの、稼働能力は十分にあると認められるから、少なくとも賃金センサスによる同年齢のパート収入程度の年収（年間約128万円）が得られるものと推定するのが相当であ」るとした。
　2　抗告審も、以下のように述べて、Yの抗告を棄却し、原審判を維持した。
　「総収入に対応して租税法規等に従い理論的に導かれた公租公課の標準的な割合並びに統計資料に基づき推計された職業費及び特別経費の標準的な割合から基礎収入を推定してその合計額を世帯収入とみなし、これを生活費の指数で按分して作成した算定表（判例タイムズ1111号285頁参照）に上記認定のY及びXの各総収入額を当てはめると、Yの分担額は概ね月額6万円ないし8万円と算定される。」
　Yの給与は、婚姻以来Xの管理する預金口座に振り込まれていたから、Xの手許には相当の金員が残っているはずであるとのYの主張については、「仮に、YとXとの共同の財産とみるべき預金があり、これをXが管理しているとしても、その分与等の処置は、財産分与の協議又は審判若しくは離婚訴訟に付随する裁判において決められることであり、Xにおいてこれをまず婚姻費用に宛てなければならないという根拠はない。」と判示した。

1　標準的算定方式により婚姻費用分担額を決定し、平均的な生活費を基礎とすることに加えて特別に考慮すべき事情はないとした事案である。
2　義務者が母を扶養していること、妻が夫の給与を管理していたことから相当の預金が残っているはずだとの主張は実務上よくなされるので、参考になろう。
3　原審判時53歳の働いていない妻について、賃金センサスによる同年齢のパート収入が得られるものと推定して、婚姻費用分担額を算定した点は注目に値する。

〔解説・評釈等〕三宅篤子・民商132巻6号303頁

28 自動車ローン支払分の控除方法
算定表に基づき分担額からローン月額を控除した事例

原　審…盛岡家遠野支審平成15年12月26日（平成15年（家）334号）家月56巻7号136頁

抗告審…仙台高決平成16年2月25日（平成16年（ラ）23号）家月56巻7号116頁

事案

　X（妻）とY（夫）は、平成8年7月に婚姻し、平成9年9月に長女が、平成11年6月に二女が、平成15年4月に長男がそれぞれ生まれた。

　Xは、平成15年4月に子ども達を連れて実家に帰り、以後Yと別居している。

　Xは、平成15年5月、Yに対して、離婚を求める調停申立てをなし、同調停は同年10月に不成立となった。

　Yは、Xに対して子ども達との面会交流を求める審判申立て、子の引渡しを求める審判申立てをした。また、X及びY双方が離婚訴訟を提起した。

　Xは、平成15年10月に、本件婚姻費用分担調停を申し立てた。

　平成13年度のXの年収は約426万円、Yの年収は約643万円である。

　Yが負担している自動車ローンの金額は年額72万円である。

判旨

　1　原審判は、以下のように述べて、婚姻費用分担申立てをした平成15年10月から月9万円の婚姻費用の支払いを命じた。

「婚姻費用分担額の算定については、現在、婚姻費用や養育費の簡易迅速な算定を目指して、東京・大阪養育費等研究会の提唱する算定方式及び算定表に基づく算定が、全国の裁判所に普及しつつあることに鑑み、本審判においても、同算定方式及び算定表を尊重し、原則として両当事者の年間総収入を別紙算定表に当てはめて婚姻費用分担額を算出する方法によることとする。同算定方式によれば、給与所得者の場合には、源泉徴収票の支払金額（「給与収入」欄の金額）をもって、年間総収入とみることになるが、本件においては、XとYの婚姻中に購入されたと認められる自動車のローン代金をYが負担しているところ、このローン代金については、本来XとYが共に負担すべきものであるのにYのみが負担していると推定されるので、その全額をYの総収入から控除するのが相当である。他方、Xが指摘する自動車（スポーツカー）の保険料は、上記算定方式及び算定表に織込み済みと考えられるので、改めて考慮しない。また、目先の生活に必要と考えられる婚姻費用の分担義務は、将来に備えるための簡易保険の保険料の支払に優先すると考えるのが相当であるから、Yが簡易保険の保険料を支払っている点も考慮しない。さらに、Xが400万円余りを持ち出した旨Yが主張する点については、その事実があるなら離婚に伴う財産分与に際して考慮することなどが考えられるが、これを婚姻費用分担の判断と同時にあるいはこれに先立って判断すべきとする理由はない。むしろ、婚姻費用分担についての判断は、権利者の目先の生活に影響するところが大きく、迅速な判断が要請される。」

2 抗告審は、以下のように述べて、原審判を取消し、月7万5000円の婚姻費用の支払いを命じた。
「上記の新しい算定方式の考え方からすると、原審判が、当事者双方がともに負担すべき自動車ローン支払に関して、Yの給与収入からローン年額を控除した上でこの算定方式を適用したのは相当ではなく、Yの給与収入を直接適用して算定された金額からXが負担すべきローン月額を控除した額をもって婚姻費用分担金とすべきであったということができる。
 そこで、以上に従い、一件記録に表れた諸般の事情を踏まえ、YがXに支払うべき婚姻費用分担金の額を算定すると、月額10万円から12万円までの間の額である月額10万5000円からXが負担すべき自動車ローン月額3万円（平均月額6万円の半額）を控除した月額7万5000円となる。」

1 標準的算定方式により婚姻費用分担額を決定した事案である。
2 抗告審が、義務者が負担している自動車ローンの月返済額の半額を、算定式に基づいて算定した婚姻費用分担額から控除したのは、注目に値する。
〔解説・評釈等〕冷水登紀代・民商132巻4～5号236頁

29 預金の持ち出しと婚姻費用分担
共有財産が権利者の管理下にある場合、分担義務はないとした事例

原　審…札幌家審平成16年2月6日（平成16年（家）92号）家月57巻8号96頁
抗告審…札幌高決平成16年5月31日（平成16年（ラ）45号）家月57巻8号94頁

事案

X（妻）とY（夫）は、平成9年6月に婚姻し、平成12年2月に長女が、平成14年6月に二女が生まれた。

XとYは、Xの母と同居する目的で自宅を購入した（建物の名義は、Yが2分の1、X及びXの母がそれぞれ4分の1、土地はXの母の名義）。

平成15年10月、Xは自宅を出て、Yと別居し、以後同人の母（無職）及び子ども達と生活している。

Xは、病院で働いており、平成15年の年収は約250万円である。

Xは、別居に際し、夫婦で築き上げた預金を持ち出し、原審判時点で約550万円を管理している。

従前は、XとYが購入した自宅のローンはYが支払っていたが、Yが支払いを停止しているため、Xが管理している前記預金の中から住宅ローンの支払いがされている。

Yは、生活協同組合で働いており、平成14年の年収は約434万円である。

Xは、平成15年10月に、本件婚姻費用分担調停を申し立てた。

判旨

1　原審判は、以下のように述べて、別居の翌月である平成15年11月から月7万円の婚姻費用の支払いを命じた。

「婚姻費用の分担額は、税法等や統計資料に基づいて推計された公租公課、特別経費及び職業費の標準的な割合や、平均的な生活指数を参考にして算出されるべきであるところ、本件においては、同割合を修正すべき特段の事情も認められないから、同割合を参考にし、婚姻費用分担額算定の基礎とすべきXの基礎収入は、その年収の41.00パーセントである年102万3574円と、Yの基礎収入は、その年収の40.26パーセントである年174万6987円であると定めるのが相当である。

そして、X世帯の生活指数を210と（Xを100、子らを各55とした。なお、YはXの母親に対する生活保持義務を負わないため、Xの母親は考慮に入れていない。）、Y世帯の生活指数を100と仮定すると、X世帯に配分されるべき生活費は、双方の基礎収入の和に310分の210を重（ママ）じた額となるから、その額は年187万6831円となる。

したがって、X世帯には、年85万3257円の生活費の不足が生じることとなるから、Yは、Xに対し、月7万円（1万円未満切捨）の婚姻費用を分担すべきというのが結論となる。しかるに、Yは、これを全く支払っていないのであるから、Yには、別居の日が属する月の後の月である平成15年11月から起算して、本審判時点において、計21万円の未払が認められる。よって、これは即時精算させるのが相当である。」

2　抗告審は、以下のように述べて、原審判を取消し、Xの申立てを却下した。
「Xが共有財産である預金を持ち出し、これを払い戻して生活費に充てることができる状態にあり、Yもこれを容認しているにもかかわらず、さらにYに婚姻費用の分担を命じることは、Yに酷な結果を招くものといわざるを得ず、上記預金から住宅ローンの支払に充てられる部分を除いた額の少なくとも2分の1はYがXに婚姻費用として既に支払い、将来その支払に充てるものとして取り扱うのが当事者の衡平に適うものと解する。Xは、夫婦共有財産があるとしても、それは離婚時に清算すべきもので、Yの婚姻費用分担義務はなくならない旨主張するところ、確かに、夫婦共有財産は最終的には離婚時に清算されるべきものではあるが、離婚又は別居状態解消までの間、夫婦共有財産が婚姻費用の支払に充てられた場合には、その充てられた額をも考慮して清算すれば足りることであるから、Xの主張は理由がない。しかして、平成16年2月6日時点でXが管理している預金約550万円は、Xが上記預金から住宅ローンを支払っていることを考慮に入れても、Xが請求する平成15年11月分から現在までの月7万円の婚姻費用の分担額を優に賄うに足りるものであるし、当分の間はYが負担すべき婚姻費用の分担額に充て得るものである。したがって、現時点においては、Yには婚姻費用分担義務はないというべきであるから、Xの本件申立ては理由がない。」

1　別居時に妻が夫婦の共有財産である預金を持って出た点について、原審判はこの預金を婚姻費用分担にあたり考慮しなかったが、抗告審は、この預金から婚姻費用を賄うべきとして、妻の婚姻費用分担の申立てを却下した事案である。
2　抗告審の結論については、異論がある。
〔解説・評釈等〕佐藤啓子・民商134巻2号162頁

30 事情変更による婚姻費用分担額の変更申立て

契約に基づく婚姻費用の支払いを求める訴訟の係属中でも申立てが可能とした事例

原　審…千葉家松戸支審平成16年6月8日
抗告審…東京高決平成16年9月7日（平成16年（ラ）1139号）家月57巻5号52頁

事案
　X（夫）とY（妻）は、平成4年2月に婚姻し、平成4年7月に長男が生まれたが、平成13年7月末から別居状態にある。XとYは、平成13年11月、XがYに対して婚姻費用分担金として、毎月15万円、毎年6月及び12月に30万円を加算して支払う等の契約（本件契約）を締結した。
　YはXに対して平成14年9月、本件契約に基づき、平成14年3月分以降の未払い分及び将来分に係る婚姻費用の支払いを求める訴訟（本件民事訴訟）を提起し、平成16年1月、Yの請求を認容する判決が下され、平成16年6月に確定した。
　Xは、平成16年4月、Yに対して、本件契約に基づく婚姻費用の分担額を平成16年3月から月額4万円に減額する婚姻費用分担の調停の申立て（本件申立て）をした。

判旨
　1　原審判は、本件申立てを不適法として却下した。
　2　抗告審は、以下のように述べて、原審判を取り消し、原審に差し戻した。
「夫婦間において婚姻費用に関する協議が成立した場合には、権利者は義務者に対し、その協議に基づいて、通常裁判所の判決手続により、婚姻費用の支払を求めることができることはいうまでもないところである。一方、当該協議が成立した後、事情に変更を生じたときは、民法880条の類推により、家庭裁判所は、各自の資力その他一切の事情を考慮し、事情に変更を生じた過去の時点にさかのぼって従前の協議を変更して新たな婚姻費用の分担額を審判により決定することができ、通常裁判所に従前の協議に基づく婚姻費用の支払を求める訴訟が現に係属中であるからといって、そのことが障害事由になるものではないと解される。そして、通常裁判所の判決が確定した後、家庭裁判所による新たな婚姻費用の分担額を定める審判が確定した場合には、義務者は、判決手続により命じられた従前の協議による分担額と審判による減額後の分担額との差額について強制執行の不許を求めるため請求の異議の訴えを提起することができると解するのが相当である。」

Key point
　1　当事者の契約に基づく婚姻費用支払を求める通常裁判所における訴訟中であっても、家庭裁判所に事情変更による婚姻費用分担額の変更（減額）を求める審判申立てができること、減額審判が下された場合には、請求異議訴訟を提起できることを述べた点で実務上参考になる。
　2　また、事情変更を生じた過去の時点にさかのぼって、婚姻費用分担額の変更を請求できることを明らかにした点も重要である。
〔解説・評釈等〕野澤紀雅・民商133巻3号192頁

31 離婚訴訟を提起した有責配偶者からの婚姻費用分担請求

信義則に照らして許されないとした事例

原　　審…宮崎家審平成16年7月14日
抗告審…福岡高決平成17年3月15日（平成16年（ラ）57号）家月58巻3号98頁
許可抗告審…最決平成17年6月9日（平成17年（許）10号）家月58巻3号104頁

事案　　X（妻）とY（夫）は、昭和53年4月に婚姻し、昭和53年に長女が、昭和54年に長男が、昭和57年に二女が生まれた。

平成13年9月にXは、単身自宅を出て実家に戻りYと別居し、同年11月には借家に単身転居して、以後別居状態が継続している。

平成14年2月付けで、X、Y、A（子ども達の通っていた高校の教諭）、B（Aの妻）の間で、合意書が作成され、XとAは交際を断つこと、Aは解決金としてYに30万円を支払うこと等が合意された。更に、平成15年4月には、Yの代理人とAの代理人との間で合意書が作成され、Aは、今後Xと交渉を行わないこと、違反した場合には違約金を支払うこと等を合意した。

Yは、Xに対して、平成14年3月に夫婦関係調整調停の申立てをしたが、同調停は同年9月に不成立となった。Xは、Yに対して、平成15年5月に不動産仮差押命令及び面会禁止等仮処分命令の申立てをし、同年6月にその旨の保全決定を得た。また、Xは、平成15年7月に、Yに対して民法770条1項5号に基づく離婚、財産分与及び離婚慰謝料500万円の支払いを求める訴訟を提起し、Yは、Xに対して予備的反訴を提起し、Xの不貞による離婚慰謝料500万円の支払いを求めた。

Xは、保険外交員等として働いていたが、平成16年3月に退職し、以後収入を得ていない。

Xは、平成16年2月に、Yに対して、婚姻費用分担の調停申立てをなし、Xが無収入になった平成16年4月以降1か月6万円の婚姻費用の分担を求め、同調停は不成立となり本審判に移行した。

平成17年2月に、離婚本訴の一審判決（反訴は取下げ）が下された。同判決は、XとAとの不貞により婚姻関係が破綻したが、いわゆる苛酷条項の適用はないとして、Xの離婚請求を認容し、Xの慰謝料請求を棄却し、Yに対して財産分与として約621万円の支払いを命じた。

判旨　1　原審判は、Yに対して、平成16年4月以降月額5万円の婚姻費用の支払を命じた。

2　抗告審は、以下のように述べて、原審判を取り消し、Xの婚姻費用分担申立てを却下した。

「Xは、Aと不貞に及び、これを維持継続したことにより本件婚姻関係が破綻したものというべきであり、これにつきXは、有責配偶者であり、そのXが婚姻関係が破綻したものとしてYに対して離婚訴訟を提起して離婚を求めるということは、一組の男

女の永続的な精神的・経済的及び性的な紐帯である婚姻共同生活体が崩壊し、最早、夫婦間の具体的同居協力扶助の義務が喪失したことを自認することに他ならないのであるから、このようなXからYに対して、婚姻費用の分担を求めることは信義則に照らして許されないものと解するのが相当である。」

3　最高裁もXの許可抗告を棄却した。

　　婚姻関係破綻の有責配偶者で、離婚請求訴訟を提起している配偶者が、離婚訴訟提起後に申し立てた婚姻費用分担請求について、信義則に照らして許されないとした事例である。

32 住宅ローン支払い分の控除
住宅ローンを特別経費として控除しないとした事例

原　審…広島家審平成17年8月19日（平成17年（家）534号）家月58巻9号35頁
抗告審…広島高決平成17年11月2日（平成17年（ラ）129号）家月58巻9号33頁
許可抗告審…最決平成18年4月26日（平成18年（許）5号）家月58巻9号31頁

事案

　X（妻）とY（夫）は、昭和63年に婚姻し、平成元年に長男が、平成4年に長女が、平成6年に二男がそれぞれ生まれた。
　Yは、平成16年12月に、家を出てXと別居した。
　Yは、税理士として平成15年から独立して事務所を自営している。
　Xは、婚姻当初から専業主婦で、Yの独立後はその事務所の専従者として給与を得ていたが、平成16年12月にYより解雇され、以後無収入であり、生活保護を受給している。
　Xは、Y名義の自宅で3人の子と同居し、子を監護養育している。
　Yは、自宅のローンとして年間約116万円を支払っている。
　Xは、平成17年3月にYに対して、婚姻費用分担調停を申し立てた。

判旨

　1　原審判は、以下のように述べて、標準的算定方式に基づきYに対して月21万円の支払いを命じた。
　Xの総収入については「Xは、現在無収入であるが、Yの事務所に通っていることから、一定の稼働能力はあると認められる。もっとも、XがYから解雇された現状において、自営業の専従者として従前同様の収入を得ることを期待することはできないから、Xの稼働能力はパートタイム就労の収入程度と認めるのが相当である。」として、Xの潜在的総収入を賃金センサスのパートタイム女性労働者の40歳ないし44歳の年間額119万3129円と推定した。
　「Yの総収入は、平成16年度の所得合計830万3197円から「所得から差し引かれる金額」として計上した206万2067円を控除した上で、扶養控除114万円を持ち戻した738万1130円」と認定した。
　またYが負担している住宅ローンについては、「Yの負債の返済であるとともに、Yの資産の維持のための出費であるから」特別経費として控除することは相当でないとした。
　2　抗告審は、原審判を維持した。
　3　最高裁は以下のように述べて、抗告を棄却した。
　「原審は、Yの所得金額合計830万3197円から社会保険料等を差し引いた738万1130円をYの総収入と認定し、この総収入から税法等に基づく標準的な割合による税金等を控除して、Yの婚姻費用分担額算定の基礎となるべき収入（以下「基礎収入」という。）を推計した上、Yの分担すべき婚姻費用を月額21万円と算定したものである。

以上のようにして婚姻費用分担額を算定した原審の判断は、合理的なものであって、是認することができる。」

1　標準的算定方式により婚姻費用分担額を算定することを合理的として是認した最高裁判例である。
2　妻と子が居住している家について、夫が負担している住宅ローン返済額を夫の負債の返済であるとともに、夫の資産の維持のための出費であるとして、控除すべき特別経費とはしなかった点、働いておらず生活保護を受給している妻について同年齢のパート収入を推定した点は、実務の参考になる。
〔解説・評釈等〕岡健太郎・判タ1245号109頁

33 義務者が権利者の居住する自宅の住宅ローンを負担している場合

標準的算定方式を修正した事例

東京家審平成22年11月24日（平成22年（家）8915号）家月63巻10号59頁

事案

　X（夫）とY（妻）は平成2年に婚姻し、同人間には、長女（平成3年生）と長男（平成4年生）の子どもがいる。
　Xは、平成19年秋ころから離婚協議を開始し、平成20年にXが自宅を出て以来別居している。
　自宅及びその敷地の所有者は、Xであり、Xは住宅ローン（月額16万円）を負担している。
　別居後もYがXの給与振込口座を管理し、Yは同口座から生活費として毎月35万円を払い戻し、同口座からは住宅ローン、固定資産税、光熱費等が引き落されている。
　Xは、Yに対して、住宅ローンを含めてXが負担すべき婚姻費用の額を月額31万円とする調停申立てをなし、同調停は不成立となって審判に移行した。

判旨

　裁判所は、以下のように述べて、Xに対し月額27万円の婚姻費用の支払いを命じた（別途住宅ローンはXの負担）。

「権利者（Y）の収入を給与収入84万円、義務者（X）の収入を給与収入1568万円として、東京・大阪養育費等研究会による標準算定方式（判例タイムズ1111号285頁以下参照）に基づき本件の婚姻費用を試算すると、Xが負担すべき婚姻費用分担金の額は月額30万円から32万円と試算される。

　もっとも、上記算定方式は、別居中の権利者世帯と義務者世帯が、統計的数値に照らして標準的な住居費を、それぞれが負担していることを前提として標準的な婚姻費用分担金の額を算定するものであるところ、本件では、義務者（X）が、権利者（Y）の居住する自宅の住宅ローンを負担しており、いわば義務者が自己の住居費と権利者の住居費を二重に負担している状態にあるから、当事者の公平を図るには、婚姻費用分担金を決定するに当たって、上記試算結果から、権利者の総収入に対応する標準的な住居関係費を控除するのが相当である（判例タイムズ1208号30頁以下参照）。

　そして、Yの総収入に対応する標準的な住居関係費は、月額3万円弱であるから（判例タイムズ1111号294頁資料2の表中、実収入16万4165円の欄を参照）、本件においては、上記試算結果の下限額である30万円から3万円を控除した27万円をXが負担すべき婚姻費用分担金の額とするのが相当である。

　なお、Xは、本件においては、Yが上記自宅に執着するために同住宅から生ずる過度の負担がXに生じている一方、上記算定方式によって定められる婚姻費用分担金の

額は高額であるから、そこから住宅ローン全額を控除したからといって、Yに支払われる婚姻費用の額が少額になるとはいえないとして、上記算定方式により試算された婚姻費用分担金の額から住宅ローンの支払額全額を控除すべき旨主張する。しかし、Xも認めるとおり、住宅ローンの支払には、その資産を形成する側面があり、Xの年収からして、上記婚姻費用分担金のほかに住宅ローン全額を負担させることが過大な負担になるとは言い難いこと、また、上記試算方式において、Xの基礎収入を算定するに当たり、総収入から住居関係費として10万円以上が控除されていることからすれば（上記文献の資料2参照）、本件において上記算定方式による試算結果から控除すべき住宅ローンの額を月額3万円に留めることが、当事者間の公平に反するとはいえない。」

　1　義務者が権利者の居住する自宅の住宅ローンを負担している場合に、算定表による婚姻費用額から、権利者の総収入に対応する標準的な住居関係費を控除して、義務者の負担すべき婚姻費用分担額とした判例である。
　2　現在実務では、この計算方法が多いと思われる。

〔解説・評釈等〕早野俊明・民商145巻6号66頁

34 婚姻費用分担義務の終期
故意による条件成就として、婚姻費用支払義務があるとされた事例

名古屋家岡崎支判平成23年10月27日（平成23年（家へ）2号）判タ1372号190頁

事案

X（夫）とY（妻）は平成6年4月に婚姻し、同人間には、長女（平成7年8月生）と二女（平成11年5月生）の子どもがいる。

Xは、平成17年頃に鬱状態と診断され、平成19年6月に家を出てYと別居した。

Yは、Xに対し平成19年9月に婚姻費用分担の調停申立てをなし、平成20年3月に「XはYに対し、平成20年3月から当事者の離婚又は別居状態の解消に至るまで、毎月末日限り13万円を支払え」との内容の審判（本件審判）が下された。

Xは、平成22年10月に家に戻ってきたが、家庭内別居状態で婚姻費用は支払わなかった。

Yは、平成23年3月に、本件審判に基づく平成22年10月以降の婚姻費用を請求債権として、Xの給与等の差押命令を得た。

Xは、平成23年4月に、本件審判に基づく執行力の排除を求める請求異議訴訟を提起した。

判旨

裁判所は、以下のように述べて、Xの請求を棄却した。

「本件審判がXの婚姻費用分担額を算定するのに用いた算定表は、婚姻費用の支払を求める権利者と支払義務を負う義務者が別居している場合を前提にして、夫婦双方の基礎収入（税込収入から、標準的な割合による公租公課、統計資料に基づいて推計された標準的な割合である職業費（通勤費用、被服費等）及び特別経費（住居関係費、保険医療費、保険掛金等）を控除したもの）の合計額を、権利者世帯と義務者世帯のそれぞれの最低生活費で按分するという手法で算出して作成されたものであるから、同居はしているものの、家庭内別居の状態で、権利者が生活費を十分に受け取っていないという場合には、算定表をそのまま適用することはできないし、そのような場合の婚姻費用分担義務の終期としては、「生計を一にする日」などとされる。

そして、（略）、本件審判は、XとYが別居状態にあることを前提にして、Xの婚姻費用分担額を定めている。

そうすると、本件審判の主文2項の「当事者の別居状態の解消」というのは、夫婦の協力扶助義務が履行される状態になったというのではなく、単に別々の場所で居住するという状態が解消されることを意味すると解すべきである。

（略）によれば、平成22年10月6日以降、Xが自宅で寝起きしており、XとYが別々の場所で居住するという状態は解消されたと認められるから、平成22年10月6日以降の状況は、本件審判の主文2項の「当事者の別居状態の解消」という解除条件に

当たるといえる。」

「Xは、Yと婚姻生活を修復するために自宅に戻ったのではなく、自宅で寝泊まりすることが、本件審判の主文2項の「別居状態の解消」という解除条件を充足することになることを認識しながら、あえて、婚姻費用の支払義務を免れるために、自宅に戻ってきたと認められ、これは、条件の成就によって利益を受けるXが故意に条件を成就させたといえる。」

「傷病欠勤のため本件審判で定められた婚姻費用額を支払うことができないことを考慮しても、Xが、婚姻費用減額の調停や審判という手続をとらずに、婚姻費用の支払義務を免れるために、本件審判の主文2項の「別居状態の解消」という解除条件を成就させるということは、信義則に反するというべきである。

したがって、民法130条の類推適用によって、Yは、条件不成就とみなすことができるから、本件審判の主文2項に基づくXの婚姻費用支払義務は消滅しない。」

1　算定表は権利者と義務者が別居していることを前提に婚姻費用を算定しているので、婚姻費用分担審判における「別居状態の解消」とは、夫婦の協力扶助義務が履行される状態になったことをいうのではなく、単に別々の場所で居住するという状態が解消されたことを意味するとした判決である。

また、夫が婚姻費用の支払義務を免れるために自宅に戻ってきたと認定し、民法130条を類推適用して、夫の婚姻費用支払義務は消滅しないとした。

2　本件において、夫は、自宅に戻った後婚姻費用減額の調停、審判の申立てをすべきであったことになる。

4-1

配偶者に対する慰謝料請求

傾向と実務

第1　離婚慰謝料の性質

1　相手方の有責不法な行為によって離婚するの止むなきに至った場合には、その精神的苦痛についての慰謝料請求が認められる［●35］。
2　離婚に伴う慰謝料は、通常①個別の侵害行為、たとえば、暴力、不貞行為などから生じる精神的苦痛の慰謝料（個別慰謝料）、②離婚そのものによる精神的苦痛の慰謝料（離婚慰謝料）に分けられる。

　［●40］は、不貞行為及びその結果婚姻関係が破綻したことによる慰謝料請求と離婚せざるを得なくなったことによる慰謝料請求は訴訟物が異なり、前訴の既判力は後訴に及ばないことを述べている。

　当事者が①と②を区分して慰謝料を請求している場合には、判決も区分して慰謝料を認定しているが［●38］、一般的には、これを区分せずに一括して離婚慰謝料として請求するものが圧倒的に多い。

　なお、離婚自体慰謝料といっても、［●35］が述べているように、夫または妻の有責不法な行為によって婚姻が破綻し離婚に至った場合に、民法709条に基づき慰謝料を認めるものであり、夫と妻のいずれも有責とまでいえない場合には、離婚自体慰謝料は認めていない。

　この点について、学説ではやや誤解があるように思われる。

　学説上は、離婚自体慰謝料についてこれを認めることに反対する説も多くなっている（注1）。

　［●39］では、あえて被告との法的婚姻を否定した原告（原告はパートナーシップ関係という。）は、その関係の存続に関する法的権利ないし利益を有するものとはいえないとして、原告の慰謝料請求が棄却されている。この事例と離婚事例とを同列に論じることはできないが、離婚の場合であっても、離婚自体慰謝料の請求を厳格に判断する判例の傾向を読みとることができる。

第2　財産分与と慰謝料との関係

財産分与と慰謝料とはその性質が異なり、財産分与後に慰謝料請求をすることができる。財産分与に損害賠償の要素を含めることはできるが、それを含めた趣旨と解せられないとき、または含めたとしても、その額及び方法において精神的苦痛を慰謝するには足りないと認められるときは、財産分与を得ていても別途慰謝料を請求することができる［⇒36］。

第3　慰謝料額の算定

慰謝料額の算定については、通常、判例は、その算定について考慮した事情を概括的に挙げて、慰謝料額を認定するだけである。

離婚額の算定について、判例から読みとれる考慮事情としては、①相手の有責行為の内容程度、②請求者の受けた苦痛、婚姻継続への態度、③相手の資産、収入、社会的地位、④請求者の職業、資産、収入、⑤財産分与の有無、額、⑥未成熟子の有無、が挙げられる。

一般には、婚姻期間または同居期間が長いほど慰謝料額が高くなるといわれているが、実際には、婚姻期間または同居期間と慰謝料額との相関は見られないと思われる。

また、近年、裁判所は、離婚慰謝料額を高くすることについては消極的であると思われ、［⇒9］差戻審判決の1500万円は例外的事案であろう。

第4　慰謝料請求権の消滅時効

離婚そのものによる慰謝料については、離婚時から消滅時効が進行する［⇒36］と解されている。

個別慰謝料については、損害及び加害者を知った時から時効が進行するが、夫婦の一方が他方に対して有する権利については、婚姻の解消時から6か月を経過するまでの間は、時効は完成しない（民法159条）。

注1　二宮周平著『家族法 第3版』106頁は、「離婚それ自体は、過失でも違法でもないのだから個々の不法行為以外に慰謝料を認めることはできないはずである。」「離婚それ自体の慰謝料を認める必要はないと思う。」と述べる。

35 離婚による慰謝料請求権の性質
財産分与請求権との関係を明らかにした事例

一　審…福島地会津若松支判民集10巻2号132頁
控訴審…仙台高判昭和26年6月11日民集10巻2号135頁
上告審…最判昭和31年2月21日（昭和26年（オ）469号）民集10巻2号124頁

事案　X（夫）とY（妻）は、昭和18年4月に事実上の婚姻をして同棲し、昭和19年3月に婚姻届出をした。Xは、昭和19年6月に応召したが、Xの応召中もYは、Xの母Aとともに田畑の耕作をした。Yに、農耕による過労のため健康を害し、農耕を休むようになったため、Aから冷淡な態度をとられた。Xは、昭和23年6月に復員したが、Aは、Yを非難し、XもAの言動に追随したため、Yは、昭和24年2月に婚家を去った。その後、昭和24年9月に女児が生まれた。
　Xは、Yに対して、離婚請求訴訟を提起し、Yは、Xに対して離婚と慰謝料請求の反訴を提起した。

判旨　1　一審は、XとYの離婚を認容したが、YのXに対する慰謝料請求は棄却した。
　2　控訴審は、XとYの夫婦関係が破綻した発端はAのYに対する思いやりのない態度にあり、Xは、Aを諫めその啓蒙に十分の努力を払わなかったとして、Xに対して7万円の慰謝料の支払いを命じた。
　3　Xは、上告理由として現行民法においては離婚の場合に離婚をした者の一方は、相手方に対して財産分与の請求ができるから、離婚につき相手方に責任があるの故をもって、直ちに慰謝料の請求をなし得るものではなく、その離婚原因となった相手方の行為が、特に身体、自由、名誉等の利益に対する重大な侵害であり、不法行為の成立する場合に、損害賠償の請求をなし得るにすぎないと主張した。
　最高裁は、この上告理由に対して、以下のように述べて、Xの上告を棄却し、控訴審判決を維持した。
　「離婚の場合に離婚した者の一方が相手方に対して有する財産分与請求権は、必ずしも相手方に離婚につき有責不法の行為のあつたことを要件とするものではない。しかるに、離婚の場合における慰藉料請求権は、相手方の有責不法な行為によつて離婚するの止むなきに至つたことにつき、相手方に対して損害賠償を請求することを目的とするものであるから、財産分与請求権とはその本質を異にすると共に、必ずしも所論のように身体、自由、名誉を害せられた場合のみに慰藉料を請求し得るものと限局して解釈しなければならないものではない。されば、権利者は両請求権のいずれかを選択して行使することもできると解すべきである。ただ両請求権は互に密接な関係にあり財産分与の額及び方法を定めるには一切の事情を考慮することを要するのであるから、その事情のなかには慰藉料支払義務の発生原因たる事情も当然に斟酌されるべきものであることは言うまでもない。」

Key point　離婚慰謝料請求権は、相手方の有責不法な行為によって離婚するの止むなきに至ったことによる損害賠償であることを判示した最高裁判例として意義がある。
〔解説・評釈等〕中川淳・民商34巻5号78頁、来栖三郎・法協74巻2号99頁、青山道夫・ジュリ200号164頁

36 財産分与後の慰謝料請求権
財産分与の後でも離婚による慰謝料請求ができるとした事例

一　審…福岡地直方支判昭和41年12月18日民集25巻5号814頁
控訴審…福岡高判昭和42年11月7日民集25巻5号821頁
上告審…最判昭和46年7月23日（昭和43年（オ）142号）民集25巻5号805頁

事案
　X（妻）とY（夫）は、昭和35年6月に婚姻した。Yは、婚姻の際、前妻との間の男子を連れ子し、XとYとの間にも長女が生まれた。
　Xは、Y及びYの母からの暴力、虐待を受け、長女を連れて家を出ることをYの母に阻止されたので、昭和37年8月に単身実家に帰った。
　Xは、Yに対して離婚訴訟を提起し、昭和40年2月に、離婚及び長女の親権者をYと定め、YからXに整理ダンス1棹、水屋1個の財産分与を命じる判決が下された。
　Xは、昭和40年9月にYに対して離婚による慰謝料30万円の支払いを求める本件訴訟を提起した。

判旨
1　一審は、Yに対して15万円の慰謝料の支払いを命じた。
2　控訴審も一審判決を維持した。
3　最高裁も、以下のように述べて、控訴審判決を維持した。
「本件慰藉料請求は、YとXとの間の婚姻関係の破綻を生ずる原因となつたYの虐待等、Xの身体、自由、名誉等を侵害する個別の違法行為を理由とするものではなく、Xにおいて、Yの有責行為により離婚をやむなくされ精神的苦痛を被つたことを理由としてその損害の賠償を求めるものと解されるところ、このような損害は、離婚が成立してはじめて評価されるものであるから、個別の違法行為がありまたは婚姻関係が客観的に破綻したとしても、離婚の成否がいまだ確定しない間であるのに右損害を知りえたものとすることは相当でなく、（略）離婚が成立したときにはじめて、離婚に至らしめた相手方の行為が不法行為であることを知り、かつ、損害の発生を確実に知つたこととなるものと解するのが相当である。」
「財産分与がなされても、それが損害賠償の要素を含めた趣旨とは解せられないか、そうでないとしても、その額および方法において、請求者の精神的苦痛を慰藉するには足りないと認められるものであるときには、すでに財産分与を得たという一事によつて慰藉料請求権がすべて消滅するものではなく、別個の不法行為を理由として離婚による慰藉料を請求することを妨げられないものと解するのが相当である。」

1　離婚による財産分与後に、離婚による慰謝料請求がなされた事案について、すでに財産分与がされている場合であっても、離婚による慰謝料請求ができることを判示した最高裁判例として意義がある。
2　また、離婚による慰謝料請求権の消滅時効の起算点を離婚時と判示した点も

重要である。
〔解説・評釈等〕中川淳・判タ270号75頁、佐藤義彦・民商66巻5号215頁、右近健男・法時44巻10号152頁、坂本圭右・ジュリ509号58頁、山畠正男・判評159号25頁、島津一郎・別ジュリ66号72頁、淡路剛久・別ジュリ40号82頁、瀬川信久・法協91巻1号169頁、野田宏・ジュリ490号94頁、水野紀子・法教増刊2号201頁、吉本俊雄・別ジュリ162号34頁、菱山泰男・判タ1100号46頁、常岡史子・別ジュリ193号36頁

37 性交渉がない場合の慰謝料
500万円の慰謝料が認められた事例

京都地判平成2年6月14日（昭和63年（ワ）2856号）判時1372号123頁

事案

X（妻）は、昭和62年6月にY（夫）と見合いをして、フランスで挙式をするため、挙式前の昭和63年4月に婚姻届を出し、同年5月に挙式をした。Xは、結婚前までエレクトーン講師として月収約25万円を得ていたが、結婚のためにその仕事をやめた。結婚当時、Xは35歳、Yは44歳で、いずれも初婚であった。

Yは、新婚旅行中も、同居を始めてからXが家を出るまでの間も、Xに指1本触れず、性交渉を求めたこともなかった。また夫婦としての会話もほとんどなかった。そのため、Xは、昭和63年6月に家を出て実家に帰った。

そして、昭和63年7月にXとYは協議離婚をした。

結婚に際してXは、家具等の購入費として少なくとも約447万円を支出し、離婚の際にこれらのものはXが持ち帰ったが、結婚生活を継続しないなら不要のものである。また、Xは、離婚後にエレクトーン講師の職に就いたが、収入は以前の3分の1以下となった。

Xは、Yに対して離婚による慰謝料として1000万円を請求する本件訴訟を提起した。

判旨

裁判所は、「Yが性交渉に及ばなかった真の理由は判然としないわけであるが、前記認定のとおりYは性交渉のないことでXが悩んでいたことを全く知らなかったことに照らせば、Yとしては夫婦に置いて性交渉をすることに思いが及ばなかったか、もともと性交渉をする気がなかったか、あるいはYの性的能力について問題があるのではないかと疑わざるを得ない。」と述べ、XYの婚姻生活が短期間で解消したのは、もっぱらYのみに原因があるとして、Yに対して500万円の慰謝料の支払いを命じた。

Key point

1　同居期間が2か月足らずで、夫が性交渉をしなかったことを原因とする離婚について、500万円の慰謝料の支払いを認めた判例である。
2　Xは、慰謝料のみを請求したので、裁判所は500万円の慰謝料を認容したが、Xが購入した婚姻家具の費用、Xが結婚のため仕事をやめたことによる逸失利益をも考慮に入れて、比較的高額の慰謝料を認容したものであろう。

38 暴力による損害賠償請求
離婚訴訟の反訴として請求できるとした事例

一 審…神戸地判平成11年9月8日（平成8年（タ）69号）判時1744号95頁
控訴審…大阪高判平成12年3月8日（平成11年（ネ）3367号）判時1744号91頁

事案

X（夫）とY（妻）は、昭和46年4月に婚姻届出をし、XY間には、昭和47年8月に生まれた長男一郎と、Yの連れ子でXの養子となった二郎、三郎がいる。

Xは船員で、長期間の乗船勤務があり、Yに対して家事をおろそかにせず、子ども達を厳しくしつけることを求めたが、Yがその期待に応える程度にいかなかったことから、注意していうことを聞かないと暴力で従わせる傾向があった。

平成7年4月に、XとYは、Yが行っているボランティア活動のことで喧嘩となり、Xは、Yを一本背負いで投げ飛ばしたうえ、Yの顔面、頭部、腰等を何回も殴る、蹴るなどの暴力（本件暴行）を振るった。

Yは、本件暴行により右鎖骨を骨折し、腰痛が発症し（後に腰椎椎間板ヘルニアと診断された）、本件暴行以後家を出てXと別居した。

Xは、Yに対して離婚を求める訴訟を提起し、Yは、離婚、離婚慰謝料、財産分与、本件暴行による慰謝料を求める反訴を提起した。

判旨

1 一審は、XとY間には、「婚姻を継続し難い重大な事由」（民法770条1項5号）があるとして本訴、反訴の各離婚請求を認容した。

本件暴行による損害賠償については、入通院慰謝料50万円、後遺障害慰謝料300万円、後遺障害による逸失利益400万円の支払いを認めた。また本件暴行を除く離婚による慰謝料として350万円、財産分与として1800万円の支払いを認めた。

2 控訴審は、離婚による慰謝料については一審と同様に350万円を認め、入通院慰謝料100万円、後遺障害慰謝料500万円、後遺障害による逸失利益1113万5023円の支払いを認めた。また、夫婦間の暴行による損害額の算定について、一審と異なり、夫婦関係があること、保険制度が完備していないことにより、交通事故の損害算定に比して低額の損害額の算定をすべきではないと判示した。

財産分与については、Xが一級海技士の資格をもち、海上勤務が多かったことから多額の収入を得られたことが資産形成に大きく寄与しているとして、形成財産の約3割に当たる2300万円の支払いを命じた。

Key point

1 離婚の一原因となった夫の暴力による慰謝料、逸失利益等の損害賠償請求と離婚等の請求とを併合して審理した判例である。

このような併合ができるかについては、異論もあるが、旧人事訴訟手続法7条2項但書（現人事訴訟法17条1項も同旨）は、訴えの原因たる事実により生じた損害賠償の請求を離婚等の訴えと併合して提起することができると規定し、併合できる損害賠償請求を制限はしていないので、訴訟経済の点からも併合は許されるだろう。

2 本件は離婚自体による慰謝料と本件暴行による慰謝料を分けて認定している点、夫婦間の暴行による損害の算定を交通事故による損害の算定と異ならないとした点も参考になろう。

39 婚姻外の男女関係解消による慰謝料請求
いわゆるパートナーシップ関係は法的保護の対象外とした事例

一　審…東京地判平成14年12月25日（平成13年（ワ）26038号）
控訴審…東京高判平成15年8月27日（平成15年（ネ）583号）
上告審…最判平成16年11月18日（平成15年（受）1943号）判時1881号83頁

事案　X（女性）とY（男性）は、昭和60年11月に知り合い、その1か月後には婚約したが、昭和61年3月に婚約を解消した。その後もXとYは、交際をし、YがXの家に泊まることもあったが、同居をしたことはなく、生計も全く別で、共有する財産もなかった。

Yが出産に関する費用及び子どもの養育について全面的に責任を持つという約束をしたうえで、Xは平成元年6月にYとの間の長女を出産した。そして、子どもが法律上不利益を受けることがないように、長女の出生の日に婚姻届をなし、同年9月に協議離婚届出をした。長女は、Yの母が養育した。

XとYは、Xが子どもの養育についての負担を免れること等を内容とする取り決めをした上で、平成5年2月に、XはYとの間の長男を出産した。XとYは長男の出産の際も長女と同様に婚姻、離婚届出をした。そして、長男はYに引き取られた後、施設で養育された。

XとYはその後も一緒に旅行したり、YがXの仕事に協力したりしていた。

Yは、平成12年7月に、Xとの関係を解消して、Aと婚姻届出をした。

Xは、Yに対して、Yが突然かつ一方的に両者の間の「パートナーシップ関係」の解消を通告し、Aと婚姻したことが不法行為に当たるとして、500万円の慰謝料を請求する訴訟を提起した。

判旨　1　一審は、XとYとの関係は、法律上の夫婦同様の関係であるとまではいうことができない上、終生、相互に協力し、扶助する義務があり、一方当事者の意思で解消することができない永続的な関係であると解することはできず、その関係の継続をYに強制できるものではなく、Xの精神的苦痛に対する法的な賠償をYに求めることはできないとして、Xの請求を棄却した。

2　控訴審は、YがXとの格別の話合いもなく、突然、関係を一方的に破棄し、それを破綻させるに至ったことについては、Xにおける関係継続についての期待を一方的に裏切るものであるとして、100万円の慰謝料の支払いを命じた。

3　上告審は、「YとXとの間の上記関係については、婚姻及びこれに準ずるものと同様の存続の保障を認める余地がないことはもとより、上記関係の存続に関し、YがXに対して何らかの法的な義務を負うものと解することはできず、Xが上記関係の存続に関する法的な権利ないし利益を有するものとはいえない。そうすると、Yが長年続いたXとの上記関係を前記のような方法で突然かつ一方的に解消し、他の女性と婚姻するに至ったことについてXが不満を抱くことは理解し得ないではないが、Yの

上記行為をもって、慰謝料請求権の発生を肯認し得る不法行為と評価することはできない」として、控訴判決を取り消し、一審判決を支持してXの請求を認めなかった。

1　内縁でもない男女の関係がどこまで法的保護に値するか、その解消について慰謝料支払義務があるかが争われた事案である。
2　自らの意思に基づいて法的婚姻を拒否した男女関係については、法的保護の対象外とする一審、上告審の判例は妥当であろう。

ただし、本件のような事案で、当事者が契約等で関係を破棄する場合の損害賠償義務を合意していた場合には、別途の結論となる可能性もある。

〔解説・評釈等〕石川博康・NBL799号5頁、髙橋朋子・民商132巻3号163頁、大杉麻美・リマ32号72頁、東條宏・判タ1215号120頁

40 不貞行為等による慰謝料請求判決の既判力
離婚請求に伴う慰謝料請求には及ばない

一　審…広島家判平成18年11月21日（平成18年（家ホ）52号）
控訴審…広島高判平成19年4月17日（平成18年（ネ）564号）家月59巻11号162頁

事案

　X（妻）とY1（夫）は昭和49年に婚姻し、同人間には長女（昭和50年生）がいる。
　Y1とY2は、平成13年10月ころに知り合い、平成14年5月ころから肉体関係を持つようになった。
　Xは、平成14年8月に長女とともに自宅を出て、Y1と別居した。
　XはYらに対し、不貞行為等に基づく慰謝料請求訴訟を提起し、平成17年3月に、Yらに対し連帯して300万円の慰謝料の支払いを命ずる判決がされ、同判決は平成17年10月に確定した（前訴）。
　Xは、平成18年4月に、Y1に対し離婚及び離婚に伴う財産分与並びに、Yらに対し不貞行為によってXが離婚せざるを得なくなったことによる慰謝料請求の本訴訟を提起した。

判旨

　1　一審は、「Yらが婚姻関係破綻後に同居を継続したことにより、Y1との離婚をやむなくされ、精神的苦痛を被ったXは、Yらに対し、その損害の賠償を求めることができる」として、Yらに対し各自110万円の慰謝料の支払いを命じた（離婚、財産分与の請求については省略）。
　2　控訴審は、以下のように述べて、XのYらに対する慰謝料請求をいずれも棄却した。
「本件におけるXの慰謝料請求は、夫であるY1とY2の不貞関係により離婚せざるを得なくなったことによる精神的苦痛に対する慰謝料の支払いを求めるものである。
　他方、上記認定のとおり、前訴は、Y1とY2の不貞行為及び、その結果婚姻関係が破綻したことによる精神的苦痛に対する慰謝料を請求するものであり、XとY1が離婚したことによってXが被る精神的苦痛については、賠償の対象とされていない。
　そうなると、本件における慰謝料請求権と前訴の慰謝料請求権は訴訟物が異なるものといわざるを得ず、前訴の既判力は、本件の慰謝料請求権には及ばないと解するのが相当である。」
「前記の通り、前訴は、不貞行為自体によって被る精神的損害だけでなく、不貞行為によって婚姻関係が破綻したことによる精神的損害の賠償を求めるものである。
　平成16年12月×日に言い渡された前訴第一審判決では「（双方とも）離婚を望んでおり、早晩離婚に至ることは必至の状況にある。」と判断され、また、前訴控訴審判決時では、XがY1と別居してから約3年が経過していた。これらの事実からする

と、前訴の控訴審口頭弁論終結時にはXとY１との婚姻関係は完全に破綻しており、回復の見込みはなかったというべきである。そして、前訴判決では、このような事実関係を前提としてXが受けるべき慰謝料額の判断が行なわれている。

したがって、Xが本訴において請求することができるのは、完全に形骸化した婚姻関係を法的に解消したことによって被る新たな精神的損害のみであるところ、上記の事情からすると、Xに新たな精神的損害が生じたと認めることはできない。」

1　不貞行為及びその結果婚姻関係が破綻したことによる慰謝料請求と不貞行為により離婚せざるを得なくなったことによる慰謝料請求は、訴訟物が異なり、前訴の既判力は後訴には及ばないとした判決である。

2　また、控訴審が、完全に形骸化した婚姻関係を法的に解消したことによる慰謝料を認めなかった点で注目に値する。

〔解説・評釈等〕下村眞美・リマ37号124頁

4-2

不貞行為の相手に対する慰謝料請求

傾向と実務

第1　慰謝料請求権の性質

1　夫婦の一方の配偶者と肉体関係を持った第三者は、故意又は過失がある限り、他方の配偶者の夫又は妻としての権利を侵害し、その行為は違法性を帯び、他方配偶者の被った精神上の苦痛を慰謝すべき義務があるとするのが、判例である（[⇨41]の最高裁判例）。これは、民法709条に基づく損害賠償義務である。

　そして、この第三者の不法行為責任は、その肉体関係が第三者が配偶者を誘惑したことによるか、自然の愛情によって生じたかを問わないと解されている。

　不法行為の被侵害利益は、その後の判例では、「夫婦としての実体を有する婚姻共同生活の平和の維持」とされている[⇨43]。

2　また、女性が妻子のもとを去った配偶者と同棲した結果、その子が父親から愛情を注がれ、その監護、養育を受けることがなくなったとしても、特段の事情がない限り、その子の不利益とその女性の行為との間には相当因果関係がないため、当該女性はその未成年の子に対して不法行為責任は負わないと解されている（⇨41の最高裁判例）。

3　なお、学説では、不貞行為の相手の不法行為責任を限定ないし否定する説が多く、この学説の傾向等を反映して、判例も第三者の不法行為責任を限定する方向を志向していると思われる。

第2　婚姻破綻後の不貞行為

　甲の配偶者乙と第三者丙が肉体関係を持った場合に、甲と乙との婚姻関係がその当時既に破綻していたときには、甲に婚姻共同生活の平和の維持という権利又は法的保護に値する利益がないため、特段の事情がない限り、丙は、甲に対して不法行為責任を負わないとするのが判例である[⇨43]。

　この判例理論は確立されており、実務では、この判例理論に基づいて、被告

から破綻の抗弁が出され、婚姻破綻の有無や婚姻破綻と肉体関係の時期の先後が争点となることが多い。

この破綻概念について、離婚原因としての破綻と同一であるか否か、夫婦の別居が要件になるかどうか等について学説上は争いがある。

しかし、実務では、別居していない夫婦について破綻を認めることは稀であり、裁判所は破綻の抗弁を採用することには消極的であると思われる（注１）。

第３　慰謝料額の算定

［→45］は、一般論として、婚姻関係の平穏は一次的には配偶者相互間の守操義務、協力義務によって維持されるべきであり、特別の事情がない限り、不貞の相手方の責任は副次的であると判示している。

判例で、不貞行為の相手方に対して支払いを命ずる慰謝料の額は、50万円ないし300万円位が多く、上記の学説の影響もあって、この慰謝料額は低額化の傾向にあるといえよう。

［→42］は、配偶者と相手の同棲が約22年続いた事案について、一審、控訴審は500万円の慰謝料を認めたが、最高裁は、同棲関係を知った時からそれまでの慰謝料請求権の消滅時効が進行すると判断したため、同判例は、500万円の慰謝料が認められた判例とはいえない。

第４　共同不法行為

判例では、不貞行為をした配偶者とその相手の行為は、他方配偶者に対する共同不法行為と解されている。そして、その損害賠償債務は不真正連帯債務であり、連帯債務者の一人に対する免除の効力に関する民法437条の規定は適用されない［→44］。

第５　慰謝料請求権の消滅時効

配偶者と不貞行為、同棲をした第三者に対する他方配偶者の慰謝料請求権の消滅時効は、いつから進行するかについては、判例上争いがある。

［→42］の控訴審判決は、同棲を一体の不法行為ととらえ、損害賠償義務は全体として同棲関係が終了したときから消滅時効が進行すると判断したのに対して、同事件の最高裁判決は、一方配偶者が同棲関係を知った時からそれまで

の間の慰謝料請求権の消滅時効は進行すると判断した。

　［⇨47］の控訴審判決は、妻が、夫と女性との肉体関係ないし同棲の継続により離婚に至らしめられたことによる慰謝料請求権については、離婚時から消滅時効が進行するとしている。

注1　安西二郎「不貞慰謝料請求事件に関する実務上の諸問題」（判タ1278号45頁）は、平成14年7月から平成20年3月までに岡山県内で言い渡され判例を分析した上で、「裁判所は破綻の抗弁を採用するには消極的であることが読み取れる。」と述べる。

41 未成年の子からの慰謝料請求
子の不利益と同棲相手の行為は因果関係がないとした事例

- 一 審…東京地判昭和49年6月28日（昭和46年（ワ）931号）民集33巻2号318頁
- 控訴審…東京高判昭和50年12月22日（昭和49年（ネ）1657号）民集33巻2号324頁
- 上告審…最判昭和54年3月30日（昭和51年（オ）328号）民集33巻2号303頁

事案　X1（妻）とA（夫）は、昭和22年7月に事実上の結婚をし、昭和23年7月に婚姻届出をした。昭和23年8月に長女X2が、昭和33年9月に二女X3が、昭和39年4月に三女X4がそれぞれ生まれた。

Yは、銀座のアルバイトサロンでホステスをしていたが、昭和32年2月ころ、客として来店したAと親しくなり、数か月後に情交関係を持った。Yは、昭和35年11月にAとの間に女児Bをもうけ、自分で育てていた。Aは昭和39年4月にBを認知した。

X1は、昭和39年2月に、AとYとの関係やAとYとの間にBが生まれていることを知り、Aをきびしく非難した。Aは、X1の非難に嫌悪して、昭和39年6月に家を出て、昭和42年からはYと同棲している。

不法行為に基づき、Yに対して、X1は500万円、X2は200万円、X3とX4それぞれ100万円の慰謝料請求の本件訴訟を提起した。

判旨　1　一審は、X1に300万円、X2に30万円、X3及びX4に各50万円の慰謝料を認容した。

2　控訴審は、以下のように述べて、Xらの請求を棄却した。
「AとYとは、Aのさそいかけから自然の愛情によつて情交関係が生じたものであり、Yが子供を生んだのは母親として当然のことであつて、Aに妻子があるとの一事でこれらのことが違法であるとみることは相当ではなく、また、AとX1との婚姻生活は、X1がAとYとの関係を知り、Aが別居した昭和39年6月に破綻するに至つたものと認めるのが相当である。そして、この別居はAがX1に責められ愛情を全く喪失したため敢行されたものであつて、YがAに同棲を求めたものではなく、Yに直接の責任があるということはできない。そしてAとYが同棲生活に入つたのは、前記認定のとおり、AとX1との婚姻生活が既に破綻した後であつて、しかもAの方からYのもとに赴いたものであつて、これをもつてYに違法があるとすることはできない。

また、AがYと同棲して以来子供であるX2らはAの愛ぶ養育を受けられなくなつたわけであるが、これは一にAの不徳に帰することであつて、Yに直接責任があるとすることはできない。」

3　上告審は、以下のように述べて、原判決中X1に関する部分のみを破棄して差

し戻した。

「夫婦の一方の配偶者と肉体関係を持つた第三者は、故意又は過失がある限り、右配偶者を誘惑するなどして肉体関係を持つに至らせたかどうか、両名の関係が自然の愛情によつて生じたかどうかにかかわらず、他方の配偶者の夫又は妻としての権利を侵害し、その行為は違法性を帯び、右他方の配偶者の被つた精神上の苦痛を慰謝すべき義務があるというべきである。」

「妻及び未成年の子のある男性と肉体関係を持つた女性が妻子のもとを去つた右男性と同棲するに至つた結果、その子が日常生活において父親から愛情を注がれ、その監護、教育を受けることができなくなつたとしても、その女性が害意をもつて父親の子に対する監護等を積極的に阻止するなど特段の事情のない限り、右女性の行為は未成年の子に対して不法行為を構成するものではないと解するのが相当である。けだし、父親がその未成年の子に対し愛情を注ぎ、監護、教育を行うことは、他の女性と同棲するかどうかにかかわりなく、父親自らの意思によつて行うことができるのであるから、他の女性との同棲の結果、未成年の子が事実上父親の愛情、監護、教育を受けることができず、そのため不利益を被つたとしても、そのことと右女性の行為との間には相当因果関係がないものといわなければならないからである。」

1 未成年の子は、父と同棲している女性に対して、不法行為に基づく慰謝料請求権がないと判断した最高裁判例として意義がある。
2 最高裁判決の多数意見は、その理由として、女性の行為と未成年者の不利益との間に相当因果関係がないとしているが、両者の間には相当因果関係があり、未成年者が被った不利益は不法行為法によって保護されるべき法益であるとの反対意見がついている。

42 慰謝料請求権の消滅時効
配偶者が同棲を知った時から進行するとした事例

一　審…東京地判平成2年3月29日（昭和62年（ワ）11929号）
控訴審…東京高判平成2年12月20日（平成2年（ネ）1470号）
上告審…最判平成6年1月20日（平成3年（オ）403号）家月47巻1号122頁

事案　　X（妻）とA（夫）は、昭和17年7月に婚姻届出をした。Yは、昭和41年ころからAに妻子がいることを知りながらAと情交関係を持ち、Aと同棲して、昭和44年には、Aとの間に子を生み、昭和62年12月まで同棲関係を継続していた。
　　　　　　Xは、Yに対し、慰謝料として5000万円の支払いを求める本件訴訟を提起した。

判旨
1　一審は、Yに対して500万円の支払いを命じた。
2　控訴審では、Yは、消滅時効の抗弁を主張したが、判決は、継続した同棲関係が全体としてXに対する違法な行為として評価されるべきで、日々の同棲を逐一個別の違法な行為として把握し、これに応じて損害賠償義務の発生及び消滅を日毎に定めるものとするのは、行為の実質にそぐわないものであって、相当ではないから、本件損害賠償義務は、全体として、YとAとの同棲関係が終了した昭和62年12月から消滅時効が進行すると判断して、Yの消滅時効の抗弁を排斥した。そして、一審が昭和41年から昭和62年までの間の慰謝料として算定した500万円は相当であると判示した。
3　最高裁は、以下のように述べて、控訴審判決を破棄して差し戻した。
「夫婦の一方の配偶者が他方の配偶者と第三者の同せいにより第三者に対して取得する慰謝料請求権については、一方の配偶者が右の同せい関係を知った時から、それまでの間の慰謝料請求権の消滅時効が進行すると解するのが相当である。けだし、右の場合に一方の配偶者が被る精神的苦痛は、同せい関係が解消されるまでの間、これを不可分一体のものとして把握しなければならないものではなく、一方の配偶者は、同せい関係を知った時点で、第三者に慰謝料の支払を求めることを妨げられるものではないからである。
（略）XがYに対して本訴を提起したのは、記録上、昭和62年8月31日であることが明らかであるから、同日から3年前の昭和59年8月31日より前にXがYとAとの同せい関係を知っていたのであれば、本訴請求に係る慰謝料請求権は、その一部が既に時効により消滅していたものといわなければならない。」

1 配偶者の一方が他方配偶者と第三者の同棲により第三者に対して取得する慰謝料請求権の消滅時効の起算点が争われた事案である。

最高裁は、配偶者が被る精神的苦痛を不可分一体のものとして把握しなければならないものではなく、一方配偶者が同棲関係を知った時からそれまでの間の慰謝料請求権の消滅時効は進行すると判断した。

2 本件は、同棲関係が20年余に及ぶ事案であり、控訴審判決のように同棲解消時から消滅時効が進行すると解すると、紛争が長期化する結果にはなるだろう。

〔解説・評釈等〕工藤祐厳・法セミ40巻3号27頁、松本克美・判評434号197頁、都築民枝・判タ882号100頁、松村吉彦・NBL584号61頁、中川淳・リマ12号72頁

43 婚姻破綻後の肉体関係
相手方は配偶者に対し不法行為責任を負わないとした事例

一　審…浦和地川越支判平成3年5月15日（平成元年（ワ）413号）
控訴審…東京高判平成4年5月28日（平成3年（ネ）1886号）民集50巻4号1001頁
上告審…最判平成8年3月26日（平成5年（オ）281号）民集50巻4号993頁

事案

　X（妻）とA（夫）は、昭和42年5月に婚姻届出をし、昭和43年5月に長女が、昭和46年4月に長男が生まれた。XとAとの夫婦関係は昭和59年4月には非常に悪化し、Aは、昭和61年7月ころ、Xと別居する目的で夫婦関係調整の調停申立てをしたが、Xは調停期日に出頭せず、Aは調停を取り下げた。Aは、昭和61年中に本件マンションの購入手続をし、手術を受けて退院した直後の昭和62年5月に、自宅を出て本件マンションに転居し、Xと別居した。Yは、昭和62年4月ころ、アルバイトをしていたスナックに、客として来店したAと知り合った。Yは、Aから妻とは離婚することになっていると聞き、次第に親しい交際をするようになり、昭和62年夏ころまでには肉体関係を持ち、昭和62年10月ころ本件マンションでAと同棲した。Yは、平成元年2月にAとの間の子を出産し、Aは、その子を認知した。
　Xは、Yに対して、慰謝料として1000万円の支払いを求める本件訴訟を提起した。

判旨

　1　一審は、Xの請求を棄却した。
　2　控訴審も「YとAが肉体関係をもったのは、昭和62年5月にAが別居した後のことであり、その当時、既にXとAとの夫婦関係は破綻し、形骸化していたものと認められるところ、Yは、当初Aから妻とは離婚することになっている旨聞き、その後別居して1人で生活していたAの話を信じてAと肉体関係を持ち、同年10月ころから同棲するに至ったものであるから、Yの右行為がXとAの婚姻関係を破壊したものとはいえず、Xの権利を違法に侵害したものとは認められない。」として、Xの請求を棄却した。
　3　最高裁は、以下のように述べて、控訴審判決を維持した。
「甲の配偶者乙と第三者丙が肉体関係を持った場合において、甲と乙との婚姻関係がその当時既に破綻していたときは、特段の事情のない限り、丙は、甲に対して不法行為責任を負わないものと解するのが相当である。けだし、丙が乙と肉体関係を持つことが甲に対する不法行為となるのは、それが甲の婚姻共同生活の平和の維持という権利又は法的保護に値する利益を侵害する行為ということができるからであって、甲と乙との婚姻関係が既に破綻していた場合には、原則として、甲にこのような権利又は法的保護に値する利益があるとはいえないからである。」

Key point

1　甲の配偶者乙と第三者丙が肉体関係を持った場合に、甲と乙との婚姻関係が既に破綻していたときには、特段の事情がない限り、丙は、甲に対して不法行為責任を負わない旨を判示した最高裁判例として重要である。

2　本件においては、夫が妻と別居したのは昭和62年5月であり、夫は女性と昭和62年4月ころに知り合い、昭和62年夏ころまでには肉体関係を持っているので、事実認定として、婚姻関係破綻後の肉体関係といえるかはかなり実際上は微妙であると思われる。

しかし、夫が昭和61年7月ころに調停申立てをし、昭和61年中に別居用マンションの購入手続をしていること等から、遅くとも別居時の昭和62年5月には、夫婦関係が破綻していると認定したのであろう。

3　本判決の理論を前提として、実務上は、夫婦関係破綻の時期と肉体関係を持った時期との先後が重要な争点となることが多い。

〔解説・評釈等〕田中豊・判解〈平成8年〔12〕〉23頁、潮海一雄・法教192号98頁、山口純夫・判タ924号85頁、西原道雄・リマ14巻68頁、小林元二・判タ945号136頁、水野紀子・民商116巻6号906頁、國井和郎・別ジュリ162号22頁、窪田充見・別ジュリ193号22頁

44 配偶者の慰謝料債務の免除
相手の慰謝料債務には影響しないとした事例

一　審…神戸地尼崎支判平成3年5月28日（平成元年（ワ）739号）
控訴審…大阪高判平成4年7月15日（平成3年（ネ）1249号）
上告審…最判平成6年11月24日（平成4年（オ）1814号）判時1514号82頁

事案　X（妻）とA（夫）の間には、平成元年6月に離婚調停が成立した。
　Xは、平成元年10月に、Y（夫の不貞行為の相手の女性）に対して、慰謝料として300万円の支払いを求める本件訴訟を提起した。

判旨　1　一審は、Yに対して300万円の支払いを命じた。
　2　控訴審も、本件不法行為に基づく慰謝料は300万円が相当であるとしたが、Yの債務免除の抗弁について以下のように述べてこれを一部認め、Yに対して150万円の支払いを命じた。
「(1)　YとAの不貞行為はXに対する共同不法行為というべきところ、XとAとの間には平成元年6月27日離婚の調停が成立し（以下、これを「本件調停」という。）、その調停条項には、本件調停の「条項に定めるほか名目の如何を問わず互いに金銭その他一切の請求をしない」旨の定め（以下「本件条項」という。）があるから、XはAに対して離婚に伴う慰謝料支払義務を免除したものというべきである、(2)　YとAがXに対して負う本件不法行為に基づく損害賠償債務は不真正連帯債務であるところ、両名にはそれぞれ負担部分があるものとみられるから、本件調停による右債務の免除はAの負担部分につきYの利益のためにもその効力を生じ、YとAがXに対して負う右損害賠償債務のうちY固有の負担部分の額は150万円とするのが相当である」
　3　最高裁は、以下のように述べて、控訴審判決を破棄し、一審判決を支持した。
「民法719条所定の共同不法行為が負担する損害賠償債務は、いわゆる不真正連帯債務であって連帯債務ではないから、その損害賠償債務については連帯債務に関する同法437条の規定は適用されないものと解するのが相当である（最高裁昭和43年（オ）第431号同48年2月16日第二小法廷判決・民集27巻1号99頁参照）。
　原審の確定した事実関係によれば、XとAとの間においては、平成元年6月27日本件調停が成立し、その条項において、両名間の子の親権者をXとし、AのXに対する養育費の支払、財産の分与などが約されたほか、本件条項が定められたものであるところ、右各条項からは、XがYに対しても前記免除の効力を及ぼす意思であったことは何らうかがわれないのみならず、記録によれば、Xは本件調停成立後4箇月を経過しない間の平成元年10月24日にYに対して本件訴訟を提起したことが明らかである。右事実関係の下では、Xは、本件調停において、本件不法行為に基づく損害賠償債務

のうちAの債務のみを免除したにすぎず、Yに対する関係では、後日その全額の賠償を請求する意思であったものというべきであり、本件調停による債務の免除は、Yに対してその債務を免除する意思を含むものではないから、Yに対する関係では何らの効力を有しないものというべきである。」

1 配偶者とその相手の不貞行為は、他方配偶者に対する共同不法行為であり、その損害賠償債務は不真正連帯債務であること、不真正連帯債務には、連帯債務者の1人に対する免除の効力に関する民法437条は適用されないこと、したがって、妻が夫との離婚調停において夫の慰謝料債務を免除した場合、その免除は夫と肉体関係を持った第三者に対する慰謝料請求権には影響しないことを明らかにした最高裁判例である。

2 配偶者に対する慰謝料債務は免除しても、不貞行為の相手に対する慰謝料債務は免除しない事案は少なくないので、実務上参考となる。

〔解説・評釈等〕花本広志・法セミ40巻8号77頁、長谷川貞之・法セミ41巻3号44頁、淡路剛久・リマ12号33頁、前田達明・民商114巻2号146頁

45 婚姻関係が破綻していない場合の慰謝料
相手の責任は副次的とし、慰謝料を50万円とした事例

東京地判平成4年12月10日（平成4年（ワ）3650号）判タ870号232頁

事案
　X（妻）は、勤務していたデパートの同僚であったA（夫）と平成元年4月に婚姻し、その後専業主婦をしていた。平成元年7月に長男、平成3年9月に二男が生まれた。
　Yは、デパートに勤務し、職場の上司であったAから仕事上の指導助言を受けるうちに親近感を覚え、平成3年6月ころ、Aと肉体関係を持った。Aは、平成4年2月、XがAに対して、Yとの関係を続けていることを責めたため、Yとは交際を断つ旨の念書を書いた。Xは、YとAとの不倫関係を解消させるため、弁護士に相談して、弁護士は、Yに対して500万円の慰謝料の支払いを請求する内容証明郵便を送付した。
　Yは、これに動揺して、勤務しているデパートの店長等の立会のもとで、Xに対して謝罪とAとの交際を断つことを誓う誓約書を作成し交付した。Yは、平成4年3月にデパートを退職して岩手県の実家に帰り、以後一切Aとは交際していない。
　Xは、Yに対して、500万円の慰謝料の支払いを求める本件訴訟を提起した。

判旨
　1　判決は、「YはXとAが婚姻関係にあることを知りながらAと情交関係にあったもので、右不貞行為を契機としてXとAとの婚姻関係が破綻の危機に瀕しXが深刻な苦悩に陥ったことに照らせば、Xがこれによって被った精神的損害については不法行為責任を負うべきものである。しかしながら、婚姻関係の平穏は第一次的には配偶者相互間の守操義務、協力義務によって維持されるべきものであり、不貞あるいは婚姻破綻についての主たる責任は不貞を働いた配偶者にあるというべきであって、不貞の相手方において自己の優越的地位や不貞配偶者の弱点を利用するなど悪質な手段を用いて不貞配偶者の意思決定を拘束したような特別の事情が存在する場合を除き、不貞の相手方の責任は副次的というべきである。」と判示した。そして、本件においては、①不倫関係において、どちらかといえばYの上司であったAが主導的役割を果たしていたこと、②婚姻関係の破綻の危機を招来したのは、Aの性格や行動に由来し、Aがこのような行動をとったことについては、夫婦間の性格、価値観の相違、生活上の感情等の行き違い等が無関係であったかどうかは疑問であること、③Xは、第一次的な責任を有するAに対する請求を宥恕していること、④Xは、本訴によってAとYとの関係の解消という目的を達していること、⑤XとAとの夫婦関係破綻の危機は乗り越えられたこと、⑥Yが勤務先を退職して岩手県の実家に帰ったことにより、Aとの最終的な関係解消が達成されたこと、⑦Yは、退職して、東京での転職を断念して岩手県の実家に帰ったことで、相応の社会的制裁を受けていること等の事情を考慮して、Yが支払うべき慰謝料額を50万円とした。

1　夫と不貞行為をした女性の妻に対する責任について、原則として夫の責任が一次的で、当該女性の責任は、副次的であると判示した点で注目に値する。
2　本件のように、不貞行為によって婚姻破綻に至っていない場合には、慰謝料は低額となる傾向がある。本判決は、50万円という比較的低額の慰謝料額を認定した理由を詳細に述べている点で実務として参考になろう。
　妻が夫に対する慰謝料請求を宥恕していることを、当該女性に対する慰謝料請求額の算定の考慮事由とした点は、異論があろう。

46 慰謝料請求と権利濫用
慰謝料請求を権利濫用として棄却した事例

一　審…奈良地葛城支判
控訴審…大阪高判
上告審…最判平成 8 年 6 月18日（平成 7 年（オ）2176号）家月48巻12号39頁

事案

X（妻）とA（夫）は昭和59年 1 月に婚姻届出をなし、昭和59年 5 月に長女が、昭和61年 6 月に長男が生まれた。

Yは、昭和60年10月ころから居酒屋を経営していたが、Aは昭和63年10月ころその居酒屋に客として来店し、毎週 1 度は来店するようになった。しかし、Aは、平成元年10月ころから同 2 年 3 月ころまでは、他の女性と半同棲の生活をしており、Yの居酒屋には来店しなかった。その間、Xは、Yの居酒屋に毎晩のように来店して夫婦関係の愚痴をこぼし、平成 2 年 9 月初めころに「Aとの夫婦関係は冷めており、平成 3 年 1 月にXの兄の結婚式が終わったら離婚する」と話した。

Aは、平成 2 年 9 月以降毎晩のようにYを口説き、妻とは別れる等と言って、同月にYと肉体関係を持った。Aは、同年10月にXが別れることを承知したからと、Yに結婚の申し込みをし、Yもこれを承諾した。

平成 2 年12月に、AとYとの関係がXに発覚し、XはYに対して500万円の慰謝料を要求した。AもYに対してXに500万円を支払うよう要求し、Yがこれを拒否するとYの首を締めつけ、腹を拳で殴る暴行を加えた。

その後もXはYに対して500万円を要求して嫌がらせをし、AもYに対して暴行を加えて傷害を負わせ、罰金 5 万円の刑に処せられた。

Xは、Yに対して、慰謝料の支払いを求める本件訴訟を提起した。

判旨

1　一審は、Xの請求を棄却した。

2　控訴審は、Yに100万円の慰謝料及び10万円の弁護士費用の支払いを命じた。

3　最高裁は、以下のように述べて、原判決のY敗訴部分を取り消し、一審判決を維持した。

「Yは、Aから婚姻を申し込まれ、これを前提に平成 2 年 9 月20日から同年11月末ころまでの間肉体関係を持ったものであるところ、Yがその当時Aと将来婚姻することができるものと考えたのは、同元年10月ころから頻繁にYの経営する居酒屋に客として来るようになったXがYに対し、Aが他の女性と同棲していることなど夫婦関係についての愚痴をこぼし、同 2 年 9 月初めころ、Aとの夫婦仲は冷めており、同 3 年 1 月には離婚するつもりである旨話したことが原因を成している上、Xは、同 2 年12月 1 日にAとYとの右の関係を知るや、Yに対し、慰謝料として500万円を支払うよう要求し、その後は、単に口頭で支払要求をするにとどまらず、同月 3 日から 4 日にかけてのAの暴力によるYに対する500万円の要求行為を利用し、同月 6 日ころ及び 9

日ころには、Ｙの経営する居酒屋において、単独で又はＡと共に嫌がらせをして500万円を要求したが、Ｙがその要求に応じなかったため、本件訴訟を提起したというのであり、これらの事情を総合して勘案するときは、仮にＸがＹに対してなにがしかの損害賠償請求権を有するとしても、これを行使することは、信義誠実の原則に反し権利の濫用として許されない」

1　妻の夫と不貞行為をした女性に対する慰謝料請求権の行使が、権利濫用と判断された最高裁判例として意義がある。
2　本件では、ＹとＡとの不貞行為前に、ＸＹの婚姻は破綻していたかＹが破綻していると誤信する相当な理由があったと考えることもできる。

〔解説・評釈等〕水野有子・判タ945号174頁

47 慰謝料請求権の消滅時効の起算点
離婚成立時を起算点とした事例

一　審…東京地判平成10年7月29日（平成9年（ワ）9217号）判タ1023号246頁
控訴審…東京高判平成10年12月21日（平成10年（ネ）3872号）判タ1023号242頁

事案

X（妻）とA（夫）は昭和36年11月に婚姻し、昭和37年4月に長男が生まれた。

Yは、勤務先の証券会社で同僚であったAと知り合い、男女関係を結んだ。Aは、自宅を出て、Yと暮らし、昭和54年には証券会社を退社し、Aの父の住職の地位を受け継ぎ、Yと同居した。昭和57年2月に、YはAとの間に女児Bを生み、Yは、同年1月にBを胎児認知した。

Xは、Aに対して、昭和60年夫婦関係調整の調停を申し立てたが、同年11月に不調となった。Aは、Xに対して平成6年離婚訴訟を提起し、平成7年7月離婚を認める判決がされ、Xは控訴、上告したが離婚判決は平成10年3月に確定した。

Xは、Yに対して、平成9年5月に2000万円の慰謝料等を求める本件訴訟を提起した。

判旨

1　一審は、以下のように述べてXの請求を棄却した。

まず、AとXとの婚姻関係は、YがBを出産し、Xがこれを知った昭和57年には、破綻したと認められるから、少なくとも昭和57年以降のYとAとの関係については不法行為が成立しない。

また、Yの消滅時効の抗弁について「Xの妻としての権利の侵害としては、右侵害行為がされている間は、日々発生するものであるから、Xは、Aとの夫婦関係が破綻する前のYの不法行為については、それを十分認識していたのであり、右不法行為に基づく損害賠償を求めることもできるから、破綻までの不法行為に基づく損害賠償は各行為時から消滅時効が進行する。

本件訴訟が提起された平成9年5月11日から遡る3年前には、前記認定のとおり、すでにXとAの婚姻関係は完全に破綻していたものと認められるから、Yの不法行為に基づくXの慰謝料の損害賠償請求権は、本訴提起の段階で既に時効期間が経過していたものと認められ」、右時効を被告が援用する以上、原告の請求権は消滅したものといえる。

2　控訴審は、以下のように述べて、一審判決を一部取り消し、Yに対して200万円の慰謝料等の支払いを命じた。

「Xの本件慰謝料請求は、単にYとAとの肉体関係ないし同棲の違法を理由とするものではなく、YとAとの肉体関係ないし同棲の継続によって、最終的にAとの離婚をやむなくされるに至ったことにより被った慰謝料の支払をも求めるものであるとこ

4章　慰謝料　121

ろ、前示の事実関係によれば、YとAとの肉体関係ないし同棲の継続により右離婚をやむなくされ、最終的に離婚判決が確定したのであるから、離婚に至らしめたYの右行為がXに対する不法行為となるものと解すべきである。」

「夫婦の一方の配偶者が他方の配偶者と第三者との同棲により第三者に対して取得する慰謝料請求権については、一方の配偶者が右の同棲関係を知った時から、それまでの間の慰謝料請求権の消滅時効が進行すると解するのが相当であり（最高裁平成6年1月20日第一小法廷判決、筆者注：●42）、本件においても、Xは、Aが昭和47年にYと同棲した事実をその後数年のうちには知ったものと推認される。

しかし、Xの本件慰謝請求は、単にYとAとの肉体関係ないし同棲によって精神的苦痛を被ったことを理由とするのみならず、右肉体関係ないし同棲の継続により最終的にAとの離婚をやむなくされるに至ったことをもYの不法行為として主張していることは前示のとおりであるところ、このように第三者の不法行為により離婚をやむなくされ精神的苦痛を被ったことを理由として損害の賠償を求める場合、右損害は離婚が成立して初めて評価されるものであるから、第三者との肉体関係ないし同棲の継続等を理由として離婚を命ずる判決が確定するなど、離婚が成立したときに初めて、離婚に至らせた第三者の行為が不法行為であることを知り、かつ、損害の発生を確実に知ったこととなるものと解するのが相当である（最高裁昭和46年7月23日第二小法廷判決・民集25巻5号805頁参照、筆者注：●36）。」

1　不貞行為の相手女性に対する慰謝料請求権の消滅時効の起算点について、一審と控訴審で異なった判断を示した事例であり、きわめて興味深い。
2　控訴審は、平成6年の最高裁判決［●42］を引用しながら、本件では、肉体関係ないし同棲による慰謝料請求ではなく、離婚による慰謝料請求であるから、これは離婚時から消滅時効が進行すると判断している。

〔解説・評釈等〕桧山麻子・判夕1065号44頁

48 同棲の差止請求

精神的平穏の侵害について差止請求は認められないとした事例

大阪地判平成11年3月31日（平成10年（ワ）7687号）判タ1035号187頁

事案

X（妻）とA（夫）は昭和50年9月に婚姻し、昭和51年に長女、昭和54年に長男が生まれた。X、A、Yは、いずれも公立学校の教師である。

昭和54年ころ、YとAは同じ小学校に勤務し、それから間もなく交際した。

平成10年5月に、X、Y、Aで話し合いがされ、XはYがAと今後交際しないように念書の差入れを要求したが、Yはこれを断り、その後、Aは、自宅を出て、Xと別居した。

Xは、①1200万円の慰謝料、②Yは、XとAとの婚姻が継続している間、Aと同棲または会ってはならないことを求める本件訴訟を提起した。

判旨

裁判所は、Yに300万円の慰謝料の支払いを命じ、同棲、面会の差止めについては、以下のように述べて棄却した。

「Xは、YがAと会うことについての差止めも求めているが、YがAと会うこと自体が違法になるとは到底いえないから、少なくともこの部分については請求に理由がないことは明らかである。」

同棲の差止めについて「差止めは、相手方の行動の事前かつ直接の禁止という強力な効果をもたらすものであるから、これが認められるについては、事後の金銭賠償によってはXの保護として十分でなく事前の直接抑制が必要といえるだけの特別な事情のあることが必要である。

そこで、本件におけるそのような事情の有無についてみると、XとAは婚姻関係こそ継続しているものの、平成10年5月ころからAは家を出てXと別居しており、Xに居所を連絡してもいない。これに加えて、先に認定した経緯をも考慮すると、両者間の婚姻関係が平常のものに復するためには、相当の困難を伴う状態というほかない。そして、XもまたAとの離婚もやむなしと考えてはいるものの、AがYと同棲したりすることはこれまでの経緯から見て許せないということからAとの離婚に応じてないのである。

そうすると、今後YとAとが同棲することによって、XとAとの平穏な婚姻生活が害されるといった直接的かつ具体的な損害が生じるということにはならない。同棲によって侵害されるのはもっぱらXの精神的な平穏というほかない。このような精神的損害については、同棲が不法行為の要件を備える場合には損害賠償によっててん補されるべきものであり、これを超えて差止請求まで認められるべき事情があるとまでは言えない。」

不貞行為の相手女性に対する同棲の差止請求を求めためずらしい事例であり、結論については異論はないと思われる。

5

財産分与

傾向と実務

第1　はじめに

1　離婚に伴う財産分与は、当事者間の協議によって定めることができ、協議が調わないとき、協議ができないときには、家庭裁判所が協議に代わる処分をする（民法768条2項）。そして、家庭裁判所は、当事者双方がその協力によって得た財産の額その他一切の事情を考慮して、分与すべきかどうか並びに分与の額及び方法を定める（同条3項）。

　財産分与請求権は、離婚時から2年以内に行使しなければならない（同条2項ただし書）。

　財産分与は、別表第2審判事件である（家事法別表第2第4項）。

2　財産分与の申立ての方法等

(1)　離婚訴訟において、財産分与の附帯申立てをすることができる（人訴法32条1項）。また、離婚訴訟の被告から離婚の反訴請求をせずに、予備的財産分与の申立てをすることもできる。

(2)　財産分与の附帯申立ては、控訴審の口頭弁論終結時まで相手方の同意なくすることができる[➡4]。これは財産分与は離婚訴訟と密接な関係にあり、その基礎となる事実関係や証拠資料が共通であるため、離婚訴訟と同時に解決することが当事者の利益と訴訟経済に合致するためである。

(3)　財産分与は非訟手続であるので、申立てにあたり分与を求める額及び方法を特定する必要はなく、抽象的に財産分与の申立てをすれば足りる。

　財産分与の申立てについて、裁判所は、申立人の主張に拘束されることなく、自ら正当と認めるところに従って、分与の有無、その額及び方法を定める。したがって、裁判所が申立人の主張を超えて有利に分与の額等を認定しても、民事訴訟法246条に反しないし、また民事訴訟法304条の不利益変更禁止の原則は適用されないと解されている[➡56]。

　更に、申立人の相手方が財産分与の申立てをしていない場合でも、裁判所が申立人に相手方への財産分与を命じた判例もある[➡60]。

(4) 財産分与の申立てを義務者からできるかについては、判例は否定説をとっている［⇒59］。しかし、この点については、反対説が強い。

第2 財産分与請求権の性質

1 財産分与には、以下の3つの要素があると解されている。
① 夫婦の協力により築いた財産を離婚時に清算すること(清算的財産分与)
② 離婚後の生活に困る配偶者に対する扶養（扶養的財産分与）
③ 損害賠償（慰謝料）
ただし、財産分与には損害賠償は含まれないとする説もあり、判例は、財産分与と慰謝料の本質は異なるが、慰謝料支払義務の発生原因たる事情も考慮して、財産分与の額・方法を決めることもできるとする［⇒35］。
2 離婚に伴う財産分与請求権は、協議、審判等により具体的内容が形成されるまでは、その範囲及び内容が不確定・不明確であるから、財産分与請求権を保全するために債権者代位権は行使できないと解されている［⇒49］。
3 離婚による財産分与金の支払いを求める債権は、財団債権ではなく、破産債権であって、取戻権は有しない［⇒58］ので注意が必要である。
4 抽象的財産分与請求権は、離婚により当然に発生する［⇒49］ので、離婚後当事者が死亡した場合、当事者の請求の意思表示の有無に係らず、財産分与請求権及び財産分与義務は当然に相続されると解される［⇒53］。しかし、離婚成立前に当事者の一方が死亡した場合には、離婚調停で財産分与の請求をしていた場合であっても、財産分与請求権は発生せず、したがって相続されることもない［⇒70］。

第3 清算的財産分与

1 清算の対象財産
名義の如何を問わず、婚姻中に形成した財産は、財産分与の対象財産となる。一方の配偶者が婚姻前から有する財産や婚姻後でも相続や親族からの贈与により得た財産(特有財産又は固有財産という)は、対象財産にはならない。
(1) 不動産
ア 不動産の財産分与の算定方法
① 不動産の一部を、一方配偶者の特有財産である預貯金等で購入した

り、一方の親族からの相続財産、贈与等が含まれる場合には、婚姻中の形成財産の部分のみを財産分与の対象財産として計算する。

対象財産＝不動産の時価×婚姻中の形成部分÷購入価額となる。

② ローン残がある場合　一般的には、不動産の時価からローン残元金を控除した残額を当該不動産の現在価値と評価し、これに寄与割合を乗じて分与額を決定する［⇒64］。婚姻中の住宅ローンの既払い分は、一般的には夫婦が平等の割合で返済に貢献したものとされる。ローン残高が時価を上回る場合には、一般的には、清算すべき財産はないと評価される［⇒66］。

イ　不動産の財産分与の方法

不動産を一方配偶者に取得させ、他方配偶者に清算金を支払う方法が一般的である。いずれの配偶者に当該不動産を取得させるかについては、その不動産の利用状況、当事者の意思、借入金の有無等が考慮されている［⇒56］。その場合には、所有権移転登記手続と清算金の支払いの同時履行を命じている判例もある［⇒64］。

また、主に扶養的財産分与の例だが、妻に自宅と店舗の建物を分与し、その敷地について、当該建物所有の目的で賃借権ないし使用借権を設定している例もある［⇒55、74］。

(2) 預金等

ア　預金、株式、ゴルフ会員権等も、婚姻中の形成財産であればいずれの名義であるかを問わず、財産分与の対象財産となる。

イ　しかし、夫婦それぞれが各自の収入、預貯金を管理し、それぞれが必要な時に夫婦の生活費を支出する形態の夫婦の場合に、各個人の名義の預貯金、著作権は清算的財産分与の対象とならないとした判例があるが［⇒62］、この判例の理論がどこまで適用になるかについては、確定しているとはいいがたい。

ウ　別居中に夫婦の一方が持ち出した預貯金等については、持ち出した預貯金等が実質的共有財産の2分の1以下である場合には、持ち出しの違法性を認めず、財産分与で清算するものが多い［⇒60］。

(3) 退職金

ア　既払いの退職金は財産分与の対象財産となる。

婚姻前から就労している場合には、原則として、財産分与対象額は、退職金額×同居期間÷勤務期間となる。
　　イ　将来支給される退職金については、その支給を受ける蓋然性が高い場合に、財産分与の対象財産としている［⇒66、67］。
　　　また計算方法については、支給率によるもの［⇒66］、勤務年数のうち婚姻期間に対応する割合によるもの［⇒67、68］がある。また、夫の退職時期に応じた試算式により算定したものがある［⇒73］。
　　　支払時期についても、即時の支払いとするもの［⇒67］と、退職金受給時に支払を命ずるもの［⇒66、68、73］がある。
(4)　年金　　将来支給される年金については、その他の一切の事情として考慮するもの［⇒68］、扶養的財産分与として毎月の支払を認めるもの（［⇒17］一審判決）、支給の都度の支払いを認める判例［⇒69］がある。しかし、支給の都度の支払いを命ずる判決については、その履行の確保が問題であった。これらの点は、年金分割制度により解決が図られたといってよいだろう。
(5)　保険金　　生命保険、学資保険等の貯蓄性の保険は、預金と同様に財産分与の対象財産となる。
　　交通事故による損害賠償保険金は、そのうち離婚時までの逸失利益分についてのみ財産分与の対象財産となり、傷害慰謝料、後遺障害慰謝料部分は財産分与対象財産とはならない［⇒72］。
(6)　特有財産の維持に協力した場合　　一方配偶者が相続等により取得した特有財産であっても、他方配偶者がその取得、維持に貢献した場合には、財産分与対象財産とされる場合がある［⇒61］。
(7)　婚姻費用の清算　　当事者が過当に負担した婚姻費用の清算の給付も、財産分与に含めることができる［⇒50］。

2　清算的財産分与の寄与割合
(1)　最近は、妻が主婦で収入がゼロないし夫と比較してかなり少ない場合であっても、妻の寄与割合を5割とするものが多くなっている［⇒67］。判例でも、清算的財産分与の清算割合は原則的に平等であると判示している［⇒62］。
(2)　配偶者の収入、資産がかなり高額の場合や妻の方が収入が多くかつ専ら

5章　財産分与　　129

家事労働をしてきた場合［⇒**62**］には、寄与割合を平等ではなく修正している。

夫が婚姻前に医師免許を取得し、婚姻後に高額の収入を得ている事案について、夫の寄与割合を6割とした判例がある［⇒**75**］。

第4　扶養的財産分与

1　要扶養性

扶養的財産分与が認められるためには、財産分与請求者に要扶養性があることが必要である。要扶養性が認められるのは、妻が高齢の専業主婦でめぼしい資産がない場合［⇒**52**、**9**差戻審判決］などに限られている。

また、有責配偶者からの離婚請求の場合には、比較的高額の扶養的財産分与が認められる傾向がある［⇒**52**、**9**差戻審判決］。

配偶者に相当の資産、収入がある場合、清算的財産分与により相当の財産分与を受ける場合［⇒**63**］には、扶養的財産分与は認められない。

また、年金分割制度の導入により、扶養的財産分与を認める事例は少なくなっている。

2　分与の方法としては、一括払いによる場合［⇒**52**］と定期金給付による場合［⇒**63**一審判決］がある。

第5　その他の問題

1　財産分与が詐害行為取消権（民法424条）の対象となるか

財産分与は、民法768条3項の趣旨に反して不相当に過大であり、財産分与に仮託してされた財産処分であると認めるに足りるような特段の事情がない限り、詐害行為にはならないとするのが判例である［⇒**51**、**65**、**71**］。

そして、財産分与が詐害行為となる場合には、不相当に過大な額についてその限度で取り消されることになり［⇒**65**］、住居として使用されている土地建物の財産分与について、不相当に過大な部分のみを取り消し、取り消した部分に相当する価額賠償を命じた例がある［⇒**71**］。

2　不動産の財産分与の譲渡所得税の錯誤

財産分与の義務者は、現金での分与には課税されないが、不動産を分与した場合には、分与時の価額により当該資産を譲渡したことになり、その資産

が購入時よりも値上がりしていた場合には、譲渡所得税が課税されることがある。

　2億円余の譲渡所得税が課税されることを知らずに不動産を妻に財産分与した事例について、財産分与契約を錯誤により無効とした事例がある［⮕ 54］が、稀な事例と考えた方がよいだろう。

3　住宅ローンによって残余価値が0ないしマイナスの不動産については、財産分与の対象とされないが、離婚判決後に名義人の夫が妻に対し、当該不動産の明渡し等を求めたのに対し、妻の共有持分を認定して、これを棄却した判例がある［⮕76］。

49 財産分与請求権に基づく債権者代位権の行使

行使はできないとした事例

一　審…甲府地判昭和50年11月7日（昭和46年（ワ）150号、237号、昭和50年（ワ）118号）民集34巻4号635頁
控訴審…東京高判昭和52年11月7日（昭和50年（ネ）2832号）民集34巻4号642頁
上告審…最判昭和55年7月11日（昭和53年（オ）321号）民集34巻4号628頁

事案

　X（夫）とY1（妻）は、昭和37年11月に婚姻し、Xは、Y方にいわゆる婿入りして、Yの氏を称した。XとY1との間には二子が生まれた。

　Y1の父であるAは、個人経営で製麺、パン粉製造業を営んでいたが、一人娘のY1とXとの結婚後は、その事業をXY1夫婦に任せるようになった。

　XとAは、共同で工場新設のための敷地として(1)ないし(5)の土地を購入し、(1)ないし(4)の土地はX名義に、(5)の土地はY1の名義に登記した。昭和42年には、(1)ないし(4)の土地はXからY1に贈与による所有権移転登記がされた。

　Aは、(1)ないし(5)の土地に、(6)の工場と(7)の居宅を建築し（土地、建物あわせて本件不動産）、その名義はいずれもY1とした（(7)居宅は未登記）。

　この建築についてAとXの意見が対立したことから、XとY1は不和となり、昭和45年2月ころ別居し、同年5月26日に協議離婚した。

　離婚に先立つ昭和45年5月1日に、(1)ないし(5)の土地及び(6)の建物について、Xが知らない間に真性なる登記名義の回復を原因としてY1からY1の母であるY2名義に所有権移転登記がされた。

　XはY1に対して財産分与請求等の調停を申し立てたが、分与の基礎となる本件不動産の帰属について争いがあったため、不調となった。

　Xは、Y1、Y2に対して、本件不動産全部がY1の所有であることの確認と(1)ないし(6)の不動産についてY1からY2への所有権移転登記の抹消登記手続を求める本件訴訟を提起した。

判旨

　1　一審は、Y1からY2への所有権移転登記の抹消登記手続については、Xの請求を棄却した。

　2　控訴審は以下のように述べて、一審判決の一部を変更して、(1)ないし(5)の土地がY1の所有であることの確認と同土地についての所有権移転登記の抹消登記手続を認めた。

　財産分与請求権は、「債権者代位権の被保全権利となりうるものと解すべきであり、しかもその具体的内容が定まるまでは金銭債権ではないから、代位につき債務者の無資力を要件としないというべきである。

　本件の場合、Xが分与を求める対象となる財産の中心は(1)ないし(5)の土地であるところ、同物件は理由なく第三者であるY2の名義に無効の登記がなされているのであ

り、かくては、さらに登記名義が変えられると複雑な関係が生じ、結局分与対象財産が散逸して、財産分与の審判が確定してもその実現が困難となる可能性が大きい。したがって、Xは、右各土地につきY1の登記抹消請求権を代位行使して真実の登記名義を確保する必要性があるものと判断する。ただし、前記の意味でまだ具体的内容の定まらない請求権であるから、もとより民法423条2項の制限を受けるわけであるが、前記のごとき代位行為は、同項但書に定める保存行為に準ずるものとして、これを許すことができると解するのが相当である。」

　3　上告審は、以下のように述べて、Xの所有権移転登記の抹消登記手続請求を認容した控訴審判決部分を破棄し、同訴えを却下した。

「離婚によって生ずることあるべき財産分与請求権は、一個の私権たる性格を有するものではあるが、協議あるいは審判等によって具体的内容が形成されるまでは、その範囲及び内容が不確定・不明確であるから、かかる財産分与請求権を保全するために債権者代位権を行使することはできないものと解するのが相当である。」

　1　離婚に伴う財産分与権を被保全権利として債権者代位権を行使できるかについて、控訴審判決はこれを認めたのに対して、最高裁は、財産分与請求権は協議等によって内容が形成されるまでは、不確定であるとして、これを否定した点が重要である。

　2　本件の場合、本件土地はY1らの家業に使用されていることから、Xへの財産分与としては金銭支払の方法による可能性が高いことからも、最高裁の判例は妥当であろう。

　3　本件では、控訴審判決が述べるようにY1からY2への移転登記により、Xの財産分与の実現が困難になる可能性があり、この対応をどうするかは問題として残る。

〔解説・評釈等〕篠田省二・判解〈昭和55年[19]〉253頁、中井美雄・ジュリ743号80頁、円谷峻・金判623号50頁、山口純夫・法時53巻5号124頁、森孝三・判タ439号58頁、大津千明・別ジュリ99号46頁

50 過去に過当に負担した婚姻費用の清算金
財産分与の額に含めることができるとした事例

一　審…東京地判昭和51年9月24日（昭和46年（タ）490号ほか）民集32巻8号1533頁
控訴審…東京高判昭和53年2月27日（昭和51年（ネ）2265号）民集32巻8号1542頁
上告審…最判昭和53年11月14日（昭和53年（オ）706号）民集32巻8号1529頁

事案

　X（妻）とY（夫）は、昭和37年2月に婚姻届出をなし、昭和38年5月に長女、昭和44年2月に二女が生まれた。
　Xは、Yの女性関係、Yが経歴、資格を詐称していたこと、素行が悪く更正の意欲がないこと等のため、昭和44年7月に離婚を決意して実家に帰った。Xは、別居にあたり、額面300万円の割引興業債券を持ち帰った。
　Xは、別居後以来昭和51年まで7年以上にわたり、自己及び2人の子どもの生活費、教育関係費として、合計約1000万円程度を支払った。
　XはYに対して、離婚、子どもらの親権者をXと定める、慰謝料1000万円、財産分与600万円の支払いを求めた。

判旨

　1　一審は、Xの請求をすべて認めたが、慰謝料は200万円とした。
　2　控訴審で、Xは、財産分与の額を①Y所有名義の不動産の時価の4分の1以下である1000万円、②別居後にXが支出した子らを含めた生活費教育関係費1000万円の合計2000万円に拡張した。
　控訴審は、不動産の清算分等として600万円、過去の生活費・教育費の清算相当額として400万円合計1000万円の財産分与を認め、慰謝料も300万円を認めた。
　3　最高裁は、「離婚訴訟において裁判所が財産分与の額及び方法を定めるについては当事者双方の一切の事情を考慮すべきものであることは民法771条、768条3項の規定上明らかであるところ、婚姻継続中における過去の婚姻費用の分担の態様は右事情のひとつにほかならないから、裁判所は、当事者の一方が過当に負担した婚姻費用の清算のための給付をも含めて財産分与の額及び方法を定めることができるものと解するのが、相当である。」として、控訴審判決を維持した。

Key point

　以前の判例では、婚姻費用分担額の決定は、過去の婚姻費用を含めて、家庭裁判所の専属管轄に属するとされていた。本判例は、財産分与において、過去の婚姻費用分担の態様を斟酌し、当事者の一方が過当に負担した婚姻費用の清算金を含めて財産分与額を定めることができることを明らかにした最高裁判例として意義がある。

〔解説・評釈等〕島田禮介・判解〈昭和53年［38］〉505頁、国府剛・判タ411号153頁、泉久雄・判評255号162頁、野田愛子・別ジュリ66号74頁、水野紀子・別ジュリ193号34頁

51 財産分与と詐害行為
不相当に過大ではない限り詐害行為とはいえないとした事例

一　審…神戸地洲本支判昭和56年7月7日（昭和54年（ワ）17号）民集37巻10号1540頁
控訴審…大阪高判昭和57年4月16日（昭和56年（ネ）1495号）民集37巻10号1562頁
上告審…最判昭和58年12月19日（昭和57年（オ）798号）民集37巻10号1532頁

事案

　A（夫）とY（妻）は、昭和22年7月に婚姻し、二男三女をもうけた。

　Aは、昭和31年から本件土地1上のAの父所有の建物でクリーニング業を始めたが、昭和37年頃からBと交際して、Bとの間に子どもが生まれた。

　Aは、昭和49年頃からクリーニング業はYに任せ、自分は不動産業、金融業を始めるようになった。Aは、昭和49年9月に、X信用組合と信用組合取引契約を結び、手形貸付、手形割引等を受けていたが、昭和51年10月手形の不渡りを出して倒産した。Xは、Aに対して約1億2442万円の手形元本債権を有している。

　YはAと協議の結果、Yが家業であるクリーニング業を続けることによって子どもらの面倒をみることにし、Aは、本件土地1及び2（併せて本件土地）を慰謝料を含めた財産分与としてYに譲渡することとし、昭和51年12月に協議離婚し、離婚に際して本件土地について代物弁済を登記原因としてYに移転登記がなされた。なお、本件土地1は、昭和35年ころクリーニング業の利益で購入し、昭和51年5月所有権移転登記手続をなし、本件土地2は昭和43年ころ同じくクリーニング業の利益で取得した。

　Xは、Yに対して、本件土地の代物弁済契約等は詐害行為であるとして、その取消等を求める本件訴訟を提起した。

判旨

1　一審は、本件土地を離婚に伴う財産分与及び慰謝料の支払いのためYに譲渡した行為は詐害行為とはならないとして、Xの請求を棄却した。

2　控訴審も一審判決を維持した。

3　上告審も以下のように述べて、上告を棄却した。

「離婚における財産分与は、夫婦が婚姻中に有していた実質上の共同財産を清算分配するとともに、離婚後における相手方の生活の維持に資することにあるが、分与者の有責行為によって離婚をやむなくされたことに対する精神的損害を賠償するための給付の要素をも含めて分与することを妨げられないものというべきであるところ、財産分与の額及び方法を定めるについては、当事者双方がその協力によって得た財産の額その他一切の事情を考慮すべきであることは民法768条3項の規定上明らかであり、このことは、裁判上の財産分与であると協議上のそれであるとによって、なんら異なる趣旨のものではないと解される。したがって、分与者が、離婚の際既に債務超過の状態にあることあるいはある財産を分与すれば無資力になるということも考慮すべき

右事情のひとつにほかならず、分与者が負担する債務額及びそれが共同財産の形成にどの程度寄与しているかどうかも含めて財産分与の額及び方法を定めることができるものと解すべきであるから、分与者が債務超過であるという一事によって、相手方に対する財産分与をすべて否定するのは相当でなく、相手方は、右のような場合であってもなお、相当な財産分与を受けることを妨げられないものと解すべきである。そうであるとするならば、分与者が既に債務超過の状態にあって当該財産分与によって一般債権者に対する共同担保を減少させる結果になるとしても、それが民法768条3項の規定の趣旨に反して不相当に過大であり、財産分与に仮託してされた財産処分であると認めるに足りるような特段の事情のない限り、詐害行為として、債権者による取消の対象となりえないものと解するのが相当である。」

「本件土地はYの経営するクリーニング店の利益から購入したものであり、その土地取得についてのYの寄与は、Aのそれに比して大であって、もともとYは実質的にAより大きな共有持分権を本件土地について有しているものといえること、YとAとの離婚原因は同人の不貞行為に基因するものであること、Yにとっては本件土地は従来から生活の基盤となってきたものであり、Y及び子供らはこれを生活の基礎としなければ今後の生活設計の見通しが立て難いこと、その他婚姻期間、Yの年齢などの諸般の事情を考慮するとき、本件土地がAにとって実質的に唯一の不動産に近いものであることをしんしゃくしてもなお、Yに対する本件土地の譲渡は離婚に伴う慰藉料を含めた財産分与として相当なものということができるから、これを詐害行為にあたるとすることができないとした原審の判断は、正当として是認することができ」る。

1　離婚に伴う財産分与は、民法768条3項の規定の趣旨に反して不相当に過大であり財産分与に仮託してされた財産処分であると認めるに足りるような特段の事情がない限り、詐害行為とはならないことを述べた最高裁判例として重要である。

2　特に本件のように分与者が債務超過で、分与財産がほぼ唯一の財産の場合であっても、上記の要件に該当しない限り詐害行為とはならないとした点で実務の判断基準として参考になる。

〔解説・評釈等〕塩崎勤・判解〈昭和58年［36］〉541頁、円谷峻・ひろば37巻4号41頁、中川淳・判タ539号139頁、新美育文・法セミ30巻3号138頁、鈴木眞次・法協105巻9号153頁、野村豊弘・別ジュリ162号36頁、片山直也・別ジュリ137号46頁、佐藤岩昭・別ジュリ105号46頁

52 扶養的財産分与
1200万円の支払いが命じられた事例

一　審…横浜地判昭和62年1月29日（昭和59年（タ）130号）判時1281号98頁
控訴審…東京高判昭和63年6月7日（昭和62年（ネ）408号・414号）判時1281号96頁

事案

X（妻）とY1（夫）は、昭和8年4月に婚姻届出をなし、両者間には5人の子どもがいる。Y1は、会社に勤務していたが、昭和21年にA会社を設立して代表者に就任した。Y1は、56歳ころの昭和33年ころにY2と知り合い、以後親密な関係を続けた。Y1は、昭和35年ころY2をA会社の従業員にし、その後同社の取締役にした。昭和37年8月には、Y1とY2との間に女児が生まれた。

Y1は、68歳ころの昭和46年初めころにXと別居してY2と同居し、以後XとY1との別居は一審口頭弁論終結時まで15年以上続いている。

Xは、Y1に対して、離婚、財産分与、慰謝料、Y2に対して慰謝料を求める本件訴訟を提起した。

判旨

1　一審は、離婚を認め、慰謝料請求としてY1に800万円、Y2に300万円の支払いを命じ、財産分与としてY1に2000万円の支払いを命じた。

2　控訴審では、以下のように述べて、慰謝料としてY1に1000万円、Y2に500万円（Y1の支払う1000万円の内500万円と連帯債務関係）、財産分与として1200万円を認めた。

①「婚姻歴、その間のY1の不貞関係、別居期間、婚姻破綻の原因は専らY1側にあること、別居後のXに対する婚姻費用分担の実情、右分担額がその間のY1の収入に比し極めて低額であり、昭和59年1月からはその支払いすら停止されたこと、いずれにしてもXは見るべき資産とて形成できず、今後の住居すら安定しておらず、これまででもその子らの援助でどうやら過ごしてきたこと、さらに後記の財産分与の額等諸般の事情を考慮すると、Y1はXに対し、離婚にともなう慰謝料として金1000万円を支払うべきである。」

②「解約した生命保険、定期積金等の掛金、前記返済金（筆者注：Y1とY2が居住しているY2名義のB住宅の売買代金にあてるため、農協から2000万円と親族からの借入をしたと主張しているもの）等の出所がY2の収入によるものか疑う余地があり、むしろ専門家の指導のもとにY1の資産の相続対策を含めての税法上の措置が行われているのではないか、売買代金の出所もその関係から形を整えたのではないかとの疑いも禁じ得ない。しかし、それにしても、（略）仮に取得費用（売買代金のみならず借入金の返済も含めて）の一部をY1が出捐したとしても、むしろそれらはY2に贈与する趣旨ではなかったのかとも解されるし、その他本件全証拠によっても、

Bの住宅が一部にせよ現在実質Y1の所有に属しているとまで認めることはできない」

③「Xは、現在75歳であり、離婚によって婚姻費用の分担分の支払を受けることもなくなり、相続権も失う反面、これから10年はあると推定される老後を、生活の不安に晒されながら生きることになりかねず、右期間に相当する生活費、特に（略）昭和61年当時で厚生年金からの収入のみを考慮してもY1の負担すべき婚姻費用分担額は10万円をやや下回る金額に達することが認められるところ、その扶養的要素や相続権を失うことを考慮すると、Y1としては、その名義の不動産等はないが、前認定の収入、資産の状況等からして、Xに対し、財産分与として金1200万円を支払うべきである。」

Key point

1 75歳の妻に対して、1200万円という比較的高額の扶養的財産分与を認めた事例である。

2 本件では夫婦の別居期間が控訴審の口頭弁論終結時までで17年にも及ぶため、夫の資産等を確認することが困難であり、同居女性の名義の不動産が、実質的には夫の財産であるかどうかが争点となっている。

控訴審は、夫がその取得費用を負担した疑いがあるとしながらも、むしろ同居女性に対する贈与の趣旨とも解されるとして、この不動産を財産分与の対象とは認めなかった。

〔解説・評釈等〕山口純夫・判評359号205頁、大津千明・判夕706号136頁

53 財産分与義務の相続
相続の対象となるとした事例

大分地判昭和62年7月14日（昭和55年（ワ）623号）判時1266号103頁

事案

Y（妻）とA（夫）は、昭和32年11月に婚姻し、昭和34年5月にX1花子、昭和38年3月にX2桜子が生まれた。

Yは、昭和50年ころからBと不倫関係を結ぶようになった。Yは、昭和53年4月に家出して、そのままBのもとに奔り、昭和53年5月に、YとAは協議離婚した。Bは、昭和53年1月にその妻と協議離婚し、同年11月にYとBは、再婚した。

Aは、昭和55年1月に死亡した。

Yは、昭和55年5月に、X1、X2がAのYに対する財産分与義務を相続したとして、財産分与の審判申立てをした。

X1、X2は、Yに対して、AとYの離婚に基づく財産分与請求権が存在しないことの確認を求める本件訴訟を提起した。

判旨

裁判所は、以下のように述べ、YにAとの離婚に基づく清算的・扶養的財産分与請求権が全く存在しないということはできないとして、X1、X2の請求を棄却した。

「所謂清算的財産分与義務に関しては、それが財産的請求権であることに鑑みると、その相続を否定する理由はない（民法896条参照）。

一方、扶養的財産分与義務については、Xら主張のように、該義務の一身専属性を肯定しつつ、被相続人の生前に財産分与請求の意思表示がなされたか否かで決する考えもあるが、俄に採用しがたいといわなければならない（慰藉料の相続に関する最判昭和42年11月1日民集21巻9号2249頁以下参照）。

むしろ、第一に、民法上の相続制度の趣旨は、同法887条以下所定の相続人に対し、相続財産中に存在するその潜在的持分の取戻しを認めるとともに、その生活保障を図ることなどにあると解されるところ、配偶者の場合、このような要請は、離婚の場合にも存在し、これを規定したのが同法768条であると解することもでき、このような見地によると、扶養的財産分与義務は、その相続を認めるのが相当と考えられること、第二に、相続人が、その承継した被相続人の立場に立って、財産の分与に関する協議をすることも実際上は可能であること、第三に、該義務の相続を肯定したとしても、相続放棄・限定承認など民法上の他の制度によりその責任を相続財産の限度にとどめることが可能であること、第四に、扶養に関する一般規定たる民法881条は「扶養を受ける権利は、これを処分することができない。」と規定するだけであって、同条も明文上は扶養「義務」の「相続」を否定してはいないこと、などの諸点に鑑みると、扶養的財産分与義務についても、その相続を肯定するのが相当であるといわなければならない。」

Key point

離婚後に元夫が死亡した場合、被相続人（元夫）の生前に元妻が財産分与請求の意思表示をしたか否かを問わず、清算的財産分与義務のみならず扶養的財産分与義務も相続されると判示した判例として参考になる。

〔解説・評釈等〕山口純夫・法セミ33巻8号115頁、右近健男・判タ671号87頁、木下徹信・判タ706号170頁

54 不動産財産分与契約の錯誤による無効
多額の譲渡所得税を誤信しており無効とした事例

　一　審…東京地判昭和62年7月27日（昭和60年（ワ）15791号）家月41巻11号84頁
　控訴審…東京高判昭和62年12月23日（昭和62年（ネ）2299号）家月41巻11号80頁
　上告審…最判平成元年9月14日（昭和63年（オ）385号）家月41巻11号75頁
　差戻審…東京高判平成3年3月14日（平成元年（ネ）3217号）判時1387号62頁

事案

　X（夫）とY（妻）は、昭和37年6月に婚姻届出をなし、二男一女をもうけ、東京都新宿区の建物（本件建物）に居住していた。
　Xが、勤務先の銀行の部下の女性職員Aと男女関係となったことから、Yは離婚を決意し、昭和59年11月にXにその旨申し入れた。
　Yは、離婚条件として本件建物に残って子どもを育てることを提示した。
　Xは、Aと婚姻して裸一貫から出直すことを決意し、いずれもXの特有財産である本件建物、その敷地の土地、その土地上の別の建物（以下併せて本件不動産）全部を財産分与としてYに譲渡する旨約し（本件財産分与契約）、その旨を記載した離婚協議書、離婚届に署名捺印して、その届出手続及び財産分与に伴う登記手続をYに委任した。
　Yは、昭和59年11月24日に離婚届出をし、同月29日本件不動産につき所有権移転登記手続をした。その後Xは、Aと婚姻し一男をもうけた。
　Xは、離婚後銀行の上司の指摘で初めて自己に課税されることを知り、税理士の試算によりその額が2億円前後であることが判明した。
　その後、Xは、税務署長から、昭和59年分所得税について本税1億8631万円等とする決定処分を受けている。
　XはYに対して、財産分与契約は要素の錯誤により無効であると主張して、本件建物につき所有権移転登記の抹消登記手続を求める訴訟を提起した。

判旨

1　一審は、Xの請求を棄却した。
2　控訴審も以下のように述べて、控訴を棄却した。
「Xが本件土地建物をYに財産分与した場合に右のような高額の租税債務の負担があることを予め知っていたならば、本件財産分与契約とは異った内容の財産分与契約をしたこともあり得たであろうと推測されるけれども、右の課税がされるかどうかについては単にXの動機に錯誤があるにすぎないものというべきところ、本件財産分与契約においてXに対する譲渡所得税課税の有無はX・Y間において全く話題にもならなかったことは前認定のとおりであり、Xに対する右課税のないことが契約成立の前提とされていたことやXにおいてこれを合意の動機として表示したことを認めるに足る証拠はない。」
3　上告審は以下のように述べて、控訴審判決を破棄して、差し戻した。

「所得税法33条1項にいう「資産の譲渡」とは、有償無償を問わず資産を移転させる一切の行為をいうものであり、夫婦の一方の特有財産である資産を財産分与として他方に譲渡することが右「資産の譲渡」に当たり、譲渡所得を生ずるものであることは、当裁判所の判例（略）とするところであり、離婚に伴う財産分与として夫婦の一方がその特有財産である不動産を他方に譲渡した場合には、分与者に譲渡所得を生じたものとして課税されることとなる。したがって、前示事実関係からすると、本件財産分与契約の際、少なくともXにおいて、右の点を誤解していたものというほかはないが、Xは、その際、財産分与を受けるYに課税されることを心配して気遣う発言をしたというのであり、記録によれば、Yも、自己に課税されるものと理解していたことが窺われる。そうすれば、Xにおいて、右財産分与に伴う課税の点を重視していたのみならず、他に特段の事情がない限り、自己に課税されないことを当然の前提とし、かつ、その旨を黙示的には表示していたものといわざるをえない。」

4 差戻後の控訴審では、Xは、本件不動産全部についての所有権移転登記の抹消登記手続に請求を拡張した。そして、裁判所は、本件財産分与契約には要素の錯誤があり、Xが本件財産分与により自己に課税されないことを信じたことについて重大な過失があったとはいえないとして、本件財産分与契約を無効とし、Xの請求を認めた。

1 夫から妻への不動産の財産分与契約が、錯誤により無効であるか否かが争われた事例として重要である。
一審、控訴審は、夫に約2億円の譲渡所得税が課せられるかどうかの点は動機の錯誤であり、この動機は表示されていなかったとしたのに対して、最高裁は、この点を黙示に表示したと認定している。
錯誤による無効の判断がこのように微妙であることを示した事例として実務上も興味深い。
2 Yは、結局財産分与契約が無効とされたため、再度財産分与の協議ないし審判申立てをすることになるだろうが、本件訴訟の結果、既に民法768条2項ただし書に定める離婚時から2年の除斥期間が経過していることについて、差戻審は、時効の停止に関する民法161条を類推適用して、この除斥期間により協議等が妨げられることはないと述べている。

〔解説・評釈等〕野村豊弘・ジュリ952号67頁、鹿野菜穂子・ジュリ956号110頁、小林一俊・民商102巻4号488頁、山田二郎・リマ1号132頁

55 配偶者が居住する建物の財産分与
敷地について使用借権を設定した事例

一　審…東京地八王子支判昭和62年12月21日（昭和56年（タ）38号）
控訴審…東京高判昭和63年12月22日（昭和60年（ネ）3408号）判時1301号97頁

事案

　X（妻）とY（夫）は、昭和27年4月に婚姻届出をなし、5子をもうけ、そのうち4子は健在である。

　Yは、Yの父に代わって農業を継ぎ、Xは、農家の嫁として農作業を手伝った。昭和30年ころYは躁うつ病と診断され、昭和33年頃からXに乱暴をはたらくようになった。Yは、農地解放で取得した土地を売却し、その売却代金で本件(1)、(2)の土地を購入したが、残った土地で農業を営むだけでは生計を立てるのが困難となり、昭和37年12月ころからA会社に工員として勤務した。Yは、昭和44年から入退院を繰り返し、昭和50年6月にはA会社を退職した。

　Xは、昭和49年から胸椎椎間板ヘルニアに罹患し、身体障害者2級の認定を受けている。

　Xらは、昭和52年に本件土地(1)上に自宅（本件(4)建物、保存登記はXの名義）を新築したが、その建築資金は、Yが相続した土地の売却代金で工面され、更に、本件(3)の土地（Yが農地解放で取得した土地）上に店舗（本件(5)建物、保存登記はX名義）を建てたが、その建築資金もYが相続した土地の売却代金で捻出された。

　Xは、離婚を決意して、昭和55年4月に夫婦関係調整の調停申立てをなし、以後Yを見舞ったり、療養看護に当たったことはない。

　Yは、昭和52年1月から入院し、昭和61年5月に退院したが、Xが自宅に迎え入れようとしないので、アパートを借り単身生活をしている。

　Xは、離婚、財産分与を求める訴訟を提起し、Yは、離婚自体を争っている。

判旨

　1　一審は、離婚を認め、財産分与として本件(1)(2)土地につき、XとYとの各2分の1の持分による共有とし、本件(3)土地につき、Xのために建物所有を目的とする賃借権を認めた。

　2　控訴審は離婚については、Yの病状がかなり回復しているので、民法770条1項4号による離婚は認めず、夫婦関係は既に破綻しているとして同5号に基づく離婚を認めた。

　財産分与については、以下のように述べて、一審判決を一部変更した。

「本件(1)ないし(3)土地、本件(4)及び(5)建物は、いずれもY固有の資産であって、その取得及び保持につき、Xが格別の努力を払ったといえるものではない。却って、Yら夫婦の生活費などは、専ら相続土地を売却して捻出されていたのである。丙原町土地も、Y固有の資産によって取得したものであるから、同様である。Y所有の不動産につき、Xの寄与をとりわけて認め得るものではなく、清算的な趣旨で分与を考える余

地は少ない。

更に、Xは、本件において、慰謝料を加味して、財産分与を申し立てるが、YのXに対する行状に問題がないわけではないとはいえ、相続土地の売却代金で相応の生活が可能であったのに、Yが最終的な入院をしてから現在まで約10年間にわたって、打算的で冷淡な態度に終始してきたXであってみれば、Yに請求し得る慰謝料自体、そう多額なものではないというべきであるから、財産分与に際して、これを重視することもできない。

以上説示したところに、Xの離婚後の扶養的な趣旨をも考慮に入れると、YがXに対して分与すべき財産としては、Xが相続土地の売却により取得した代金の残りのほか、X名義で保存登記がなされているが、実質的にはYの所有である自宅の母屋（本件(4)建物のうち主たる建物）及び店舗（本件(5)建物）をXに分与し、かつ、各建物の敷地に対する利用権を設定すれば十分というべきであって、右母屋の敷地（本件(1)土地）については、Xが居住することを考慮して、Xが生存中はこれを無償で利用し得る使用借権を、また、店舗の敷地（本件(3)土地）については、右店舗の営業利益等を考慮して、XからYに対して対価を支払わしむべく、下記の賃借権を、それぞれ設定するのが相当というべきである。」

「賃借権の内容
1　目的　普通建物所有
2　期間　本裁判確定の日から20年
3　賃料　月額3万円（毎月末日限り当月分を持参又は送金して支払う。）」

夫が農地解放で取得した土地やその売却代金で取得した不動産につき、清算的財産分与は認めず、主に扶養的財産分与として、妻が居住している建物及び妻が店舗として使用している建物を分与し、居住している建物の敷地については使用借権、店舗の敷地については賃借権を設定した事例である。

特有財産しかない場合で、居住用の建物を確保する方法としては、敷地についての使用借権の設定は実務上有効な方法である。

〔解説・評釈等〕右近健男・法時61巻10号122頁、大津千明・判タ735号176頁

56 財産分与の裁判の性質
不利益変更禁止の原則は適用されないとした事例

一　審…高知地安芸支判昭和63年12月22日（昭和61年（タ）6号ほか）民集44巻5号981頁
控訴審…高松高判平成2年2月7日（平成元年（ネ）26号）民集44巻5号989頁
上告審…最判平成2年7月20日（平成2年（オ）695号）民集44巻5号975頁

事案

　X（妻）とY（夫）は、昭和47年10月に結婚式を挙げ、昭和48年12月に婚姻届出をなし、昭和49年3月に長男が生まれた。Yは、結婚当時は重機運転手をしていたが、将来自分の店をもって飲食店を経営するのが希望で、昭和51年には、Xが反対したにもかかわらず、勤めをやめ、修行を積んだのち、昭和61年に料理店を開店した。
　XとYは、Yが開店した店の借入金等のことで不和となり、昭和61年にXは、長男を連れてYと別居した。
　Xは、Yに対して、離婚、長男の親権者をXと指定する、慰謝料として500万円、財産分与（請求内容は不特定）を求める訴訟を提起し、Yは、離婚、長男の親権者をYと指定することを求める反訴を提起した。

判旨

　1　一審は、離婚、長男の親権者をXと指定し、YはXに対して土地1（現存価格200万円と評価）及びその上の建物1（現存価格150万円と評価）並びに250万円を財産分与することを命じた。
　Xの慰謝料請求は棄却した。
　2　一審判決のうち、親権者の指定及び財産分与の部分について、Yが控訴した。
　控訴審は、以下のように述べて、一審判決のうち財産分与の部分を変更し、YはXに対して800万円を支払うよう命じた。
「清算の方法としては、土地3は、建物2の敷地として利用され、右建物は、現在、Yが営業のために使用していること、建物1の敷地である土地1はYの特有財産であり、X及び長男は、現在、右建物に居住していないこと、土地1及び土地2には、Yが前記の店舗を開店するために姉から借り入れた借入金を担保する目的で同人のために所有権移転請求権仮登記が経由されていることなどに鑑みれば、清算の対象となる不動産はいずれもYが取得することとしたうえで、YからXに対し金銭支払による分与を命じることが相当である。」とした。なお、建物1は100万円、土地2は550万円、土地3は1000万円の時価であると認定した。
　3　Yは、控訴審において、Xが財産分与の額について不服申立てをしていないのに、控訴審が一審判決をYに不利益に変更したのは、不利益変更禁止の原則に反して違法である等と主張して、上告した。
　上告審は以下のように述べて、上告を棄却した。

「人事訴訟手続法15条1項の規定により離婚の訴えにおいてする財産分与の申立については、裁判所は申立人の主張に拘束されることなく自らその正当と認めるところに従って分与の有無、その額及び方法を定めるべきものであって、裁判所が申立人の主張を超えて有利に分与の額等を認定しても民訴法186条の規定に反するものではない。したがって、第一審判決が一定の分与の額等を定めたのに対し、申立人の相手方のみが控訴の申立をした場合においても、控訴裁判所が第一審の定めた分与の額等が正当でないと認めたときは、第一審判決を変更して、控訴裁判所の正当とする額等を定めるべきものであり、この場合には、いわゆる不利益変更禁止の原則の適用はないものと解するのが相当である。」

1　財産分与事件について、旧民事訴訟法385条（現304条）の不利益変更禁止の原則が適用されないことを明らかにした初めての最高裁判例として重要である。
2　本件では一審でXに分与された土地1の控訴審口頭弁論終結時の時価が不明であるが、Yの上告理由書では、これを760万円と評価していることから考えると、控訴審判決が一審判決をYに不利益に変更したといえるかについても疑問が残る。控訴審判決は、不動産の利用状況、担保権の設定等の事情から財産分与としてYからXへの金銭支払による方法が適切であることを述べており、その結果一審判決との違いが出たにすぎないであろう。

〔解説・評釈等〕河野信夫・判解〈平成2年［20］〉306頁、栂善夫・法セミ36巻2号128頁、飯塚重男・ジュリ980号117頁、山本克己・民商105巻2号208頁、加藤哲夫・法セミ37巻5号146頁、中路義彦・判タ790号112頁、花村治郎・判評406号167頁、宇野聡・リマ6号136頁、大津千明・別ジュリ132号44頁

57 離婚に際し合意した多額の金銭支払請求
1000万円を超える支払請求分は権利濫用とした事例

一　審…東京地判平成元年8月29日（昭和63年（ワ）2197号ほか）判時1360号121頁
控訴審…東京高判平成2年6月27日（平成元年（ネ）2962号）判時1360号118頁

事案

　X（妻）とY（夫）は、昭和53年5月に婚姻届出をした。Yは、昭和60年2月ころからAと親密な関係になり、Xに離婚を求めるようになった。Xは、Yと離婚することは考えていなかったので、この要求を拒否した。Xは、YがAと親密な関係にあることは知らなかったが、その後Yの離婚を求める意志が強固であり、Yが離婚に際して、マンションと預貯金を渡す等と申し出たため、離婚に応ずることにした。
　Yは、昭和60年6月に、Xに対して離婚に伴い、⑴今後23年間にわたり、㈡住宅ローンの金額として1か月6万円、㈣毎月給料から右金額を控除した残額の半額、㈥毎年ボーナスから20万円を控除した残額を支払うこと、⑵貸付信託金と普通預金合計534万718円を給付すること、⑶本件マンションを給付することを記載した書面を交付した（本件契約）。
　昭和60年11月にXとYは協議離婚し、Yは昭和61年1月にAと再婚した。
　しかし、Yは、Xに対して上記㈣及び㈥の金額をほとんど支払わなかったため、Xは、Yに対して本件契約に基づき、㈣㈥の未払金及び将来の支払いを求める本件訴訟を提起した。

判旨

　1　一審は、将来の支払分を含めて、Xの請求全額を認めた。
　2　控訴審は、以下のとおり述べて、Xの請求の一部を権利濫用として棄却した。
「Xは現在は自活していける状況にあると認められること、YとXの収入と家族数、住居費の要否等からみた必要生活費とが著しく均衡を失している状態にあること、Xは離婚に当たり既にYから本件マンション及び預貯金534万円余の給付を受けていること、本件マンションはXの住居として使用されていて、売却は予定されていないにしても、本件契約時でも2000万円を超える価値を有し、現在ではそれが4500万円近くに値上がりしていること、YがXに対して本件契約に基づく金銭給付を開始し始めた昭和60年10月から本件口頭弁論終結直前の平成2年4月までにYが本件契約に基づいてXに対して支払うべき給料分及び賞与分は、右契約時の給料及び賞与の額を基礎として計算しても、給料分が月8万円の55か月分440万円、賞与分が年132万円の4年分528万円で、その合計は約1000万円に達することに照らすと、Xの本訴請求中平成2年5月以降も本件契約に基づき給料分及び賞与分の支払を求める部分は、権利の濫用に当たり許されないものと解するのが相当である。」

　1　当事者が合意した離婚給付の請求について、権利濫用が認められた珍しい事案である。
　2　控訴審は、本件契約に基づく給付のうち合計約1000万円を超える部分の請求について権利濫用としているが、その根拠は明確でない。1000万円の給付については、扶養的財産分与と考えているのであろうか。

〔解説・評釈等〕山口純夫・判評386号187頁、大津千明・判夕762号138頁

58 財産分与金支払請求権の性質
義務者が破産した場合、取戻権の行使はできないとした事例

一　審…岐阜地判平成元年10月13日（平成元年（ワ）143号）家月43巻3号67頁
控訴審…名古屋高判平成2年2月28日（平成元年（ネ）622号）
上告審…最判平成2年9月27日（平成2年（オ）718号）家月43巻3号64頁

事案

X（妻）とA（夫）は、昭和46年4月に婚姻届出をなし、昭和51年12月に長女、昭和54年1月に長男が生まれた。昭和61年6月ころ、Aが賭博等で莫大なお金を使っていること等が発覚して、XとAは不仲となった。

Xは、昭和62年10月にAに対して、離婚、慰謝料、財産分与等を請求する訴訟（前訴）を提起し、昭和63年11月に、離婚、慰謝料500万円、財産分与1000万円の支払いを命じる判決（離婚判決）が下され、同判決は同年12月14日に確定した。

Xは、昭和62年10月離婚訴訟に先立ち、A所有の不動産に対して、財産分与1000万円、慰謝料2000万円を被保全権利とする仮差押命令を得た。Aは、昭和63年3月に、仮差押請求金額を供託（本件供託金）して、仮差押執行取消決定を得た。

Aは、昭和63年8月に自己破産の申立てをし、平成元年1月17日に破産宣告を受け、Yが破産管財人となった。

Xは、Yに対して、本件供託金3000万円のうち1000万円または本件供託金3000万円のうち3分の1の共有持分は破産者の財産ではなく、Xの財産であると主張して、Yに対して1000万円の支払いを求める訴訟を提起した。

判旨

1　一審は、以下のように述べてXの請求を棄却した。

「Xは、前訴において、Aに対しAの財産を現物分割によりその財産の一部を取得する方法によらないで、あえてAに対し一定の債権を取得する方法によって財産分与を求め、その趣旨に従った判決を得たのであり、その結果前訴判決によりXはAに対し金1000万円の債権を取得したにとどまるものであるから、前訴判決をもって直ちにXが本件供託金のうちの1000万円を取得し、または本件供託金に対する3分の1の準共有持分を取得したということはできない。」

「前訴判決がAがXに対し慰謝料500万円の支払を命じるとともに右のとおりの財産分与を命じていることからすると、右財産分与の趣旨は、夫婦が婚姻中に有していた実質上の共同財産を清算分配し、離婚後におけるXの生活維持に資するものとして分与されたものということができるから、右財産分与金の中には、離婚後のXの扶養料も含まれていることも否定できないが、前訴判決上、右財産分与金のうちこれと実質上の共同財産の清算分配金とは明確に区別して定められていないのみならず、夫婦が離婚した後は相互に扶養義務がないことからすると、右財産分与金に含まれている離婚後の扶養料が破産法47条9号の財団債権に含まれるとは解し難いから、XはYに対

し右財産分与金を財団債権として破産法所定の配当手続によらないで直接請求することはできない。」

　2　控訴審も一審判決を維持した。
　3　上告審も以下のように述べて、上告を棄却した。
「離婚における財産分与として金銭の支払を命ずる裁判が確定し、その後に分与者が破産した場合において、右財産分与金の支払を目的とする債権は破産債権であって、分与の相手方は、右債権の履行を取戻権の行使として破産管財人に請求することはできないと解するのが相当である。けだし、離婚における財産分与は、分与者に属する財産を相手方に給付するものであるから、金銭の支払を内容とする財産分与を命ずる裁判が確定したとしても、分与の相手方は当該金銭の支払を求める債権を取得するにすぎず、右債権の額に相当する金員が分与の相手方に当然帰属するものではないからである。」

　1　財産分与金の支払いを目的とする債権は、破産債権であり、分与の相手方はこの債権の履行を取戻権の行使として破産管財人に請求することができないことを述べた最高裁判例として意義がある。この結論については異論はないであろう。
　2　本件の場合、仮にXがA所有不動産の全部ないし一部の分与を求め、その財産分与の判決が確定した場合には、判決確定の時点で、XとAとの間では、当該財産がXに帰属することになる。ただし、Xが移転登記を得ていない場合には、破産管財人に取戻権を主張できないことになろう。

〔解説・評釈等〕富越和厚・ジュリ970号92頁、栂善夫・法セミ36巻3号120頁、松下淳一・法教127号84頁、佐上善和・判評388号179頁、内山衛次・ジュリ980号128頁、高野耕一・民商105巻3号408頁、小林和明・判タ790号240頁、宮川知法・リマ3号147頁

59 財産分与義務者の財産分与の申立て
義務者からの申立ては許されないとした事例

一　審…大阪地判平成3年7月29日（平成元年（タ）62号）
控訴審…大阪高判平成4年5月26日（平成3年（ネ）1726号）判タ797号253頁

事案

X（夫）とY（妻）は、昭和17年に婚姻し、長女、長男が生まれた。Xは、昭和24年ころから同人が経営する店の従業員Aと不貞関係を続け、Aとの間に生まれたBを認知した。Xは、昭和40年から東京でA、Bと生活をするようになり、月1、2回はYの住む大阪の家に泊まっていた。

Xは、このような生活が20年余り続いた後の昭和63年6月に、離婚調停の申立てをしたが、不調となった。

Xは、Yに対して、本件離婚訴訟を提起し、離婚後のYの生活の保証として1億5000万円の提供を申し出て、予備的申立てとして、右金額を上限とする財産分与の申立てをした。

判旨

1　一審は、XとYとの別居状態の開始は、Xが離婚調停中にY宅への出入りをやめた時点からであり、別居期間が長期に及んでいるとはいえないとして、有責配偶者であるXの離婚請求を棄却した。

2　控訴審は、XとYとの婚姻関係は昭和40年以降破綻状態にあると認定して、Xの離婚請求を認容した。なお、Xが昭和40年以降も所用で大阪に来たときや正月には、Yの住む家に泊まっていたことについては、Xが事業等の関係から体裁をとる必要があったこと、大阪の家が自分の家であるとの意識が強かったことによるものであり、Yに対する愛情や同人との婚姻生活継続の意思によるものではないと認定した。

しかし、Xの予備的財産分与の申立てについては、以下のように述べて許されないとした。

「離婚に伴って相手方配偶者に対して財産分与をなすべき義務を負う者が離婚請求に付随して財産分与の申立てをすることは、以下の理由により許されないものと解するのが相当である。

1　離婚をした当事者の一方は、相手方に対して財産の分与を請求することができる（民法768条1項、771条）ところ、財産分与について協議が成立しないときは、当事者は家庭裁判所に対して財産分与の処分を求めることができ（民法768条2項、家事審判法9条1項乙類5号）、また、右申立ては、離婚請求訴訟において、付随的申立てとして行うことができる（人事訴訟手続法15条1項）。右申立ては、財産分与請求権の具体的内容の形成を求めるものであるから、財産分与を請求する者を申立権者として予定しているものと解するのが相当である。一方、財産分与の義務を負う者は、協議や裁判所の処分によってその具体的内容が確定するまでは、相手方配偶者に対し

て現実に財産を分与する義務を負うことはないのであるから、このような者が自ら財産分与の具体的内容の形成を求める申立てを行う必要を生ずることは通常考えられないところであり、申立権を認める必要はないと解される。

2　有責配偶者の離婚請求の許否と離婚が成立した場合の財産分与とは別個の問題であり、離婚訴訟と同一手続内で財産分与について判断し、その具体的内容を確定しなければ、離婚請求の許否について判断ができないとか、財産分与の内容いかんによって離婚請求に関する判断が左右されるという性質のものではないから、有責配偶者からの離婚請求の場合に、特に義務者からの財産分与の申立てを認めるべき理由はないというべきである。

3　有責配偶者からの離婚請求訴訟において、被告となった相手方配偶者は、離婚請求を争っている場合でも、右請求が認容された場合に備えて、予備的に財産分与の申立てをすることができると解されるが、相手方配偶者が予備的に財産分与の申立てをせず、もっぱら離婚請求の当否のみを争っている場合には、裁判所が財産分与の要否並びに分与の額及び方法を定めるに当たって考慮すべき分与の対象となる財産の内容、総額や財産の形成・維持に対する当事者の貢献の内容について、相手方配偶者からの積極的な主張、立証を期待することはできない。このような場合に有責配偶者からの申立てに基づいて財産分与に関する処分を行うとすると、裁判所は、実際上、職権でこれらの事情を探知することは困難であるから、主として財産分与の義務を負う有責配偶者の主張立証事実に基づいて財産分与の具体的内容を決定せざるを得ないこととなり、離婚による相手方配偶者の経済的不利益の救済として必ずしも十分な効果が期待できない。したがって、この場合には、離婚確定後家庭裁判所における調停、審判手続によって財産分与請求権の具体的内容の形成をはかるのが相当であると考えられる。」

財産分与義務者からの財産分与申立てが許されないとして、その詳細な理由を述べた判例として意義がある。
　この点については、紛争の一挙解決の利益等から認めるべきであるとする反対説がある。

〔解説・評釈等〕神谷遊・判タ809号76頁、犬伏由子・法セミ38巻7号41頁、中川淳・リマ7号66頁、野田愛子・判タ821号106頁

60 妻が持ち出した共有財産と財産分与
差額を夫に支払うよう妻に命じた事例

一　審…東京地判平成 4 年 8 月26日（昭和63年（タ）571号）家月48巻 4 号69頁
控訴審…東京高判平成 7 年 4 月27日（平成 4 年（ネ）3304号）家月48巻 4 号24頁

事案

　　X（妻）とY（夫）は、昭和36年10月に婚姻し、昭和37年12月長女、昭和43年12月長男が生まれた。Xは、昭和60年 3 月に子どもらとともにYと別居した。
　　Xは、別居に際して、自己名義のゴルフ会員権証書、債券類合計3610万円相当を持ち出した。Xは、昭和60年10月に離婚等を求める調停を申し立てたが、成立の見込みがなかったため、昭和61年 6 月に取り下げた。
　　Xは、Yに対して離婚、財産分与、慰謝料の支払いを求める本件訴訟を提起した。

判旨

1　一審は、離婚、Yに対してXへの債券の財産分与を命じた。
2　控訴審は、以下のように述べて、財産分与の対象となる実質的夫婦共有財産は合計7020万円であると認定し、一審判決のうち財産分与の部分を変更し、Xに対してYへの1100万円の財産分与を命じた。
「婚姻中の双方の生活状態、特に、XがYの特有財産及び夫婦共有財産の維持管理に当たって貢献を果たしているものの、ゴルフ等の遊興に多額の支出をしていて、夫婦財産の形成及び増加にさほどの貢献をしていないこと、夫婦共有財産形成にはYの特有財産が大きく貢献していること、別居後の双方の住居その他の生活状態、特に、別居中の生活費は双方でそれぞれ負担したほか、長男の養育費をXが負担したこと、財産分与の対象としてはいないが、Xが本件以外にも夫婦共有財産とみなすべき財産を所持している可能性が疑われること等本件の諸事情を考慮すると、財産分与の対象となる金額の約 3 割 6 分に相当する2510万円をXに分与し、その余をYに分与するのが相当である。
　そうすると、各財産の性質、所有名義、占有状態等のほか、本件記録に顕れた一切の事情を斟酌すると、本件離婚に伴う財産分与として、右財産のうち、（略）のゴルフ会員権、（略）の宝石類及び（略）の債券類のうち100万円相当部分をXに取得させ、残りをYに取得させることとする。
　そして、右Y、X取得財産のうち、不動産、ゴルフ会員権及び株式はそれぞれ取得者名義であり、かつ、取得者が占有しているし、また、Xが取得する宝石類はXが占有しているから、それらについては、主文において、各当事者に分与する旨を掲記しない。
　これに対し、Xが取得する債券類は100万円相当であるから、前記共有財産に属すると認められ、かつ、Xが持ち出した債券類の評価額との差額相当の1100万円については、主文で、Yに分与される旨を宣言し、その金額相当額の支払を命じることとする。」

Key point

　　夫婦共有財産のうち妻に分与すべき割合を 3 割 6 分とし、妻が持ち出した財産から妻の取得分を控除した額について、妻に対して夫への財産分与を認めた事例である。
　　本件では、妻が財産分与の申立てをし、夫は財産分与の申立てをしていないにもかかわらず、控訴審判決は、妻に対して夫への財産分与を命じた点で興味深い。
　　財産分与は非訟事件であり当事者の申立てに拘束力はないとの立場によるものであろう。
〔解説・評釈等〕大津千明・判夕945号170頁

61 夫婦共通の養母の遺産分割により夫が妻に取得させた土地の財産分与

財産分与の対象財産とした事例

原　審…東京家八王子支審平成5年6月22日（昭和60年（家）3951号）家月46巻12号61頁
抗告審…東京高決平成5年9月28日（平成5年（ラ）579号）家月46巻12号58頁

事案　X（夫）とY（妻）は、昭和44年6月に婚姻し、昭和44年10月長男、昭和47年7月長女、昭和50年11月二女が生まれた。

Xは、昭和47年8月頃から、Yの養父、養母Aと同居し、昭和48年8月に、養父の所有地（本件土地1約599㎡）にXが経営する会社の事務所として使用するため本件建物を建築した。

Xは、養父が死亡した昭和53年7月に、Aと養子縁組した。Aは、昭和56年1月に死亡し、X、YがAの相続人となったが、Aの遺産分割にあたっては、Xがその相続権を事実上放棄したため、Yが本件土地1を含む本件不動産を取得した。XとYは、昭和59年7月に3人の子の親権者をいずれもYと定めて協議離婚した。

Xは、Yに対して、本件土地1のうち本件建物の敷地部分約132㎡の財産分与を求める本件審判申立てをした。

判旨　1　原審は、Xの申立てを認めた。

2　抗告審も以下のように述べて、Yの抗告を棄却し、原審判を維持した。

「Yは、（略）本件土地1は、Yが亡Aから相続した特有財産であって、財産分与の対象とはならないと主張する。しかし、（略）Xは、亡Aの養子としてYと共に2分の1の相続権があったにもかかわらず、円満な夫婦関係を維持するために遺産分割協議によりYに上記土地を取得させたのであり、実質的にみると、Xは、その法定相続分たる上記土地の2分の1の持分権をYに贈与することにより、Yの財産形成に寄与したものとみることができるから、Xの法定相続分を限度として、夫婦財産の清算手続に組み入れるのが相当である。これを、形式的に割り切り、Yの特有財産として財産分与の対象とすることができないものとすると、例えば、夫が妻の両親と養子縁組していたところ、両親の相続に当たり、妻が円満な夫婦関係の維持を目的に夫にすべての遺産を相続させた事例を考えると、その後の夫の不貞行為のため離婚することとなった場合においても、妻は、右遺産について財産分与を求めることができなくなるが、このような事態は、公平の観点から不当である上に、社会通念にもそぐわないことは明らかである。なお、このように解することは、実質的に遺産分割のやり直しをすることとなって不当であるとの批判はあり得るが、夫婦が共同相続人となってその一方が遺産のすべてを相続したような場合に限られる上に、その他の財産や遺産分割後の事情も考慮するのであって遺産分割のやり直しそのものではないことは明らかで

あり、このような場合における夫婦の公平な財産の清算のためには、夫婦の一方が相続した財産を財産分与の対象とすることは許されるべきである。」

 夫婦共通の養母の遺産相続にあたり、夫が事実上相続を放棄したこと、夫が養母と同居し、養母の扶養にも協力したことから、妻が養母から相続した財産の一部について、財産分与対象財産とした事例である。
〔解説・評釈等〕大津千明・判タ882号140頁

62 財産分与の対象財産
夫、妻名義の預貯金、著作権は対象とならないとした事例

東京家審平成6年5月31日（平成4年（家）8127号）家月47巻5号52頁

事案　X（妻）とY（夫）は、昭和37年1月に婚姻し、昭和42年9月に長女が生まれた。Xは昭和31年頃から活動している童話作家、Yは昭和29年頃から活動している画家である。XとYは、昭和55年頃から互いの人生観、価値観の相違等から不仲となって家庭内別居の状態が続き、平成2年4月Xが家を出て別居し、平成3年6月に協議離婚した。

Yは、昭和62年に本件土地を購入し、その上に本件建物を建築した。本件土地はYの単独名義の登記であり、本件建物はXが1000分の64、Yが1000分の936の持分割合による共有登記である。

なお、Xの所得の方がYより多く、預貯金もXの方がYより多かった。

Xは、Yに対して、財産分与及び慰謝料として、本件土地及び本件建物のY共有持分について、Xへの所有権等移転登記を求めた。

判旨　1　裁判所は、Yに対してXへの約3010万円の支払いを命じ、Xに対して本件建物についての1000分の64の共有持分のYへの財産分与を命じた。

2　清算的財産分与の対象となる財産について、本件土地建物、双方の個人名義の預貯金、著作権が考えられるが、「XとYは、婚姻前からそれぞれが作家、画家として活動しており、婚姻後もそれぞれが各自の収入、預貯金を管理し、それぞれが必要な時に夫婦の生活費用を支出するという形態をとっていたことが認められ、一方が収入を管理するという形態、あるいは夫婦共通の財布というものがないので、婚姻中から、それぞれの名義の預貯金、著作物の著作権についてはそれぞれの名義人に帰属する旨の合意があったと解するのが相当であり、各個人名義の預貯金、著作権は清算的財産分与の対象とならない。」と述べた。

3　本件土地建物の財産形成の寄与割合について「本件清算的財産分与の清算割合は、本来、夫婦は基本的理念として対等な関係であり、財産分与は婚姻生活中の夫婦の協力によって形成された実質上の共有財産の清算と解するのが相当であるから、原則的に平等であると解すべきである。しかし、前記認定のXとYの婚姻生活の実態によれば、XとYは芸術家としてそれぞれの活動に従事するとともに、Xは家庭内別居の約9年間を除き約18年間専ら家事労働に従事してきたこと、及び、当事者双方の共同生活について費用の負担割合、収入等を総合考慮すると、前記の割合を修正し、Xの寄与割合を6、Yのそれを4とするのが相当である。」

Key point
1　夫婦それぞれが各自の収入、預貯金を管理し、それぞれが必要なときに夫婦の生活費用を支出する形態の夫婦について、それぞれの預貯金及び著作権を清算的財産分与の対象とはならないとした判例として重要である。
　　共働き夫婦の場合、このような家計管理方法をとることも少なくない。本判決がどのような場合にまで適用されるか注目したい。
2　また、収入がかなりある妻が専ら家事労働をしていたことから、妻の寄与割合を6割とした点も興味深い。
〔解説・評釈等〕深谷松男・民商116巻3号139頁

63 扶養的財産分与
権利者にかなりの資産があること等から認めなかった事例

一　審…横浜地判平成9年1月22日（平成6年（タ）8号、124号）判時1618号109頁
控訴審…東京高判平成10年3月18日（平成9年（ネ）437号、2881号）判時1690号66頁

事案

X（夫、明治44年6月生）とY（妻、昭和2年3月生）は、昭和39年ころ男女関係を持ち、一旦交際を中断したが、昭和52年8月にXが先妻と死別した後の昭和53年1月に婚姻届出をした。Yは、昭和43年に前夫と離婚している。

Xは、結婚にあたり、Xの収入の管理、運用をYに任せることとした。ところが、Xは、平成5年ころからYに対して、Xの得た収入の管理を自分に任せること等を要求し、これが契機となって夫婦中が悪化し、Xは、平成5年4月にYと別居した。

Xは、Yに対して、①離婚、②主位的に財産管理委託の解除を理由に、予備的には財産分与として、同居期間中のXの収入約9152万円の支払いを求める訴訟を提起した。Yは、①離婚、②離婚慰謝料1000万円、③財産分与として5000万円と離婚後の扶養料として死亡時まで月額20万円の支払いを求める反訴を提起した。

判旨

1　一審は、管理委託契約の趣旨は、Xの収入のすべてを2人の共有とする旨の黙示の合意があったと推認することもできるとして、XのYに対する委託契約に基づくXの収入の返還を認めず、①清算的財産分与としてYがXに1000万円を支払う、②慰謝料としてXがYに300万円を支払う、③退職金分の清算的財産分与として、Xに乙山学園からの退職金が支給されたとき、XはYに対し、その2分の1を支払う、④扶養的財産分与として、XはYに対して離婚が確定した月からYが死亡するまでの間毎月15万円の支払いを命じた。

2　控訴審は、①委託契約の解除に基づき、YはXに対して、固有財産の残存額であると認められるXの自宅の売却代金の残額1311万円を返還する、②退職金以外の分の財産分与として、YはXに対して500万円を支払うものとし、更にXがYに支払うべきXの退職金の約2分の1である約1000万円を差し引き計算して、結局Xに対して、Xが乙山学園を退職した時に財産分与として500万円をYに支払うことを命じた。

なお、XがYに支払うべき慰謝料については、一審どおり300万円とした。

更に、Yの扶養的財産分与の請求については、Yがかなり多額の財産を有していると推認されること、Yが所有している自宅は相当の価値を有すること等から理由がないとした。

1　かなりの資産収入を有する夫婦の離婚事案である。夫は年額合計約591万円の年金及び恩給を受給していること等から、一審は妻の死亡時まで月15万円の扶養的財産分与を認めたが、控訴審は妻が保有する資産がかなりあること等から、扶養的財産分与を一切認めなかった点が興味深い。

2　また、夫が妻に夫の財産の管理、運用を任せる契約をしていた場合に、その契約の性質、財産分与との関係をどうみるかについては更に検討の余地がある。

〔解説・評釈等〕大津千明・判タ1036号148頁

64 不動産の財産分与の方法
妻の持分を夫に分与し、夫が妻に清算金を支払うとした事例

一　審…横浜地判平成9年4月14日（平成8年（タ）136号）家月50巻7号90頁
控訴審…東京高判平成10年2月26日（平成9年（ネ）2506号）家月50巻7号84頁

事案

　X（妻）とY（夫）は、昭和49年3月に婚姻し、昭和57年12月に生まれた長女、二女の双子は出生後間もなく死亡し、昭和59年11月に三女が生まれた。Xは地方公務員であり、Yは会社員である。Yは、Xのみならず、三女や第三者にも暴力を振るい、平成7年11月にYはXが用意した夕食が気に入らないことから立腹して、Xを殴ったり、蹴ったりしたため、Xは三女とともに自宅を出て、以後別居している。

　XとYは、昭和59年7月ころ、代金3200万円で自宅不動産（本件不動産）を購入し、XYの持分を各2分の1として登記した。

　平成8年5月に、XはYに対して、①離婚、②三女の親権者をXと指定する、③本件不動産のX持分をYに移転登記手続するのと引き換えに、財産分与として清算金2560万円の支払を求める、④離婚慰謝料として500万円の支払いを求める訴訟を提起した。

判旨

　1　一審は、XとYの婚姻関係は、YのXに対する酷い暴力行為により完全に破綻したと認定して、離婚、三女の親権者をXとし、400万円の慰謝料を認めた。

　財産分与については、Xが結婚前から所有していたマンションの売却代金の一部等を本件不動産の購入資金に充てたことからXの寄与分を6割として、「Yは、Xに対し、Xが本件不動産のX共有持分につき財産分与を原因としてYに持分全部移転登記手続をするのと引換えに、金2000万円を支払え。」と命じた。

　2　控訴審は、財産分与の点以外は一審判決を維持した。

　そして、財産分与の方法としては、「本件不動産には現在Yが居住しており、Xは同所には居住していないこと、その他Yは本件不動産に継続して居住するためその所有権を単独で取得することを強く希望し、Xはその所有権にはこだわらずむしろその代償として金銭の給付を求めている等の当事者双方の意見等を総合して考えると、本件不動産については、そのXの持分をYに分与して、これを全部Yに取得させることとし、これに対してYからXに一定額の金銭を支払うべきものとする等して双方の利害を調整するのが一応相当である」とし、一審では4000万円と認定した本件不動産の時価を3500万円程度と認定し、本件不動産の購入のための債務の残元金約1031万円を控除した残金の約2469万円の6割を基準等として、Yが支払う清算金を1600万円に減額した。

　また、判決の主文を以下のとおり変更した。

「1　Xは、Yに対し、Yから金1600万円の支払を受けるのと引き換えに、本件不動

産のXの共有持分について財産分与を原因として持分全部移転登記手続をせよ。
　2　Yは、Xに対し、Xから本件不動産の持分全部移転登記手続を受けるのと引き換えに、金1600万円を支払え。」

　1　財産分与として、夫婦共有の自宅不動産を夫に全部取得させ、妻に清算金を支払うという方法をとるべき理由を述べている判例として参考になろう。
　2　また、控訴審判決の主文は、持分全部移転登記手続と清算金の支払いを同時履行とし、いずれについても債務名義とした点で、一審判決の主文より本件の解決としては優れている。
〔解説・評釈等〕梶村太市・大寄久・判タ1005号144頁

65 財産分与、慰謝料と詐害行為
不相当に過大な部分は取り消されるとした事例

一　審…大阪地判平成9年7月25日（平成8年（ワ）11514号）民集54巻3号1027頁
控訴審…大阪高判平成9年11月20日（平成9年（ネ）2280号）民集54巻3号1034頁
上告審…最判平成12年3月9日（平成10年（オ）560号）民集54巻3号1013頁

事案

　Y（妻）とA（夫）は、平成2年10月ころから同居し、平成3年10月に婚姻届出をしたが、Aは、働かずに飲酒してはYに暴力を振るうようになり、平成6年6月YとAは協議離婚した。
　YとAは、平成6年6月、AがYに対し、生活費補助として同月以降Yが再婚するまで毎月10万円を支払うこと及び離婚に伴う慰謝料として2000万円を支払うことを約し（本件合意）、これに基づき執行認諾文言付きの公正証書が作成された。
　銀行であるXは、平成3年5月にAに対して貸し付けた約6000万円の貸金債権を有し、これについて確定判決を得ている。
　Xは、この確定判決に基づき、貸金請求権の内金500万円を請求債権として、AのB社に対する給料及び役員報酬債権につき差押命令を得た。Yは、前記公正証書に基づき、生活費補助220万円及び慰謝料2000万円を請求債権として、同じ給料及び役員報酬債権につき差押命令を得た。B社は、法務局に約261万円を供託した。
　裁判所は、YとXの各配当額を各請求債権額に応じて案分した配当表（本件配当表）を作成したところ、Xが、異議の申立てをした。

判旨

　1　一審は、本件合意が通謀虚偽表示により無効であるとして、Yへの配当額を0と変更した。
　2　控訴審は、本件合意は通謀虚偽表示とはいえないが、詐害行為に該当するとして、控訴を棄却した。
　3　上告審は、以下のように述べて、詐害行為に関する控訴審判決部分を取り消し、差し戻した。
(1)　「離婚に伴う財産分与は、民法768条3項の規定の趣旨に反して不相当に過大であり、財産分与に仮託してされた財産分与であると認めるに足りるような特段の事情のない限り、詐害行為とはならない（最高裁昭和57年（オ）第798号同58年12月19日第二小法廷判決・民集37巻10号1532頁、筆者注：⇨51）。このことは、財産分与として金銭の定期給付をする旨の合意をする場合であっても、同様と解される。
　そして、離婚に伴う財産分与として金銭の給付をする旨の合意がされた場合において、右特段の事情があるときは、不相当に過大な部分について、その限度において詐

5章　財産分与　　159

害行為として取り消されるべきものと解するのが相当である。」

(2) 「離婚に伴う慰謝料を支払う旨の合意は、配偶者の一方が、その有責行為及びこれによって離婚のやむなきに至ったことを理由として発生した損害賠償債務の存在を確認し、賠償額を確定してその支払を約する行為であって、新たに創設的に債務を負担するものとはいえないから、詐害行為とはならない。しかしながら、当該配偶者が負担すべき損害賠償債務の額を超えた金額の慰謝料を支払う旨の合意がされたときは、その合意のうち右損害賠償債務の額を超えた部分については、慰謝料支払の名を借りた金銭の贈与契約ないし対価を欠いた新たな債務負担行為というべきであるから、詐害行為取消権行使の対象となり得るものと解するのが相当である。」

(3) 「YとAとの婚姻期間、離婚に至る事情、Aの資力等から見て、本件合意はその額が不相当に過大であるとした原審の判断は正当であるが、この場合においては、その扶養的財産分与のうち不相当に過大な額及び慰謝料として負担すべき額を超える額を算出した上、その限度で本件合意を取り消し、Yの請求債権から取り消された額を控除した残額と、Xの請求債権の額に応じて本件配当表の変更を命じるべきである。」

Key point 離婚に伴う財産分与及び慰謝料の合意が詐害行為に該当する場合に、不相当に過大な部分について、その限度において詐害行為として取り消されることを判示した最高裁判例として重要である。

〔解説・評釈等〕高部眞規子・判解〈平成12年［10］〉246頁、渡辺達徳・法セミ45巻7号108頁、飯塚和之・NBL715号62頁、前田陽一・リマ22号34頁、野村豊弘・判タ1202号62頁、森田修・法協118巻11号1786頁、飯原一乗・判タ1065号150頁、片山直也・別ジュリ196号38頁

66 将来支給される退職金の財産分与
退職金支給時の支払いを命じた事例

原　審…水戸家龍ヶ崎支審平成9年10月7日（平成9年（家）90号）家月50巻11号86頁
抗告審…東京高決平成10年3月13日（平成9年（ラ）2323号）家月50巻11号81頁

事案
　X（妻、昭和26年2月生）とY（夫、昭和18年7月生）は、昭和47年2月に婚姻し、昭和47年6月に長女、昭和51年4月二女、昭和53年1月に三女が生まれた。
　Yは、18歳の頃から保線区員としてA会社に勤務し、原審判時には助役の地位にあった。Xは、平成3年ころからパートに出たが、そのころから夫婦仲が悪くなり、XとYは、平成7年8月二女及び三女の親権者をYとして協議離婚した。
　Xは、Yに対して、慰謝料及び財産分与金の支払いを求める審判の申立てをした。

判旨
　1　原審は、以下のように述べて、Yが将来受領する退職金の財産分与として、退職金支給時に、約769万円の支払いを命じた。
「財産分与としては、離婚時にYが任意に退職したと仮定して、その際に支給されるであろう退職金相当額から所得税等相当額を控除した残額の半分に相当する金額を基本として、婚姻以前の勤続年数（10年）とこの勤続10年の場合の退職金の支給率（15.0）をも考慮して定めた金額を、現実に退職金が支給されたときに」支払うべきものとする。
　2　抗告審は、以下のように述べて、YがXに分与すべき退職金額を変更し、「Yは、Xに対し、YがA株式会社から退職金を支給されたときは、612万円及びこれに対する同支給日の翌日から支払済まで年5分の割合による金員を支払え。」と命じた。
「将来支給を受ける退職金であっても、その支給を受ける高度の蓋然性が認められるときには、これを財産分与の対象とすることができるものと解するのが相当である。そして、本件においては、Yの勤務する企業の規模等に照らして、Yが退職時に退職金の支給を受けることはほぼ確実であると考えられる。」
「ところで、退職金が仮に離婚前に支給されていたとしても、その全額が離婚時まで残存しているとは限らないし（何らかの消費的支出に充てられる可能性がある。）、夫が支給を受ける退職金について、妻の寄与率を夫と同一と見るのも妥当ではない。したがって、本件においては、退職金についてのXの寄与率を4割とするのが相当である。」
　本件において財産分与としてXが取得すべき退職金の額は、次の算式のとおり612

万円となる。

「Yの月額基本給40万円（筆者注：離婚当時の概算基本給）×（離婚までの勤続年数33年の支給率54－婚姻以前の勤続年数10年の支給率15）－30万円（所得税及び市町村民税の概算合計額）｝×0.4（Xの寄与率）＝612万円」

また、Y名義の住宅ローンについては「夫婦の協力によって住宅ローンの一部を返済したとしても、本件においては、当該住宅の価値は負債を上回るものではなく、住宅の価値は零であって、右返済の結果は積極資産として存在していない。そうすると、清算すべき資産がないのであるから、返済した住宅ローンの一部を財産分与の対象とすることはできないといわざるをえない。」と判示した。

1　原審判から約7年後に定年退職する夫に支給される予定の退職金について、将来退職金を受け取れる蓋然性が高いとして財産分与の対象とし、退職金の支給時に妻に支払いを命じた判例である。
2　原審は退職金についての妻の寄与率を5割としたのに対し、抗告審は4割に変更しているが、この点は、その理由を含めて異論があろう。
3　また、財産分与の対象となる退職金額の算定について、単純に勤続年数に対する婚姻年数とせずに、支給率を使用した点は、一般には、勤続年数が長期になるほど支給率も高くなるので、比較的婚姻期間が長い夫婦の場合には、この方が財産分与の対象財産が増えることになるだろう。

〔解説・評釈等〕大津千明・判タ1005号142頁、緒方直人・民商121巻4～5号221頁

67 将来の退職金の財産分与

将来受給する退職金から中間利息を控除して清算対象として算出し、即時の支払いを命じた事例

東京地判平成11年9月3日（平成8年（タ）376号）判時1700号79頁

事案

X（夫）とY（妻）は、昭和48年5月に婚姻し、昭和49年9月に長男が生まれた。XとYは、平成元年頃から折り合いが悪くなり、平成7年5月Yは、当時家族で住んでいたマンション（本件マンション）を出て、実家に帰り、以後XとYは別居している。

Xは、昭和44年3月に大学を卒業し、他の会社勤務を経て、昭和58年3月にA会社に入社し、平成17年9月には定年退職の予定であるが、Xの定年退職時に予想される退職金額（ただし、昇給分は未算定。勤続年数分のみ加算）は929万円となる。Yは、パートで働いている。

Xは、Yに対して、離婚及び財産分与の清算金の支払いを求める訴訟を提起した。Yは、離婚は争わず、Xに対して財産分与の清算金の支払いを求めた。

本件ではXY共有の本件マンションその他の不動産、ゴルフ会員権等の財産分与も争点となっているが、ここでは退職金の財産分与の争点のみについて述べる。

判旨

裁判所は、以下のように述べて、Xが将来受領する退職金の財産分与を命じた。

(1)「いわゆる退職金には賃金の後払いとしての性格があることは否定できず、夫が取得する退職金には妻が夫婦としての共同生活を営んでいた際の貢献が反映されているとみるべきであって、退職金自体が清算的財産分与の対象となることは明かというべきである。問題は将来受け取るべき退職金が清算の対象となるか否かであるが、将来退職金を受け取れる蓋然性が高い場合には、将来受給するであろう退職金のうち、夫婦の婚姻期間に対応する分を算出し、これを現在の額に引き直したうえ、清算の対象とすることができると解すべきである。」

(2)「Xとしては、退職時までの勤務期間総数271か月（昭和58年3月から平成17年9月まで）のうちの実質的婚姻期間147か月（昭和58年3月から平成7年5月）に対応する退職金につき、中間利息（法定利率年5パーセント）を複利計算で控除して現在の額に引き直し、その5割に相当する額をYに分与すべきである。

その額は、次の計算式のとおり、188万円と認められる。

929万円×271か月分の147か月×0.74621540（6年のライプニッツ係数）×0.5（清算割合）＝188万円

なお、Xの主張するとおり、6年後の退職ということを考えると、不確定な要素を全く否定することはできないので、右退職金の現在額の算出に当たっては、現行市中

金利からすると極めて高率の年5パーセントの中間利息を複利計算で控除しているし、929万円という退職金の額もXの今後の昇給分を考慮しておらず、できるだけ控え目な額を算出したものである。」

また、「Xが平成10年4月15日に成立した家事調停に基づく婚姻費用の支払を一部怠っていること（略）等を考慮し、右清算金の支払を担保するため、人事訴訟法（筆者注：人事訴訟手続法）15条2項により、Xの取得する本件マンションに抵当権を設定し、その旨の登記手続きを命じることとする。」

1　6年後に定年退職する夫に支給される予定の退職金について、将来退職金を受け取れる蓋然性が高いとして財産分与の対象とし、夫婦の実質的な婚姻期間（別居時まで）に対応する分を、年5％の中間利息を複利計算で控除して、清算金を算出し、その即時の支払いを命じた判例である。

2　また、この判例は、XがYに支払うべき清算金約588万円（退職金の清算金も含む）について、その支払を担保するために、Xに分与することとした本件マンションに抵当権を設定させることを命じた。この点も実務上参考になる。なお、人事訴訟手続法（旧法）15条2項は、現行の人事訴訟法32条2項と同旨である。

〔解説・評釈等〕松倉耕作・判評499号196頁、山田徹・判タ1065号154頁

68 将来受給する退職金の財産分与

現時点で自己都合により退職した場合に受給できる退職手当額のみを対象とした事例

一　審…名古屋地判平成12年1月24日（平成9年（タ）138号）
控訴審…名古屋高判平成12年12月20日（平成12年（ネ）206号、385号）判タ1095号233頁

事案　X（妻）とY（夫）は、昭和56年頃に婚姻し、昭和57年3月に長女、昭和59年6月に二女が生まれた。Yは、昭和48年4月に国家公務員に採用され、以後税務職員として勤務してきた。
　XとYは、平成8年11月に別居した。
　Xは、Yに対して、離婚、慰謝料及び財産分与等を求める訴訟を提起した。
　本件は、資料からは、事実関係、一審判決等が不明であるので、控訴審で事実上の争点となった、退職金及び年金の財産分与の点のみを述べる。

判旨　1　控訴審はYが将来受給する退職金の財産分与について、以下のとおり判示した。

(1)　Yが現在自己都合により退職した場合（口頭弁論終結時までのYの勤務年数は27年）に受給できる退職手当金は1632万円（1万円未満切捨て、以下同じ）で、そのうち別居時までのXとの婚姻期間である15年だけがXの協力を得て勤務していた期間であるから、その退職手当額のうち右婚姻期間分に対応する額である907万円（計算式　1632万円÷27年×15年）の範囲で財産分与算定の基礎財産となる。

(2)　しかし、Yへの退職手当給付は、Yの退職時になされるものであるから、支給制限事由の存在、将来退職したときに受給する退職手当を離婚時に現実に清算させることとしたときには、Yにその支払いのための資金調達の不利益を強いることにもなりかねないことも勘案すると、Xに対するYの退職手当に由来する財産分与金の支払いは、Yが将来退職手当を受給したときと解するのが相当である。

(3)　Yが定年である60歳まで勤務した場合に受給できる退職手当金は2785万円で、そのうち別居時までのXとの婚姻期間である15年に対応する額は1160万円となる。

(4)　Yが将来定年により受給する退職手当額は、Yが今後8年余り勤務することを前提として初めて受給できるものである上、退職手当を受給できない場合もあり、また、退職手当を受給できる場合でも、退職の事由のいかんによって受給できる退職手当の額に相当大きな差異があるため、現在の時点において、その存否及び内容が確定しているものとは到底言い難いのであるから、このようなYの将来の勤務を前提にし、しかも、その存否及び内容も不確定なYの定年時の退職手当受給額を、現存する積極財産として、財産分与算定の基礎財産とすることはできない。

(5)　もっとも、Yが将来定年により受給する退職手当額についても、XがYと婚姻して別居するまでの間の勤務が含まれ、右勤務の間にXの妻としての協力があったから、Yが将来定年退職した時に受給できる退職手当額のうちXとの別居までの婚姻期間である15年に対応する額1160万円は、Yが現在自己都合により退職したときに受給できる退職手当額のうち右婚姻期間に対応する額である907万円に比べて増額となる関係にあるので、右のことは民法766条3項の「その他一切の事情」として、考慮する。

　2　更に、裁判所は、Yが将来退職共済年金を受給できることも「その他一切の事情」として考慮し、結果として、YはXに対して「国家公務員退職手当法（昭和28年法律第182号）に基づく退職手当の支給を受けたとき、550万円を支払え。」と命じた。

Key point

1　口頭弁論終結時から8年後に定年退職する夫について、支給される退職手当金のうち、原則として口頭弁論終結時に自己都合により退職した場合の退職手当金額のうち同居期間に対応する額を、財産分与の対象財産と計算した判例である。そして、定年退職時の退職手当金はこれより多いこと、夫が将来退職共済年金を受給できることを、民法766条3項の「その他一切の事情」として考慮し、前記計算に基づく財産分与額をやや増額している。
2　また、退職手当金に対応する財産分与金については、離婚時ではなく、退職手当金の受給時を支払時期とした点も重要である。

〔解説・評釈等〕右近健男・判タ1107号76頁、花元彩・法時75巻8号89頁、本澤巳代子・リマ27号68頁

69 年金の財産分与
退職共済年金の30％を分与するとした事例

仙台地判平成13年3月22日（平成11年（タ）126号）判時1829号119頁

事案

X（妻）とY1（夫）は、昭和42年6月に婚姻し、昭和43年2月に長女、昭和45年7月に長男が生まれた。

Y1は、昭和40年4月からA市役所に職員として勤務し、平成9年3月に定年退職した。Xは、結婚以来会社勤務等をして共稼ぎをしてきたが、平成7年に仕事をやめて専業主婦となった。

Y1とXは、昭和52年4月に本件土地上に本件建物を新築し、以後自宅として子ども達、Y1の両親らと同居してきた。

Y1は、平成11年ころからY2と交際し、一緒に旅行等するようになり、XがY1にY2との交際を止めるように求めるとXに暴力を振るった。

Xは平成11年7月に自宅を出て、長女が住むアパートに移り、Y1と別居した。

XはY1に対して①離婚、②慰謝料として500万円、③財産分与として合計約2377万円（内年金分の財産分与については、Y1が平均余命までに支給される退職共済年金の総額からXが受給する老齢厚生年金の総額を控除した金額について新ホフマン係数により中間利息を控除した現在額の2分の1である約1023万円）、Y2に対して慰謝料として500万円の支払いを求める訴訟を提起した。

判旨

1　裁判所は、XとY1との婚姻はY1の不貞行為によって破綻したと認定し、Y1に対して500万円、Y2に対して300万円の慰謝料の支払いを命じた。

2　退職共済年金の財産分与については、

「Xの老齢厚生年金もY1の退職共済年金も本件婚姻の継続中XとY1が協力して生活してきたことによって残された財産的権利と解すべきであるから、離婚における清算の対象と認められるところ、（略）Y1の退職共済年金額からそのうちの加給年金に相当する額を控除すると256万6900円であり、さらに、上記256万6900円からXの老齢厚生年金額を控除すると160万6600円になる。そして、上記160万6600円が上記256万6900円について占める割合を算定すると、約62.6パーセントである。そこで、Y1が離婚後支給される退職共済年金のうち60パーセントを財産分与の対象とする。

ところで、Xは、Y1が平均余命まで生存したと仮定した場合に支給されると推定される退職共済年金の総額を基準に財産分与を行うべきであると主張している。たしかに、損害の公平な分担を目的とする不法行為制度においては、被害者の逸失利益につき一定の年数と金額を基礎とする推計を行って損害を算定しているわけであるが、それは逸失利益が推定によってしか算定できない性質のものだからである。これに対

し、財産分与制度においては、実際に毎期において支給される年金額につきその都度分与を行うことが可能であり、かつ、それで足りるのであるから、Xが主張するような推計を行う必要はなく、むしろ推計によることが不相当なことは明らかである。」とした。

そして、Y1に対して、①本件土地建物及び預貯金の2分の1である約894万円の支払い、②離婚判決が確定した日以降において、A市職員共済組合から退職共済年金が支給されたときは、当該支給にかかる金額の10分の3に相当する金員を、当該支給がされた日が属する月の末日までに支払えと命じた。

なお、①の支払いについては、Y1の資力に鑑みて、その履行について6か月の猶予期間を認めて、支払期限を離婚判決が確定した日から6か月以内とした。

Key point

1　夫が受給する退職共済年金の財産分与について、支給ごとに支給額の30％の支払いを認めた点で参考になる。
2　Xが、年金分の一括支払を求めたのに対して、裁判所は、不法行為に基づく逸失利益と異なり、年金の財産分与については支給の都度分与する方法で足りるとして、これを認めなかった。しかし、年金分割制度がない本判決の時点では、この判決に基づく年金の財産分与分の履行を確保することはかなり困難であると思われる。
3　一括支払の財産分与についても、Y1の資力を考慮して、支払期限を離婚判決確定日から6か月以内としたのは珍しい。

〔解説・評釈等〕二宮周平・判タ1144号96頁、梶村太市・判評543号189頁

70 離婚調停中に配偶者が死亡した場合の財産分与

財産分与請求権は発生しないとした事例

原　審…東京家裁
抗告審…東京高決平成16年6月14日（平成15年（ラ）397号）家月57巻3号109頁
許可抗告審…最決平成16年11月2日

事案

　A（夫）は、昭和32年3月に前妻Bと婚姻し、両者間にX1、X2が生まれたが、Bは、昭和50年11月に病死した。
　Aは、昭和51年4月にCと再婚し、その後Cとその前夫との間の子であるDと養子縁組した。
　Aは、平成11年12月に肝臓病で入院し、以後退院を繰り返し、その間の平成12年6月ころ、Cに対して夫婦関係調整の調停申立てをした。そして、平成13年1月に調停期日の段階では、Cとの離婚並びに離婚に伴う財産分与として約3933万円及び慰謝料500万円の支払いを求めていた。
　この調停が成立しないまま、Aは、平成13年1月16日に死亡した。
　Aは、平成13年1月10日に公正証書遺言をしており、同遺言には、Cを相続人から廃除し、財産分与請求権を含む一切の財産について、X1、X2に各12分の5、養子Dに12分の2の各割合で相続させるものとするとの記載がある。
　X1、X2（Xら）は、平成13年3月に、Cに対して、AのCに対する財産分与請求権を相続したと主張して、財産分与請求調停申立てをなし、同調停は平成14年1月に不成立となり、本件審判に移行した。

判旨

　1　原審は、Xらの申立てを却下した。
　2　抗告審も以下のように述べて、Xらの抗告を棄却した。
「夫婦が離婚したときは、その一方は、他方に対し、財産分与を請求することができる（民法768条、771条）。この財産分与の権利義務の内容は、当事者の協議、家庭裁判所の調停若しくは審判又は婚姻関係の人事訴訟の付帯処分として判決で具体的に確定されるが、上記権利そのものは、離婚の成立によって発生し、実体的権利義務として存在するに至り、前記当事者の協議等は、単にその内容を具体的に確定するものであるにすぎない（以上につき、最高裁判所第三小法廷昭和50年5月27日判決・民集29巻5号641頁参照）。そして、財産分与に関する規定及び相続に関する規定を総合すれば、民法は、法律上の夫婦の婚姻解消時における財産関係の清算及び婚姻解消後の扶養については、離婚による解消と当事者の一方の死亡による解消とを区別し、前者の場合には財産分与の方法を用意し、後者の場合には相続により財産を承継させることでこれを処理するものとしていると解するのが相当である（最高裁判所第一小法廷平成12年3月10日決定・民集54巻3号1040頁参照）。したがって、離婚が成立するより

前に夫婦の一方が死亡した場合には、離婚が成立する余地はないから、財産分与請求権も発生することはないものである。そのことは、夫婦の一方の死亡前に、その者から家庭裁判所に離婚を求めて調停が申し立てられ、調停申立ての趣旨の中に財産分与を求める趣旨が明確にされていた場合でも同様である。

そうすると、亡AのCに対する財産分与請求権は発生していないから、Xらがこれを相続により取得することはできない。」

1　離婚前に配偶者の一方が死亡した場合には、離婚調停中に財産分与請求をしていたとしても、当該配偶者の財産分与請求権は発生しないと判示した事例であり、この結論には異論がないであろう。

2　死期がせまっている場合には、可能性があれば、離婚に伴う財産分与以外の法的構成、たとえば婚姻中の具体的不法行為による慰謝料請求、不当利得返還請求等の行使も考慮する必要があろう。

〔解説・評釈等〕三宅篤子・民商133巻3号181頁

71 不動産の財産分与と詐害行為
詐害行為を認め、権利者に対して価格賠償が命じられた事例

一　審…京都地判平成16年1月15日（平成14年（ワ）3133号）判時1886号57頁
控訴審…大阪高判平成16年10月15日（平成16年（ネ）464号）判時1886号52頁

事案　Ｙ１（夫）とＹ２（妻）は、昭和45年12月に婚姻し、3人の子がある。Ｙ１は、昭和51年から平成14年までの26年間にわたり、Ａグループの会社に勤務してきた。Ｙ１は、相続等により本件土地を取得し、昭和53年に本件土地上に本件建物を新築した（本件土地、本件建物をあわせて本件不動産という）。

Ｙ１は勤め先の会社が倒産することにより、債権者が自分に保証責任を追及してくる事態が避けられないと考え、本件不動産をＹ２に譲渡することにし、その手段として、離婚に伴う財産分与の方法をとることにした。

Ｙ１とＹ２は、平成14年2月8日に協議離婚し、同日本件不動産について、財産分与を原因としてＹ２に所有権移転登記（本件登記）手続をした。

Ａグループは平成14年2月12日に破産申立てをして、同年3月4日に破産宣告を受けた。

Ｘは、Ａグループ内のＢ会社の訴外信用金庫からの借入れについて保証しており、Ｙ１は、Ｂ会社のＸに対する債務について連帯保証していた。

Ｘは、Ｙ１に対しては、求償金である約967万円の支払いを求め、Ｙ２に対しては、財産分与の通謀虚偽表示ないし詐害行為を理由として、本件不動産についての本件登記の抹消登記手続等を求めた。（Ｙ１に対する請求部分は省略する）

判旨　1　一審は、以下のように述べて、ＸのＹ２に対する請求を棄却した。
「協議離婚においては、当事者間に離婚の合意が真実成立していればたりるのであって、合意が成立した理由がなんであるかを問わないのであるから、財産分与の必要性が協議離婚の原因となっているからといって、そのことだけで、本件届出が離婚意思に基づくものであったとの上記認定を左右することにはならない。」とし、協議離婚が真実なされている以上、これに伴ってなされた財産分与を通謀虚偽表示であると認める特段の事情もないとした。

また、財産分与が不相当に過大であり、財産分与に仮託してなされた財産処分であると認めるに足りるよう特段の事情があるということはできないとして、詐害行為にはならないとした。

2　控訴審は、以下のように述べて、一審判決の一部を変更した。
(1)「本件土地は、Ｙ１の特有財産であり、夫婦がその協力によって得た財産とはいえないが、本件建物は、実質上、夫婦の共同財産であるといえる。

Ｙ１が本件不動産を維持するに当たってのＹ２の貢献を考慮すると、財産分与としては、本件建物の共有持分の2分の1ないしはそれに相当する金員（前記認定によれ

ば、本件建物の本件財産分与時の価格は419万2600円であり、その2分の1は209万6300円である。）を分与するのが相当であって、本件財産分与のうちこれを上回る部分については、民法768条3項の規定の趣旨に反して不相当に過大であるといわざるを得ず、財産分与に仮託してされた財産処分であると認めるに足りる特段の事情がある。」

(2) 「取消しの目的物である本件不動産は、一筆の土地上にある一棟の建物であり、土地と建物は別個の不動産であるとしても、現にY2の住居として一体的に使用されていることからすれば、不可分のものと解すべきであるが、財産分与のうちの相当な部分については、本来、Y2が潜在的な共有持分を有していたものといえるところ、本件財産分与全体を取り消し、本件登記を全部抹消した場合は、上記潜在的な共有持分についても、債務者であるY1の責任財産に加えられることになり、衡平を失するといわざるを得ない。

　したがって、本件財産分与のうち、不相当に過大な部分のみを取り消し、価格による賠償を命じるのが相当である。」
とし、控訴審の口頭弁論終結時の本件土地の価格が835万円、本件建物の価格が約382万円とし、これから抵当権が設定されている住宅ローン残高を控除すると、本件不動産の価格は約614万円であるとした。そして、本件における相当な財産分与額は、財産分与当時の本件建物の価格の2分の1に相当する約209万円であるから、Y2はXに対して、これを上回る約405万円について価格賠償すべきであるとした。

　　1　債権者からの責任追求を逃れるため、離婚に伴う財産分与として自宅の不動産を妻に譲渡した事例について、一審は詐害行為を否定し、控訴審は詐害行為を認めた点が興味深い。
　　2　控訴審が、不相当に過大な財産分与の部分のみを詐害行為として取り消し、住居として使用されている土地建物につき、不可分のものとして、妻に価格賠償を命じた点は参考になろう。

〔解説・評釈等〕山口純夫・松尾知子・判タ1187号115頁、福田千恵子・判タ1215号122頁

72 損害保険金の財産分与
逸失利益分のみを対象財産とした事例

原　審…大阪家審平成17年1月12日（平成15年（家）7139号）家月58巻5号71頁
抗告審…大阪高決平成17年6月9日（平成17年（ラ）252号）家月58巻5号67頁

事案

　X（妻）とY（夫）は、平成6年3月に婚姻し、長男Aが生まれた。
　Yは、前妻との間に生まれた長女B（昭和58年生）の親権者となり、Bは、X、Yと同居生活をしていた。
　Xは、Bの養育を含め、家事育児をほとんど1人で行っていた。
　平成12年8月に、Yは、本件交通事故により受傷した。
　本件事故後、Yに対して、保険会社から休業損害金として毎月52万円が平成15年3月まで支払われ、Yは、Xに対し平成15年3月まで、うち45万円を渡し、残り7万円をYが取得していた。
　平成15年3月に、Y、加害者、保険会社等との間で、Yが治療費休業補償等のほかに5200万円を加害者側から受領する旨の和解が成立し、Yは、これを受領した。なお、5200万円は、①逸失利益約4674万円　②未払傷害慰謝料約149万円　③後遺障害慰謝料約460万円から和解に基づき多少減額したものである。Yは、平成15年4月に、Xに対して離婚調停を申し立て、離婚、Aの親権者をXとする、YはXに対して月額4万円の養育費を支払うこと等を内容とする調停が成立した。
　前記調停において財産分与については合意が成立しなかったので、Xは、平成15年10月に、本件財産分与の審判申立てをし、上記和解金5200万円の2分の1の2600万円の支払いを求めた。
　なお、Xの申立てによっても財産分与の対象となる財産は上記和解金のみである。

判旨

　1　原審は、和解金のうち逸失利益額を財産分与の対象財産とし、その2分の1をXに支払うよう命じた。

　2　控訴審も以下のように述べて、上記和解金のうち、症状固定時から離婚の前日までの逸失利益額のみを財産分与の対象財産と判示した。
「財産分与の対象財産は、婚姻中に夫婦の協力により維持又は取得した財産であるところ、上記保険金のうち、傷害慰謝料、後遺障害慰謝料に対応する部分は、事故により受傷し、入通院治療を受け、後遺障害が残存したことによりYが被った精神的苦痛を慰謝するためのものであり、Xが上記取得に寄与したものではないから、Yの特有財産というべきである。
　これに対し、逸失利益に対応する部分は、後遺障害がなかったとしたら得られたはずの症状固定時以後の将来における労働による対価を算出して現在の額に引き直したものであり、上記稼働期間中、配偶者の寄与がある以上、財産分与の対象となると解

5章　財産分与　　173

するのが相当である。

　本件においては、症状固定時（略）（症状固定日は平成14年12月9日と認めるのが相当である。）から、離婚調停が成立した日の前日である平成15年9月18日までの284日間の分につき財産分与の対象と認めるのが相当である。

　以上を前提に、上記期間の逸失利益相当額を算定すると、次の計算式のとおり概ね307万1626円となる。

　　515600円×12×0.67×0.9523×284÷365＝3071626円」

「Xは、家事育児全般に従事し、その結果、Yが事業に専念できたと認められるから、寄与割合は、概ね2分の1と認めるのが相当である。

　以上によれば、YのXに対する財産分与額は、上記金額の概ね2分の1に当たる金額である154万円と定め、Xに同額を取得させるのが相当である。」

　夫が交通事故によって受傷し、その損害保険金が支払われた場合に、その損害保険金のうち、症状固定時から離婚前日までの逸失利益のみを財産分与の対象財産と判断した事例である。

〔解説・評釈等〕犬伏由子・民商136巻1号158頁、大津千明・判タ1245号117頁

73 将来支給される見込みの退職金の財産分与
計算式による金額を退職時に支払うよう命じた事例

一　審…神戸家尼崎支判平成18年3月16日（平成17年（家ホ）46号）
控訴審…大阪高判平成19年1月23日（平成18年（ネ）1663号、同2296号）
　　　　判タ1272号217頁

事案　　X（夫、控訴審口頭弁論終結時55歳）とY（妻、控訴審口頭弁論終結時48歳）は昭和63年2月に婚姻し、同人間には長女（昭和63年11月生）がいる。
　　XとYは、平成15年8月から別居した。
　　Xは中小企業金融公庫の支店長であり、Yは専業主婦である。
　　XはYに対し、離婚等を求める本訴を提起し、YはXに対し、離婚、財産分与等を求める反訴を提起した（財産分与以外の点は省略）。

判旨　　1　一審は、財産分与として、XからYに対し、①離婚時に1585万円、②Xが中小企業金融公庫から退職金を支給されたときに550万円の各支払を命じた。

　2　控訴審は、以下のように述べて、②について主文を「Xは、Yに対し、Xが中小企業金融公庫から退職手当を支給されたときは、別紙1「退職手当財産分与計算式」記載の計算式によって求められる退職手当財産分与額の金員を支払え。」とした。
「退職手当財産分与計算式

退職手当財産分与額＝退職手当支給額（ただし、所得税及び住民税の徴収額を控除した額）÷4×50÷A

（計算式の説明）

Aは、Xが中小企業金融公庫を退職した時期に応じて次の数値を用いる。

平成19年2月以前に退職した場合	A＝50
平成19年3月以降、平成20年2月以前に退職した場合	A＝51
平成20年3月以降、平成21年2月以前に退職した場合	A＝52
平成21年3月以降、平成22年2月以前に退職した場合	A＝53
平成22年3月以降、平成23年2月以前に退職した場合	A＝54
平成23年3月以降退職した場合	A＝55」

「夫婦の間の婚姻期間中の財産形成についての寄与割合2分の1、現時点で退職した場合の勤続期間約30年、別居までの婚姻期間はその勤続期間の2分の1の約15年であるから、仮に、現時点で退職した場合には、Xは、Yに対し、退職手当が支給されたときに、実際に支給される退職手当（ただし、所得税及び住民税の徴収額を控除した額）の4分の1の割合の額を財産分与として支払うこととするのが相当である。

　すなわち、勤続期間に占める婚姻同居期間の割合2分の1に、夫婦間の寄与割合2

分の1を掛けて得られる4分の1の割合の財産分与をするのが相当であるからである。

　ただし、現時点で退職した場合の支給割合は、基準俸給額の100分の5000（50か月分）であるが、平成19年3月以降に退職する場合には、勤続期間が31年になり、以後勤続期間1年につき支給割合100分の100（1か月分）増えることになる。そして、勤続期間が今後31年を超えることにより支給割合が増えることによる退職手当の増加については、Yの寄与はない。そして、この勤続期間の増加による支給割合の上昇は、支給割合が100分の5500（55か月分）に達するまで認められている。

　そうすると、勤続期間が30年を超えて退職した場合には、実際に支払われる退職手当のうち、勤続期間30年の場合の支給割合（100分の5000）に相当する退職手当の額に対し、上記4分の1の割合をかけるのが相当である。」

　1　退職まで5年ある夫の退職金の財産分与について、退職時における手取額が不確定であることから、退職金手取額と退職時期を変数とする計算式を定め、これにより定まる金額を退職時に支払うように命じた判決である。
　2　退職金の分与額について、控訴審判決は一審判決よりきめ細かい認定をしており、実務上参考になる。
〔解説・評釈等〕大塚正之・別冊判夕25号114頁

74 妻が居住するマンションの財産分与
妻に対し賃貸することを命じた事例

一　審…名古屋家豊橋支判平成19年9月20日（平成17年（家ホ）35号）
控訴審…名古屋高判平成21年5月28日（平成19年（ネ）892号、同20年（ネ）154号）
　　　　判時2069号50頁

事案
　X（夫）とY（妻）は、平成6年10月に婚姻し、同人間には長女（平成8年7月生）がいる。
　XとYは、平成11年12月に本件マンション（Xの持分1000分の883、Yの持分1000分の117）を購入し、同所に転居した。
　Xは、平成16年3月に本件マンションを出て、Yと別居した。
　XはYに対し、離婚及び財産分与として本件マンションのY持分の移転登記等を求める本訴訟を提起した。

判旨
　1　一審は、XYの別居期間が3年以上にわたっていることなどから婚姻は既に破綻しているとして、離婚を認め、本件マンションの所有権全部をXに帰属させた上で、XからYに300万円を分与させた。
　2　控訴審では、Yは、離婚、慰謝料請求、本件マンションのX所有部分についてYが賃借権を有することの確認等を求める反訴を提起した。
　控訴審は、以下のように述べて、Xに対し、①Yへの慰謝料400万円の支払い、②本件マンションのX持分を下記の内容で賃貸せよと命じ、Yに対し、③清算的財産分与としてXへ471万0643円の支払いを命じた（その他の部分は省略）。
　　賃貸期間　本判決確定時から平成27年3月まで
　　賃　料　　月額4万6148円
　　支払時期　毎月末日限り
「本件別居は、夫による悪意の遺棄に該当し、（略）、遠い将来における夫の退職金等を分与対象に加えることが現実的ではなく、更に一部が特有財産である本件マンションが存在するところ、このような場合には、本件婚姻関係の破綻につき責められるべき点が認められない妻には、扶養的財産分与として、離婚後も一定期間の居住を認めて、その法的地位の安定を図るのが相当である。
　そして、（略）別件婚費審判において、夫が本件マンションの家賃相当分の控除を強硬に主張し、その結果、前記家庭裁判所の認定によって、その金額が4万6148円と定められた点や、（略）直接清算的財産分与の対象とすることが困難な退職金及び確定拠出年金についても、扶養的財産分与の要素としては斟酌することが妥当である点を考慮すれば、①清算的財産分与によって、本件マンションの夫の持分を夫に取得させるとともに、②扶養的財産分与として、夫に対し、当該取得部分を、賃料を月額4

万6148円、賃貸期間を長女が高校を卒業する平成27年3月までとの条件で妻に賃貸するよう命ずるのが相当である。」

1 夫から妻への清算的財産分与がなく、逆に妻が夫に清算的財産分与金を支払わなければならないケースについて、妻が居住するマンションの夫の持分を夫に取得させるとともに、扶養的財産分与として、夫に対し夫取得部分を長女が高校を卒業するまで妻に賃貸するように命じた判決である。

2 なお、本件マンションのY持分はYの特有財産として、財産分与の対象とならないとされた。したがって、離婚後も本件マンションはXYの共有となり、賃貸借契約満了後の明渡し等の問題が残ることになる。

〔解説・評釈等〕常岡史子・リマ42号58頁

75 財産分与の寄与割合
夫の寄与割合を6割とした事例

一 審…神戸家伊丹支判平成24年12月20日（平成22年（家ホ）10号、同19号）
控訴審…大阪高判平成26年3月13日（平成25年（ネ）349号、同1313号）
　　　　判タ1411号177頁

事案

X（妻）とY（夫）は、婚姻し、同人間には長男、二男がいる。

Yは、婚姻届出前に医師免許を取得し、婚姻後に開業医となり、その後医療法人を設立した。医療法人の出資持分は、Yが2900口、Xが50口、Yの母が50口であった。

Xは、Yに対し、離婚、子の親権者をXに指定、離婚慰謝料、財産分与、養育費等を求める訴訟を提起し、YもXに対し、離婚、子の親権者をYに指定、離婚慰謝料を求める反訴を提起した。

判旨

1　一審は、医療法人の出資持分3000口全部を財産分与の基礎財産とした上、寄与割合をY6割、X4割と評価し、Yに対し、財産分与として、1億4227万円（1万円未満は省略）の支払いを命じた（財産分与以外の点は省略）。

2　控訴審では、医療法人の出資持分3000口の評価を、医療法人の純資産評価額の7割相当額とした。

そして、財産分与の寄与割合については、以下のように述べて、一審判決を維持して、Yに対し、1億1640万円の支払いを命じた。

「民法768条3項は、当事者双方がその協力によって得た財産の額その他一切の事情を考慮して分与額を定めるべき旨を規定しているところ、離婚並びに婚姻に関する事項に関しては、法律は、個人の尊厳と両性の本質的平等に立脚して制定されなければならないものとされていること（憲法24条2項）に照らせば、原則として、夫婦の寄与割合は各2分の1と解するのが相当であるが、例えば、Ⅰ　夫婦の一方が、スポーツ選手などのように、特殊な技能によって多額の収入を得る時期もあるが、加齢によって一定の時期以降は同一の職業遂行や高額な収入を維持し得なくなり、通常の労働者と比べて厳しい経済生活を余儀なくされるおそれのある職業に就いている場合など、高額の収入に将来の生活費を考慮したベースの賃金を前倒しで支払うことによって一定の生涯賃金を保障するような意味合いが含まれるなどの事情がある場合、Ⅱ　高額な収入の基礎となる特殊な技能が、婚姻届出前の本人の個人的な努力によっても形成されて、婚姻後もその才能や労力によって多額の財産が形成されたような場合などには、そうした事情を考慮して寄与割合を加算することをも許容しなければ、財産分与額の算定に際して個人の尊厳が確保されたことになるとはいいがたい。

そうすると、Yが医師の資格を獲得するまでの勉強等について婚姻届出前から個人

的な努力をしてきたことや、医師の資格を有し、婚姻後にこれを活用し多くの労力を費やして高額の収入を得ていることを考慮して、Yの寄与割合を6割、Xの寄与割合を4割とすることは合理性を有するが、Xも家事や育児だけでなく診療所の経理も一部担当していたことを考えると、Xの寄与割合をこれ以上減ずることは、上記の両性の本質的平等に照らして許容しがたい。」

1　夫が婚姻前に医師免許を取得し、婚姻後に医療法人を設立した事案について、医療法人の出資持分を財産分与の対象財産とし、夫の寄与割合を6割とした判例である。

2　財産分与の寄与割合を原則として2分の1としつつ、これと異なる寄与割合を認める事例を挙げた点で参考になる。

76 離婚判決後の不動産

不動産が共有関係にあるとされた事例

東京地判平成24年12月27日（平成24年（ワ）12019号）判時2179号78頁

事案　X（夫）とY（妻）は、婚姻後の平成14年11月に本件土地を購入してX名義の登記をし、平成15年5月に本件土地上に本件建物を新築し、X名義の登記をして入居したが、Xは平成20年5月に本件建物から出た。

　Yは、Xに対し、離婚、財産分与等を求める訴訟を提起し、控訴審で、離婚、XがYに対し707万円余を支払うよう命ずる判決（本件離婚判決）が確定した。

　Xは、Yに対し、本件建物は自己の単独所有であるとして、所有権に基づき本件建物の明渡しと月額19万8000円の使用料相当損害金の支払いを求める訴訟を提起した。

判旨　裁判所は、以下のように述べて、本件土地建物は、XとY（Yの持分3分の1）の共有であると認定し、Xの本件建物明渡し請求を棄却し、Yに対し、月額10万円の使用料相当損害金の支払いを命じた。

「本件控訴審判決（著者注：離婚訴訟控訴審判決）を担当した東京高等裁判所は、本件不動産に関して残余価値は0円と評価するのが相当である旨判断し、財産分与額の計算に際し、本件不動産をその対象から外し、X名義の預金のみを財産分与の対象としており、そのため、本件不動産については、XY間の離婚訴訟における財産分与の規律において処理がされていないことが認められるから、離婚訴訟の財産分与とは別個に権利関係を確定し、その清算に関する処理がされるべきである。

　そして、（略）、①Yは、XとYが本件不動産を購入・建築するにあたり、自らが婚姻前に貯蓄した預金を解約して800万円を出捐しており、これはYの固有財産から支払われたものといえること、②Xは、Yとの婚姻期間中の平成16年3月から、本件不動産の購入時に融資を受けた住宅ローンの支払を開始しており、この住宅ローンの返済はXの給与が原資となっているところ、XとYが婚姻関係にあった時期（別居時を除く。）のXの給与は夫婦共有財産に属するものであるから、平成16年3月から別居開始時である平成20年5月26日までの間に支払われた住宅ローンの返済総額581万7203円の半分に相当する290万8601円については、Yの固有財産により支払われたものと評価できること、③XとYが別居した後の平成20年12月当時、年間約1000万円の収入があったXの収入状況からすれば、当時3歳と0歳の子2人を養育していたYに対して支払われるべき婚姻費用は本来月額約20万円と定められるべきものであったこと、しかるに、当時、Xが本件不動産の住宅ローンを支払っており、その額が年間約130万円程度に上ることや、Yが本件不動産に居住していたこと等を踏まえ、Xの住宅ローン支払分のうち月額約10万円分はXからYに支払われるべき婚姻費用の支払分

とみなすことができるとして、平成20年12月以降XからYに支払われるべき婚姻費用は月額10万円と定められたと推認できること、かかる経緯によれば、婚姻費用の支払が開始された平成20年12月から、離婚が成立した平成22年9月までの1年10か月の間に返済された住宅ローンのうち合計220万円（1か月あたり10万円の22か月分）については、Yに婚姻費用として支払われる代わりに住宅ローンの支払に充てられたものとみることができるから、Yの固有財産から支払われたものと評価できること、以上のとおりであり、本件不動産に関しては、Yの固有財産1310万8601円がその支払に充てられたものと評価することができる。

したがって、（証拠略）から認められる本件不動産の評価額に照らせば、本件不動産のうち少なくとも持分3分の1については、Yの持分に属するものであることが認められる。」

1　離婚訴訟において残余価値が0であるとして、財産分与の対象から外された夫名義の不動産について、離婚後夫が妻に対し明渡し等を求める訴訟を提起したところ、当該不動産について妻の持分が3分の1であるとして、明渡しが棄却された事例である。
2　本判決は、妻の婚姻前の拠出預金額をそのまま妻の持分と計算し、また当該期間の住宅ローン返済総額の2分の1を妻の持分と計算している点について、実務の通常の財産分与における計算方法とは異なり、異論があるところであろう。
〔解説・評釈等〕大塚正之・判評660号146頁、常岡史子・リマ48号66頁

6-1
親権者・監護者の指定

傾向と実務

第1 はじめに

1 協議離婚に際しては、父母の一方を親権者と定めなければならない（民法819条1項）。

当事者間で協議が調わないときまたは協議をすることができないときには、家庭裁判所が協議に代わる審判をすることができる（民法819条5項）。

裁判上の離婚の場合には、裁判所が父母の一方を親権者と指定する（民法819条2項）。

2 監護者の決定は、別居中に共同親権をもつ父母間で監護者を決める場合、離婚後に非親権者を監護者とする場合に必要となる。

家庭裁判所は、子の監護に関する事項として民法766条を適用ないし類推適用して、監護者の指定をする。

離婚訴訟中の子の監護者の指定について、積極的に認める判例と離婚訴訟における親権者等の指定との矛盾を回避するため消極的な判例とがある［⇨88］。

第2 親権者・監護者指定の判断基準

1 子の福祉

子の親権者、監護者は、子の福祉の観点から決定することは異論がない。

民法766条1項は、子の監護に関する事項の定めにおいて子の福祉を最も優先して考慮しなければならないと定める。

子の福祉を判断する事情としては、監護意思、監護能力、監護補助者の有無やその状況、監護の継続性等が挙げられる。なお、子が非配偶者間人工授精による人工授精子であることも考慮すべき事情とされている（⇨80抗告審）。

しかし、父母のいずれも親権者、監護者としての適格性に問題がない場合には、いずれを親権者、監護者と指定するかについては、判例の考えが確立

されているとは言い難い。
2　子の意思

　　家事法65条は、未成年である子がその結果により影響を受ける家事審判手続において、子の意思を把握するよう努め、その意思を考慮しなければならないと定める。

　　子が満15歳以上の場合、家庭裁判所は、親権者、監護者の指定の審判や裁判、変更の審判をするには、その子の陳述を聴かなければならない（人訴法32条4項、家事法152条2項、169条）。

　　15歳未満の子についても、「その意思を表明できる能力については、おおむね10歳以上であればその能力に問題がないとされており、実務においても、10歳を一応の基準にすることが多い。」（注1）。子が幼少の場合には、子は周囲の影響を受けやすいので、その気持ちの確認や尊重については慎重に判断する必要がある［●81、調査官調査の時点で5歳］。

3　監護の継続性

　　子のそれまでの監護状態を継続させることは、重要な基準となる。

　　しかし、監護の継続性と母性優先の原則が対立した場合、すなわち父が子を監護していた場合に、いずれの基準を適用するかは判例により異なる。

　　［●77］は、約8歳の男児について、父が監護している事実を重視して父を親権者と指定した。

　　監護状態が子の奪取等の違法な行為により形成された場合には、その違法状態の継続をもって安定した監護状態と評価することはできない［●85、86］とする判例が多くなっている。

4　母親優先の原則

　　子が乳幼児の場合には、母親の細やかな愛情が注がれ、行き届いた配慮が加えられることが父親のそれにも増して重要であるとして、母親を親権者に指定する判例が多い（●80抗告審、●84）

　　母親優先の原則について、「母親」とは「生物的な母親」を指すのではなく、「母性的な関わりを持つ対象となった養育者」との意味もあるとして、主に父親が養育している現状から父を親権者とした判例もあるが（●80原審）、これは抗告審で変更されており、このような考えは未だ判例の主流となっているとは言い難い。

5　親権者と監護者の分属

　　[⇒79] の原審は、未成年者の健全な人格形成のためには父母の協力関係の形成が望ましいとして、審判時9歳と7歳の子について、母を監護者、父を親権者としたが、抗告審は、いずれも母を親権者と指定した。判例では、親権者と監護者を分属するのは例外的であろう。

6　複数の子の親権者の分属

　　複数の子の親権者、監護者を父母に分けることについては、消極的な判例が多い [⇒84]。

　　しかし、子がある程度の年齢に達すれば共通の親権に服せしめる必要が減ずるとして、15歳と12歳の子の親権者を分属させた事例もある [⇒78]。

第3　親権者指定の無効

　　[⇒83] は、協議離婚の成立は認めながら、離婚届に記載された未成年の子の親権を行う者の記載に沿う、親権者を定める協議における合意の不存在を主張する場合には、親権者指定協議無効の訴えを提起できるとしている。

第4　父母以外の第三者による監護者の指定申立て

　　[⇒82] は、民法766条を類推適用して、子の祖母による子の監護者の指定申立てを認め、長女の監護者を仮に祖母と指定し、長女の引渡しを認める審判前の保全処分を下している。

　　他方、[⇒87] は、子の祖父母による子の監護者指定の申立てについて、審判事項でないとして申立てを却下している。

　　この決定には批判も強く、実務はいまだ確立していないといえよう。

注1　秋武憲一監修『子の親権・監護の実務』109頁（青林書院、2015年）

77 離婚訴訟における親権者の指定
現状の監護状態から、低年齢の子でも親権者を父に指定した事例

一　審…長野地飯山支判昭和55年3月28日（昭和54年（タ）3号ほか）
控訴審…東京高判昭和56年5月26日（昭和55年（ネ）1037号）判時1009号67頁

事案

　X（夫）とY（妻）には、昭和44年8月長男一郎が、昭和48年4月二男二郎が生まれた。昭和51年ころから夫婦仲が悪化し、昭和52年2月に、Yは、長男、二男を残したままX方を飛び出し、同年11月にはX方に帰った。昭和53年8月に、Yは、離婚調停を申し立て、実家に帰った。
　その際、2人の子にYとともにX方を出るかどうかたずねたところ、長男はYと同行することを望み、二男はX方に残ることを望んだので、Yは、長男のみを連れて実家に戻り、以来、Xが二男を、Yが長男をそれぞれ養育してきている。Xは、二男と2人暮らしで、農業協同組合に勤務し、二男は昭和55年春に小学校に入学している。X方の近くにXの姉が1人暮らしをしており、この姉や兄も二男の世話をしている。
　Xは、Yに対して、離婚等を求める訴訟を提起した。

判旨

　1　一審は、離婚を認め、長男、二男の親権者をYと定めた。
　2　Xは、一審判決中、親権者の指定部分についてのみ不服申立てをした。
　控訴審は、以下のように述べて、原判決の一部を取り消し、長男の親権者をY、二男の親権者をXと指定した。
「本件においては、このように既にXとYは完全に別居し、その子を1人ずつ各別に養育するという状態が2年6月も続いており、その間、それぞれ異なる生活環境と監護状況の下で、別居当時、5歳4月であった二男が8歳に近くなって小学校1年生を終えようとしており、9歳になったばかりで小学校3年生であった長男は11歳半となり、やがて5年生を終ろうとしている状況にある。離婚に際して子の親権者を指定する場合、特に低年齢の子の身上監護は一般的には母親に委ねることが適当であることが少なくないし、前記認定のようなX側の環境は、監護の条件そのものとしては、Y側の環境に比し弱点があることは否めないところであるが、Xは、前記認定のとおり、昭和53年8月以降の別居以前にも、Yの不在中、4歳前後のころの二男を約8か月間養育したこともあって、現在と同様な条件の下で二男と過ごした期間が長く、同人もXによくなついていることがうかがえる上、長男についても、二男についても、いずれもその現在の生活環境、監護状況の下において不適応を来したり、格別不都合な状況が生じているような形跡も認められないことに照らすと、現在の時点において、それぞれの現状における監護状態を変更することはいずれも適当でないと考えられるから、長男の親権者はYと、二男の親権者はXと定めるのが相当である。」

Key point

　控訴審判決時に約8歳の二男について、別居後父が監護している現実を重視して、母を親権者と指定した一審判決を変更して、父を親権者と指定した事例である。そのため、結果としては、二子を分離することになっている。

6章　親権者・監護者の指定・変更

78 離婚訴訟における親権者の指定
15歳の長女の親権者を父、12歳の長男の親権者を母に指定した事例

一　審…水戸地麻生支判昭和62年9月11日（昭和58年（タ）5号ほか）
控訴審…東京高判昭和63年4月25日（昭和62年（ネ）2768号）判時1275号61頁

事案　X（夫）とY（妻）には、昭和47年9月長女が、昭和51年1月長男が生まれた。
　XはYに対して、離婚、2人の子の親権者をXと指定することを求める訴訟を提起し、YはXに対して離婚、2人の子の親権者をYと指定すること等を求める反訴を提起した。

判旨　1　一審は、XとYとの婚姻関係は主にXの飲酒の上でのYに対する度重なる暴力により破綻したとして、Yの離婚請求を認容し、有責配偶者であるXの離婚請求を棄却した。
　親権者については、2人の子が約5年にわたりXのもとで生活しているとして、2人の子の親権者をXと指定した。
　2　控訴審は、以下のように述べて、原判決の一部を取り消し、長男の親権者をYと指定した（長女の親権者は一審どおりX）。
「父母が離婚するに際し、未成年の子の親権者の指定は、いずれが親権を行使する方が子の福祉にとって望ましいか、という観点により決定される。右に認定した事実によれば、XもYも、一応はその監護能力について格別の長短は見当たらず、親権を行使することについての熱意も同等のものと認められる。ところで、《証拠略》によれば、Xは夫婦別居中、2人の子、とりわけ長男に対して折かんを加えるなど暴力を行使していることが認められ、その程度も父親が子に対してなす躾けと評価し得る範囲を超える場合もあるものと認められ、両者の間に健全な父子関係が形成されているかどうかが多分に危惧されるところ、このことと前認定のとおり本件婚姻が両者の性格の相違と、夫から妻に対する有形力の行使等により別居を繰返した挙句破綻するに至ったという経緯に照らすと、Xが2人の子の親権者としてYより適当であるとは必らずしも言い難いばかりか、父親の暴力行使の対象となり易い息子については、むしろ、Xは、親権者として多分に懸念されるところがあるということができ、Yの方が親権者として適任ではないかと考えられるのである。
　一般に、複数の未成年の子はできるだけ共通の親権に服せしめる方が望ましいが、或る程度の年令（ママ）に達すれば、その望ましさは必ずしも大きいものではないと考えられる。本件の場合、長女は15才（ママ）、長男は12才（ママ）であって別々の親権に服させることが不合理であるような場合ではない。又、一応、5年間以上もX

の許で監護養育されて来た事実も軽視できないが、これはＹＸ両者の合意に基づくものではない。
　長女は高校進学の年令（ママ）であり、その生活環境に変更を加えるのは好ましくなく、又、（証拠略）によれば、Ｙとの同居を必ずしも望んでいないと考えられる。次に、長男は中学進学の年令（ママ）になったばかりであり、又、（証拠略）によれば、ＹとＸとの選択に迷っていると考えられる。
　以上の検討結果、結局、当裁判所は、長女は父であるＸ、長男は母であるＹとそれぞれ親権者を指定するのが相当であると判断する。」

控訴審判決時に15歳の長女、12歳の長男の親権者について、父が長男に躾の範囲を超える暴力を振るっていること、子がある程度の年齢に達すれば、共通の親権に服せしめる必要性が低くなること等から、長女の親権者を父、長男の親権者を母とした事例である。

〔解説・評釈等〕安倍晴彦・判タ706号154頁

79 親権と監護権の分属
分属を認めず親権者を母に指定した事例

原　審…横浜家審平成5年3月31日（平成5年（家）205号、206号、207号）家月46巻12号53頁
抗告審…東京高決平成5年9月6日（平成5年（ラ）313号）家月46巻12号45頁

事案

　X（妻）とY（夫）は、昭和58年2月に婚姻し、両者間に昭和59年5月長女A、昭和61年3月長男B、平成元年10月二女Cが生まれた。
　Yは、会社員であり、Xは、結婚と同時に退職して専業主婦となった。
　平成元年7月、Xは、切迫流産の危険から入院したため、AとBは、両方の実家に預けられ、休日はYが自宅に引き取って世話をした。平成2年後半くらいから、Bの幼稚園への登園拒否が激しくなり、平成3年4月には、XとYが激しい口論をし、その後Bに下痢、嘔吐などの症状が出たため、Bは精神科に通院して平成4年3月まで治療を受けた。
　平成3年7月に、Xの運転の仕方が原因で、YはXを殴打し、Xは、この暴力をきっかけに、翌日子ども達3人を連れて実家に帰り、以後Yと別居した。
　Xと子ども達は、両親、兄、兄の妻、兄の子ども2人とともに、実家の二世帯用住宅で安定した生活を送っている。Yと子ども達は、別居後月1回、夏休みは約2週間、冬休みは3日程度面会交流を行っており、子ども達もYとの交流を楽しんでいる。しかし、Aは平成4年12月にYにスキーに連れていってもらった際、無理にスキーをさせられたことなどからYとの面会交流をいやがるようになり、以後は面会交流に参加していない。
　Xは、平成3年8月に離婚調停の申立てをし、平成5年1月に「XとYは離婚する。未成年者らの親権者指定については審判によって定める」旨の調停が成立し、その結果Xが未成年者3名の親権者をXと指定する旨の審判申立てをした。Yの年収は1000万円を超えており、子ども1人あたり月額3万円の養育費を送金している。

判旨

　1　原審は、以下のように述べて、A（原審判時9歳）及びB（原審判時7歳）の親権者はY、監護者はXと定め、C（原審判時3歳）の親権者はXと定めた。
「未成年者らの現状を考えると、Yが未成年者らを引き取った場合、現状以上の監護が可能であるかどうか疑問であるといわざるを得ない。Yは父親として懸命な努力をするであろうことは考えられるが、未成年者らが過去において比較的神経質であったことを考えるならば、敢えて問題が認められない現状を変えることは、未成年者らの福祉に反するものといわなければならない。そうだとすれば、Xを未成年者らの監護者と指定し、監護養育させることが望ましいものということができる。但し、未成年者らの親権者については、未成年者らの年齢を考慮して年長であるA、Bの親権者はYと定め、年少のCの親権者はXと定めるのが相当である。すなわち、未成年者らの

人格形成の観点から検討すると、特に年長のA、BとYとの従来の情緒的関係を見ると、Yの関与が不可欠であると考えられる。Yには多少一方的で強引な傾向があるとしても、Yのこれまでに果した父親としての未成年者らに対する責任感、愛情は他をもって代替できないものということができ、これを継続させることが未成年者らの福祉に沿うものということができる。父母の離婚によって単独親権者となることはやむを得ないことであるが、未成年者らの健全な人格形成のためには父母が協力することが可能である場合には、協力関係が形成されることが望ましいことはいうまでもなく、幸いに本件においては、XとYとは、未成年者らの養育全般について、その福祉に沿うように配慮し努力することができる能力を有するものと認められる。」

　2　抗告審は、以下のように述べて、原審判の一部を取り消し、A、Bの親権者をいずれもXと指定した。

「本件において、出生後2年弱でYと別居することとなったCはもちろん、A及びBについても、特にXに監護権のみならず、親権を与えることが不適切な事情も見当たらない」

「また、もとより、両親が離婚したとしても、未成年者の健全な人格形成のために父母の協力が十分可能であれば、監護権と親権とを父母に分属させることもそれはそれとして適切な解決方法である場合もあるとしても、先に認定したとおりのXとYの性格、両者の関係等に鑑みると、本件において双方の適切な協力が期待され得る状況にあるとは思われず、前記のとおり監護者として適当なXから親権のみを切り離してYに帰属させるのが適当であるとは認め難い。そして、先に認定したとおり、Yと未成年者らとの関係は現在概ね良好であるので、親権者をXと定め、Yは親権者とならなくても、Yとしては、従前のような面接交渉を通じて、未成年者らに対し愛情をもって接し、良好な父子関係を保つことは可能であると考えられる。」

1　原審が3人の子のうち年長の2人について、母を監護者父を親権者としたのに対し、抗告審は3人とも母を親権者と指定した事例である。
2　原審は、父母が協力して養育をしていくために敢えて、監護者と親権者を分離したようである。しかし、抗告審が述べるように本件においてあえてこれを分属させる必要はないと思われる。

6章　親権者・監護者の指定・変更　　191

80 人工授精子の親権者の指定
自然的血縁関係がないことも考慮すべき事情の一つとした事例

原　審…新潟家長岡支審平成10年3月30日（平成9年（家）5011号）家月51巻3号179頁
抗告審…東京高決平成10年9月16日（平成10年（ラ）927号）家月51巻3号165頁

事案　X（妻）とY（夫）は、平成2年11月に婚姻した。Yは無精子症であったため、第三者からの精子の提供を受けて人工授精をなし、平成6年2月にA男が生まれた。

Xは、平成8年3月に実家に帰ってYと別居した。A男の養育については、XとYが合意して、1週間のうち金曜日の夜から日曜日の朝まではX宅で、その余はY宅でそれぞれ養育することにした。

XとYは、平成9年1月に調停離婚するとともに、A男の親権者については本件審判で定める旨合意した。

判旨　1　原審判は、以下のように述べて、Yを親権者に指定した。
「親権者の適格性については当事者双方に優劣をつけがたいものの、A男に自我意識が出始めている現在においては、Y宅での生活を本拠にしている様子が認められ、現段階における養育者としての親権者を考慮すると、Y宅での生活を継続させることがA男の心身の安定に寄与することになるものと思われることから、Yを親権者と指定することが相当であると認められる。なお、一般的に、乳幼児期においては「母親」との安定した関係が必要不可欠であることは精神医学の研究からも明らかであり、本件の場合、A男は、母親への甘えや依存など母親との情緒的なつながりを求めており、実際、週末ごとに母子の良好で暖かい関係が保たれていることが認められる。しかしながら、「母親」というのは、必ずしも「生物学的な母親」を指すのではなく、「母性的な関わりを持つ対象となった養育者」といった広い意味もあり、本件記録によれば、Yは、A男が乳児のころから、そして現在の平日においても、A男と過ごす時間をできるだけ大切にし、母性的な関わりの代理に努力してきていることが認められ、したがって、一般論としては、子供は母親を求め、母親により馴染むことは確かであるが、本件においては、一概に「母親」であるということを理由にしては判断しかねる面がある。」

2　抗告審は、以下のように述べて、原審判を取り消し、Xを親権者に指定した。
「夫の同意を得て人工授精が行われた場合には、人工授精子は嫡出推定の及ぶ嫡出子であると解するのが相当である。」
「人工授精子の親権者を定めるについては、未成年者が人工授精子であることを考慮

する必要があると解される。夫と未成年者との間に自然的血縁関係がないことは否定することができない事実であり、このことが場合によっては子の福祉に何らかの影響を与えることがありうると考えられるからである。

ただし、当然に母が親権者に指定されるべきであるとまではいうことはできず、未成年者が人工授精子であるということは、考慮すべき事情の一つであって、基本的には子の福祉の観点から、監護意思、監護能力、監護補助者の有無やその状況、監護の継続性等、他の事情も総合的に考慮、検討して、あくまでも子の福祉にかなうように親権者を決すべきものである」

「一般的に、乳幼児の場合には、特段の事情がない限り、母親の細やかな愛情が注がれ、行き届いた配慮が加えられることが父親によるそれにもまして必要であることは明らかである。本件未成年者も、年齢的にはそのような母親の愛情と配慮が必要不可欠な段階であると考えられる。

そして、Xがこのような愛情と配慮に欠けるところはないことは、本件記録によって明らかである。

ところで、原審判は、「母親」というのは、「生物的な母親」を指すのではなく、「母性的な関わりを持つ対象となった養育者」といった広い意味もあり、Yは、未成年者との母性的な関わりの代理に努力してきている、と述べている。一般的には、母親に代わる存在と適切な関係が築かれていれば、養育者が絶対的に実母である必要はないといえるであろうが、未成年者の年齢からすれば、Yが母親の役割を担うことには限界があるといわざるをえない。なお、本件記録によれば、Yの母親はそのような役割を十分に果たしているとは認められない。」

1　非配偶者間人工授精（ＡＩＤ）による人工授精子の親権者の指定について、人工授精子であり、夫と未成年者との間に自然的血縁関係がないことを考慮すべき事情の一つとすると判断した判例として重要である。

2　また母親優先の原理と継続性・現状尊重の原理のいずれをより重視するかについて、原審判と抗告審が意見を異にした判例としても参考になる。

特に、最近母親優先の原理に対する疑問が呈示されているが、原審判、抗告審ともにこの点についても言及している点で参考となる。

〔解説・評釈等〕本山敦・ジュリ1164号136頁、田中通裕・判タ1009号89頁、松川正毅・リマ20号78頁、棚村政行・判タ1036号154頁

81 父の無断連れ出しによる生活の安定
無断連れ出しによる監護状態の継続性は重視すべきでないとした事例

原　審…浦和家裁
抗告審…東京高決平成11年9月20日（平成11年（ラ）395号）家月52巻2号163頁

事案

X（妻）とY（夫）は、平成4年5月に婚姻し、平成5年5月に長女が、平成7年3月に二女が生まれた。

Yは、平成10年1月、離婚調停申立てをしたが、同年7月8日に調停は不成立となった。Yは、平成10年7月18日に、散歩と称して長女を連れて自宅を出て、Xに長女と一緒である旨の電話連絡をしたものの、その所在を明らかにしなかったことから、Xは、同月27日、子の引渡しを求める審判とその審判前の保全処分の申立てをなし、更に、同年8月には、離婚訴訟を提起し、同年9月には、長女の引渡し、長女、二女の監護者をXに定めることを求める本件審判の申立てをした。

同年8月31日に、Yに長女の引渡しを命ずる仮処分審判が下され、同年10月に確定したが、Yは、代理人弁護士を通じて、裁判所の決定に従う意思がないことを表明した。

Yは、平成10年9月中旬ころから、大宮市の賃貸マンションで、長女、Yの実母と生活していた。平成10年12月17日の家裁調査官立会いの上での面接調査の際、長女はXに対して激しい拒否的態度を示した。

判旨

1　原審判は、以下のように述べて、Yを長女の監護者に指定し、Xの長女の引渡しを求める申立てを却下した。

「XもYも監護権者として格別に問題とすべき資質があるとは認められない。長女の養育環境は前記審判前の保全処分時に比べると好転しているといえる。主として長女を監護しているのはYの実母であると認められるが、従来から長女とは祖母としての交流を保っていた者であり、Yの実母に長女を監護させることで長女の福祉上問題が生じるとも思われない。その点からいえば、Xも有職者であって、Xが仕事についている間の子どもの監護はXの実母が行っているのであるから、XとYとの間でそれほどの格差があるとはいえない。」

「当庁での面接の際長女がXに対して示した拒否的な態度は、裁判所も予想し得なかった激しいものであった。長女としては、父母の対立による姉妹の分断はやむを得ない前提として、良好な関係にあるYと暮らすことを選択するといういわば苦渋の選択を表明したのではないかと判断されるのであって、そのような長女を、今度はYと引き離すことは、長女にさらなる精神的な外傷を与えこそすれ決して分断された長女の福祉を回復するものではない。」

2　抗告審は、以下のように述べて、原審判を取消し、家裁に差し戻した。

「まず、長女の監護状況についてみるに、YがXに無断で長女を連れ出すまでは、長女と同居していたのはXやXの実母であるから、近隣に住んでいたとはいえ、Yの実母と長女との接触時間よりもXやXの実母との接触時間が圧倒的に長かったと推測される。Yは、長女と遊んだり共に就寝したりすることはあっても、日常生活上基本的な監護養育に当たったことはほとんどなく、仕事の都合を理由に人身保護手続に一度も出頭しなかったことを考えても、同じ有職者ではあっても、Xの方が長女との接触時間を長くとることができるとみるのが相当である。また、長女は、その年齢等からすれば、まだ母親によるきめ細かな配慮に基づく監護が必要な生育段階にあると考えられるし、二女と分断して養育されることによって生じ得る心身発達上の影響についても慎重な配慮をする必要がある。さらに、Yは、Xの下から長女を無断で連れ出し、家庭裁判所や高等裁判所の保全処分の決定にも従わず、地方裁判所の人身保護手続にも全く出頭しなかったのであり、そうこうしているうちに、長女は次第にYらとの生活に安定を見いだすようになったという側面があることは否定できないのであって、その現状が安定しているからといって、安易に現状を追認することは相当ではない。

そうすると、XとYとの監護権者としての適格性や養育環境については優劣付け難いとした原審の判断は、直ちにこれを相当として是認することはできず、上記の点につき更に審理を尽くさせる必要がある。」

「確かに、面接調査時における長女のXに対する拒否的な態度は驚くほど強いものであるが、現在の監護者であるYらからの影響が全くないとはいいきれないし、5、6歳の子どもの場合、周囲の影響を受けやすく、空想と現実とが混同される場合も多いので、たとえ一方の親に対する親疎の感情や意向を明確にしたとしても、それを直ちに子の意向として採用し、あるいは重視することは相当ではない。したがって、長女が面接の際に示した態度が何に起因するものであるかを慎重に考慮する必要があり、いまだ6歳の長女が一度の面接調査時に示した態度を主たる根拠として監護者の適否を決めてしまうことには疑問がある」

父が母に無断で長女を連れ出し、その後子の引渡しの保全処分にも従わない状況下で、長女が母に拒否的態度を示した事案について、父の実母が長女を監護している現状を認めて、長女の監護者を父と指定した原審判を抗告審が相当でないとした事案である。

抗告審は、一方親権者が他方親権者に無断で子を連れ出し、子の監護を開始した場合に、その監護状態の継続性を重視するべきではないと判断しており、これが近時の判例の傾向であるといえよう。

〔解説・評釈等〕南方暁・民商123巻6号144頁

6章　親権者・監護者の指定・変更　　195

82 監護者の指定の審判前の保全処分
子の祖母を仮に監護者に指定した事例

原　審…福岡家久留米支審平成14年7月19日（平成14年（家ロ）1004号、1005号）家月55巻2号172頁
抗告審…福岡高決平成14年9月13日（平成14年（ラ）254号）家月55巻2号163頁

事案

　Y1（夫）とY2（妻）は、平成2年4月に婚姻し、両者間に平成3年4月に長女A、平成4年5月に二女Bが生まれた。Xは、Y2の実母である。
　Y1は、会社の産業医として勤務していた。Y2は、Y1との夫婦喧嘩やその際にY1が自分やA、Bに暴力を振るったこと等を原因として、平成13年8月、A、Bを連れて、実家に戻りXと同居した。
　Y1とY2は、平成14年4月に再度同居した。これに伴い、Y1、Y2がA、Bを連れて行こうとしたことから、A、Bは、平成14年3月実家近くの久留米児童相談所に一時保護された。A、Bは、同年5月に同相談所を逃げ出し、X方に戻り、小学校に通学していた。すると同年6月4日にY1、Y2が小学校からA、Bを連れ出し、一緒に生活を始めた。しかし、Aは、同月8日にY1らの家を逃げ出し、Xとホテルにいるところを警察署に保護され、再度久留米児童相談所に一時保護された。なお、Bは、Y1、Y2宅に戻っている。
　Xは、Y1、Y2に対して、A、Bの監護者をXと指定し、A、Bの引渡しを求める審判前の保全処分の申立てをした。

判旨

　1　原審は、以下のように述べて、Xの申立てを却下した。
「家庭裁判所に対し子の監護者の指定の申立てをすることができるのは、子の父と母であり、第三者にはその指定の申立権がないとも解せられるところ、Xは、Aらの祖母であって第三者であるから、本件の子の監護者の指定の申立権がないといえなくもない。しかし、子の親族や事実上の監護者にも、民法766条の規定の趣旨を類推し、子の監護者の申立権を認める見解も存しないではないので、ここではこの問題は一応さておき審判前の保全処分の当否について検討することとする。」としたが、本件では、本案の審判の申立てが認容される蓋然性も保全の必要性もないとした。
　2　抗告審は、以下のように述べて、原審判のうちAに関する部分を取り消し、Aの監護者を仮にXと定め、Y1、Y2はXに対し、Aを仮に引き渡せと命じた。
「本件の場合、度重なる両親の暴力を伴った紛争、Aに対して父親であるY1による暴力や性的虐待が加えられている可能性が極めて高いこと等が現段階では否定できないのであるから、Y1らの親権の行使がAの福祉を害すると認めるべき蓋然性があるというべきである。また、Aは、原審判後、暫くは一時保護先である久留米児童相談所で生活をしていたところ、まもなく同所から逃走し、現在Xのもとにかくまわれて

いる状況であって、XとAは、Y1らから連れ戻されるのを恐れて、現在学校にも登校することができない状況におかれているものである。そうすると、上記のようなAの状況は同児の福祉に反することは明らかであって、現時点においては、同児の生活環境を早期に安定させる必要があるから、保全の緊急性もまたこれを認めることができる。そして、同児の早急な生活の安定を図るためには、現在Aが望んでいるXによる監護につき法的根拠を付与することが必要であると解せられる。」

1　父、母以外の第三者に監護者の指定申立権があるかについて、抗告審は理由は述べていないが、事件本人の祖母にこれを認めている。
　その根拠を民法766条1項の類推適用とするかどうかは、問題であるが、本件のような場合を考えると第三者に申立権を認める必要があることは否定できない。
2　抗告審は、決定当時11歳のAの意思を十分に考慮したものである。
　特に父による性的虐待の可能性がある場合には、保全の必要性があるというべきであろう。また、Bについては自宅で両親と暮らしていること等から申立てが却下されたが、この点は疑問が残る。
〔解説・評釈等〕床谷文雄・判タ1120号80頁、鈴木博人・民商129巻4～5号298頁、棚村政行・判タ1154号102頁

83 親権者指定協議無効確認の訴え
訴えの利益を認めた事例

一　審…東京地判平成14年11月14日（平成14年（ワ）3957号）
控訴審…東京高判平成15年6月26日（平成14年（ネ）6062号）判時1855号109頁

事案　X（夫）とY（妻）は、平成4年10月に婚姻し、平成5年4月に長男が生まれた。XとYは平成12年3月頃には、双方とも離婚することに異存がない状態になっていた。Xは、平成12年4月1日にYが用意した離婚届出用紙に署名してYに交付した。Xが署名した際に、長男の親権者をYと指定する記載があったかどうかは不明であるが、Yは、離婚届に証人の署名捺印をもらった後、4月3日に長男の親権者をYと指定する記載がある離婚届を市役所に提出した。

Xは、平成13年6月に家庭裁判所に親権者変更調停の申立てをしたが、平成14年1月にこれを取下げた。そして、XはYに対して、市長に対する届出によりされた長男の親権者をYと指定する協議が無効であることの確認を求める訴えを提起した。

判旨　1　一審は、訴えの適法性については判断することなく、長男の親権者をYと定めて離婚する旨の離婚届がXの意思に反して作成されたものとは認められないとして、Xの請求を棄却した。

2　控訴審は、訴えの適法性については、以下のようにこれを認めたが、Xは長男の親権者をYと定める離婚届が提出されることを了解していたと推認されるとして、Xの請求を棄却した。

「本件は、協議離婚をした元夫婦の一方であるXが、離婚意思及び離婚届出意思の存在は認めつつ、すなわち、協議離婚の成立は認めながら、離婚届に記載された未成年の子の親権を行う者の記載に沿う、親権者を定める協議における合意の不存在を主張しているものである。一般にこのような場合、親権者指定の合意の不存在あるいは無効を主張する元夫婦の一方は、戸籍法114条により、家庭裁判所の許可を得て、戸籍に協議離婚届に基づいて記載された親権者を父又は母と定める記載の訂正（抹消）をすると共に、改めて元の配偶者と親権者を定める協議を行うか、その協議が調わないものとして家庭裁判所へ親権者指定の審判を求める（民法819条5項、家事審判法9条1項乙類7号）ことが考えられる。この場合、戸籍法114条による戸籍訂正の許可を求める審判手続においても、親権者指定の審判手続においても、親権者を定める協議の不存在あるいは無効の主張の当否が判断の中心の一つとなるものと予測されるが、戸籍訂正の許可を求める審判手続では相手方配偶者は当事者ではないし、戸籍訂正の審判も親権者指定の審判も、親権者を定める協議の不存在あるいは無効について判断がされても、その判断に既判力はなく、紛争が蒸し返される可能性がある。

このようなことを考えると、協議離婚をした元夫婦の一方は、他方を被告として親

権者指定協議無効確認の訴えを提起することも許されるものと解するのが相当である。」として、訴えの利益を認めた。

更に、この訴訟は離婚無効確認訴訟と同様に解釈上人事訴訟とするのが相当であるとした。

1 親権者指定協議無効確認の訴えを認め、その理由を詳細に述べた判例として意味がある。
2 この訴訟の性質について、本判決は断定はしていないが、本判決によれば、人事訴訟法施行後は、同法2条の「その他の身分関係の形成又は存否の確認を目的とする訴え」に該当することになろう。

〔解説・評釈等〕和田吉弘・法セミ49巻9号115頁、常岡史子・判評551号194頁、若林昌子・判タ1184号120頁、草鹿晋一・リマ31号106頁

84 離婚調停中の子の監護者の指定
母を監護者と認めた事例

原　審…横浜家川崎支審平成15年3月17日（平成14年（家）776号、777号、778号、779号）
抗告審…東京高決平成15年7月15日（平成15年（ラ）778号）判タ1131号228頁

事案　X（妻）とY（夫）は、結婚後6年の夫婦で、長女A（6歳）と長男B（4歳）の子があるが、Xは、単身実家に帰って別居した。
　Yは、Xに対して、離婚及びA、Bの親権者をYと定める旨の調停申立てをした。他方Xは、Yに対して、A、Bの監護者をXに指定し、A、Bの引渡しを求める本件審判の申立てをした。

判旨　1　原審は、Xの申立てを認め、A、Bの監護者をXと定め、YにA、Bの引き渡しを命じた。
　2　抗告審において、Yは、①原審は、離婚調停が係属しているのに、本件を調停に付さず当事者の審問もしないで、突然審判を下しており、手続上重大な瑕疵がある。②原審における調査官の調査報告書は、調査が不十分な点等があり、調査官が未成年者の監護者は母親が適当であるとの先入観をもって調査したと疑われるほどXに傾斜している。③原審判は母親優先原則のみに依拠している。④未成年者に最善の利益は現状の環境下での養育である等と主張した。
　裁判所は以下のように述べて、抗告を棄却した。
(1)　「調査経緯に照らせば、審問の機会が与えられず、審判官が調査官の調査報告書に依拠して判断したとしても、それだけで原審判を取り消し、差戻しをすべきものとまでは認められない。
　また、本件につき、調停に付されなかったとしても、関連の離婚調停や面接交渉につき本件との同時解決を目指して調停が進行していたことからすれば、原審判がYにとって不意打ちであるとすることもできない。」
(2)　本件調査報告書については、夫婦の別居に至る紛争経緯やその原因に関する記述が多く、子の監護の判断要素として、これほど詳細な記述が必要であるか否かは疑問なしとしないこと、「Xと未成年者らとの交流状況の観察から、未成年者らには母性の要求が満たされておらず、これを必要としていると判断を示しているにもかかわらず、交流状況のいかなる部分からこのような判断がされたのかが必ずしも明らかでないこと」等とその問題点を指摘したが、結局、このような点から直ちにYを監護者とすべきものとの結論に結びつくものとは考えられないとした。
(3)　そして、「その置かれた状況下において、内心ではXに対する思慕の情を抱きながら、Yに対する愛情や配慮からそのような真意をなるべく包み隠そうとする未成

年者らの心情を思えば、未成年者らにとって、現下の最善の利益は、Xから心身にわたる監護を受けて継続的情緒の交流を保ち、その母性に日常的に接することであると判断される（AとBとの極めて親密な関係を考慮すれば、未成年者両名を引き離して個々に養育することは考えられない。）。」と述べた。

1　別居中、父が養育していた６歳、４歳の子について、母を監護者に指定し、父に子の引渡しを命じた事例である。
2　本件では、裁判所が暗に母親優先の原則に立っていることが窺える。
3　また、実務上ほとんど調査官調査に依拠して子の監護者が決定されており、その調査内容もかならずしも適切でないことがあることは、本事例からも推測できる。

〔解説・評釈等〕本山敦・判タ1144号101頁、梶村太市・判タ1154号100頁、金澄道子・ジュリ1269号139頁

85 2歳の女児の監護者の指定
母を監護者に指定した事例

原　審…札幌家苫小牧支審平成17年3月17日（平成16年（家）420号）家月58巻4号86頁
抗告審…札幌高決平成17年6月3日（平成17年（ラ）64号）家月58巻4号84頁
許可抗告審…最決平成17年9月15日（平成17年（許）28号）家月58巻4号90頁

事案　X（妻）とY（夫）は、平成12年12月に婚姻し、平成14年に子（未成年者）が生まれた。Xは、平成16年7月に、Yが女性と携帯電話でメールをしているのを見たことからYの浮気を疑い、未成年者を連れて実家に帰り、以後Yと別居している。
　平成16年10月24日に、X、未成年者、Xの実母が買物に出かけた際に、Yが現れ、Yは、今日は未成年者を連れて帰って実家の母にも会わせたいと強く主張したため、Xは、折れてこれを承諾した。翌日XがYに電話をかけて未成年者を引き取りに行く旨を伝えると、Yはこれを拒み、それ以後Yは、未成年者をXに引き渡さず、会わせてもいない。
　Xは、平成16年10月18日に、離婚調停申立てをなし、更に監護者の指定と未成年者の引渡しを求める調停も申し立てた。

判旨　1　原審は、以下のように述べて、Xの申立てを認め、未成年者の監護者をXと定め、Yに未成年者の引き渡しを命じた。
「未成年者の養育に主として当たってきたのはXであることは疑う余地がない。また、Xの未成年者に対する養育態度に、格別問題とすべき点も認められない。したがって、XがYと別居したことの是非はともかく、別居する際、Xが未成年者を実家に連れて行ったのは、主として養育に当たってきた者として、それまでの養育環境の継続という意味で、当然のことであったということができる。これに対し、未成年者が、（略）のような経緯で、現在Yの下にあることは、全体的に考察すれば、Yにおいて未成年者を奪取した結果によるものというべきであり、違法状態を形成しているものといわざるを得ない。したがって、仮に未成年者が現在精神的その他において安定した状況にあるとしても、そのことを直ちに肯定的に評価することはできない。」
　2　抗告審も、以下のように述べて、原審判を維持し、Yの抗告を棄却した。
「Yは、未成年（者）の安定した状態、Yの実母の協力による監護態勢、Yの資力等、子の福祉という観点から、監護者はYが適当であると主張する。しかしながら、Xの監護権を侵害した違法状態を継続しているYが現在の安定した状態を主張することは到底許されるものではない。また、未成年者がいまだ2歳の女児であり、本来母親の監護が望ましい年齢にあることに加え、記録からは、Xが育児をすることについて不適格な事情が認められない本件では、未成年者の監護者としてXが相当であることは明白である。」

Key point　別居中、父が母の意思に反して、子を母に返さなかった事案について、母の監護権を侵害した違法状態を継続しているYが、現在の安定した状態を主張することは許されないと判断した事例として参考になる。
〔解説・評釈等〕山口純夫・判タ1219号53頁、山口亮子・民商136巻1号140頁

86 父が子を奪取した場合の子の監護者の指定
母を監護者に指定した事例

原　審…東京家審（平成16年（家）10225号）
抗告審…東京高決平成17年6月28日（平成17年（ラ）728号）家月58巻4号105頁

事案

　X（妻）とY（夫）は、平成5年11月に婚姻し、平成7年6月にYの実家が改築された以降、そこでYの両親と一緒に暮らすようになり、平成10年長男（事件本人）が生まれた。

　Xは、出産後1年間は育児休暇を取得し、その後職場復帰して、事件本人の育児を実妹に9か月程度依頼し、事件本人が2歳になってから保育園に通園させた。Xは、平成16年11月8日に事件本人を連れて実家に行き、以後Yと別居した（本件別居）。

　Yは、平成16年11月19日に、夫婦関係円満調停の申立てをし、同月24日に事件本人の監護者をYと指定することを求める本件審判（甲事件）及び審判前の保全処分の申立てをした。

　平成16年12月20日朝、事件本人がXの実母とともに通園バスを待っていたところ、Yが両親とともに車で待ち伏せをして、Yが事件本人を強引に抱えて、車に乗せ奪取した。Yは、それ以降、Yの自宅でその両親の協力のもとに事件本人を監護養育し、地元の保育園に通園させた後、平成17年4月に地元の小学校に入学させた。

　Xは、平成16年12月20日に、事件本人の監護者をXと指定することを求める本件審判（乙事件）及び審判前の保全処分の申立てをし、平成17年2月に離婚を求める調停申立てをした。

判旨

　1　原審は、事件本人の監護者をYと定めた。
　2　抗告審は、以下のように述べて、原審判を取り消し、事件本人の監護者をXと定めた。

「事件本人は現在7歳とまだ幼少の年齢であり、出生以来主に実母であるXによって監護養育されてきたものであって、本件別居によりXの実家に移ったが、Yらによる事件本人の本件奪取時までのX側の事件本人に対する監護養育状況に特に問題があったことをうかがわせる証拠はない（原審判は、Xが職業を有しているから、その勤務の都合上、日常的に事件本人に対し母性を発揮できる状況にないと判示しているが、何ら合理的根拠を有するものではない。また、原審判は、Xが審問の際「事件本人が生まれたのは、脅されて関係を持ったからです。」と供述していることを挙げて、Xが果たして事件本人に対し母性を発揮することができるか疑わしいと判示しているが、これはYに対する思いから出た発言にすぎないとみられ、Xが事件本人に対し不当な扱いをしたり、監護養育を軽視している等同人の福祉を害する行為をしているとの事実をうかがわせる証拠はまったくないから、かかる判示も合理的根拠を欠くもの

といわざるを得ない。）。」

「ところが、その後にされたY及び同人の実父母による事件本人の実力による奪取行為は、調停委員等からの事前の警告に反して周到な計画の下に行われた極めて違法性の高い行為であるといわざるを得ず、この実行行為により事件本人に強い衝撃を与え、同人の心に傷をもたらしたものであることは推認するに難くない。Yは、前記奪取行為に出た理由について、Xが事件本人との面会を求めるYの申し出を拒否し続け、面会を実現する見込みの立たない状況の下でいわば自力救済的に行われた旨を主張しているものと解せられるが、前記奪取行為がされた時点においては、YからXとの夫婦関係の調整を求める調停が申し立てられていたのみならず、事件本人の監護者をYに定める審判の申立て及び審判前の保全処分の申立てがされており、これらの事件についての調停が続けられていたのであるから、その中でYと事件本人との面接交渉についての話合いや検討が可能であり、それを待たずに強引に事件本人に衝撃を与える態様で同人を奪取する行為に出たことには何らの正当性も見い出すことはできない（原審判は、前記奪取行為が違法であることを認めながら、子の福祉を判断する上で必要な諸事情の中の一要素として考慮すべきであると判示するが、それまでのXによる監護養育状況に特段の問題が見当たらない状況の下で、これを違法に変更する前記奪取行為がされた場合は、この事実を重視すべきは当然のことであり、諸事情の中の単なる一要素とみるのは相当ではない。）。そうすると、このような状況の下で事件本人の監護者をYと定めることは、前記明らかな違法行為をあたかも追認することになるのであるから、そのようなことが許される場合は、特にそれをしなければ事件本人の福祉が害されることが明らかといえるような特段の状況が認められる場合（たとえば、Xに事件本人の監護をゆだねたときには、同人を虐待するがい然性が高いとか、Xが事件本人の監護養育を放棄する事態が容易に想定される場合であるとか、Xの監護養育環境がYのそれと比較して著しく劣悪であるような場合）に限られるというべきである。しかるに、本件においては、このような特段の事情を認めるに足りる証拠はない。」

別居中、父が子の監護者指定の審判申立てをした後に、子を奪取した事案について、抗告審が母を監護者と指定した事例である。
このような事案についても、原審判が子の監護者を父と指定したことは、注意を要する。原審判は、母が働いており、常時子の世話ができないことを重く見たのであろうか。

〔解説・評釈等〕山口亮子・民商136巻1号140頁、三宅朋佳・判タ1245号113頁

87 祖父母の監護者の指定申立て
不適用として却下した事例

抗告審…東京高決平成20年1月30日（平成19年（ラ）1685号）家月60巻8号59頁

事案　B（夫）とY（妻）は、同人間の子Aの親権者をYと定めて協議離婚した。Yの両親であるX1とX2が孫のAを監護している。
①Xらは、Aの監護者をX1、X2と指定する旨の申立てをなし、②Yは、Xらに対しAの引渡しを求める申立てをした。

判旨　1　原審は、①及び②について、いずれも第三者であるXらの当事者適格を認めた上で、①の申立てを認容し、②の申立てを却下した。
　2　抗告審は、以下のように述べて、①及び②の申立ていずれについてもXらに当事者適格がないとして、申立てを却下した。
「家事審判法第9条第1項乙類第4号は、その文言（「民法第766条第1項又は第2項（これらの規定を同法第749条、第771条及び第788条において準用する場合を含む。）の規定による子の監護者の指定その他子の監護に関する処分」）及びその趣旨によれば、民法の上記各規定が、未成年の子の父母が離婚その他婚姻関係を解消するに際し、両者の間の未成年の子の監護者を指定し、及び監護に関する処分をするについて家庭裁判所がこれを定める旨を規定していることを受け、上記のとおり審判事項を定めているというべきであるから、本件のように、未成年の子に父母があり、その一方が親権者として定められている場合に、未成年の子の父母以外の親族が自らを監護者として指定することを求めることは、家事審判法第9条第1項乙類第4号の定める審判事項には当たらないというべきである。その他、同法その他の法令において上記の場合に未成年の子の父母以外の親族が自らを監護者として指定することを求めることを家庭裁判所の審判事項として定める規定はない。」
「Yは、家事審判規則第53条を根拠とし、Xらに対して本件未成年者を引き渡すことを命ずる旨の審判を求める申立てをしているが、同条は家事審判法第9条第1項乙類第4号が上記のとおり規定していることを受け、家庭裁判所が、同号に基づき子の監護者の指定その他子の監護について必要な事項を定め、又は子の監護者を変更し、その他子の監護について相当な処分を命ずる審判において、子の引渡しを命ずることができる旨定めているのであり、家事審判法第9条第1項乙類第4号が上記のとおり定める審判事項以外の事項を家事審判規則第53条が審判事項として定める趣旨のものではないことが明らかである。」

その他民法及び家事審判法が審判事項として定める事項以外の場合に、親権者が未成年を現に監護する者に対して家庭裁判所が審判により未成年者の引渡しを命ずることができる旨を定める法令上の規定は存しない。
　したがって、Yの本件申立ては、法により家庭裁判所の審判事項として定められていない事項について家庭裁判所の審判を求めるものというほかはないから、不適法として却下すべきである（本件未成年者の親権者であるYがXらに対して未成年者の引渡しを求めるには、所定の要件を満たす限り、人身保護法及び人身保護規定が定める所定の手続により救済を求めるべきである（最高裁昭和61年（オ）第644号同年7月18日第二小法廷判決・民集40巻5号991頁参照））。」

1　子を監護する祖父母が子の親権者である母に対し、子の監護者指定を求め、逆に母が祖父母に対し子の引渡しを求めた事案について、抗告審は、いずれも家事審判法の審判事項ではないとして、子の祖父母の当事者適格を認めず、申立てを却下した判例である。
2　この抗告審決定は、[●82]の福岡高裁の抗告審決定と結論を異にしており、学説の批判も強い（注1）。
　事案の解決としては、祖父母の当事者適格を認めた上で、母と祖父母のいずれが監護者として適切であるかを判断すべきであったろう。

注1　梶村太市「子の監護審判事件における第三者の当事者適格」（判タ1281号142頁）、二宮周平「子の監護者の指定審判に対する抗告事件」（判タ1284号153頁）
〔解説・評釈等〕平田厚・民商139巻4～5号137頁

88 離婚訴訟中の子の監護者の指定
理由がないとして却下した事例

原　審…福岡家審平成20年1月11日（平成19年（家）985号ほか）
抗告審…福岡高決平成20年11月27日（平成20年（ラ）55号）判時2062号71頁

事案

X（妻）とY（夫）は、平成16年5月に婚姻し、平成16年10月に長男A、平成17年9月に長女Bが生まれた。

XとYは、平成19年1月に夫婦喧嘩をし、同日、Xは、Yが出勤した後密かに子らを連れて実家に帰り、以後Yと別居している。

Yは、平成19年4月、Xとの話し合いの際にAを連れて立ち去り、以後AはYやその両親の元で監護されている。

XはYに対し、子らの監護者をXと指定すべきこととAの引渡しを求める申立てをした。

判旨

1　原審は、Xの申立てを認め、Xを子らの監護者に指定し、Yに対しAの引渡しを命じた。

2　抗告審は、以下のように述べて、原審判を取り消し、Xの申立てをいずれも却下した。

「婚姻中の夫婦についても、婚姻関係が既に破綻しており、親権の共同行使が事実上困難であるという事情が存する場合には、民法766条1項の準用ないし類推適用により、夫婦の一方を子の監護者に指定し得るものと解される。」

「しかしながら、子の親権者ないし監護者の指定の裁判は、本来、夫婦が協議離婚をする場合においてこの点の協議が調わないときや、裁判上の離婚の場合になされることが予定されているのである（民法766条1項、771条、819条2項、5項）。したがって、離婚訴訟が係属中の夫婦につき、民法766条1項の準用ないし類推適用により監護者の指定の審判がなされた場合には、同審判とその後になされる離婚訴訟の判決とで、子の監護権に関し、矛盾した判断がなされることもあり得ることになる。そして、その場合には、比較的短期間のうちに、二度にわたり子の生活環境に急激な変化をもたらすことになりかねない。そのようなことは、子の福祉の観点からして許容しがたいことであるし、また、そのような弊害を回避しなければならないとする余りに、離婚訴訟の判決において、先行する審判の結果にいたずらにとらわれるというようなことになったのでは、これまた到底是認することができない。

そうであれば、離婚訴訟が係属中の夫婦において、それに先立って子の監護者の指定の審判を求めることができるのは、子の福祉の観点からして早急に子の監護者を指定しなければならず、離婚訴訟の帰趨を待っていることができないというような場合に限られると解するのが相当である。」

「以上によれば、本件においては、子の福祉の観点から、係属中の離婚訴訟の帰趨を待つことなく、子らの監護者を夫婦の一方に指定すべき必要性が存するとまではいえないというべきである。そうであれば、本件申立てのうち、子の監護者の指定を求める部分は理由がない。

　また、本件申立てのうち、Aの引渡しを求める部分については、YもAの親権者である以上、そのYにAの引渡しを命ずるについては、上記監護者の指定の申立てが認められることが不可欠であるところ、上記のとおり、これが理由がないとされたのであるから、Aの引渡しの申立てもまた理由がないことに帰する。」

1　別居中の妻が夫に対し、子らの監護者指定及び子の引渡しを求めた事案について、抗告審は、離婚訴訟係属中の夫婦において子の監護者指定の審判を求めることができるのは、子の福祉の観点から離婚訴訟の帰趨を待っていることができない場合に限るとして、妻の申立てを却下した判例である。

2　本件では、家裁の面会交流事件でXとAとの面会が徐々に実現されていることも考慮要素とされている。

　しかし、Xが連れ去りによりAの監護を開始していること、離婚判決まで時間がかかること等から、この判旨が確立するかは疑問である。

89 子の監護者指定の判断基準
父を監護者と指定した事例

福岡家審平成26年3月14日（平成26年（家）47号ないし50号）判タ1412号387頁

事案　X（夫）とY（妻）は平成19年に婚姻し、平成19年に長女、平成22年に長男が生まれた。
　Yは、平成25年に子らを連れて実家に帰り、Xと別居した。
　平成25年、XはYに対し、子らの監護者指定及び引渡しを求める申立てをした。

判旨　1　裁判所は、以下のように述べて、Xの申立てをいずれも認容した。
　「Yは、別居時までは、未成年者らの主たる監護者であり、特段の問題がなく監護を行っていたものではあるが、別居後は、約半年以上にわたり、未成年者らの監護をもっぱらY家族に任せて、自らはほとんど関わっていない状態にあり、監護意欲が著しく低下しているものと認められる。そして、Y家族はそれぞれの可能な範囲で、部分毎に未成年者らの監護に関わっているものの、未成年者らの生活全体を通してその世話や躾をしている者はなく、そのため、未成年者らは、規則正しい生活を送り、年齢に応じた適切な指導（躾）や知的な刺激を受けることが、心身の健全な発育上重要な年齢であるにも関わらず、起床・就寝時間や食事時間が遅く（特に長女については、起床時間が正午過ぎとなったり、就寝時間が頻繁に深夜を回るなど、生活リズムの乱れが顕著である。）、菓子で食事を代替するなどの不規則な生活を送り、これを是正するための躾を受けることもなく、日中も監護者に構われることもなく、ほとんど未成年者ら2人のみでテレビやゲームで遊ぶという生活が日常化しているのであり、そのような監護状況が未成年者らの発育上好ましくないことは明らかである。そして、長女は、平成26年×月以降小学校に入学すべきところ、Yはその手続をしておらず、Yの現在の精神状態に照らして、今後もYの監護下にあった場合には、同手続がされる見込みは認められない。
　これに対し、Xは、現在も、週5日フルタイム勤務をしているものの、保育園や小学校及び学童保育等の今後の未成年者らの平日の滞在先を確保する手続を済ませ、自らの勤務時間、休日、勤務内容等も未成年者らの登園・帰宅時間や休日に合うように調整するなどして、適切な監護態勢を具体的に整えており、その監護意欲も強いものと認められる。また、Xは、別居後も未成年者らとの面会交流を継続し、両者の関係は良好であり、長女は、小学校への入学を楽しみにし、Xとの同居に積極的な意向を示している。なお、Xは、Yとの同居時の主たる監護者ではなかったものの、未成年者らの食事を準備するなどして、休日等にはその監護に関わっていたものであるとこ

ろ、その監護内容に問題とすべき点があったことをうかがわせる事情はなく、Xの自宅の現状（X提出の写真）をみても、その現在の家事の遂行状況に特段の問題はうかがわれない。

　以上のXとYの監護意欲、監護態勢その他の事情を比較すれば、Yの監護状況は適切ではなく、Xの監護意欲及び監護態勢の方が優っているというべきであり、Xを未成年者らの監護者として指定することが未成年者の利益に最も適うものと認められる。

　そして、Yが未成年者らを監護中であり、Y自身は、当庁家庭裁判所調査官に対し、Xが未成年者らを養育できるはずがないと述べ、その引渡しを拒否するような態度を示していることに鑑みれば、Yに対し、未成年者らをXに対して引き渡すよう命じるのが相当である。」

1　同居時には主に妻が子らの監護をし、妻が子らを連れて別居した事案について、調査官調査等により、妻の子らの監護状況が適切でなく、夫の監護意欲及び監護態勢の方が優っているとして、夫を子らの監護者に指定し、夫への子らの引渡しを命じた判例である。
2　妻の精神状態が悪いこと、妻は長女の小学校入学の手続きもしていないこと等に比して、夫は、（監護補助者はいないようであるが）別居後も従前通園していた保育園の保育料の支払いを継続し、延長保育の申し入れ、小学校の入学手続き等をし、面会交流も続けていたこと等が評価されている。

　夫が監護者として認められた事例として参考になろう。

6-2

親権者・監護者の変更

傾向と実務

第1 はじめに

1 　子の利益のため必要があると認めるときは、家庭裁判所は、子の親族の請求によって、親権者を他の一方に変更することができる（民法819条6項、家事法別表第2第8項）。

裁判で親権者が指定された場合にも、民法819条6項に基づき親権者の変更はできる［⇨94、95］。

親権者の変更は親権者の指定と異なり、父母の協議ですることはできない。

2 　監護者についても、子の利益のため必要があると認めるときは、家庭裁判所は、子の監護をすべき者を変更することができる（民法766条2項、家事法別表第2第3項）。

監護者についても、家庭裁判所が審判で監護者を指定した場合には、その変更も審判によるべきであると解されている。

なお、親権者の変更申立てには、子の監護権者の指定の申立ても含まれているとして、父から母への親権者変更は認めず、母を監護権者と指定した判例がある［⇨96］。

第2 親権者・監護者変更の判断基準

1 　親権者・監護者指定の判断基準との比較

親権者・監護者指定と異なり、その変更の場合には、事情の変更を要するとする判例がある［⇨95］。

しかし、変更の場合でも指定の場合と同様に、子の利益のみを判断基準とする判例もあり、この点は、かならずしも確定していない。

2 　子の意思

子の意思が尊重されることは当然である。

10歳の子が母との生活を拒否した事案について、子の意思を尊重して、母から父への親権者変更を認めた判例がある［⇨94、95］。

3　監護の継続性

　親権者指定の判断基準より、親権者変更の場合の方が、より監護の継続性を重視する傾向は見られる［⇒90、93］。

4　母親優先の原則

　父から母への親権者・監護者変更申立ての場合には、子の監護の継続性と母親優先の原則のいずれをより重視するかが問題となる。

　判例は、上記のとおり、親権者指定の場合より監護の継続性を重視する傾向にあろう［⇒93］。

5　面会交流の不履行

　離婚調停において、父と子の面会交流を詳細に決めたにもかかわらず、親権者である母がこれを実施しなかった事例について、子の親権者を父に変更し、監護者は母と指定した判例がある［⇒98］。

第3　審判前の保全処分

　親権者・監護者の変更の審判を本案として、審判前の保全処分の申立てをすることができる（家事法105条、175条）。

　この場合に、子の利益のため必要があるときは、家庭裁判所は、親権者の職務執行停止、職務代行者の選任をすることができる（家事法175条3項）。

　子の高校転入手続をとるため、審判前の保全処分として親権者父の職務執行を停止し、職務代行者として母を選任した判例がある［⇒91］。

第4　親権者が死亡した場合の親権者変更

　離婚後親権者となった者が死亡した場合には、後見開始事由となる（民法838条1号）。

　しかし、未成年者に後見人が選任された後であっても、民法819条6項を準用して、他方の親を親権者に変更することができるとするのが判例である［⇒92］。この場合において、親権者変更が認められるか否かについて、実親であることをどの程度評価するかは判例により異なるが、むしろ、監護の継続性、監護環境、子の意思をより尊重する傾向が強い［⇒92］。

第5　実親と養親が共同親権を有している場合

　子が単独親権者の再婚相手と養子縁組をし、実親と養親の共同親権に服している場合に、他方の実親への親権者変更ができるかについて、判例は民法819条6項は、単独親権者の変更につき規定したものであるとしてこれを否定する［⮕**97**許可抗告審］。

90 親権者変更の判断基準
監護の継続性を重視し変更を却下した事例

原　審…旭川家審昭和61年3月26日（昭和61年（家）46号）
抗告審…札幌高決昭和61年11月18日（昭和61年（ラ）10号）判タ631号191頁

事案　X（妻）とY（夫）は、昭和57年11月に婚姻し、昭和58年7月に長男（事件本人）が生まれた。YがXに相談しないで計画した会社の設立に失敗し、多額の負債を抱えたことなどが原因となって夫婦関係が破綻し、昭和60年4月26日に、長男の親権者をYと定めて協議離婚した。

Xは、離婚に際し、自分が親権者になって事件本人を養育することを希望したが、まだ離婚後の生活指針や事件本人の養育態勢についての見通しが立っておらず、Xの母、弟も事件本人を引き取ることに反対した。また、Yの父の提案で、「Xが就職して生活が安定したことをXの母と弟が認め、事件本人を引き取ることを願い出たときは、事件本人を引き渡す。なお、Xが事件本人に会いたいときは、いつでも会って差し支えない」との誓約書を交付されたこと等から、Yを親権者とすることに同意し、事件本人はYの実家に預けられ、Yの両親の下で養育されることになった。

しかし、Xは、子を思う気持ちを断ち切れず、昭和60年5月20日に親権者変更の調停申立てをし、同年7月17日に調停は不成立になり、本審判に移行した。

判旨　1　原審は、Xの申立てを認め、長男の親権者をXに変更した。

2　抗告審は、以下のように述べて、原審判を取り消し、Xの親権者変更の申立てを却下した。

「Xは、Yを事件本人の親権者と定めることにいったんは同意して協議離婚をしたものの、子を思う気持ちを断ち切れず、事件本人の親権者になって同人を監護養育することを強く希望しており、Xの健康状態、性格、愛情、監護養育に対する意欲、経済力など親権者としての適格性において、Yとの間にそれほど優劣の差はなく、事件本人の養育態勢についても真剣に配慮していることが認められる。しかし、他方、Yの事件本人に対する監護養育の現状を見るに、Yが昭和60年12月に実家に戻ってからは、事件本人は、祖父母の家において、父、祖父母及び叔母という家族構成の中で、それぞれの人から愛情をもって大事に育てられ、心身ともに健全に成長して、安定した毎日を過ごしており、その生活環境にも何ら問題はなく、経済面においても祖父母の協力によって不安のない状態に置かれていることが明らかである。そうすると、親権者を変更するかどうかは、専ら親権に服する子の利益及び福祉の増進を主眼として判断すべきところ、まだ満3歳になったばかりで、その人格形成上重要な発育の段階にある事件本人の養育態勢をみだりに変更するときは、同人を情緒不安定に陥らせるなど、その人格形成上好ましくない悪影響を残すおそれが大きいものと予想されるから、XにおいてYから（略）誓約書を交付された事情を考慮しても、将来再度検討の

余地は残されているものの、なお現段階においては、事件本人のために親権者をYからXに変更することは相当でないと言わざるを得ない。」

　母からの親権者変更の申立てについて、原審判は母親優先の原則等からこれを認めたのに対して、抗告審は監護の継続性からこれを否定した事例である。
　母は、離婚後すぐに親権者変更の調停申立てをしており、むしろ裁判所の審理中に監護の現状が固定したといえなくもない事案である。

91 親権者変更の審判前の保全処分
子の利益を重視し、保全処分を認めた事例

札幌家審平成4年4月28日（平成4年（家ロ）2013号）家月45巻1号132頁

事案

X（妻）とY（夫）は、昭和50年5月に婚姻し、Yの実家がある和歌山県で生活し、昭和51年2月にA子（事件本人）が、昭和53年4月にB子が、昭和57年7月にC子が生まれた。Xは、Yの女性関係を原因として離婚を決意し、昭和60年8月、3子を連れてXの実母の住む札幌市内に転居し、3子とともに生活した。Yは、3子の親権者をYとするなら離婚に応じる態度であったため、昭和61年4月、A子とB子の親権者をYと定め、C子の親権者をXと定め、3子の監護はXが当たることを合意して、協議離婚した。

昭和61年8月、A子とB子が夏休みを利用してYのもとに行き、Yは、そのまま2子を引き留め、転校の手続をとった。

平成4年3月に、A子とB子は、札幌市のXのもとに行き、以後Xのもとで生活している。

Xは、事件本人の親権者変更の審判申立て、本件審判前の保全処分として、Yの職務執行停止、職務代行者にXを選任することを求めた。

判旨

原審は、以下のように述べて、以下の主文の保全処分をした。

主文「上記本案申立事件の審判が効力を生じるまでの間、Yの事件本人に対する親権者としての職務の執行を停止し、その職務代行者にXを選任する。」

「本案事件においては、申立てを認容し、A子の親権者をYからXに変更する旨の審判をする蓋然性が高いということができる。」

「A子の利益のため、A子の意向を尊重し、早急に○○○高校への転入学を図るべきところ、その手続を取ることを可能とするため、この手続を取ることを拒否するYの親権者としての職務を現時点において本案事件についての審判の効力が生じるまでの間停止し、その間その職務代行者にA子の教育の現況に照らしXを選任するのが相当である。」

子が高校転校手続きを急ぐ必要があることから、親権者変更の審判前の保全処分として、親権者の職務執行停止、母の職務代行者選任を認めた事例である。このような保全処分の事例があることは実務の参考になろう。

〔解説・評釈等〕野田愛子・民商109巻4〜5号229頁

92 親権者母死亡後の父への親権者変更
子の福祉に合致するかを判断し、却下した事例

原　審…東京家八王子支審平成5年3月15日（平成4年（家）1949号）家月47巻8号42頁
抗告審…東京高決平成6年4月15日（平成5年（ラ）214号）家月47巻8号39頁

事案　　X（夫）とA（妻）は、平成元年6月に婚姻し、両者間に平成2年7月長女B（未成年者）が生まれた。XとAは、平成3年7月頃から別居し、AがBと生活していたが、Aは精神状態が不安定になり、Aの母であるY（原審判時53歳）がBを預かることもあった。平成4年3月にXとAは、Bの親権者を母であるAと定めて協議離婚した。
　　ところが、平成4年6月にAは自殺した。XとYは話し合いの結果、当面YがBの養育監護をすることとし、BはY方に引き取られた。
　　その後、XとYは未成年者の引取りやAの自殺の原因について口論し、以後XはY方を訪問していない。
　　Yは、平成4年9月に、未成年者につき後見人選任の申立てをなし、同年10月にYを未成年者の後見人に選任する審判がなされた。
　　Xは、未成年者の親権者を亡AからXに変更する本件審判の申立てをした。

判旨　　1　原審は、以下のように述べて、Xの申立てを認め、未成年者の親権者をXに変更した。
「重大な意味を持つのは、やはりXが未成年者の生物的に実の父であるということであり、実質的にも父に値いするということであろう。そしてまた、ここでは家族とか親子関係とかいうことについての現在のわが国社会の普通の見方は重視せざるを得ないであろうし、またYの年齢等の本件諸事情を踏まえ、今後未成年者が成年に達する頃までの長期的な展望をもって見るならば、当面は環境を変えることが未成年者の精神状態に混乱をもたらし、未成年者に苦痛を与えるであろうことは容易に察することができるのではあるが、ここでその障壁を乗り越えさせて、一日も早く、父であるXのもとでの生活に入らせ、親との生活という現在求め得る最も普通な成育環境の中で成育させることが「自然」というものであり、結局はそれが未成年者の福祉幸福につながる最上の途ということがいえるのではないだろうか。」
　　2　抗告審は、以下のように述べて、原審判を取り消し、Xの親権者変更の申立てを棄却した。
「本件のような親権者変更申立については、民法819条6項を準用すべきものと解されるが、右申立を許可すべきか否かは、同項が規定する子の利益の必要性の有無によって判断することになり、具体的には、新たに親権者となる親が後見人と同等又はそれ以上の監護養育適格者であり、かつ親権者を変更しても子の利益が確保できるか否

かという観点から判断すべきである。

　本件についてこれを見るに、現在未成年者はY夫婦の元でその愛情に育まれた環境の中で安定した生活を送っている。

　他方、Xは、未成年者に対する愛情を持ってはいるが、前記のように、未成年者に面会したり、その愛情を示す行為をしておらず、その生活態度に問題がないわけでもない。しかもXが未成年者を引き取った場合、同人の実際の養育はXの父母に頼らざるを得ないところ、右父母は未成年者とは殆ど会っていないし、未成年者に対する愛情は未知数である。

　このように、母を失った悲しみをようやく克服しつつあるかに見える未成年者を、今新たに、物心がついてから殆ど生活を共にしたことのないX及びその父母の養育に委ねることは、未成年者にとって大きな苦痛をもたらし、その利益に合致しないばかりか、新たな環境に適応できないおそれがある本件においては、回復が困難な精神的打撃を未成年者に与える可能性がある。」

　1　離婚後親権者となっていた母が死亡し、祖母が後見人に選任された後、父が親権者変更の申立てをした事案である。
　2　未成年者に後見人が選任された場合にも、民法819条6項を準用して親権者変更をすることができることは抗告審が述べるとおりである。
　3　原審判は、実父が優先するとしたのに対し、抗告審は具体的に未成年者の福祉に合致するかを検討して、父への親権者変更を棄却しており、本件事案については、抗告審の判断が妥当であろう。

93 離婚調停後短期間で申し立てられた親権者変更

子の生活の安定の点から3歳の女児の父から母への変更を却下した事例

原　審…山形家審平成7年8月3日（平成7年（家）192号）家月48巻9号51頁
抗告審…仙台高決平成7年11月17日（平成7年（ラ）119号）家月48巻9号48頁

事案

　X（妻）とY（夫）は、平成元年6月に婚姻し、両者間に平成4年8月長女（事件本人）が生まれたが、XとYは、双方の性格、生育環境、生活感覚の違いから相互に不満を積み重ね、Xは、離婚を決意し、平成6年4月に、身の回りの物を持ち、事件本人を連れて実家に戻った。

　Xは、平成6年7月離婚調停の申立をなし、当初離婚に反対していたYも離婚を受け入れることになったが、事件本人の親権者については双方が譲らなかった。平成7年1月19日の第5回調停期日において、XがYがどうしても応じないならば、事件本人の親権者をYとするのでも致し方ないとの意向を示したため、同日、事件本人の親権者をYと定め、YはXに対して事件本人との面会交流を認めるとともに慰謝料50万円を支払うことを内容とする離婚調停が成立した。

　同年1月30日に、Y一家はXの実家に行き、事件本人の引渡しを受けた。

　以後、事件本人はYの両親方に居住し、Yの両親、主として父親が世話をしている。

　Xは、平成7年2月13日に親権者変更の調停申立てをなし、同調停は同年3月に不調となって、本件審判に移行した。

判旨

　1　原審判は、XとY双方及び援助者である両親のいずれにも、親権者としての適格性に問題とすべき点はなく、事件本人に対する愛情の度合い、精神的側面、経済的側面を含めて、監護の意思及び能力、家庭環境、居住環境には大きな差異はないと認定した上で、「漸く3歳に達したばかりの女児にとって、母親の存在の重要性は疑いのないものというべきであり、また、X方にあっては、Xの勤務の状態からしても、事件本人と母親であるXとのスキンシップが常時保たれるかたちでの養育がおこなわれることが期待できる利点がある。他方において、事件本人がY方でそれなりに安定した状態を継続していたという事実もあり、この点も無視できないところではあるが、それも未だ比較的短期間にすぎないことを考慮すれば、本件においては、現状尊重の原理は母性優先の原理にその道を譲るべきものであると考えるのが相当である。」として、YからXに親権者を変更する審判を下した。

　2　抗告審は、以下のように述べて、原審判を取り消し、Xの親権者変更の申立てを却下した。

　「事件本人が未だ3歳であって、一般的には母親の監護養育に馴染む年齢であることや、YとXの職業、勤務時間等を比較した場合に、Xの方が事件本人とより多く接す

る時間を持つことができると思われることなど、Xを親権者とした方が事件本人の養育監護の上でより適切と思われる事情もないではないが、他方、事件本人はYのもとに引き取られてのち、Y及びその両親の養育監護の下でそれなりに安定した生活を送っているのであるから、それを短期間で覆し、新たな監護環境に移すことがその心身に好ましくない影響を及ぼすことは明らかであり、これらを総合的に考慮すれば、現時点において、事件本人の親権者をYからXに変更することが必ずしもその健全な成長を図る上で有益であるとはいえないと考えられる。」

Key point

1　3歳の女児について、調停離婚によって父を親権者に指定した後約3週間後に、母が親権者変更申立てをした事例である。原審判は、母親優先の原理から母への親権者変更を認めたのに対して、抗告審は、子の生活の安定の点からこれを却下したものである。また、離婚調停から3週間という短期間で親権者変更の申立てがされた点を、子の生活の安定の点からどう見るかについて原審判と抗告審は逆の見解をとっている。

2　本件の場合、離婚調停の際、母が子の親権者を父にすることに同意した経緯、理由が不明であるが、母は本心からはこれに同意していなかった可能性がある。

94 離婚裁判後の親権者変更
子本人の意思を尊重した事例

京都家審平成11年 8 月20日（平成 9 年（家）436号、平成10年（家）1393号、2897号、4326号）家月52巻 1 号98頁

事案

X（妻）とY（夫）は、昭和56年 6 月に婚姻し、両者間に昭和57年 2 月に長男、昭和59年 3 月に長女、平成元年 6 月に二男が生まれた。

Xは、婚姻後、大学院に進学し、家事の相当部分をYがするようになり、Yは、職を転々とした。その結果、XとYは、口論、喧嘩が絶えなくなり、一時別居が繰り返され、昭和61年 4 月から平成 3 年 5 月までの間に、XY双方から夫婦関係調整調停、審判等の申立てが何度もされた。

Xは、平成 3 年 1 月に、3 人の子を連れて京都市内の家を出て、同年 4 月からは倉敷市の実家に戻り、長男と長女を同市内の小学校に転校させた。

その後平成 5 年 8 月までの間に、3 人の子の連れ去りと連れ戻しが繰り返された。

Xは、平成 5 年 7 月に、離婚等を求める訴訟を提起し、平成 7 年 1 月に、離婚、長男、二男の親権者をXとし、長女の親権者をYと定める判決が下され、同判決は、同年11月に確定した。

離婚判決後も、XY間で二男の連れ去り、連れ戻しが繰り返された。

Xは、平成 9 年に、長女の親権者変更等の審判申立てをなし、Yは、平成10年に、二男の親権者変更の審判申立てをなした。

判旨

裁判所は、以下のように述べて、Xの長女の親権者をYからXに変更することを求める申立てを却下し、二男の親権者のXからYへの変更を認めた。

「上記離婚判決及び控訴審判決に判示された長女の親権者をYと定めた理由や、上記認定のとおり、長女が、平成 5 年 6 月23日（当時小学 4 年生）以来、現在に至るまでY宅での生活を続け、成績優秀で奨学金などを受けて府立高校に進学し、現在充実した高校生活を送っていること、長女は、Yとの父子関係も良好で、Yの上記認定の稼働能力の低さにもかかわらず、自ら奨学金やアルバイトなどでこれを補い、むしろYを支えつつ、Yを親権者として今後も生活していくことを望んでいること、他方で、上記認定のように、長女とXとの母子関係は良好なものではなく、また、Xの家事能力や稼働能力もYに比してさほど高いわけでもなく、今この時点で高校を転校してまで倉敷市でXとの同居生活をさせても、長女にとって益するところがあるとは認め難いことを考え合わせると、現時点において、長女の親権者をYからXに変更することが、長女の福祉に沿うものであるとは、到底認めることができない。」

「二男は、平成 8 年 8 月 8 日（当時小学 1 年生）以来、現在に至るまでY宅での生活を続け、現在小学 4 年生であり、健康状態も良好で、素直で明るい性格に生育してお

り、学校生活上取り立てて問題とすべき点はないこと、二男は、Ｙとの父子関係も良好で、今後も京都のＹ宅でＹ及び長女と一緒に生活していくことを望んでいること、Ｙには上記のような生活上の問題点が存するけれども、上記のとおり、従来、長女がＹに代わって二男の母親代わりの役割を果しており、その長女との姉弟関係も良好であること、他方で、上記のように、二男とＸとの母子関係は良好なものではなく、また、Ｘの家事能力や稼働能力もＹに比してさほど高いわけでもなく、今この時点で転校してまで倉敷市でＸとの同居生活をさせても、二男にとって益するところがあるとは認め難いことを考え合わせると、現時点において、二男のＸへの引渡を命じることが二男の福祉に沿うものであるとは到底いえず、逆に、二男の親権者をＸからＹに変更することが、二男の福祉に沿うものであるというべきである。」

　審判時15歳の長女、審判時10歳の二男について、いずれも父と安定して生活をしていること、子ども達本人の意思から、長女についての父から母への親権者変更申立てを却下し、二男についての母から父への親権者変更申立てを認めた事例である。

95 離婚裁判後の事情変更
違法性よりも監護の継続性を重視した事例

原　審…大津家審平成11年11月9日（平成11年（家）71号）家月53巻1号86頁
抗告審…大阪高決平成12年4月19日（平成11年（ラ）1096号）家月53巻1号82頁

事案

　X（夫）とY（妻）は、昭和61年8月に婚姻し、昭和62年2月に長男が、平成元年10月に二男（事件本人）が生まれた。Xは高校の教師である。

　Yは、二男出産後体調を崩して、実家に帰って養生していたが、事件本人の出産祝いに対するお祝い返し等のことでXとYの父が口論になったこと等から実家にとどまり、とりあえず別居して冷却期間を置き、長男はXが、二男はYが面倒をみていくことになった。

　平成4年9月1日からXと長男はYの実家で同居するようになったが、同月10日に、Xは、離婚のことでYと口論となり、Yに対して暴力を振るった。Xは、平成4年9月11日、Y、Yの父には無断で、幼稚園にいた事件本人を連れて出て、長男と一緒に福岡県にいるXの養母Aに預け、平成4年11月に、養母、長男、事件本人は熊本市に転居し、平成6年6月からは、Xも同居した。

　Yは、平成5年2月に、離婚訴訟を提起し、Xが反訴を提起した。

　平成6年7月に、離婚、長男、事件本人の親権者をXと定める判決が言い渡された。平成7年2月に、事件本人の親権者をYと定め、Xに事件本人のYへの引渡しを求める控訴審判決が下され、同年10月に控訴審判決が確定した。

　平成7年12月に、Yは、熊本市のX宅に事件本人の引き取りに出向いたが引き取りは実行できなかった。

　Xは、平成8年2月に、事件本人の親権者変更の調停申立てをしたが、取り下げた。

　Yは、平成8年10月に、上記判決に基づき、事件本人の引渡しの強制執行を申立て、同年12月に執行官が強制執行を試みたが、事件本人が「いや、行かない」「母親とはおもわない」等と言い、引き渡されることを拒んだため、引渡し不能となった。

　Xは、平成10年12月、再度本件事件本人の親権者変更の申立てをした。

判旨

　1　原審は、以下のように述べて、事件本人の親権者変更を認めた。

「事件本人は現在10歳で小学校4年生で、必ずしも母親の養育監護が必要な年令（ママ）とはいえない。更に、事件本人はYと会うことや大津に行くことをはっきりと拒否し、親権者変更を強く希望している。事件本人のこの意思は、幼少のころは、Xの意向に影響されたことがあるかも知れないが、事件本人は小学校の成績も優秀で理解力もあり、事件本人と同居して親権者変更の審判結果を待ちたいXに抵抗して、長年養育を受けたAの心情をおもいやってAとの同居を主張しこれを実現するなど、自己主張ができる年令に達したことを考えると、事件本人の意思を尊重しなければならない。

以上を総合すると大阪高等裁判所の判決当時と比較して事件本人の親権者指定の事情は大幅に変更されている。しかし、この事情変更は、Xが平成4年9月11日Yに無断で幼稚園から事件本人を連れ去ったことに端を発し、事件本人の親権者をYと定め、事件本人の引き渡しを命じた高等裁判所の判決及び大津地方裁判所の間接強制決定等の司法判断に従わなかったことが主な原因であり、そのことは非難される行動である。一方、Yには上記事情変更に関し何ら責められることはなく、Yの事件本人に対する愛情、監護能力、経済的家庭環境、親族の援助等Xと比して劣ることはなく親権者として不適当なことはない。
　しかしながら、本件親権者変更を却下しても事件本人がYと生活を共にすることは事実上極めて困難で、事件本人は精神的に不安定なまま、非親権者の下で不便な生活を余儀なくされる。事件本人の福祉を唯一・最大限に考慮すると、今後さらに発達成長する事件本人の意思及び長年続いた現状を尊重して、事件本人の親権者をXに変更し、Xの責任において早期に同居し、事件本人の兄と共に安定した家庭環境で生活させるのが望ましい。」
　2　抗告審も、以下のように述べて、原審判を維持した。
「民法819条6項は、裁判で親権者が指定された場合にも適用される規定であり、裁判確定後の事情の変化により親権者を変更することが子の福祉に合致すると認められる場合、家庭裁判所が親権者変更の審判をすることができるのは明らかである。もちろん、非親権者が子を監護するに至った経緯は、上記審判をするに当たり当然考慮すべき事情となるが、本件においては、かかる事情を踏まえた上でなお親権者をXに変更するのが相当と解すべきことは、原審判の説示するとおりであるから、Yの主張は理由がないといわざるを得ない。」
「しかし、自由意思を持たない子に対する離婚後の非親権者による監護が違法とされるのは、同人が親権を有していないからであり、その監護が子の福祉にとって害となるからではない。子の福祉の見地からは、引き続き非親権者に監護を委ねる方が望ましい場合があることも当然考えられるのであって、そのような場合には、むしろ親権者を変更して監護の違法状態を解消させるのが、民法819条6項の趣旨に合致するというべきである。」

Key point
　1　父が子を奪取し、離婚判決にも従わなかった事案について、判決確定後の事情変更により、父に親権者を変更することが子の福祉に合致するとして、親権者変更が認められた事例である。
　2　監護開始時の違法性や司法判断に従わない違法性より、7年間の監護の継続性を重視した結果となっているが、子の引渡しの最近の判例の傾向からすると稀な判決であると思われる。
〔解説・評釈等〕若林昌子・民商125巻1号139頁、清水節・判タ1096号92頁

96 父から母への親権者変更申立て
親権者変更は認めず、母を監護者に指定した事例

原　審…仙台家審平成14年12月4日（平成14年（家）741号、742号、743号、744号）家月55巻10号82頁
抗告審…仙台高決平成15年2月27日（平成14年（ラ）196号）家月55巻10号78頁

事案

　X（妻）とY（夫）は、平成7年6月に婚姻し、両者間に平成8年10月長女A子、平成11年9月に長男B男が生まれた。
　Xは、平成14年6月ころから元の職場の同僚であり妻子もあるC男と不貞関係を結ぶようになり、Xは、同月A子及びB男を連れて実家に帰り以後Yと別居した。平成14年8月にX、Y、双方の両親等が集まり、話し合いが持たれた。その席にYが依頼した調査会社の調査員及びC男が同席し、XとC男は不貞関係を認め謝罪等した。その後XとYは、離婚届を作成し、YがA子及びB男の親権を強く希望し、親権者欄にYと記載した。
　翌日XとYは離婚届を区役所に提出した。Xは、A子及びB男を連れて実家に帰ろうとしたため、Yとつかみ合いになり、Xが通報した警察官が臨場したため、Yは子らをXに引き渡し、その場を納めた。
　Yは、Xに対して子らの引渡しの調停を、XはYに対して子らの親権者変更の調停をそれぞれ申し立て、調停不成立により本件審判に移行した。

判旨

　1　原審判は、以下のように述べて、Xの親権者変更申立てを却下し、Yの子らの引渡しを認容した。
「A子及びB男について、親権者をYからXに変更するまでの事情はなく（なお、XとYとの別居後、A子及びB男はXの実家において5か月余り生活しており、Xの下で生活が安定しつつあることが窺われるが、これは、Xが親権者であるYにA子及びB男を引き渡さなかった故のことであるから、現状を肯定する理由として、この点を殊更に重視するのは相当でないものと考える。）、Xは、親権者をYと定めることに合意したにもかかわらず、A子とB男を一度もYに引き渡していないこと、A子は6歳の女児であり、B男は3歳の男児であるから、その年齢等からして一般に母親が必要な時期であることも否めないが、本件紛争前のYとA子及びB男との父子関係には特に問題がなく、Yは、本件調停の席上において、Xの面接交渉を認める意向を示しており、これによって父子関係を補完することも不可能ではないものと考えられることなどを総合すると、A子及びB男をXからYに引き渡すのが相当である。」
　2　抗告審は、以下のように述べて、原審判を取り消し、Xを子らの監護者と指定した。
「Xは、A子及びB男の誕生以来Xの両親等の援助を得て養育監護を続けており、家庭裁判所調査官の調査報告書及びその添付資料によればA子及びB男に対する監護意欲も十分に認められること（なお、上記認定のとおり、Xは離婚に際し、もともとA

子及びＢ男の親権者になることを望んでいたのであり、不貞が発覚しＹに離婚か親権かを迫られて、思慮浅く、親権者をＹとすることに同意した後も一貫してＡ子及びＢ男の監護をＹに委ねていない。）、ＸとＡ子及びＢ男との関係は良好であり、Ａ子及びＢ男はＸの両親等との生活にも親しんでいること、現在Ａ子は６歳４か月、Ｂ男は３歳５か月の年少者であり母親のきめ細かな養育監護の継続が特に必要とされること、Ａ子及びＢ男は年少の２人姉弟であり同一人の監護のもとで育てられることが望ましいこと、一件記録及び当審の審問の結果によれば、Ｘの監護のもとで、ＹとＡ子及びＢ男との面接交渉が期待できると認められることなどからすると、上記のとおり、ＸとＹで養育条件に優劣がつけられない本件においては、特にＡ子及びＢ男の情緒の安定という観点から、現状のままＸが引き続き養育監護するのが望ましいというべきである。」

「ところで、子の監護権は親権の機能の一部であると解されるところ、Ｘは、一貫して、親権者をＹと指定するに際し、そのまま監護を継続できると考えていたと主張しているから、本件親権者変更申立てにはＡ子及びＢ男の監護権者の指定（民法766条）の申立ても含まれているものと解する。

そうすると、親権者変更申立ては上記理由により却下を免れないが、Ａ子及びＢ男の監護権者をＸに指定することについては理由があるから、同監護権者をＸに指定する審判をするのが相当であり、抗告裁判所もこれをなし得るものと解すべきであるので、当裁判所は、Ａ子及びＢ男の監護権者をＸに指定することとする。」

Key point　協議離婚時に、父を子らの親権者とすることを承諾したが、離婚後も子らを養育していた母の親権者変更申立てについて、親権者変更は認めず、母を監護者と指定した事案である。
　協議離婚時に、母は、父を親権者としても子らを自分が養育できると考えていたこと、子らの生活の安定、子らが６歳の女児と３歳の男児であること等から、抗告審の判断は妥当であると思う。

〔解説・評釈等〕山田美枝子・民商131巻３号141頁

97 親権者変更の届出
親権者変更の確定審判に基づく届出の不受理処分が違法とされた事例

原　審…福島家審平成24年12月25日
抗告審…仙台高決平成25年6月25日（平成25年（ラ）7号）
許可抗告審…最決平成26年4月14日（平成25年（許）26号）民集68巻4号279頁

事案　X（夫）とB（妻）は、平成18年10月にA（平成14年生）の親権者をBと定めて協議離婚した。

Bは、平成20年1月、Cと再婚し、同年3月にCとAは養子縁組した。

Xは、平成23年4月新聞記事により、CがAを虐待して逮捕されたことを知り、B及びCに対し親権者変更の申立てをした。

福島家裁は平成24年1月、Aの親権者をB及びCからXに変更する旨の審判（別件審判）をし、本審判は同年3月に確定した。

Xは、別件審判に基づき、福島市長（戸籍事務管掌者）に対し、親権者変更の届出をしたが、福島市長は、同年5月同届出（本届出）を不受理とした。

Xは、福島市長に対し本届出の受理を求める申立てをした。

判旨
1　原審は、Xの申立てを認容した。
2　抗告審は、原審判を取消し、Xの申立てを却下した。
3　許可抗告審は、以下のように述べて、抗告審の決定を破棄して、原々審判に対する抗告を棄却した。

「(1) 民法819条は、1項から5項までにおいて、子の父母が離婚する場合等には、子は父又は母の一方の単独の親権に服することを前提として、親権者の指定等について規定し、これらの規定を受けて、6項において、親権者の変更について規定して、親権者を他の一方に変更することができるとしている。このような同条の規定の構造や同条6項の規定の文理に照らせば、子が実親の一方及び養親の共同親権に服する場合、子の親権者を他の一方の実親に変更することは、同項の予定しないところというべきである。他方、上記の場合において、親権者による親権の行使が不適切なもので子の保護の観点から何らかの措置をとる必要があるときは、親権喪失の審判等を通じて子の保護を図ることも可能である。

そうすると、子が実親の一方及び養親の共同親権に服する場合、民法819条6項の規定に基づき、子の親権者を他の一方の実親に変更することはできないというべきである。

したがって、別件審判には、民法819条6項の解釈適用についての法令違反があり、これと同旨の原審の上記3(1)の判断は是認することができる。この点に関する論旨は採用することができない。

(2) しかし、審判による親権者の変更は、その届出によって親権者変更の効力が生ずるのではなく、審判の確定によって形成的に親権者変更の効力が生ずるのであるから、たとえ当該審判が誤った法令の解釈に基づくものであったとしても、当該審判が無効であるためその判断内容に係る効力が生じない場合を除いては、確定審判の形成力によって、親権者変更の効力が生じ、当該審判によって親権者とされた者は子の親権者として親権を行使することができることになる。しかるに、このような親権者の変更が戸籍に反映されないとすると、子の親権に関し無用の紛争を招いて子の福祉に反することになるおそれがあるほか、身分関係を公証する戸籍の機能を害する結果ともなるものである。また、戸籍事務管掌者は、戸籍の届出について法令違反の有無を審査する権限を有するが、法令上裁判所が判断すべきものとされている事項についての確定審判に基づく戸籍の届出の場合には、その審判に関する審査の範囲は、当該審判の無効をもたらす重大な法令違反の有無に限られるものと解される。
　そうすると、戸籍事務管掌者は、親権者変更の確定審判に基づく戸籍の届出について、当該審判が無効であるためその判断内容に係る効力が生じない場合を除き、当該審判の法令違反を理由に上記届出を不受理とする処分をすることができないというべきである。」

1　離婚後子が養子縁組をして、実親の一方と養親の共同親権に服する場合には、民法819条6項に基づき子の親権者を一方の実親に変更することができないこと、しかし、戸籍事務管掌者は、親権者変更の確定審判に基づく戸籍の届出について、その届出を不受理とはできないとした最高裁の判例である。
2　子が実親の一方と養親の共同親権に服した場合には、民法819条6項に基づき他方の実親に親権者変更ができないとの点は、確立した判例と考えるべきであろう。
〔解説・評釈等〕平田厚・民商150巻3号84頁

98 非監護親への親権者変更
面会交流の不履行がある場合に親権者変更を認めた事例

福岡家審平成26年12月4日（平成24年（家）139号、1140号、1392号）判時2260号92頁

事案

X（夫）とY（妻）は、平成19年に婚姻し、同年長男が生まれた。
Xは、Yに対し、平成22年3月離婚調停の申立てをした。
Yは、平成22年6月長男を連れて家を出て別居した。
平成23年7月には、長男の親権者をYとして離婚する、月1回2泊を限度とする宿泊を伴う面会交流を行う等の詳細な面会交流条項等を内容とする調停が成立した。しかし、平成23年8月以降面会交流が実現しない状況が続いた。
そこで、XはYに対し、親権者変更の申立て等（他の申立ては省略）をした。

判旨

1 裁判所は、次のように述べて、長男の親権者をYからXに変更し、監護者をYに指定した。
「長男が、Xを強く拒絶するに至った主な原因はYの言動にあると認められる。」
「子の身上監護を行なうべき親に監護権を含む親権を委ねることが子の福祉にかなう場合が多いことから、親権と監護権とを分属させないことが原則であるけれども、親権と監護権とを分属させることが子の福祉にかなうといえる特段の事情がある場合にはその限りでないと解される。」
「したがって、本件においては、親権と監護権とを分属させ当事者双方が事件本人の養育のために協力すべき枠組みを設定することにより、Yの態度変化を促すとともに子を葛藤状態から解放する必要があること、Xには、親権者として事件本人の監護養育の一端を担う十分な実績と能力があること、長男の監護をYからXに移すことを躊躇すべき事情が認められることからすると、親権と監護権とを分属させることが子の福祉にかなうといえる特段の事情が認められ、親権と監護権とを分属させる積極的な意義があると評価できる。」

1 離婚調停において、父と子の面会交流の条項を詳細に決めたにもかかわらず、親権者である母が頑として面会交流を実施しない事案について、子の親権者を父に変更し、子の監護者は母と指定した判例である。
2 審判も述べているようにこれまで親権と監護権を分けることは例外的であったが、今後は、いわゆる離婚後の共同親権と同様の効果を生む方法として、事例が増えることは予想される。
3 しかし、本件の事案においては、本審判によって、父と子の実のある交流が図れるかは疑問なしとしない。

7

養育費

傾向と実務

第1 はじめに

1 　離婚後も父母は、親権者であると否とを問わず子を扶養する義務を負い（民法877条1項）、その扶養の程度は、自己と同程度の生活を保持すべき生活保持義務である［⬇102、106］。
2 　調停、審判で子の生活費を請求するには、以下の2つの方法がある。
　① 　扶養料請求
　　　子自身が別居親に扶養料を請求する方法（民法877条から880条まで、家事法別表第2第9項、第10項）
　　　子が未成年者の場合には、親権者が法定代理人として請求する。
　② 　養育費請求
　　　監護親が子の監護に関する処分として、別居親に監護費用を請求する方法（民法766条、家事法別表第2第3項）
　　　この方法は、親自身が請求するので、子が成年に達した場合には親権が終了するため、養育費を請求できるのは、子が成年に達するまでの分に限られるとの判例がある。
　　　しかし、実務上は、養育費として子が大学を卒業するころまでの生活費を請求することを認めている。
　　　養育費の支払いを命ずる審判が確定した後に、子が扶養料の請求をした場合には、養育費の額を超える部分について、子の扶養料請求を認めている［⬇99］。
3 　離婚訴訟において、附帯請求として養育費の請求をすることができ（⬇100、人訴法32条1項）、離婚前の別居期間中の養育費についても、民法771条、766条1項を類推適用して、附帯請求ができる［⬇107、115］。

第2　養育費の算定

1 　平成15年4月に、東京・大阪養育費等研究会により「簡易迅速な養育費の

算定を目指して――養育費・婚姻費用の算定方式と算定表の提案」（判タ1111号285頁以下、「算定表」という）が公表され、以後実務では算定表に基づく養育費の算定が定着してきている。したがって、実務上は算定表による算定額が著しく不公平となる特別の事情の有無、内容が争点となっている。

算定表の考え方は以下のとおりである。
① 権利者・義務者のそれぞれの基礎収入を算定
② 父母が子と同居したと仮定した場合に、子のために費消される生活費を算定
③ ②の子の生活費を①の父母の基礎収入の割合で按分

2 私立学校の費用

算定表では公立中学、高校の学校教育費相当額を考慮している。

子が私立学校に通う場合の入学金、授業料等の負担については、判例では、義務者が事前に通学を同意していたかどうか、義務者の負担能力、権利者、義務者の学歴、社会的地位等から、義務者に負担させるかが判断されている。

3 権利者・義務者の収入の算定

(1) 権利者・義務者が無職であっても、潜在的稼働能力がある場合には、収入を推定して養育費を算定する場合もある［⇒106］。

［⇒114］は、義務者が養育費支払の強制執行を免れるために退職をしたと認定して、退職前の得べかりし収入を基礎に養育費を算定している。

(2) 権利者が再婚し、再婚相手と子が養子縁組した場合には、未成熟の養子に対する養親の扶養義務は、実親に優先し、権利者側の収入には養親の収入が含まれる［⇒111］。

第3 養育費支払の始期と終期

1 養育費支払の始期については、大別すると①請求時から（調停申立時、請求の意思表示が相手方に到達したとき［⇒99］等）とする考えと②請求がなくとも要扶養状態と扶養能力がある時点からとする考えがある。判例は、過去分を一度に求められると義務者が不測の負担を強いられることや明確性の観点から調停申立時からとするものが多い。

2 養育費支払の終期については、

① 高校卒業時まで（●**102**原審）
② 成年に達する月まで［●**103**、**113**］
③ 大学卒業時まで（●**102**抗告審、●**112**）

とする判例があるが、通常は、②の成年に達する月までとしている。

4年制大学については、親の学歴、職業、社会的地位、家庭の経済的、教育的水準等から、子が4年制大学に進学することが相当な場合には、その卒業時まで未成熟子として養育費の支払義務を認めるのが判例の傾向である（●**102**抗告審）。

しかし、成年に達した後大学卒業時までの子の扶養料について、生活扶助義務であるとし、支払額をかなり制限する判例もある（［●**117**］抗告審）。

第4　養育費の変更

1　当事者の合意、調停、審判、裁判で養育費が決められた後に、事情に変更が生じた場合には、家庭裁判所は、調停、審判により、その養育費の額等を変更することができる。

この変更については、事情変更の原則に基づきまたは民法880条を類推適用する［●**101**、**103**、**116**、**118**］。

公正証書により養育費を定め、期限の利益喪失約定があった事例についても、期限の利益喪失約定は定期金たる養育費には親しまないとして、養育費の減額を認めている［●**116**］。

2　変更の事由

(1)　養育費の変更が認められる事由には以下のようなものがある。

増額としては、

① 義務者が無職から会社に勤務して安定した給与を得るようになったこと［●**101**］

減額としては、

① 父母双方の再婚、未成年者と母の再婚相手との養子縁組［●**103**、**118**］
② 父の収入の減少、父の再婚と子の出生［●**104**］

(2)　子どもを小学校から私立学校に通わせたこと等により、一時払いの養育費がなくなったことについては、事情変更による養育費の増額を認めていない［●**108**］。

第5 養育費の取り立て方法

1 　養育費の支払いについて合意が成立しているが債務名義がない場合には、民事訴訟でその合意に基づく養育費の支払いを請求できる［⇒109］。
2 　調停、審判、判決、和解で定められた養育費の支払いについては、申立てにより、家庭裁判所は履行調査、履行勧告（家事法289条、人訴法38条）、履行命令（家事法290条、人訴法39条）をすることができる。
3 　養育費、扶養料等の定期金債権について、その一部に不履行があるときには、確定期限が到来していない債権についても、給与その他の継続的給付債権の差押えをすることができる（民執法151条の2）。そして、差押禁止範囲が縮小され、継続的給付債権から税金・社会保険料を控除した残額の2分の1まで差押えすることができる（民執法152条3項）。

　　また、間接強制執行も認められている（民執法167条の15）。

99 養育費支払義務と扶養義務の関係
養育費のほか、増額分の扶養料支払を認めた事例

東京家審昭和54年11月8日（昭和54年（家）1934号、1935号、1936号、1937号）
家月32巻6号60頁

事案

A（妻）とY（夫）は、昭和42年5月婚姻し、昭和42年5月にX1、昭和44年2月X2、昭和46年4月X3、昭和47年7月X4がそれぞれ生まれた。昭和51年5月に、離婚、4人の子の親権者をAと定める、Yは、4人の子の養育費として、昭和51年4月から各児が成人に達するまで1人につき1か月1万円の支払いを命ずる調停に代わる審判（前審判）が確定した。

Aは、生活保護を受け子らを養育していた。Yは、前審判当時手取り給与月額は約15万円であり、年2回の賞与は合計約30万円前後であった。

Yの昭和54年1月から6月までの1か月手取り平均給与額は約19万5000円で、賞与合計は約40万円である。Yは、昭和52年5月に再婚し、妻と昭和52年11月に生まれた長女を扶養している。

X1ないしX4は、Yに対して、扶養料として、1か月各2万円の支払いを求める本件審判申立てをした。

判旨

裁判所は、以下のように述べて、Yに対してX1らの本件扶養請求の意思表示がYに到達したことの明らかな第1回調停期日以降X1ないしX4がそれぞれ成年に達する日まで、1か月各金5,000円の支払いを命じた。

「X1ら法定代理人は、Yに対し、X1らの養育料として、X1らがそれぞれ成年に達するまで1人につき1か月金10,000円ずつの支払を命ずる執行力ある債務名義（昭和51年5月15日の確定審判）を得ているところ、同確定審判は、本件と申立人を異にするが、その給付を命ずる範囲において実質的にX1らの扶養の目的の手段としての機能を果しているのであるから、本件においては上記確定審判により形成された養育料の金額を超える部分についてYのX1らに対する扶養義務を形成するのが相当である。

してみると、Yは、X1ら各自に対し、扶養料として、昭和53年2月6日から昭和54年11月5日まで1人につき1か月金5,000円ずつ合計各金105,000円を本審判確定時に、昭和54年11月6日からX1らがそれぞれ成年に達するまで1人につき各金5,000円を各当月末日限りそれぞれ支払うべきである。」

Key point

母が父に対して、子の養育費支払の確定審判を得た後に、子らが申立人となって父に対して扶養料の請求をした事例である。

裁判所は、養育費であれ扶養料であれ、実質的には子らの扶養の目的の手段としての機能を有しているとして、債務名義のある養育費支払の審判で命じた金額を超える金額部分について、扶養料の請求を認めた。

母が養育費増額の審判申立てをした場合と同様の結論になる。

100 離婚訴訟における養育費の附帯申立て
附帯申立てを認めた事例

一 審…横浜地判昭和61年3月26日（昭和58年（タ）207号）民集43巻12号1766頁
控訴審…東京高判昭和62年11月24日（昭和61年（ネ）1201号）民集43巻12号1779頁
上告審…最判平成元年12月11日（昭和63年（オ）270号）民集43巻12号1763頁

事案

　X（妻）とY（夫）は、昭和37年3月に長女Aの誕生とともに婚姻届出をし、昭和40年3月長男Bが生まれた。

　Yは、職業が安定しなかったため、Xは、借金の返済と生活費を補うためYの同意を得てキャバレーにホステスとして勤めたが、Yは、些細なことからXに暴力を振るった。Xは、再び暴力を振るったときは離婚することをYに承諾させ離婚届書を作成したが、Yがまた暴れたので、Xは家を出て、昭和43年3月に離婚届を提出した。しかし、Yは、その1週間後にXに無断で婚姻届を出すとともに、家庭裁判所に調停を申し立てた。調停の結果、今後暴力を振わない、暴行した場合は、離婚をすると約束して、Xは、家に帰った。昭和47年4月に、次男Cが生まれ、昭和54年になってYの暴力が再発し、結局昭和58年9月にXは子ども3人を連れて家を出た。なお、Cは、その後Yのもとに戻ったが、昭和60年1月に再度Xのもとに戻った。

　Xは、①離婚、②Cの親権者をXと指定する、③慰謝料として700万円、④Cの養育費として月5万円等を請求する訴訟を提起した（財産分与の点は略）。Yは、①離婚、②Cの親権者をYと指定する、③慰謝料として700万円を請求する反訴を提起した。

判旨

　1　一審は、XとYの婚姻生活は、YのXに対する暴行、性交渉の強要、Xの行動に対する邪推、生活費を渡さないことにより破綻したと認定して、Xの請求をいずれも認めたが、慰謝料は300万円とした。

　2　控訴審も、一審判決を支持した（ただし、養育費については、Xが請求の始期を昭和60年2月からと減縮したので、この部分のみ一審判決を変更した。）。そして、離婚訴訟とともに子の養育費の支払いを求める附帯請求についてもこれが適法であるとした。

　3　最高裁も以下のように述べて、離婚訴訟とともに子の養育費の支払いを命ずることが適法であるとした。

「人事訴訟手続法15条1項は、裁判上の離婚に際し、子の監護をすべき者その他子の監護につき必要な事項を定めるものとしている民法771条、766条1項の規定を受け、裁判所が、申立により離婚訴訟の判決で右の事項を定めることができるものとしている。そして、民法の右条項は、子の監護をする父母の一方がその親権者に指定される

と否とにかかわらず、父母の他方が子の監護に必要な費用を分担するなどの子の監護に必要な事項を定めることを規定しているものと解すべきである。したがって、離婚訴訟において、裁判所は、離婚請求を認容するに際し、子を監護する当事者をその親権者に指定すると否とにかかわらず、申立により、子の監護に必要な事項として、離婚後子の監護をする当事者に対する監護費用の支払を他方の当事者に命ずることができるものと解するのが相当である。」

1　夫婦の一方が他方に対して離婚訴訟を提起するとともに、自己が離婚後の親権者に指定されることを前提として、子の養育費の支払いを求める附帯申立てができるかについて、これまで消極説をとる判例があった。
　　本判例はこれを適法とした最高裁判例として重要である。
2　上告審で、Xは、養育費の始期を本判決確定時からと更に減縮している。そのため、離婚前の養育費についても附帯申立てができるかの点について、最高裁判例は述べておらず、この点は問題として残った。
〔解説・評釈等〕塩月秀平・判解〈平成元年［27］〉483頁、佐藤義彦・判タ727号52頁、床谷文雄・法セミ35巻8号115頁、豊田博昭・ジュリ957号138頁、右田尭雄・判評379号209頁、井上繁規・判タ762号146頁、吉田邦彦・別ジュリ132号36頁

101 調停における清算条項と事情変更
事情変更を認め養育費請求を認めた事例
大阪家審平成元年9月21日（昭和62年（家）394号）家月42巻2号188頁

事案

X（妻）とY（夫）は、昭和48年9月に婚姻し、昭和49年6月A子が、昭和51年7月B子が生まれた。

XとYは、昭和59年12月未成年者両名の親権者をいずれもXと定めて調停離婚した。この調停の際、Yは、無職で収入がなく、未成年者らの養育費を支払えないと主張したため、XとYは、今後相互に名目のいかんを問わず、金銭上、財産上の請求をしない旨を合意した。

Xは、昭和60年9月に、Yに対して未成年者らの養育費請求の調停申立てをしたが、Yが期日に出頭せず調停不成立となり、本件審判に移行した。

Yは、離婚後トラック運転手として稼働していたが、昭和61年3月から入院した後、昭和62年3月当時勤務していた会社を退職し、昭和63年1月からはC会社に運転手として勤務している。

判旨

裁判所は、以下のように述べて、Yに対して、昭和63年1月から未成年者がそれぞれ成年に達するまで1人あたり1か月3万4563円の養育費の支払いを命じた。

「XとYは、前記離婚に際し、未成年者らの監護費用はXにおいて負担する旨合意したものと認めることができ、こうした合意も未成年者らの福祉を害する等特段の事情がない限り、法的に有効であるというべきである。

しかしながら、民法880条は、「扶養すべき者若しくは扶養を受けるべき者の順序又は扶養の程度若しくは方法について協議又は審判があつた後事情に変更を生じたときは、家庭裁判所はその協議又は審判の変更又は取消をすることができる。」と規定しており、同規定の趣旨からすれば、前記合意後に事情の変更を生じたときは、XはYにその内容の変更を求め、協議が調わないときはその変更を家庭裁判所に請求することができるといわなければならない。」とし、本件における事情変更の有無については、「遅くとも本件申立て後である昭和63年1月にはYは経済的に安定した状態となり、反面、Xには、同人と未成年者らの最低生活費をも下回る基礎収入しかなく、事情に変更を生じ、XがYに対して前記合意の変更を求めることができる」と判断した。

1 離婚調停の際に、母が父に子らの養育費を含め金銭上の請求をしない旨を合意した場合に、その後父が会社に勤務し経済的に安定したことを事情変更と認め、事情変更時からの子らの養育費請求を認めた審判である。

2 父が無職から会社に勤務し安定した給与を得るようになったことは、養育費増額請求の事情変更事由となるであろう。

102 大学生の子の父に対する扶養料請求
大学卒業時までの支払いを認めた事例

原　審…大津家審平成2年2月13日（昭和58年（家）607号、608号）家月43巻1号123頁
抗告審…大阪高決平成2年8月7日（平成2年（ラ）124号）家月43巻1号119頁

事案

　A（妻、薬剤師）とY（夫、医師）は、昭和42年5月に婚姻し、昭和43年11月長女X1が、昭和46年4月二女X2が生まれた。

　昭和52年7月頃から、A、Xらは、Yと寝食をともにしなくなった。

　昭和58年3月には、Aが子らを連れてYと別居し、以後子らはAと生活している。Yは、A、子らの生活費として月20万円を支払っていたが、YがAや子らの名義でしていた預金を、Aが昭和53年11月にYに無断で払い戻していたことに気づいたことなどから、昭和57年11月からは生活費を支払わなくなった。

　X1は、昭和61年4月に薬科大学に入学し、X2は、昭和62年4月に県立高校に入学した。

　AとYは、平成元年6月に裁判離婚した。

　X1及びX2（あわせてXら）は、Yに対して、相当額の扶養料の支払いを求める審判申立てをした。

判旨

　1　原審判は以下のように述べて、X1の申立てを却下し、Yに対してX2の扶養料として約168万円の支払いを命じた。

「いわゆる生活保持義務として、親は未成熟子の養育につき、子が親自身の生活と同一水準の生活を保障する義務があるとされるのは、親子の関係が、親子関係が他の親族に対する関係よりも深い愛情と信頼との上に成り立つ親密な関係であることによるものというべきところ、（略）YとAとが昭和52年7月頃から不和となった挙げ句に離婚判決の確定によって離婚するに至り、この間にYとは別居しAと同居していたXらが、Yとの交流を望まないのみならず、Yに対する愛情を欠き嫌悪感さえ抱くに至った状態となってきていることを考慮すると、Yに対して前認定のXらに要する扶養料全額を負担させるのは相当ではなく、YがXらの扶養料を支払わなくなった昭和57年11月からXらそれぞれが未成熟の域を脱するものというべき高等学校卒業（若しくは卒業予定）の月までの扶養料について、その5割を負担させるのが相当である。」とし、Aが払い戻しを受けたX1、X2名義の貸付信託の額を、Yが支払うべきX1、X2の扶養料からそれぞれ控除した。

　2　抗告審は以下のように述べて、原審判を取消し、差し戻した。

(1)「一般に、扶養の程度または方法を定めるについて、扶養権利者と扶養義務者との間の生活関係とそれらによって形成された両者間の愛憎や信頼の状況を、民法879

条所定の「その他一切の事情」の一つとして考慮することがあながち不当であるとはいえないとしても、本件のような未成熟子の扶養の程度を定めるについて、この点を重要な要素として考慮することが相当であるとは到底いいがたく、何よりもまず、扶養義務者であるＹの資力と、同じく扶養義務者であるＡの資力とを対比して検討し、これを基礎として、Ｘらの扶養料中、Ｙにおいて負担すべき割合を認定判断すべきものといわなければならない。」

(2) 「Ａにおいて払戻しを受けたＸら名義の貸付信託や金銭信託相当額は、そのままＡ名義の銀行口座に預け入れられており、これらがＸらの扶養のために費消された事実は認められないのであるから、Ｙ、ＡおよびＸら間において、上記各金額を、Ｙの負担すべきＸらの扶養料の支払にそれぞれ充てるべき旨の明示または黙示の合意が成立した等の特段の事情が認められない限り、当然に、上記各金額を、Ｙが負担すべきＸらの扶養料の支払にそれぞれ充てられたものとし、Ｙにおいて現実に支払うべき扶養料の金額の計算上これをそれぞれ控除することは不当というべきである。」

(3) 「未成熟子の扶養の本質は、いわゆる生活保持義務として、扶養義務者である親が扶養権利者である子について自己のそれと同一の生活程度を保持すべき義務であるところ、Ｘらの父であるＹは医師として、母であるＡは薬剤師として、それぞれ大学の医学部や薬学部を卒業して社会生活を営んでいる者であり、現に、Ｘ１も昭和61年４月に薬科大学に進学していること等、Ｘらが生育してきた家庭の経済的、教育的水準に照らせば、Ｘらが４年制大学を卒業すべき年齢時まで（ただし、Ｘ２については、高等学校卒業後就職した場合には高等学校を卒業すべき年齢時まで、短期大学に進学した場合には、短期大学を卒業すべき年齢時まで）、いまだ未成熟子の段階にあるものとして、ＹにおいてＸらの扶養料を負担し、これを支払うべきものとするのが相当である。」

Key point

1 原審判が、子と父との交流がないこと等を重視して、父、母の収入を考慮せずに高校卒業時までの扶養料の５割を父に負担させた点は、抗告審が指摘するとおり不当である。

2 ４年制大学生の子の扶養料について、抗告審は両親の学歴、職業等から子が４年制大学を卒業するまで、未成熟子として、親に生活保持義務があると判断した。この点については、義務者の負担を軽減する考え方が様々あるが、少なくとも本件においては、抗告審の判断が妥当であろう。

〔解説・評釈等〕本沢巳代子・民商105巻１号115頁、若林昌子・判タ790号128頁

103 公正証書により合意した養育費の減額
事情変更により減額を認めた事例

東京家審平成2年3月6日（平成元年（家）3672号、3673号、3674号）家月42巻9号51頁

事案　X（夫）とY（妻）は、昭和47年1月に婚姻し、両者間に昭和49年11月長女A子が、昭和54年3月二女B子が、昭和57年5月三女C子が生まれた。

XとYは、昭和61年9月未成年者らの親権者をいずれもYと定めて協議離婚した。XとYは、離婚に先立つ昭和61年7月公正証書（本件公正証書）において以下のような合意（本件合意事項）をした。

「第1条　離婚に当たり、双方間の長女A子、同二女B子及び同三女C子の親権者・監護者をいずれもYと定める。

第2条　1　養育費は、3子分として昭和61年8月より同64年8月まで20万円あて、同年9月より長女、二女、三女が満23歳に達するまで毎月末日限りそれぞれ10万円あて計30万円を支払う。但し、昭和64年9月以前にXが海外勤務となった場合は、その月よりそれぞれ10万円合計30万円とする。

2　養育費の他子の入学、結婚、病気その他の事故等により臨時出費あるときは原則としてXの負担とし、双方協議の上別途相当額をYに支払うものとする。」

離婚後、Xは、昭和61年11月にDと再婚し、Yは、昭和63年2月Eと再婚し、同年3月Eは、未成年者ら3名と養子縁組した。

Xは、パイロットとして航空会社に勤務しており、Yは、Eが経営する麻雀荘の手伝いをしている。

昭和63年9月に、Xは、Xの再婚等により事情の変更が生じたとして、Yに対して上記養育費の支払いの免除ないし減額を求める本件審判の申立をした。なお、Xは、平成元年5月以降本件合意事項に基づく養育費の支払いを遅滞したため、平成元年11月にYから給料債権の差押えを受けた。

判旨　裁判所は、以下のように述べて、本件公正証書中第2条1を、未成年者らの養育費として、それぞれが成年に達する月まで1人あたり毎月7万円の支払いを命じることに変更し、第2条2の臨時出費の負担義務を免除した。「当該合意がなされた当時予測ないし前提とされ得なかった事情の変更が生じた場合にこれを変更し得ることも、事情変更の原則ないし民法880条に基づき肯定されるべきである。」「X及びY双方の再婚、未成年者らとEとの各養子縁組等の事実は、本件合意事項が交わされた当時、現実問題として当事者双方共予想しあるいは前提とし得なかったと解されるのである。しかして、このような事情に伴い、X及びY双方の側の収支を含む生活状況は、本件合意事項を交わした当時と比較して相当変化しているものと考えられるので、本件公正証書で成立した本件合意事項に基づく養育費の支払ないし

負担義務を現在もそのままＸに負わせることは、これが今後も相当長期間にわたる継続的給付を内容とするものであることにも照らした場合、客観的に相当性を失した状況になっていることは否定し得ないものと解される。」

そして、生活保護基準方式に従い養育費を算定し、その際、Ｙ側の基礎収入は、Ｙの固有の収入はなくもっぱらＥの収入によっているので、Ｅの収入から算定した。また、未成年者らがＥと養子縁組していることから、支払いの終期を各自が成年に達する月までとした。

更に「未成年者らはいずれもＥと養子縁組をしているので、未成年者らの入学、結婚、病気等の場合に必要とされる臨時出費の負担は、第一次的にはやはり、ＹとＥにおいて考慮すべきが筋合いと解される。もとより、未成年者らの父であるＸもかかる費用の負担を全く免れるわけにはゆかない面があると解されるが、これらの費用が全て生活保持義務の範囲に含まれるとは解し難いことも考え合わせると、現時点においては、本件公正証書中の本件合意事項第２条・２に基づくＸの義務は、これを免除しておくのが相当と思料するのである。」とした。

1 公正証書により合意した養育費の支払について、父及び母双方が再婚し、未成年者らが母の再婚相手と養子縁組をしたことを事情変更と認め、毎月の養育費を生活保護基準方式により算定した金額に減額し、更に、その終期を23歳までから成人に達するまでに変更し、かつ臨時出費負担義務を免除した審判である。
2 本件では未成年者らがＥと養子縁組しているが、母が再婚しただけで、再婚相手と子らが養子縁組はしていない場合には、母の基礎収入の算定等養育費の算定をどうするかは興味があるところである。

104 事情変更による養育費の減額
事情変更により減額を認めた事例
山口家審平成4年12月16日（平成3年（家）421号）家月46巻4号60頁

事案

X（夫）とY（妻）は、昭和61年4月に3人の子ども（事件本人）の親権者をいずれもYと定めて協議離婚した。

昭和63年4月に、Xは、Yに対して事件本人らの教育費1人宛金3万5000円（中学入学の月より金5万円宛）を、各人が満18歳に達した翌年3月まで支払うことを内容とする調停（前調停）が成立した。

Xの昭和61年の年収は約1523万円、昭和62年の年収は約1516万円であった。

Xは、その後減収となり、総収入は、昭和63年が約478万円、平成元年が約556万円、平成2年が約572万円であった。

Xは、昭和62年6月にA子と再婚し、同女との間に昭和63年3月に長男、平成2年8月に二男が生まれた。A子は、看護婦として働き月額約16万8000円の可処分所得がある。

Yは、会社員として働き、平成2年の総収入は、約246万円である。

Xは、前調停による養育費の減額を求める本件審判の申立てをした。

判旨

裁判所は、以下のように述べて、生活保護基準を用いて養育費を算出し、前調停により支払うべき事件本人の養育費を、本件申立ての時点以後支払われるべき分である平成3年3月以降1人宛月額3万円に変更した。

「本件申立時においては調停の成立した昭和63年当時とはXの収入が著しく変化したばかりでなく、新たな家庭が出来、そのための生活費を確保せねばならない等、生活状況が大きく変化したことは明らかであるから、そのような事情変更を考慮し、事件本人らの養育費の額を相当額減ずることは已（ママ）むを得ないというべきである。」

なお、Xの再婚相手のA子の収入については、専ら同人とその2人の子の生活費に充当するとし、A子と2人の子の最低生活費を約19万4000円とし、A子の月収約16万8000円で不足する約2万6000円は、Xの収入から優先的に充当すべきとして、Xの可処分所得額から控除した。

またXが負担している住宅ローンについては、Xが住む市内の平均的住宅賃貸料等を考慮して、半額のみをXの収入から控除した。

Key point

1　養育費支払の調停成立後に、義務者が再婚し再婚相手との間に2人の子どもが生まれたこと、調停成立時の収入がその後かなり減ったことから、事情変更により、養育費の減額を認めた事例である。

2　本件審判では減額の時点を本件申立て時以後の支払い分からとしたが、事情変更はそれ以前から生じており、減額の始期については異論があろう。

105 「一切の教育に関する費用」の範囲
予備校受講料は含まれるが、子の興味に基づく活動費用は含まれないとした事例

広島地判平成5年8月27日（平成3年（ワ）312号）家月47巻9号82頁

事案

X（妻）とY（夫）は、昭和44年1月に婚姻し、両者間に昭和44年10月長女春子、昭和46年5月長男一郎、昭和48年7月二女夏子、昭和52年11月三女秋子がそれぞれ生まれた。

XとY間には、昭和63年10月、以下の内容の離婚調停が成立した。
① 春子、一郎の親権者をYとし、夏子、秋子の親権者をXと定め、春子については同人が成年に達するまで、一郎については、同人が高校を卒業する平成2年3月まで、Xにおいて養育監護する。
② Yは、Xに対して、4子の養育費として、1子につき1か月2万5000円を支払う。
③ Yは、Xに対し、前記養育費のほか「現に通学中の学校及び将来進学する学校の授業料、教科書代、教材費、通学のための交通費、受験費、入学費その他一切の教育に関する費用を、その必要を生じた都度支払う。（本件調停条項）」

Xは、Yに対して、Xが支払った本件調停条項に該当する費用として、合計約268万円の支払いを求める本件訴訟を提起した。

判旨

裁判所は、以下のように述べて、Xの請求額のうち、以下の合計約104万円の支払いをYに命じた。

(1) 「XとYとが離婚した昭和63年10月19日当時、春子は満19歳であって短期大学に在籍し、一郎は満17歳であって高校2年に在籍し、夏子は満15歳であって中学校3年に在籍し、秋子は満10歳であって小学校5年に在籍していたところ、いずれも将来多額かつ容易に具体的費目を確定し難い諸々の教育費の支出が予想される状況にあったこと、そのため、XとYは、定額の養育費の支払条項の他に本件調停条項を設けて、子らの教育に関して格別の配慮をしたことが認められる。本件調停条項は、このような趣旨により設けられ、かつ、具体的費目につき特段の限定を付することなく、網羅的に、子らの現に通学中の学校及び将来進学する学校の授業料、教科書代、教材費、通学のための交通費、受験費、入学費その他一切の教育に関する費用をYがXに支払うとしているものであるから、右の「一切の教育に関する費用」には、教育に直接必要な費用のみならず、子らの教育に間接的に必要な費用も含まれるものと解すべきである。したがって、本件調停条項にいう「一切の教育に関する費用」とは、例示された「授業料、教科書代、教材費、通学のための交通費、受験費、入学費」以外の学校に支払うべき費用（クラブ活動も学校教育の一環であるから、その費用はこれに含まれる。）のみならず、学校教育を受ける際に必要な学用品や制服などの購入費用、学

校教育を補完し進学準備のために一般に必要とされる塾や予備校の費用などを意味するものと解される。

他方、本件調停条項の他に養育費に関する条項が設けられていることに照らすと、給食費は、通常の食費の一部として、養育費によってまかなわれるべきである。また、子らが個人的興味に基づいて行う活動に要する費用は、本件調停条項が予定する費用に該当しないものとみられる。」

(2) 「夏子の丙山塾に関する別表記載の番号（略）の費用は、合計70万円に近いものであり、その負担がYに経済的圧迫をもたらすであろうことは容易に推測することができる。しかし、XとYは、離婚に際して、夏子の親権者をXと定めXにおいて監護養育する旨合意したのであるから、夏子の教育に関する事項は、親権者であるXが決定すべきものであり、その決定にあたりYに相談をし又はYの了承を得るべき義務があるものとは解し難い。また、Xには、教育に関する事項を決定するに際し、費用負担者であるYの経済面をも考慮すべき信義則上の義務があり、教育に関する費用であっても、その内容が社会生活上一般的に是認される範囲を超えた場合又は金額が不当に高額である場合には、Yにその支払を求めることが信義に反し権利の濫用に該当することがあり得ると解されるが、大学進学希望者らが受験準備のために予備校を利用することは世上一般的に行われていることであるから、夏子が予備校である丙山塾に入学してその講習を受けることが、目的及び内容において是認される範囲を超えたものとは認められず、更に、前記金額が不当に高額であるとも認め難い。したがって、前記番号（略）の費用についても、Yはその支払義務を免れないといわざるを得ない。」

 調停条項の「その他一切の教育に関する費用」の範囲が争われた事案であり、養育費の調停条項を検討する上で参考になろう。

106 父に多額の負債がある場合
子の養育費支払義務は免れないとした事例

原　審…和歌山家審平成6年1月18日（平成5年（家）196号、197号、198号）
　　　　家月47巻3号74頁
抗告審…大阪高決平成6年4月19日（平成6年（ラ）67号）家月47巻3号69頁

事案

　X（妻）とY（夫）は、昭和59年1月に婚姻し、昭和59年10月長女、昭和61年11月長男、平成3年3月二女（3名あわせて事件本人）がそれぞれ生まれた。
　XとYは、平成5年2月に、事件本人の親権者をXと定めて調停離婚した。その調停条項には、①Yは、Xに対して、離婚に伴う解決金（過去の婚姻費用分担金を含む）として130万円支払う。②事件本人の養育費については、和歌山家庭裁判所の家事調停、審判に委ねる旨の条項があった。
　離婚後Xは、パート勤めをし、月額6万ないし10万円程度の収入があるが、不足の生活費の月10万円位は、Xの父母から援助を受けている。
　Yは、平成5年4月に勤めていた会社を退職し、以後求職活動をしているが適当な就職先が見つからない状態にあると主張している。
　また、Yには、住宅ローンが800万円程度、離婚に伴う解決金支払いのための借入金が130万円、自動車ローン返済のための借入金が130万円あって、これらの支払いに月10万円以上要するが、すべてYの父母に支払ってもらっている状態であると主張している。
　Xは、Yに対して、事件本人の養育費として、平成5年3月から事件本人らがそれぞれ成人に達する月まで、1か月1人につき3万円の支払いを求める本件審判を申立てた。

判旨

　1　原審判は、Yには経済的な余力はないとして、Xの申立てを却下した。
　2　抗告審は、以下のように述べて、原審判を取り消し、差し戻した。
「Yが負債を抱えているとしても、親の未成熟子に対する扶養義務は、親に存する余力の範囲内で行えば足りるようないわゆる生活扶助義務ではなく、いわば一椀の飯も分かち合うという性質のものであり、親は子に対して自己と同程度の生活を常にさせるべきいわゆる生活保持義務なのである。したがって、基本的には、親であるYが負債を抱えていたとしても、後記説示のとおり自らの生活が維持されており、債務の弁済すらなされている以上、未成熟子である各本件事件本人の扶養義務を免れる余地はないものというべきである。負債を抱えていることは、考慮すべき諸般の事情のうちの一つであるにすぎず、その返済のため経済的余裕がないからとして、直ちに未成熟子である各本件事件本人に対する具体的養育費の支払義務を否定する根拠とはならないのである。」
「原審は（略）Yの日常生活の実情及びその推移を、Yの供述をそのまま採る以前

に、調査、審理し、Yの退職がX主張のとおりであると推認される場合はもちろん、そうでない場合でもYの新たな就職先を探す努力の程度内容、状況如何によっては、Yの潜在的労働能力を前提にして、本件養育費を算定することの可否及び当否をも検討すべきである。

　また、Yは失業保険（雇用保険）を受給中というのであるが、失業保険の給付は、現実的には、失業者本人のみでなく、その家族等の生活の維持に対し一定の役割を果たしているのであって、このことは当裁判所に顕著である。したがって、原審は、Yが受給したという保険給付金に関する詳細な事実関係を調査し、その結果を前提にして本件養育費を算定することの可否及び当否も検討すべきである。」

1　義務者の父が、無職で、多額の負債を抱えていると主張したのに対して、抗告審は、その事実を調査、審理することを求め、また、負債があることが直ちには、未成熟子の養育費の支払義務を否定する根拠にはならないと判断した。
2　仮に、義務者の父が無職であっても、その潜在的稼働能力から、収入の推定をすることも十分にあり得る。
〔解説・評釈等〕野沢紀雅・民商115巻1号92頁

107 離婚訴訟における離婚前の養育費請求の附帯申立て

附帯申立てを認め、離婚前の監護費用の支払いを命じた事例

- 一 審…東京地判平成 6 年 9 月 28 日（平成 5 年（タ）519号）家月 49 巻 9 号 100 頁
- 控訴審…東京高判平成 7 年 6 月 26 日（平成 6 年（ネ）4215号）家月 49 巻 9 号 97 頁
- 上告審…最判平成 9 年 4 月 10 日（平成 7 年（オ）1933号）家月 49 巻 9 号 92 頁

事案

Yは、昭和59年8月にBと婚姻したが、昭和61年10月裁判離婚した。

X（妻）とY（夫）は、昭和63年3月に婚姻し、平成元年3月長女が生まれた。Yは、父親の代から家族で鰻屋を営んでおり、結婚の約1年後に建物を建築し、その1、2階が店舗、3階がYの母と次姉の、4階がX夫婦の、5階が長姉のそれぞれ居住部分であった。Xは、このような同居生活に耐えられず、平成3年12月に長女を連れて家出をし、以後パートをしながら、母子寮で生活している。なお、Yは別居後X及び長女に対して生活費を全く支払っていない。

Xは、Yに対して　①離婚、②慰謝料として500万円、③長女の親権者をXと指定、④長女の養育費として別居の翌月である平成4年1月から成人に達する月まで、月6万円の支払いを求める訴訟を提起した。Yは離婚を争っている。

判旨

1　一審は、以下のように述べて、慰謝料を150万円とした以外はXの請求をすべて認めた。

「XとYとの婚姻生活は、両名の育成した家庭環境及びその中で培われた価値観の相違により破綻が生じ始め、Yが適切な対処方法を怠ったことによりXのYに対する信頼は完全に瓦解してしまったことに加えて、別居以来既に2年半余が経過したが、この間Yが事態の改善のために格別の努力をした形跡は認められず、また、XはYとの婚姻生活を継続する意思を全く有していないことを考慮すると、本件婚姻生活はもはや修復し難い破綻状態に達しており、婚姻生活を維持することは到底困難であるというほかない。」

2　控訴審も一審判決を維持したが、養育費の点だけ一部変更し、長女が学齢に達するまでの養育費を月額5万円、その後は月額6万円とした。

3　上告審は、離婚訴訟で離婚までの養育費の支払いを命ずることについて、以下のように述べて、これを認めた。

「離婚の訴えにおいて、別居後単独で子の監護に当たっている当事者から他方の当事者に対し、別居後離婚までの期間における子の監護費用の支払を求める旨の申立てがあった場合には、裁判所は、離婚請求を認容するに際し、民法771条、766条1項を類

推適用し、人事訴訟手続法15条1項により、右申立てに係る子の監護費用の支払を命ずることができるものと解するのが相当である。けだし、民法の右規定は、父母の離婚によって、共同して子の監護に当たることができなくなる事態を受け、子の監護について必要な事項等を定める旨を規定するものであるところ、離婚前であっても父母が別居し共同して子の監護に当たることができない場合には、子の監護に必要な事項としてその費用の負担等についての定めを要する点において、離婚後の場合と異なるところがないのであって、離婚請求を認容するに際し、離婚前の別居期間中における子の監護費用の分担についても一括して解決するのが、当事者にとって利益となり、子の福祉にも資するからである。」

1　離婚訴訟において、子の監護費用の支払いを命ずることができることは、[⇒100]の最高裁判例で明らかにされたが、同判例では、離婚までの監護費用の支払いを命ずることができるかについては、触れられていなかった。
　　本判例は、この点も認めることを明らかにした最高裁判例であり、この点で重要である。
2　本事例自体はかなりよくある離婚事案であると思われるが、このような事案（別居2年半）において、裁判所が婚姻の破綻を認定する理由は参考になろう。
〔解説・評釈等〕田中昌利・判解〈平成9年［24］〉587頁、棚村政行・法教206号102頁、西原諄・判タ957号96頁、佐藤義彦・ジュリ1135号85頁、二宮周平・判評473号202頁、村重慶一・判タ978号124頁、前田智彦・法協115巻11号1779頁、植野聡・家月50巻12号1頁、吉田邦彦・別ジュリ162号30頁

108 養育費の一時払いと事情変更
事情変更を認めず養育費の申立てを却下した事例

原　審…東京家審平成9年10月3日（平成7年（家）15491号）家月50巻10号135頁
抗告審…東京高決平成10年4月6日（平成9年（ラ）2110号）家月50巻10号130頁

事案

　X（妻）とY（夫）は、昭和51年5月に婚姻し、昭和54年8月に長男（事件本人）が生まれた。

　XとYは、昭和60年11月に調停離婚した。調停離婚の際、Yは、Xに対して、事件本人が成年に達するまでの養育費として1000万円、離婚に伴う財産分与・慰謝料とし3000万円を支払うこと、事件本人についてはXにおいて責任をもって養育すること、当事者双方は同調停をもって離婚に関する一切を解決したものとして、将来相互に名義のいかんを問わず何ら金銭上の請求をしないことを合意し、Yは、合意した金額を支払った。

　Yは、Xの希望に従い、離婚後事件本人とは一切交渉をもたず、その養育について意見を述べたこともない。Yは、昭和62年10月に再婚した。事件本人は、小学校から私立学校に通い、平成10年3月に私立高校を卒業した。

　Xは、離婚後短期間稼働したが、心身の状況が思わしくないことから就労状態が安定せず、平成元年9月ころから家業の古美術商を手伝っていたが、平成6年6月に父親が死亡してから、家業からの収入もなくなり、Yから支払われた金額もほとんどなくなった。

　Xは、Yに対して、平成7年4月以降の養育費を求める調停申立てをなし、調停が不成立となり本件審判に移行した。

判旨

　1　原審判は、以下のように述べて、Yに対して、平成7年4月1日から事件本人の4年制大学卒業時である平成14年3月末日まで、月約13万円ないし12万円の養育費の支払いを命じた。

「事件本人の中学3年までの私立学校の学校教育費及び家庭学習費の合計額だけで1000万円を超え、前調停で定めた成年に達するまでの養育費の額を超えることが認められる。このような結果となったことについては、前記とおりXに計画性や工夫が足りなかったことについて批判がされてしかるべきであるが、近時家庭学習費を含め教育費が高額化する傾向にあり、特に私立校の場合にこれが著しいことが認められること、Y自身も私立だけの教育コースを歩んでおり、事件本人にも同程度の教育を受けさせることが不相当といえないことを考慮すると、本件申立てについては、事情の変更があり、前調停の条項にもかかわらず高校入学以降の養育費を請求できるとするのが相当である。」

　2　抗告審は、以下のように述べて、原審判を取り消し、Xの申立てを却下した。

「Xとしては、事件本人を私立学校と学習塾に通わせた場合には、高等教育を受ける以前にYから支払われた養育費を使い尽くすことは当初から容易に予測可能であったと認められるのであり、これを補うためには、X自ら稼働して養育費を捻出するか父親からの援助を得ることが必要であったと考えられるが、Xは離婚後就労状況が安定していないし、家業は父親の存命中から不振続きであったから、これらによって養育費を補 することは当初からあまり期待できない状況にあったと認められる。

以上の事実によれば、前記調停成立後にその内容を変更すべき事情の変更が生じたと認めることはでき」ない。

1 離婚時に子の成人までの養育費として1000万円を一括払いした後、元妻がこれを使いきったとして子の高校入学後の養育費の請求をした事案である。
　離婚時に前提としていた事情が変更したかについて、原審判と抗告審で判断が異なっているが、本件では抗告審が述べるとおり事情変更の事由はないであろう。
2 本件では離婚時にYが事件本人の成年に達するまでの養育費の一括払いをしているので、事件本人が成人後の大学授業料等の扶養料をYに請求することは考えられる。
〔解説・評釈等〕西原諄・民商121巻4〜5号216頁

109 合意した養育費の請求方法
民事訴訟により請求できるとした事例

一　審…名古屋地判平成10年3月31日（平成9年（ワ）987号）判タ1030号261頁
控訴審…名古屋高判平成10年7月17日（平成10年（ネ）405号、559号）判タ1030号259頁

事案

X（妻）とY（夫）は、平成6年6月に婚姻し、平成7年11月に長男が生まれた。XとYは、平成8年10月に協議離婚した。
XとYは、平成8年10月に、離婚に伴う慰謝料、養育費に関して以下のような合意（本件合意）をした。
①Yは、Xに対し、離婚に伴う慰謝料500万円を、Yの賞与の際に30万円ずつ分割して支払う。
②Yは、Xに対し、長男の養育料として同人が成人に達するまで、毎月5万円ずつを支払う。
Yは、本件合意に基づく金額を支払わないので、Xは、Yに対して、本件合意に基づき、弁済期の到来した慰謝料分割金、養育費の支払いと将来の慰謝料分割金と養育費の支払いを求める本件民事訴訟を提起した。

判旨

1　一審は、慰謝料の支払いに関してはXの請求を認めたが、養育費に関しては以下のように述べて、その訴えを却下した。
「協議が調停調書、和解調書又は公正調書のような執行力ある書面により成立している場合はともかく、協議が右のような執行力のない書面又は口頭により成立している場合であって、相手方がその協議の成否ないし効力を争い、右協議に基づく履行をしないときは、審判手続によるべきものと解するのが相当と考える。何故なら、協議に代わる審判は公開主義、弁論主義の採らない非訟手続によることとされているし、仮に養育料に関して訴訟手続により給付判決をしても事情変更の生じる事態は容易に予想され、右事情変更による取消・変更の必要が生じることは否定できないところ、民法880条で取消・変更の対象とされているのは協議又は審判のみであり、判決については規定していないからである。」

2　控訴審は、以下のように述べて、一審判決を一部取り消し、Xの請求を全部認めた。
「養育料の請求は、民法上の扶養請求権に基づくものであるから、その程度又は方法については、まず当事者間で協議をして定め、当事者間の協議が調わないとき、又は協議をすることができないときは、扶養権利者の需要、扶養義務者の資力その他一切の事情を考慮して、家庭裁判所がこれを定めることになる（民法879条）が、更に、右当事者間だけではなく、本件のように、扶養権利者である長男の親権者として同人

を養育する立場にあるX（母）とY（父）とが、右両者間において、Xが長男を養育するために要する費用の給付について合意をしたときは、その合意は私法上の合意として有効であり、これに基づいて民事訴訟によりその給付を請求することを否定する理由はない。もちろん、扶養に関する処分は家事審判事項であるから（家事審判法9条1項乙類8号）、右の合意がされた場合であっても、事情の変更があったときは、長男からの又は長男に対する申立てにより、その取消し、変更をすることが可能である（民法880条）が、そうだからといって、YとXとの間の養育料に関する合意を民事訴訟において実現できないとする理由にならないことは明らかである。」

　当事者が養育費の支払いに関して合意した場合には、家裁の調停、審判を経ることなく、合意に基づき、民事訴訟でその養育費の支払い請求訴訟を提起できることを明らかにしている判例である。
　この結論について異論はないと思われる。

110 母の借金返済のための養育費の請求
権利濫用として認めなかった事例

札幌家審平成10年9月14日（平成9年（家）890号）家月51巻3号194頁

事案

X（妻）とY（夫）は、昭和63年3月に婚姻し、平成元年5月に未成年者が生まれた。XとYは、平成7年1月に未成年者の親権者をXと定めて協議離婚した。Yは、Xに対して、X及び未成年者の生活保障の趣旨で、900万円を支払い、このうち約700万円をこれまでのXの借金の返済に充て、残りは、引越費用やXの再婚相手Aの借金の返済に充てた。

Xは、平成7年10月にAと再婚し、Aと未成年者は養子縁組した。

Xは、サラ金から借金するようになり、Yは、Yの実家の求めに応じて、Xの実家への引越費用として約50万円をXの実家に渡し、毎月数万円をXに手渡したりしていた。

平成9年7月に、Xは、Yに対して、未成年者の養育費の支払いを求める本件申立てをした。

Xは、平成9年10月にAと協議離婚し、同日未成年者とAは協議離縁したが、平成10年4月に再度Aと婚姻し、未成年者とAは養子縁組をした。

判旨

裁判所は、以下のように述べて、Xの申立てを却下した。

「Xが本件申立てに及んだのは、専らXの都合で抱えてしまった多額の借金の返済による生活の困窮が理由であることは明らかであるところ、Xは、Yから受け取った約900万円もの離婚給付金を借金返済のためなどに短期間で費消したばかりか、離婚後もYから何度となくまとまった金員の支払を受けては未払家賃などの支払に充てていること、本件申立て後のXの行動は、ひとえにより高額の養育費を得るための行動であり、そのために未成年者に転居、転校を強いるなど、親権者として真に未成年者のことを考えて行動しているとは到底考えられないこと、加えて、Xは家庭裁判所調査官による養育費試算の調査の過程で、前記のとおり、離婚、再婚、転居など生活状況をめまぐるしく変動させ、かつ、そのことを家庭裁判所に知らせなかったことによって調査を長期化させたことが認められる。また、前記のとおり、X及びAの基礎収入は最低生活費を下回っているけれども、前記認定事実に照らせば、X及びAには未成年者を扶養すべきなお一層の自助努力が求められて然るべきである。

以上の諸事情を総合考慮すれば、Xの本件申立ては、Xが抱えている借金の返済による生活の困窮から免れるため、未成年者の養育費請求という形式をとってYに自己の借金の一部を肩代わりしてもらうことを求めているに等しく、信義則に反し、権利の濫用であると認めるのが相当である。」

Key point

養育費の請求が権利濫用として認められなかった珍しい判例である。

請求した金員が子の養育費に使われないことが明らかな場合には、その請求は認められないことになろう。

〔解説・評釈等〕松嶋道夫・民商121巻6号135頁

111 母の再婚相手と子が養子縁組した場合
実父の扶養義務は劣後するとした事例

神戸家姫路支審平成12年9月4日（平成12年（家）167号）家月53巻2号151頁

事案

X（妻）とY（夫）は、平成5年10月に未成年者の親権者をXと定めて協議離婚した。離婚に際し、未成年者の養育費として、YがXに月4万円を支払うことが約束された。

Yは、Xの要請により、離婚直前に自宅のリフォーム代に充てる趣旨で金融機関から300万円を借り入れたが、そのうち60万円がリフォーム代に充てられたのみで、残金240万円はXが離婚時にYに無断で転居資金として持ち出した。

Yは、未成年者との面会交流をXから拒否されたとして平成7年2月から養育費の支払いをしなくなった。

Xは、平成10年1月にAと再婚し、同日未成年者はAと養子縁組し、Yも、平成12年5月にBと再婚した。

Xは、Yに対して、未成年者の養育費として、月4万円の支払いを求める本件審判申立てをした。

判旨

裁判所は、以下のように述べて、Xの申立てを却下した。

「養子制度の本質からすれば、未成熟の養子に対する養親の扶養義務は親権者でない実親のそれに優先すると解すべきであるから、Xの分担額を決めるに当たっては、養父Aの収入・支出等も考慮することとする。」

「住宅ローンについては、平成10年の再婚後に新築したもので、Xは同ローンが家計に及ぼす影響を十分理解しながら、養父Aの収入でこれを返済することが可能であるとの自己判断に基づき負担したものと言うべきであるから、これを特別経費として計上することは相当ではないと考える。」

「Xらは、住宅ローンがなければ未成年者に対し十分な扶養義務を履行できる状況にあるものと認められる。そして、既述のとおり、住宅ローンは平成10年の再婚後に組んだもので、Xはこれが家計に及ぼす影響を十分理解しながら、養父Aの収入をもってすれば返済可能であるとの自己判断に基づき負担したものであって、その後の経済情勢の変化、養父Aの減収等によって見込が外れたからといって、これをYの負担に転嫁するのは相当でない。とすれば、Yは養親及び親権者であるXらに劣後する扶養義務を負担するに過ぎない以上、Yには現時点で具体的な養育費の負担義務は発生していないと言わざるを得ない。」

母が再婚し、再婚相手と子が養子縁組した場合には、未成熟の養子に対する養親の扶養義務は、親権者でない実親の扶養義務に優先するとし、権利者側の収入、支出に養父の収入、支出を含めて算定した事例である。

112 成人に達した子から父への扶養料請求
子が健康な成人であるからといって要扶養状態でないとはいえないとした事例

原　審…横浜家審平成12年 9 月27日（平成11年（家）1975号）家月53巻 5 号189頁
抗告審…東京高決平成12年12月 5 日（平成12年（ラ）2337号）家月53巻 5 号187頁

事案

　A（妻）とY（夫）は、昭和51年に婚姻し、昭和54年 4 月に長女のX、昭和57年 2 月に二女のBが生まれた。AとYは、平成 7 年 3 月子らの親権者をAと定める判決により離婚した。その後Aは、Yに対して、 2 人の子どもの養育費の支払いを求める調停申立てをなし、YはAに対して、Xの養育費として平成10年 3 月まで月額 7 万円を支払う、Bについても18歳まで月額 6 万6000円を支払うとの調停が成立し、Yはその支払いを行った。

　Xは、平成10年 4 月に私立大学に入学した。そこで、Aは、Yに対して、大学の授業料及び生活費等の養育費の支払いを求める審判の申立てをなし、平成11年11月、Yに、大学進学費用のうち104万円、平成10年 4 月から同年11月30日までの未払い養育費合計33万6000円の一括払い並びに平成10年12月 1 日から平成11年 3 月31日まで月 4 万2000円の支払いを命じる審判が下された。

　Xは、平成11年 4 月20日に成人となり、大学に通学している。

　Xは、Yに対して、扶養料として、平成11年 4 月から大学卒業時まで月額 9 万円の支払いと、大学授業料の一部の支払いを求める本件審判の申立てをした。

判旨

　1　原審判は、以下のように述べて、Xの申し立てを却下した。
「親の子に対する扶養は、原則として未成年者である間、その子の扶養料（養育費）を負担し、病気、身体精神等の障害により自活能力がない場合など特段の事情がない限り、親は成人後の子の扶養料は負担しないものと解する。」「Xは、健康体の成人であって、その知的能力は問題がなく、身体的にも何らの障害も認められない。してみると、Xの潜在的稼働能力は十分というべきである。」として、Xが要扶養状態にあるとはいえないとした。

　2　抗告審は、以下のように述べて、原審判を取り消し、差し戻した。
「 4 年制大学の進学率が相当高い割合に達しており、かつ、大学における高等教育を受けたか否かが就職の類型的な差異につながっている現状においては、子が義務教育に続き高等学校、そして引き続いて 4 年制の大学に進学している場合、20歳に達した後も当該大学の学業を続けるため、その生活時間を優先的に勉学に充てることは必要であり、その結果、その学費・生活費に不足を生ずることがあり得るのはやむを得ないことというべきである。このような不足が現実に生じた場合、当該子が、卒業すべき年齢時まで、その不足する学費・生活費をどのように調達すべきかについては、そ

の不足する額、不足するに至った経緯、受けることができる奨学金（給与金のみならず貸与金を含む。以下同じ。）の種類、その金額、支給（貸与）の時期、方法等、いわゆるアルバイトによる収入の有無、見込み、その金額等、奨学団体以外からその学費の貸与を受ける可能性の有無、親の資力、親の当該子の4年制大学進学に関する意向その他の当該子の学業継続に関連する諸般の事情を考慮した上で、その調達の方法ひいては親からの扶養の要否を論ずるべきものであって、その子が成人に達し、かつ、健康であることの一事をもって直ちに、その子が要扶養状態にないと断定することは相当でない。」

1 　成人に達した時点で養育費の支払いが終了したため、成人に達した子が父に対して、大学授業料、生活費の扶養料請求をした事案である。
2 　原審判が、子に潜在的稼働能力がある場合には、要扶養状態にないと判断したのは、これまでの判例にも反し、妥当ではないであろう。
3 　抗告審は、扶養の要否を判断する要素として、奨学金やアルバイト収入の有無を比較的重視している。これは、抗告審が成年に達した子に対する親の扶養義務を生活扶助義務的に把握すべきことを鮮明にしたとする見解もあるが、そこまで抗告審が述べているといえるかについては疑問である。
〔解説・評釈等〕野沢紀雅・民商126巻3号136頁、早野俊明・判タ1096号94頁

113 養育費の算定方法
算定表により算定した事例

原　審…東京家審平成15年2月26日（平成13年（家）5248号）家月56巻5号118頁
抗告審…東京高決平成15年8月15日（平成15年（ラ）670号）家月56巻5号113頁

事案　　X（母）とY（父）は、平成10年ころから交際を始めて婚約し、平成11年6月挙式し、同年7月から同居したが、同年9月には別居し、同年12月に未成年者が生まれた。Xは、未成年者を監護養育している。
　Xは、Yに対して、平成12年4月に、未成年者の認知を求める訴訟を提起し、同年11月に認知を認める判決が下され確定した。
　Xは、Yに対して、平成13年6月に、平成12年2月から1か月あたり6万円の養育費の支払いを求める本件審判申立てをした。

判旨　　1　原審判は、以下のように述べて、平成13年9月（Yが再就職した時期）以降、月2万5000円の養育費の支払いを命じた。
「本件においてYの養育費分担額を算定するに際し、客観的な数額（月額）で比較的信頼性が高いといえるものは、X及びYの総所得額（税込み）、公租公課、未成年者の保育園保育料、児童手当及び児童福祉手当などである。したがって、これらの数額を基礎にし、家庭裁判所調査官による試算の結果を参酌し、とくに未成年者の出産や安否、未成年者の性別や命名、発育状態、父子対面の機会などについて、相互間で速やかな連絡が図られたことはないままであること、Yと未成年者との間に父子といえる生活関係が成立していないこと、その他の諸般の事情を考慮し、Yの具体的な養育費分担額を定めるのが相当である。そして、その分担としては、平成13年9月1日から未成年者が成年に達するまで毎月末日限り月額2万5000円の割合による金員の支払義務を負わせるものとするのが、最も相当である。」
　2　抗告審は、以下のように述べて、原審判を一部取り消し、月2万円の養育費の支払いを命じた。
「Yは、Xに対し、Yが○△○△に勤務することになった翌月の平成13年9月1日以降の養育費の分担額を支払うべきである。そして、関係法規の規定等から導かれた公租公課の収入に対する標準的な割合及び統計資料に基づき推計された費用の収入に対する標準的な割合から算定されるY及びXの各基礎収入並びに生活保護の基準及び統計資料に基づき推計された子の生活費の割合を基に、Yが平成15年3月31日限り○△○△との間の雇用契約の終了により無職となっていること、Y及びXの現在の収入（負担能力）及びその今後の見通し、両者間の損害賠償を巡る争いの状況等を加味し

て考慮すれば、上記の分担額は、平成13年9月1日から平成15年3月分までは1か月2万5000円、同年4月以降は1か月2万円とするのが相当である。」

また、抗告審は、Xが支給されている1か月1万3500円の児童手当及び児童育成手当については、「公的扶助の補充性からして養育費の分担額の算定の決定に当たりこれをXの基礎収入に加えることは相当でない。」と述べた。

1　本件は離婚ではなく内縁関係解消の事例であるが、子の養育費の算定については、両者は差異がないので取り上げる。
2　抗告審は、算定表に基づき養育費を算定し、義務者が原審判後に無職となっていることを考慮して、無職後の養育費を減額している。
3　母に支給されている児童手当、児童育成手当について、公的扶助の補充性から、母の基礎収入に加えないとした点も重要である。この点は実務上ほぼ確立している。

〔解説・評釈等〕野沢紀雅・民商132巻4～5号215頁

114 無収入を理由とする養育費の免除申立て
養育費の支払いを逃れるため退職した前勤務先の収入を基準に養育費を算定した事例

福岡家審平成18年1月18日（平成17年（家）1278号、1279号、1280号）家月58巻8号80頁

事案

X（夫）とY（妻）は、平成11年5月に、未成年者C（昭和63年生）、同D（平成4年生）及びE（平成7年生）の親権者をいずれもYと定め協議離婚した。

平成16年11月に、Xは、Yに対して、未成年者らの養育料として、未払分に加え、平成16年11月から未成年者らがそれぞれ満20歳に達する月まで1人あたり3万円を支払えとの審判が下された（前件審判）。

Xは、前件審判において、未成年者らに対する援助はこれからも行っていくが、Yに対する金銭の支払等はすべて拒否し、給料差押え等の強制執行が行われる場合には、退職してでも抵抗する旨を記載した書面を提出した。

Yは、Xの給与について、前件審判に基づき、債権差押命令を申し立て、平成17年7月の給与から約17万8000円、賞与から約10万6000円、同年8月の給与から約12万8000円の支払いを受けた。

Xは、平成17年8月24日、勤務先を退職し、同年9月に未成年者らについての養育料の支払い免除を求める調停申立てをした。

判旨

裁判所は、以下のように述べて、Xの申立てを却下した。

「Xは、前件審判時から、強制執行を受けた場合には勤務先を退職して抵抗する旨の意向を有していたところ、現に強制執行を受け、裁判所により強制的に支払わされることに納得できなかったために、勤務先を退職したのであり、稼動（ママ）能力は有していると認められる。そもそも、未成年者らの実父であるXは、未成年者らを扶養し、未成年者らを監護するYに対し養育料を支払うべき義務があるところ、前件審判において、養育料の支払を命ぜられたにもかかわらず、一度も任意に履行せず、強制執行を受けるやそれを免れるために勤務先を退職したのであるから、Xが現在収入を得ていないことを前提として養育料を免除するのは相当ではなく、Xが潜在的稼動（ママ）能力を有していることを前提として、勤務を続けていれば得べかりし収入に基づき、養育料を算定するのが相当である。」

「Xは勤務先を退職していなければ、少なくとも年額467万1931円の給与収入を得ていたと認められる。」

Key point

1 義務者が、審判に基づく養育費を強制的に支払わされることに納得できずに勤務先を退職した事案について、義務者が勤務を続けていれば得べかりし収入を基準に、養育費を算定し、Xの免除申立てを却下した事例である。

2 本件は、義務者が退職した理由が明らかであるが、そうでない場合には、どのような事情があるときに得べかりし収入を基準に養育費を算定できるかについては、検討が必要である。

〔解説・評釈等〕野沢紀雅・民商136巻3号124頁

115 離婚前の監護費用
離婚の訴えに附帯して申立てできるとされた事例

- 一　審…東京地判平成17年2月16日（平成16年（タ）264号ほか）家月59巻7号128頁
- 控訴審…東京高判平成17年7月6日（平成17年（ネ）1742号）家月59巻7号123頁
- 上告審…最判平成19年3月30日（平成17年（受）1793号）家月59巻7号120頁、判時1972号86頁

事案　X（妻）とY（夫）は平成12年に婚姻したが、Xは妊娠中の平成13年7月からYと別居して実家に帰り、平成13年10月に長男Aを出産し養育している。
　Xは、Yに対し、離婚、長男の親権者をXと指定すること、慰謝料、財産分与、Xが職場に復帰した平成14年10月から○養育費の支払いを求める訴訟を提起した。

判旨　1　一審は、Xの請求を認め、Yに対し長男の出生時からの養育費を計算してその未払分の支払いを命じた（他の点は省略）。
　2　控訴審は、次のように述べて、長男の平成14年10月から離婚時までの養育費の分担申立て部分を却下した。
「離婚請求訴訟における附帯処分は離婚請求が認容される場合に限ってその裁判が行われるというものであって（人事訴訟法32条1項）、離婚の請求が認容されない場合にはその裁判が行われることもない。他方、婚姻中の子の監護費用ないし婚姻費用の分担（民法766条、760条）の問題は、離婚請求が理由があるか否かに関係なく決定されるべき事項であり、しかも、これらについては家庭裁判所の審判事項（家事審判法9条1項乙類3、4号）と定められ、家庭裁判所の専属管轄に属するとされているものであるからして、離婚請求訴訟の附帯処分としてその分担の申立てを行うことはできないものと解することが相当である。」
　3　上告審は、次のように述べて、離婚前監護費用の点の控訴審判決を破棄して、東京高裁に差し戻した。
「離婚の訴えにおいて、別居後単独で子の監護に当たっている当事者から他方の当事者に対し、別居後離婚までの期間における子の監護費用の支払を求める旨の申立てがあった場合には、民法771条、766条1項が類推適用されるものと解するのが相当である（最高裁平成7年（オ）第1933号同9年4月10日第一小法廷判決・民集51巻4号1972頁参照）。
　そうすると、当該申立ては、人事訴訟法32条1項所定の子の監護に関する処分を求める申立てとして適法なものであるということができるから、裁判所は、離婚請求を

容認する際には、当該申立ての当否について審理判断しなければならないものというべきである。」

Key point
1　別居後離婚までの子の監護費用（養育費）について、人訴法32条1項の子の監護に関する処分を求める申立てとして、離婚請求を認容する際には、審理判断しなければならないとした最高裁判決である。
2　本最高裁判決は［⇒107］の最高裁判決と同旨であるが、同判決後の平成16年4月に人事訴訟法が施行されており、同法32条1項の解釈としても同様であることを明らかにした点で重要である。

〔解説・評釈等〕塩崎勤・民事法情報254号82頁、松倉耕作・判評590号177頁、大橋真弓・ジュリ1354号147頁、秋武憲一・別冊判タ22号150頁、岡部喜代子・リマ37号132頁

116 養育費の減額
期限の利益喪失約定がある公正証書による養育費の減額を認めた事例

東京家審平成18年6月29日（平成17年（家）3831号、3832号）家月59巻1号103頁

事案

X（夫）とY（妻）は平成3年11月に婚姻し、平成4年に長女、平成7年に二女が生まれた。

Xは、平成16年にYから離婚を求められ、同年離婚給付等契約公正証書（本件公正証書）に署名押印した。

本件公正証書には、①XはYに対し、長女及び二女の養育費として、それぞれ大学を卒業する月まで1人あたり月額7万円を毎月末日限り支払う。②Xが月額養育費の支払いを2か月分以上遅滞したときは、分割払いの期限の利益を喪失し、遅滞額及び将来にわたる未払月養育費の合計額を一括して直ちに支払う旨（本件期限の利益喪失約定）が定められていた。

XとYは、平成16年3月に長女、二女の親権者をYと定めて協議離婚し、Xは同年4月に家を出た。

Xは、平成16年7月、養育費の減額を求める調停申立てをした。

判旨

裁判所は、次のように述べて、平成17年3月以降XがYに支払うべき養育費を、1人月額4万5000円、2人分合計9万円に減額変更した。

「本件養育費約定により合意された2人分の月額養育費の額は、14万円であり、算定表による2人分の標準的な月額養育費の額（約6万円）の2倍以上の額であることが明らかであるから、Xの収入額からみて、これを支払い続けることが相当に困難な額であったというべきであること、現に、Y自身も「養育費の14万円は臨時出費分も考慮した金額」である旨述べていること（略）、また、本件公正証書作成当時、Xとしては、離婚後も当分の間同居生活を継続できるものと考えていたこと、Xは別居後も両親の援助を得て2人分の養育費として毎月14万円を1年近く支払ってきたが、両親からの援助が実は他人からの借入れによっていたことが後になって判明し、両親からの援助が期待できなくなっただけでなく、X自身が借入金の返済をしなければならなくなったこと、その他、本件公正証書作成の経緯等、（略）で認定の諸事情を考慮すると、本件においては、当事者間に、公正証書によってされた本件養育費約定に基づく合意が存在するとはいえ、双方の生活を公平に維持していくためにも、本件養育費約定により合意された養育費の月額を減額変更することが必要とされるだけの事情の変更があるものと認められる。」

「養育費は、その定期金としての本質上、毎月ごとに具体的な養育費支払請求権が発生するものであるから、そもそも本件期限の利益喪失約定に親しまない性質のものと

いうべきであり、また、養育費の定期金としての本質から生じる事情変更による減額変更が、本件期限の利益喪失約定により許されなくなる理由もない。」

1　公正証書によって合意した養育費を、事情変更があるものとして減額を認めた判例である。
2　公正証書で定められた期限の利益喪失約定があっても、養育費の減額が認められた事例として意味がある。

〔解説・評釈等〕松嶋道夫・民商136巻6号116頁、志村由貴・別冊判タ22号146頁

117 成人に達した子の扶養料請求
大学在学中の扶養料請求を認めた事例

原　審…さいたま家越谷支審平成22年3月19日（平成21年（家）462号）家月63巻2号153頁
抗告審…東京高決平成22年7月30日（平成22年（ラ）683号）家月63巻2号145頁

事案

Y（夫）とC（妻）は昭和62年に婚姻し、平成元年に長女X、平成4年に長男Dが生まれた。

YとCは、平成18年裁判離婚した。判決では、X及びDの親権者をCと定め、YはCに対し、子らが満20歳に達する日の属する月まで毎月各人につき11万5000円を支払うこととされ、Yは、離婚後定められた養育費を支払った。

Xは、平成20年に大学に進学し、平成21年に成人に達した。

Xは、Yに対し、大学卒業までの扶養料の負担を求める申立てをした。

判旨

1　原審は、次のように述べて、Xの申立てを却下した。

「Yが、離婚判決で命じられたとおりに成人に達するまで月額11万5000円の養育費を支払い続けてきたことにより、YのXに対する生活保持義務としての扶養義務はすでに果たされている。

Xが大学における学業を継続することが経済的に困難となってきているとしても、その対応は、母C及び成人に達したXにおいてなすべきであって、新しい家族とともに再出発を始めているYに、生活扶助義務としての扶養料の支払を命じることは相当でない。」

2　抗告審は、次のように述べて原審判を取り消し、Yに対し、扶養料審判申立ての翌月から大学卒業見込み月までの間、Xが奨学金及びアルバイト収入によっても不足する額6万6345円のうち、月3万円の支払いを命じた。

「一般に、成年に達した子は、その心身の状況に格別の問題がない限り、自助を旨として自活すべきものであり、また、成年に達した子に対する親の扶養義務は、生活扶助義務にとどまるものであって、生活扶助義務としてはもとより生活保持義務としても、親が成年に達した子が大学教育のための費用を負担すべきであるとは直ちにはいいがたい。

もっとも、現在、男女を問わず、4年制大学への進学率が相当に高まっており（審問の全趣旨。加えて、大学における高等教育を受けたかどうかが就職先の選択や就職率、賃金の額等に差異をもたらす現実が存することも否定しがたい。）、こうした現状の下においては、子が4年制大学に進学した上、勉学を優先し、その反面として学費や生活費が不足することを余儀なくされる場合に、学費や生活費の不足をどのように

解消・軽減すべきかに関して、親子間で扶養義務の分担の割合、すなわち、扶養の程度又は方法を協議するに当たっては、上記のような不足が生じた経緯、不足する額、奨学金の種類、額及び受領方法、子のアルバイトによる収入の有無及び金額、子が大学教育を受けるについての子自身の意向及び親の意向、親の資力、さらに、本件のように親が離婚していた場合には親自身の再婚の有無、その家族の状況その他諸般の事情を考慮すべきであるが、なお協議が調わないとき又は上記親子間で協議することができないときには、子の需要、親の資力その他一切の事情を考慮して、家庭裁判所がこれを定めることとなる（民法878条、879条、家事審判法9条1項乙類8号）。」

1　成人に達し大学に進学中の子から父に対する扶養料請求について、一審は却下したのに対し、抗告審は、大学進学率が高いこと等から、生活扶助義務として、不足額の2分の1以下の金額の支払いを認めたものである。
2　成人に達した後の扶養料請求は実務上よく争点となるが、判例ではかなり制限的に解していることがわかる。
〔解説・評釈等〕冷水登紀代・民商144巻6号158頁

118 再婚等による養育費の減額

高額所得者である元夫について事情の変更に該当するとして、養育費の減額を認めた事例

原　審…熊本家審平成26年1月24日（平成25年（家）903号、904号）判タ1410号108頁
抗告審…福岡高決平成26年6月30日（平成26年（ラ）82号）判タ1410号100頁

事案

　X（夫）とY（妻）は平成10年に婚姻し、平成11年にC、平成14年にDが生まれた。
　XとYは、平成20年、C及びDの親権者をYと定め、XはYに対し、子らが満20歳に達する日の属する月まで毎月各人につき20万円を支払う旨を定めて調停離婚した。
　Yは平成21年Eと再婚し、Xは平成22年Fと再婚し、Fの子であるG、Hと養子縁組をし、平成24年にFとの間にIが生まれた。
　Xは医師で医療法人の代表をしており、平成24年の総収入は約6171万円であり、Yは薬剤師で平成24年の総収入は約999万円であった。
　平成25年、XはYに対し、養育費の減額の申立てをした。
　なお、Yは平成26年にEと離婚した。

判旨

　1　原審は、民法880条の事情変更には該当するが、Xに多額の収入があること等から養育費の減額は相当でないとして、Xの申立てを却下した。
　2　抗告審は、次のように述べて原審判を取り消し、調停条項を平成25年から養育費の額を17万円に減額する内容に変更した。
「Xの妻Fは、未成年者ら（C及びD）を扶養する義務を負わず、その年収は330万円で、XやYに比較すれば著しく低いことを考えると、未成年者らの養育費算定にあたっては、G、H、Iの養育費は専らXが負担しているものとして、Xの基礎収入の算定にあたっては妻Fの収入を合算しない一方、妻FをXの扶養者ではないとみなすのが相当である。」
「年収2000万円までの基礎収入割合は概ね34ないし42パーセント（ただし高額所得者の方が割合は小さい。東京・大阪養育費等研究会「簡易迅速な養育費等の算定を目指して」判例タイムズ1111号285頁参照）とされているところ、年収2000万円を超える高額所得者の場合は、基礎収入割合はさらに低くなると考えられるから、Xの職業及び年収額等を考慮して、Xの基礎収入割合を27パーセントとするのが相当である。」
「X及びYは、調停離婚後、それぞれ再婚し（ただし、Yはその後離婚している。）、Xは、G及びHと養子縁組をし、その後、新たにIが出生しているが、これらはいずれも調停時には想定されていなかった事情であり、これらによってそれぞれの生活状況は大きく変化し、（略）Xが負担すべき未成年者の養育費の算定結果も相当程度変

わっているというのであるから、民法880条にいう「事情に変更を生じたとき」に該当するというべきである。」

1　離婚後、元夫が再婚して、再婚相手の子2人と養子縁組をし、また再婚相手との間に子ども1人が生まれた事案について、事情変更を認め、抗告審は算定表に基づき養育費額を減額した判例である。
2　年収2000万円を超える高額所得者について、基礎収入割合を27％とした点についても参考となる。

8

面会交流

傾向と実務

第1 はじめに

1 非親権者または非監護親と子との面会交流は、民法766条を類推適用し、子の監護についての必要な事項（同条1項）または子の監護についての相当な処分（同条旧2項、現3項）として、家事審判事項（家事法別表第2第3項）とされると解されていた。

　平成23年の改正によって民法766条の子の監護に関する事項に、父または母と子との面会交流が含まれることが明示された。

　別居状態にある父母の間でも、家庭裁判所は、民法766条を類推適用して、家事審判法9条1項乙類4号（現：家事法別表第2第3項）により、面会交流について相当な処分を命ずることができる［●126］。

2 面会交流権の法的性質について、判例は、「面接交渉権は、抽象的には親として有する固有の自然権であるが、具体的には父母間の協議または家庭裁判所の調停・審判によって形成される、子の監護に関連する権利」［●119］、「子の監護義務を全うするために親に認められる権利である側面を有する一方、人格の円満な発達に不可欠な両親の愛育の享受を求める子の権利としての性質をも有する」［●123］と解している。

第2 面会交流認容の判断基準

1 子の福祉または子の利益に反する場合には面会交流は認められないとする判例が大勢であるが、面会交流によって子の心身の成長上好ましい結果がもたらされる場合に面会交流を認めるとする判例もある［●124］。

2 具体的には、判例は、以下のような点を判断基準としている。

（1）子の年齢・意思

　ア 子が乳幼児の場合には、非監護親との面会交流の実施には監護親の協力が不可欠なことから、監護親の協力が得られない場合には、面会交流を認めない傾向がある。

母と2歳9か月の乳児院に預けられている双子の面会交流について「幼児について、父母、特に母親との交流を図ることは、幼児の健全な発達を促進するものであるから、できるだけこれを認めるのが相当であ」るとした判例［⊃122］に見られるように、乳幼児の場合、母との面会交流は認める傾向にある。

イ　子の年齢が上がるほど、子の意思が尊重される。

13歳の男児については子が単独で面会交流することが可能であるので父との面会交流を認め、9歳の女児については認めなかった判例がある［⊃124］。

しかし、子は、監護親の影響を受けること等が多いので、子の真意を見極めることが重要である。

小学校4年の男児、小学校3年の女児の場合で、子らが母に対して反発し面会交流を望んでいない場合でも、母親との心的信頼関係を回復するためとして面会交流を認める判例もある［⊃121］。

(2)　非監護親の態度、行動

非監護親が暴行等粗暴な行動をしたり、監護親の同意を得ずに、子との面会交流を行っている場合には、面会交流が認められないことが多い［⊃119、129、133、134］。

(3)　監護親の意思

別居、離婚等を通じて父母の対立葛藤が激しい場合には、面会交流を認めない傾向にある［⊃124、133］。

また、暴力が原因で離婚した場合には、監護親の恐怖感が続いていること等から面会交流を認めない傾向にある［⊃131、133］。

第3　面会交流の方法

1　面会交流の頻度については、以下のような判例があり、月1回が最も多いと思われる。

① 　月2回
② 　月1回［⊃122、126、135］
③ 　子の夏季休暇中7日間及び春季、冬季休暇中各3日間［⊃121］
④ 　年1回子の学校の夏季休暇中［⊃124］

2　間接的な方法

直接子と会う面会交流のほか、手紙、写真、ビデオの交付、子の成育状況や学校での成績等を監護親から知らせる等の間接的な方法を定める場合もある［➡128］。

3　具体的な面会交流の実施方法

主文では面会交流の頻度のみを定め、具体的日時場所、子の引渡し方法等については、当事者の協議に任せることが多い。しかし、具体的な面会交流の実施方法について円満な協議ができないことも多い。［➡135］が示した面接要領は、このような場合の解決として参考になる。

また［➡136］の審判における面会交流要領も、間接強制を念頭に置く等、実現性に不安がある場合には参考になろう。

第4　面会交流の変更

1　裁判上の和解や調停で決定した面会交流の条項であっても、その後子の福祉に反する事情が生じた場合には、変更することができる［➡119、134］。
2　特に、親権者が再婚し、再婚相手と子が養子縁組をした場合には、新たな環境を安定させるため、非監護親との面会交流を制限する場合が多い［➡135］。

第5　面接交渉の履行の強制方法

1　履行勧告

調停・審判・判決で面会交流が認められた場合に、不履行があれば、申立てにより、家庭裁判所は履行勧告をすることができる（家事法289条）。

2　間接強制

調停で面会交流を具体的に定めたにもかかわらず、母が面会交流を実行しなかった事案について、正当の理由がないのに義務者が履行しない場合には、面会交流権利者は特別の事情がない限り間接強制できるとして、不履行1回について20万円の支払いを命じた事例がある［➡130］。

［➡132］の抗告審決定は、調停条項が面会交流を認めるとの表現になっていることから、給付条項ではなく債務名義としての執行力がないとして間接強制を認めなかった。

そして、最高裁は、監護親がすべき給付の特定に欠けることがない給付を命ずる審判に基づく間接強制を認める判決をした［➡136］。

3　直接強制

　　親と子との精神的交流を図るためであり、継続的に実施する必要がある面会交流は、直接強制にはなじまない。

4　不法行為に基づく慰謝料請求

　　[⏵127]は、調停で定まった面会交流を母が実行しなかった事案について、面接交渉権の妨害を不法行為として500万円の慰謝料の支払いを命じている。

119 裁判上の和解による面会交流の変更
事情変更により面会交流を禁止した事例

浦和家審昭和57年4月2日（昭和56年（家）764号、765号）家月35巻8号108頁

事案　X（妻）とY（夫）は、昭和49年10月に婚姻し、両名間には昭和49年12月長女、昭和50年12月長男（2名をあわせて事件本人ら）が生まれた。Yは、昭和50年9月に、覚せい剤取締法違反で、懲役4月、執行猶予2年の判決を受けた。Yは、経営していた麻雀荘が不振となり、昭和51年に廃業してからは、無職となった。

Yは、日常的にXに対して暴力を振るった。

Xは、昭和53年に離婚訴訟を提起し、昭和53年10月に、事件本人らの親権者をいずれもXと定め、「Xは、長女、長男がそれぞれ成年に達するまでの間、Yが2か月に1回の割合で右子供らに面接することに同意する」旨を定めて、裁判上の和解を成立させ、離婚した。

Yは、昭和54年に覚せい剤使用で、懲役1年2月の実刑判決を受けたが、出所後に、Xの自宅におしかける、暴行を加える等の行為を行った。

Xは、面会交流の禁止を求める本件審判の申立てをした。

判旨　1　裁判所は、次のように述べて、以下の審判を下した。

主文「XY間の浦和地方裁判所（略）事件について右当事者間に成立した和解中、事件本人らとYとの面接交渉を定めた和解条項第2項は、これを取消す。

Yは、事件本人らの面接交渉につき、Xとの間でこれを許す新たな協議が成立するか、または、これを許す家庭裁判所の調停審判があるまでの間、事件本人らと面接交渉をしてはならない。」

「面接交渉権は、抽象的には親として有する固有の自然権であるが、具体的には父母間の協議または家庭裁判所の調停・審判によつて形成される、子の監護に関連する権利と解されるから、本件のように面接交渉権が裁判上の和解により形成された場合でも、その実質は父母間の協議と解するのが相当である。そして、前記のとおり、面接交渉に関する協議が成立した以上、当事者は約旨に従つて面接する権利、義務を有するに至ることは多言を要せずして明らかである。しかしながら、面接交渉権は、親の子に対する自然の情愛を尊重し、子の人格の健全な成長のためには親の愛情をうけることが有益であることを根拠として認められるものであるから、面接交渉権の行使が、協議または調停・審判の成立後の事情の変更により、未成年者の福祉を著しく害するような事態に立ち至つたときには、未成年者の監護に関し後見的な権限を有する家庭裁判所は、右協議または調停・審判の変更または取消をすることができるものと解するのが相当である。」

「右和解に基づく2か月に1回の割合による面接に関する協議は、その合意の成立の

当初から事件本人らの福祉のためになされたというよりはYがこれに藉口して離婚後のXとの面会の機会を得るために約定したとの疑念を払拭し得ないばかりでなく、Yには事件本人らとの面接により事件本人らの人格の健全な成長を図るという意図が全く看取し得ないのである。しかも、Yは覚せい剤の乱用により受刑したうえ、出所後も、離婚したX及びその父に対し暴行を加え、あるいは金銭の要求をし、または事件本人らの通園する幼稚園に迷惑をかけるなどして、事件本人らの福祉を著しく害するような所為に及んでいるのである。そして、現在、Yが従前の生活態度を改めて、事件本人らと円満かつ平穏に面接をなしうるとの資料は見出せない。

このように、本件については、面接交渉権が、その後の事情の変更によつて、これを行使させることが事件本人らの福祉を著しく害し、もしくは害する蓋然性が高いと認められるので、右和解に基づく面接交渉の協議は、新たな協議又は調停・審判によつて変更又は取消をすることが必要であるというべきである。」

離婚訴訟において、面会交流を認める裁判上の和解が成立した後に、父と子との面会交流が子の福祉に反する事情が生じたとして、事情変更により、和解条項を取り消し、父と子との面会交流を禁ずる審判を下した事例である。

120 面会交流の棄却と憲法13条
特別抗告事由に当たらないとした事例

原　審…長野家諏訪支審昭和57年12月15日（昭和57年（家）374号）
抗告審…東京高決昭和58年3月30日（昭和57年（ラ）824号）
特別抗告審…最決昭和59年7月6日（昭和58年（ク）103号）家月37巻5号35頁

事案　X（夫）とY（妻）は、長女Aの親権者をYと定めて裁判上の和解により協議離婚した。
　その後、YはBと再婚し、AはBと養子縁組した。
　Xは、少なくとも年2回Aと面会させることを求めて、本件審判申立てをした。

判旨　1　原審判は、面接交渉権も子の福祉に適合する場合のみ行使が許されるとした上、「本件では、父と子が面接すると子の保護環境が再び落ち着かなくなる危険がある。この危険をおかしてまで、面接を認めるには、父と子の基本的信頼関係と愛情の交流があって、面接による子の福祉の程度が大きい場合であるが、そのような父と子の結びつきが認められず、面接交渉することは子の福祉に適合しない」として、Xの申立てを棄却した。
　2　抗告審も原審判を維持した。
　3　Xは、特別抗告して、「親権者でない親がその子と面接する権利は、親子という身分関係から当然に認められる自然権であり、個人の尊厳を尊重する憲法13条の幸福追求権に含まれている。」
「面接交渉権の制限は、面接交渉の時期・場所・立会人などの制約を加えることができるだけである。」と主張した。
　特別抗告審も以下のように述べて、Xの抗告を却下した。
「所論は、協議上の離婚をした際に長女の親権者とされなかった同女の父であるXに同女と面接交渉させることは、同女の福祉に適合しないとして面接交渉を認めなかった原決定は、憲法13条に違反すると主張するが、その実質は、家庭裁判所の審判事項とされている子の監護に関する処分について定める民法766条1項又は2項の解釈適用の誤りをいうものにすぎず、民訴法419条ノ2所定の場合にあたらないと認められるから、本件抗告を不適法として却下」する。

1　面会交流に関する最初の最高裁決定であるが、最高裁は、面接交渉権の権利性については何ら述べていない。
2　親権者である母が再婚し、再婚相手と子が養子縁組をすると、実父との面会交流が難しくなる事例である。
　最近の判例よると、このような場合でも、面会交流を認める傾向にあると思われる。
〔解説・評釈等〕犬伏由子・民商91巻6号947頁、清水利亮・ジュリ828号137頁、松倉耕作・判タ551号277頁、石田敏明・別ジュリ132号108頁

121 子の監護者の指定等申立事件における面会交流の審判

裁判所は申立ての趣旨に拘束されず、子の福祉に最も望ましい内容を定めれば足りるとした事例

岡山家審平成2年12月3日（平成2年（家）198号、199号）家月43巻10号38頁

事案　　X（妻）とY（夫）は、昭和55年1月に婚姻し、両名間には昭和56年1月長男が、昭和57年3月長女（2名をあわせて事件本人ら）が生まれた。

　Yは、養父A、養母Bの養子で幼いころからABに育てられ、Xらは婚姻後ABの住居の隣に居住していた。長男が生まれたころからBが長男の育て方について口を出すようになり、対立が生じるようになった。Yの転勤に伴って、ABもXら夫婦と同居し、XとBの争いは拡大し、Xは、Bに同調するYにも不信感を抱くようになり、夫婦関係も悪化した。

　平成元年7月Yが離婚調停申立てをなし、そのころB及びYが子らの学校に赴き、子らを北九州市内のAB宅に連れ帰った。その後、Y、A、Bが子らと岡山市の社宅で生活を始め、Xは、社宅を出て北九州市の実家で生活するようになり、薬剤師として働いている。なお、上記離婚調停は、平成元年12月に不成立となった。

　Xは、XとYが別居を解消するまでまたは離婚するまでの間、事件本人らの監護者をXと定め、事件本人ら（長男が小学校4年、長女が小学校3年）をXに引渡すことを求める本審判申立てをした。

判旨　1　裁判所は、以下のように述べて、「Yは、Xとの別居解消又は離婚成立に至るまで、事件本人両名の学校の夏期（ママ）休暇期間中の7日間並びに春季休暇及び冬季休暇期間中の各3日間、事件本人両名をX肩書住所地に宿泊させて、Xと面接させよ。」との審判を下した。

(1)　「夫婦が離婚していない状態で、家庭裁判所が子の監護者の指定等の処分をなしうるかどうかについては、見解の分かれているところである。しかし、夫婦は互いに協力する義務を有するのであるから、子の監護、養育についても協力する義務を有するのであって、その協力の内容等について協議ができないときは、家庭裁判所が、民法752条、家事審判法9条1項乙類1号により、子の監護に関する事項を定めることができると考える。（略）また、家庭裁判所の定める内容については、家庭裁判所は申立ての趣旨に拘束されることなく、子の福祉のために最も望ましい内容を定めれば足りると考える。」

(2)　「現状では、長男及び長女とも、Xに対する反発が極めて強く、しかも、Y及びBらとの生活の中で安定し、かつ、その生活の継続を強く希望しているのも疑いのない事実である。このような状況下で、敢えて事件本人らの監護者をXと定め、Xとの生活を命じることは、未だ十分な判断能力を有しているわけではない事件本人らに対

し、大きな動揺を与え、混乱をもたらすことになり、事件本人らに与える負の影響が懸念される。したがって、少なくとも、当面は、事件本人らの監護者をXと定め、事件本人らにXの下で生活することを命じることは、相当ではないといわざるをえない。」

(3) 「事件本人らが、今後長期的に見て、真に健全な心身発達を遂げ、年齢に応じた健全な人格形成を図っていくためには、事件本人らと実の母親であるXの間の心的な信頼関係を回復することが不可欠である。そのためには、当面、事件本人らとXとの間の面接交渉を実施し、これを通して意思の疎通を図っていくことが肝要である。本件においては、事件本人らの時間的、物理的及び心理的負担を少なくし、かつ、事件本人らが実の母親との心的信頼関係を回復していくという面接交渉の趣旨を実現するためには、当面、事件本人らが学校の長期休暇期間中に一定期間X方に宿泊し、特にBが立ち会わない形で面接を重ねていくことが適当であると考えられる。」

1　Xが、監護者の指定、子の引渡しの申立てをしたのに対して、家庭裁判所は、民法752条、家事審判法9条1項乙類1号により子の監護に関する事項を定めることができ、申立ての趣旨には拘束されないとして、面会交流を認める審判を下した事案である。

2　事件本人らが父や父の養母の影響により母に対して拒絶的な態度をとっている状況で、面会交流を認め、事件本人らとXとの心的信頼関係を回復するため、養母が立ち会わない形で、長期休暇中にX方へ宿泊する方法とした事例としても参考になる。

〔解説・評釈等〕犬伏由子・民商106巻3号419頁

122 乳児院入所中の子と母の面会交流
職員同席の下で月1回の面会を認めた事例

原　審…神戸家審平成3年11月27日（平成3年（家）3035号、3036号）家月45巻7号70頁
抗告審…大阪高決平成4年7月31日（平成4年（ラ）11号）家月45巻7号63頁

事案

　X（妻）とY（夫）は、平成元年1月に婚姻し、平成元年10月長男、長女の双子が生まれた。子ども達が生まれてから、Xら家族は、Xの実家でXの父とともに生活した。
　育児と家事に疲れたXは、平成2年1月、子ども達を父に託して、単身家出をした。Xの父は、Xを実家に連れ戻したが、子ども達はYの実家に引き取られた。その後XとYは、今一度やり直すため、子ども達を連れて自宅に戻ったが、XはYの母とうまく行かず、Xは、また子ども達を残して父のもとに帰った。Xは、産後の過労による精神不安定と診断された。
　平成2年1月、YはXに対して、夫婦関係円満調整調停申立てをし、同年3月に子ども達をA乳児院に預けた。
　平成2年4月、XはYに対して面会交流の調停申立てをしたが、Yが面会交流を拒んだため、調停は不成立となり本審判に移行した。
　平成4年1月、YはXに対して、離婚訴訟を提起し、子らの親権者をYとするよう主張した。XもYに対して離婚の反訴を提起し、子らの親権者をXとするよう主張した。

判旨

　1　原審判は、以下の条件での面会交流を認めた。
「Yは、Xが下記条件のもとに、未成年者両名と面接することを妨げてはならない。

記

1　面接回数　月1回。
2　面接の日時　月曜日から金曜日までの間のいずれかの午前中。
　　　　　　　Xは、具体的な面接日、時間の設定につき、予めA乳児院と協議して定める。
3　面接場所　A乳児院内。
4　面接方法　弁護士B及びA乳児院の職員1名が同席する。」
　2　抗告審は、以下のように述べて原審判を次のとおり一部変更した。
「1　Yは、事件本人両名がA乳児院入所中、予めA乳児院と具体的な面接日、面接時間を協議のうえ、毎月1回月曜日から金曜日までの間のいずれかの日の午前中、同乳児院において、同乳児院の職員1名の同席のもとに事件本人両名と面接することができる。
　2　Yは、Xが上記のとおり事件本人両名と面接することを妨げてはならない。」

「事件本人両名のような幼児について、父母、特に母親との交流を図ることは、幼児の健全な発達を促進するものであるから、できるだけこれを認めるのが相当であり、また、そうすることが長期的には事件本人両名の福祉に適うというべきである。(ことに、本件においては、現在、XとYとの間の離婚訴訟が係属中であって、いまだ離婚に伴う事件本人両名の親権者が決定されていない段階であるから、一方の親であるXと事件本人両名の交流を一切断ち切ってしまうことは極力避けなければならない。)

したがって、事件本人両名に一時的な動揺がありうることを理由にXと事件本人両名の面接交渉を否定することは許されない」

Key point

1　離婚訴訟中の母が、抗告審終結時に2歳9か月の乳児院に預けられている双子との面会交流を求めた事案である。
　原審、抗告審とも乳児院における月1回の面会交流を認めている。
2　抗告審では、原審で条件としていた弁護士の同席をなくしたのは、乳児院の職員が同席すれば、Yが主張していた不測の事態が生ずるおそれはなく、更に弁護士の同席までは必要がないと判断したからであろう。

〔解説・評釈等〕深見玲子・判夕852号134頁

123 離婚無効確認訴訟係属中の面会交流
申立てを時期尚早として却下した事例

大阪家審平成5年12月22日（平成5年（家）433号、434号）家月47巻4号45頁

事案

X（夫）とY（妻）は、昭和63年に同棲し、平成元年5月にXが前妻と協議離婚した後の同年6月に婚姻した。同年7月長女が、平成3年5月長男が生まれた。

平成3年12月、Yは長女、長男（未成年者ら）を連れて両親の家に転居し、Xと別居した。平成4年3月、XはYのもとから未成年者らを連れ出し、保育園に入れ、その後、長女を養護施設に、長男を乳児院に入れた。

平成4年6月XとYは、未成年者らの親権者をXと定めて協議離婚したが、その後Yから離婚無効確認請求が提起され、係属中である。

平成4年9月に、Yが申し立てた人身保護請求事件について、XはYに未成年者らを引渡す旨の合意が成立し、Yに未成年らが引渡され、未成年者らはYと同居している。Xは、Yに対して未成年者らの養育費を支払うことは拒否している。

XはYに対し、未成年者らと面会交流を求める本件審判の申立てをした。

判旨

裁判所は、以下のように述べて、Xの申立てを却下した。

「面接交渉権の性質は、子の監護義務を全うするために親に認められる権利である側面を有する一方、人格の円満な発達に不可欠な両親の愛育の享受を求める子の権利としての性質をも有するものというべきである。」

「上記に述べた面接交渉権の性質に加うるに、未成年者らの年齢、Xの離婚歴やYとの別居・離婚に至った経過、XおよびYの生活状況、現在XとYとの間で離婚無効訴訟が係属中であることその他諸般の事情を考慮すると、今直ちにXが未成年者らと面接交渉すること（電話による対話・物品の授受を含む。）を認めるのはやや時期尚早であり、藉すにしばらく時を以てし、未成年者らがあと数年成長後にXを慕って面接交渉を望む時期を待たせることとするのが、未成年者らの福祉のため適当であると解される。」

「蛇足ながら、Yにおいても、Xとの離婚無効訴訟の結末がどうなるにせよ、未成年者らの父はXのほかにはなく、かつその健全な成長のためには、Xの愛情もYのそれに劣らず必要であることに思いをいたし、未成年者らの監護養育について関心を寄せるXの心情も理解し、時に応じ未成年者らの発育状態について自発的に信書または写真をXに送付するなど、きめ細かい配慮をすることが望ましい。Xがこれに応えて未成年者らおよびYを励まし、適切な助言協力を惜しむべきでないことは言うまでもない。」

Key point

協議離婚により親権者となった父が、その協議離婚についての離婚無効確認訴訟が係属中に、子らを監護している母に対して、面会交流を求めた事案である。

裁判所は、現時点での面会交流を時期尚早として申立てを却下しているが、その理由については必ずしも明確ではない。現時点での面会交流が子の福祉に反する理由を具体的に述べるべきではないだろうか。

〔解説・評釈等〕上野雅和・民商115巻1号103頁

124 子どもの年齢と面会交流の可否
中学2年の男子については認め、小学4年の女子については却下した事例

横浜家審平成8年4月30日（平成6年（家）3582号、3583号）家月49巻3号75頁

事案　X（夫）とY1（妻）は、昭和57年3月に婚姻し、昭和57年10月長男（審判当時中学2年、13歳）が、昭和61年7月に長女（審判当時小学4年、9歳）がそれぞれ生まれた。Xは転職を繰り返し、経済的に不安定であったことに加え、Y1と、同居していたXの母との折り合いが悪かったことから、平成5年5月にXY1は、未成年者らの親権者をY1と定めて協議離婚した。

平成5年11月に、Y1はY2と再婚し、Y2と未成年者らが養子縁組をした。

Xは、Y1、Y2に対して、長男、長女と年1回程度面会交流を求める審判の申立てをした。Y1らは、Xにその住所を秘匿していたが、Xは、これを調査した上、Y1らの了解を得ないまま、本件審判申立て後の平成6年6月と同年10月の2度にわたり、未成年者らと面談をし、その際、Xは、未成年者らに面会の事実を秘匿するように言った。

判旨　裁判所は、以下のように述べて、長男とは、毎年1回その通学先の学校の夏季休暇中に面会交流させることを認め、長女については、面会交流の申立てを却下した。

「面接交渉の目的及び性格からすると、その実施によって子の心身の成長上好ましい結果がもたらされる場合でなければ、これを肯定すべきではないといってよく、特に、離婚に至った原因・経緯等から父母間の対立が激しく、親権者親が非親権者親による面接交渉に強く反対している場合にあっては、親権者親の意思に反する面接交渉が強行されることにより親子間に感情的軋轢等が生じ、これによって子の福祉を害する事態が想定されることから（略）、親権者親の意思に反した面接交渉は、例えば、進学問題など、子の監護教育上親権者親が非親権者親の協力も得て解決すべき重要な問題が発生しており、これに適切に対処するには親権者親の意思に反しても非親権者親に子と面接交渉させるのでなければ子の利益を十分に保護することができないといった、特別の事情が存在すると認められるときでない限り、これを回避させるのが相当であるといえる。もっとも、子の年齢、その他心身の成長状況からして子が単独で非親権者親と面接交渉することが可能である場合にあっては、親権者親が反対であっても、面接交渉によって子の福祉が害されるおそれは比較的少ないといってよく、非親権者親が不当な動機に基づき面接交渉を求めているような場合を除き、原則としてこれを肯定することができる。」

「長女の場合、まだ小学4年生であり、十分な分別心をもっていないとみられ、長女

単独でXと面接交渉させることには疑問が残る上、長女の年齢、心情等からすると、面接交渉の内容・態様いかんによっては心理的な動揺や混乱を招くおそれがあると認められるところ、(略) Yらの協力がなくともXと長女の面接交渉を肯定するのでなければ子の利益を保護するに十分でないというべき特別の事情が存在するとまでは認められない。これに対し、長男の場合、既に中学2年生であり、Yらの協力がなくても単独でXとの面接交渉が可能であり、XとY1の離婚やその後のY2との再婚につき未成年者なりにその事情を理解できる年齢に達しているとみられることのほか、Xが面接交渉を求める理由が(略) 我が子の無事な成長ぶりを確認したいというものであって、親子間における自然の心情として理解しえないものではないことからすれば、Xの求める年1回程度の面接交渉によって子の福祉を害する結果を招くに至るとまでは認められない。」

1　本審判は、面会交流の実施によって子の心身の成長上好ましい結果がもたらされる場合にのみ面会交流を認めるとの考え方に立ち、小学4年生の長女の場合、親権者親の意思に反した面会交流は、特別の事情がない限り認めないと判断している。

2　この審判は、面会交流を専ら子の権利と解している点、子が単独で面会交流することが可能である場合でない限り、親権者親の意思に反した面会交流は認めないとしている点で、問題であろう。

〔解説・評釈等〕二宮周平・判夕940号95巻、山田美枝子・民商120巻1号154頁

125 イギリス居住のイギリス人父の子との面会交流の保全処分

両親の対立が激しいことのみで面会交流を否定すべきでないとした事例

原　審…名古屋家審平成8年9月19日（平成8年（家ロ）1011号）家月49巻6号72頁
抗告審…名古屋高決平成9年1月29日（平成8年（ラ）204号）家月49巻6号64頁

事案

　X（夫、イギリス人）とY（妻、日本人）は、平成2年7月に婚姻し、平成3年12月に長男（未成年者）が生まれ、同人は日本国籍とイギリス国籍を有している。

　Yは、Xから何度も暴力を受けたことが原因で離婚を決意し、平成8年1月に両親立会いのもとで未成年者を連れて、X宅を出て、一時両親宅に身を寄せ、同年3月から未成年者と2人で生活している。

　Xは、平成8年5月に、Yとの離婚、未成年者の親権者をXと定めることを内容とする離婚調停申立てをし、同年7月には、未成年者との面会交流を求める審判申立てをなし、併せて本件審判前の保全処分の申立てをした。

　Yは日本の大学で助教授をしており、Xは日本の大学で専任講師をしていたが、平成8年9月に解雇され、イギリスに帰省中である。

判旨

　1　原審判は、以下のように述べて、Xの申立てを却下した。
「Xが未成年者との面接を強く希望していることが窺われるものの、上記のとおり父母が対立する状況のもとで、未成年者が現在別居している親と面接することは、その円滑な実施が望めず、かつ未成年者に心情的な混乱を与えるなど悪い影響を及ぼす虞があると考えられ、相当でなく、かつ本案の審判がなされる前に、上記のように事実上Yによって監護養育されている未成年者とXが面接をしなければならない必要性があるとは認められない。」

　2　抗告審は、以下のように述べて、原審判を取り消し、名古屋家裁に差し戻した。
「別居中のため子の監護養育を行っていない夫婦の一方に、子との面接を認めるか否かはあくまでも子の福祉に合致するか否かによって決定されるべきである。その場合、幼年期の子にとって大切なことは監護者との安定した関係を維持継続することであるから、子の両親間の対立、反目が激しく、その葛藤が子に反映してその精神的安定を害するときは、子と別居している親との面接は避けるべきであるといえるが、両親が子の親権をめぐって争うときはその対立、反目が激しいのが通常であるから、そのことのみを理由に直ちに面接交渉が許されないとすると、子につき先に監護を開始

すればよいということにもなりかねず相当ではなく、右の場合でもなお子の福祉に合致した面接の可能性を探る工夫と努力を怠ってはならないというべきである。本件においては、未成年者の両親であるXとYが対立、反目していることが明らかであるが、前示のとおりXもYも教養を備えた教育者なのであるから、その面接交渉の回数、時間、場所、更に家庭裁判所の調査官の関与、助言などを考慮、工夫をすることによって、未成年者に対する両親間の感情的葛藤による影響を最小限に抑える余地があると考えられる。」

　　夫の暴力が原因で別居し、離婚調停中の夫婦で、夫が子との面会交流の保全処分を申し立てた事案について、抗告審は両親が対立、反目していることのみを理由に面会交流が許されないとするのは相当でないとして、差し戻した事例である。
　　抗告審決定は、一般論としては正しいが、本件は、夫の暴力による別居のケースでかつ夫がイギリスに帰国していること等から面会交流の保全処分を認めることが適切かについては疑問である。
〔解説・評釈等〕山田美枝子・民商120巻1号154頁

126 父母別居中の面会交流

民法766条を類推適用し、審判により面会交流を認めた事例

原　審…福岡家久留米支審平成11年7月29日（平成9年（家）246号）民集54巻5号1634頁
抗告審…福岡高決平成11年10月26日（平成11年（ラ）199号）民集54巻5号1627頁
許可抗告審…最決平成12年5月1日（平成12年（許）5号）民集54巻5号1607頁

事案

　X（夫）とY（妻）は、昭和62年5月に婚姻し、平成元年7月に事件本人が生まれた。平成6年1月に、Xがその経営する歯科医院の女性従業員と不貞行為に及んだことが主たる原因となって、XとYの婚姻関係は破綻した。Yは、平成6年8月に事件本人を連れて家を出て、Xと別居した。
　Xは、平成6年9月に、事件本人の監護者をXと指定するよう求める子の監護者指定調停申立てをなし、Yは、同年10月に離婚等を求める調停申立てをした。平成6年12月から、月1回ないし2回程度Xと事件本人との面会交流が行われた。
　平成7年5月に、Xの子の監護者指定の調停は取下げにより、Yの離婚等の調停は不成立によりそれぞれ終了したが、その際、XとYは、月2回土曜日の午後に面会交流を行う合意をした。
　Yは、平成7年6月に離婚訴訟を提起した。平成8年5月に離婚訴訟の和解協議でXがYの提示した和解案を拒否したことから、Yは、面会交流を拒否し、以後面会交流が中止されたままとなった。
　平成8年9月にXは、面会交流を求める調停申立てをなし、平成9年5月に審判に移行した。
　平成10年5月に、離婚、事件本人の親権者をYと指定する等の内容の判決がなされたが、双方が控訴した。

判旨

　1　原審は、父母の離婚前においても民法766条、家事審判法9条1項乙類4号を類推適用して、面会交流の具体的内容を審判により定めることができるとして、下記のとおりの審判を下した。
「1　Xと事件本人との面接交渉について、次のとおり定める。
　　回数　　1か月1回。
　　日時　　各月の第1土曜日の午後1時から午後5時まで（ただし、事件本人に差し支えがあるときは、上記に代わる日時をXとYが協議して定める。）。
　　方法　　面接開始時にY宅で事件本人をY（又はその委任する者。以下同じ）からX（又はその委任する者。以下同じ）に引き渡し、面接終了時にY宅で事件本人をXからYに引き渡す。
　　　　　　Xは、上記面接時間中、Xの住居その他適当な場所において、事件本

人と面接する。
2　Yは、Xに対し、第1項所定の面接開始時にY宅で事件本人をXに引き渡し、事件本人をXと面接させよ。
3　Xは、Yに対し、第1項所定の面接終了時にY宅で事件本人をYに引き渡せ。」
　2　抗告審も原審と同様に面接交渉を認めたが、主文は以下のとおり変更した。
「YはXに対し、毎月1回、第1土曜日（ただし、事件本人に差し支えがあるときは、YとXが協議して定めたこれに代わる日）の午後1時から午後5時まで、Xが住居その他適当な場所において、事件本人と面接することを許さなければならない。」
　3　最高裁は、以下のように述べて、Yの抗告を棄却した。
「父母の婚姻中は、父母が共同して親権を行い、親権者は、子の監護及び教育をする権利を有し、義務を負うものであり（民法818条3項、820条）、婚姻関係が破綻して父母が別居状態にある場合であっても、子と同居していない親が子と面接交渉することは、子の監護の一内容であるということができる。そして、別居状態にある父母の間で右面接交渉につき協議が調わないとき、又は協議をすることができないときは、家庭裁判所は、民法766条を類推適用し、家事審判法9条1項乙類4号により、右面接交渉について相当な処分を命ずることができると解するのが相当である。」

1　婚姻関係が破綻して父母が別居状態にある場合に、家庭裁判所は、民法766条を類推適用し、家事審判法9条1項乙類4号により、審判で、子と同居していない親と子との面会交流について相当な処分を命ずることができることを判示した最初の最高裁決定として重要である。
2　面会交流を命ずる審判主文が原審と抗告審で異なっている点も注目に値する。実務としては、抗告審主文のように、面会交流の方法についてはあまり詳細に決めない場合が多いといえる。
〔解説・評釈等〕杉原則彦・判解〈平成12年［21］〉511頁、田中通裕・法教244号106頁、本山敦・ NBL 718号68頁、棚村政行・ジュリ1202号76頁、久貴忠彦・民商124巻4～5号256頁、石田敏明・別ジュリ193号86頁、吉田彩・判夕1065号148頁、水野紀子・リマ23号74頁

127 面会交流拒否による不法行為責任
500万円の慰謝料支払いを命じた事例

静岡地浜松支判平成11年12月21日（平成10年（ワ）548号）判時1713号92頁

事案

　X（夫）とY（妻）は、平成4年11月に婚姻し、平成6年1月に長男が生まれた。Yは、平成7年7月に長男を連れて実家に帰りXと別居した。

　Yは、平成7年8月に、離婚を求めて調停申立てをしたが、不調となり、Xは、平成7年12月ころ、長男との面会交流を求める調停申立てをしたが、これも不調となった。

　Xは、平成8年7月に離婚等請求訴訟を提起し、訴訟は調停に付され、平成10年6月に長男の親権者をYと定めて調停離婚が成立した。調停条項には、「Yは、Xに対し、長男と2か月に1回、1回につき2時間程度面接することを認め、Xからの申し出により、日時、場所、方法等について協議することとし、Yは子の面接交渉が円滑に行われるように誠意を持ってこれにあたる。なお、面接場所については、子の意思を尊重する」と定められていた。

　XY間で、平成10年7月30日午前9時30分から、公園で面会交流を実施するとの協議が成立したが、その時刻にYは現れなかった。

　その後、Xの申し出により、家裁調査官からYに対し面会交流の履行勧告がなされたが、Yはこれにも応じなかった。

　平成10年12月に、XはYに対して、長男との面会交流を妨害した等として不法行為に基づく500万円の損害賠償請求訴訟を提起した。

判旨

　1　裁判所は、以下のように述べて、Xの請求を認め、Yに対して500万円の支払いを命じた。

「子との面接交渉権は、親子という身分関係から当然に発生する自然権である親権に基き、これが停止された場合に、監護に関連する権利として構成されるものといえるのであって、親としての情愛を基礎とし、子の福祉のために認められるべきものである。」「YがXの許を離れて別居するに至ったのは、本件調停の経過や調停離婚成立の過程を併せ考慮すれば、決してXが自己本位でわがままであるからというのではなく、むしろ、Yの親離れしない幼稚な人格が、家庭というものの本質を弁えず、子の監護養育にも深く考えることなく、自己のわがままでしたことであって、そのわがまま態度をXに責任転嫁しているものという他はなく、右Yの別居に至る経過が今回の面接交渉拒否の遠因となるとするYの主張は到底採るを得ない。」

「YがXに対して長男との面接交渉を拒否したことは、親権が停止されているとはいえ、Xの親としての愛情に基づく自然の権利を、子たる長男の福祉に反する特段の事情もないのに、ことさらに妨害したということができるのであって、（略）その妨害に至る経緯、期間、Yの態度などからしてXの精神的苦痛を慰謝するには金500万円が相当である。」

Key point　1　親権者が面会交流を拒否した行為を不法行為と認定し、500万円の高額の慰謝料の支払いを認めた判例として注目に値する。
　2　調停、審判等により面会交流が決められたにもかかわらず、正当な理由なく、監護親がこれに従わない場合の履行確保の方法としては、①家庭裁判所による履行調査、勧告、②間接強制がある。本件は更に、監護親の行為を不法行為として慰謝料の支払いを認めたものである。しかし、監護親に慰謝料の支払いを命じても、面会交流自体の実施については、むしろ逆効果となる場合もあるだろう。
〔解説・評釈等〕西森英司・判タ1065号112頁

128 外国に居住する母との面会交流
面会の指針のみを示すにとどめた事例

浦和家審平成12年10月20日（平成12年（家）964号）家月53巻3号93頁

事案　X（妻）とY（夫）は、東ドイツで婚姻し、長女（審判当時16歳）が生まれた。
Xは、Yが長女を連れて日本に帰国している間に、ドイツにおける裁判により離婚判決を受け、この判決において、長女の親権者はXと定められた。Xは、児童誘拐罪でYをドイツの当局に告訴した。
Yは、浦和地方裁判所に離婚訴訟を提起し、これに対してXも反訴を提起した。この本訴反訴は、平成10年2月に調停に付され浦和家庭裁判所に係属した。
Xは、ドイツに居住しているが、平成10年11月に来日して、家庭裁判所で、長女との面会が実施され、その後Xが本件面会交流審判の申立てをした。
また、長女の親権者をYと定めて、離婚審判が下された。

判旨　裁判所は、次のように述べて、以下の審判を下した。
主文「Yは、Xに対し、事件本人の福祉に反しない限り、
1　Xが、事件本人と、直接的な面接交渉又は手紙、電話等の通信手段を介する等の間接的な面接交渉をすることを妨げてはならない。
2　事件本人とXが面接交渉をするについて必要な援助をしなければならない。
3　事件本人が成人に達するまでの間、事件本人の意思に反しない限り、事件本人の学校の各学期の終了ごとに、事件本人の近況を示す写真を送付し、事件本人の成育状況や学校での成績を知らせるなどして、事件本人の成育状況を知らせなければならない。」
「具体的な面接の方法であるが、Xは、ドイツに在住であり、具体的な面接の回数や方法を定めるのは困難であること、長女の年齢に照らし、また、同女が自立心が強く、自らの意見を持ち、自らの決断に基づいて行動するに充分な能力のある少女であることから、もはや、Yがその意思で長女とXを面接させたりすることのできる時期は過ぎていると認められるので、先ず、Yに求められるのは、長女がその意思に基づいてXと交流することを妨げないことであり、次に、長女とXとの交流が図れるように側面から援助することである。そして、本件に現れた一切の事情を考慮し、当裁判所は、Xと長女との面接についての指針を主文において示すに止めることとした。」

Key point　面会交流の審判主文において、面会交流の具体的方法をどのように命ずるかについては、事案によりまちまちである。
本件は、申立人がドイツに居住していること、子が16歳であることから、具体的な面会の回数や方法を定めず、Yに対して、面会交流の妨害禁止等及び写真や、学業成績等事件本人の成育状況を知らせることを命じた点に特徴がある。

〔解説・評釈等〕惣脇美奈子・判タ1096号90頁、岡野祐子・民商129巻2号112頁

129 父母の対立と面会交流

暴力が原因で、離婚後も接見禁止の仮処分が下されているため、申立てを棄却した事例

東京家審平成13年6月5日（平成13年（家）1370号、1371号、1372号）家月54巻1号79頁

事案

X（夫）とY（妻）は、平成5年6月に婚姻し、長男A（平成3年12月生、平成5年6月認知届出）、長女B（平成6年11月生）、二男C（平成8年11月生）をもうけたが、平成12年9月から別居し、平成13年3月に、3人の子の親権者をいずれもYと定めて協議離婚した。

Yが別居した原因はXの暴力にあり、Yは、平成12年9月から各地の福祉施設を転々とした。

Xは、遅くとも平成12年12月以降、世田谷区の福祉課にYの居所を照会したり、Yらの寄宿先の福祉施設に赴いて面会を求めたりし、平成13年2月には、Yらを探し当て、長野市内の長男及び長女の小学校前でYを待ち構えて、二男をYから取り上げ、駆けつけた警察官に説諭されるまで二男を抱きかかえて離さなかった。

平成13年1月にXに対して、以下の内容の接近禁止等の仮処分決定が下された。
「Xは、Yの勤務先やY及びその子らであるA、B、Cの居所を探知したり、立ち入ったり、その付近を徘徊したり、佇んだり、その後を追跡したり、Yに架電したり、面会を求めたりしてはならない。」

Xは、3人の子との面会交流を求める本件審判申立てをした。

判旨

裁判所は、以下のように述べて、Xの申立てを却下した。
「親権者であるYは、未成年者らを監護養育しながら、Xの追跡を逃れて各地の福祉施設（母子支援施設など）を転々としており、父親であるXとの面接交渉に強く反対している。

未成年者らは、長男が満9歳、長女が満6歳、二男が満4歳で、身体・内心ともに幼い面が大きく、未成熟な成長段階にある。家庭裁判所調査官が未成年者らと面接して調査した結果によれば、未成年者らは、いずれも健康で、平穏かつ安定した生活状況下にあり、母親であるYとは親和的である。調査官の面接に対する未成年者らの答えは、現在の生活状況に満足しているというもので、その生活の平和と安定が乱されることを畏れており、はっきりとXへの嫌悪感情を示す者もいた。未成年者らの現在の福祉のため最も重要なことは、未成年者らの健康と、平穏かつ安定した生活状況を保つことである。

離婚前の当事者らは、未成年者の面前においても、夫婦間の不和を示しがちであった。今回の夫婦別居に直面した未成年者らは、父母の間の不和が厳しいことを感じ取

っていたはずである。その上に、Xが長野市内の小学校前においてYや未成年者らを待ち構えており、二男を抱き抱えて父母間の争奪の対象にしてしまったという経緯も存在し、こういった父母の緊張関係は未成年者らに強いストレスを及ぼしたと窺われる。

　Xが未成年者らとの面接交渉を求める必要性は、主としてXの内面の満足のためであるとしか言いようがない。Xの従前の行動は賢明と言えないところがあり、親子間の愛情交換の期待とは正反対にYらの反発を招く結果を招いた。現時点において、Xとの面接交渉は、未成年者らに弊害を招きかねないことで、その福祉に合致しないことである。」

　夫の暴力が主な原因で離婚し、離婚後も夫が妻や子ども達の所在を探す等し、接近禁止の仮処分が下されている事案である。
　このような事案について、父の面会交流が認められないことは妥当であろう。
〔解説・評釈等〕山口亮子・民商127巻1号149頁

130 面会交流の間接強制
不履行1回につき20万円の支払いを命じた事例

原　　　審	神戸家龍野支決平成13年12月7日（平成13年（家ロ）26号）家月56巻2号144頁
抗　告　審	大阪高決平成14年1月15日（平成13年（ラ）1295号）家月56巻2号142頁
受 差 戻 審	神戸家決平成14年8月12日（平成14年（家ロ）26号）家月56巻2号147頁
執行抗告審	大阪高決平成15年3月25日（平成14年（ラ）895号）家月56巻2号158頁
許可抗告審	最決平成15年8月6日（平成15年（許）26号）家月56巻2号160頁

事案

　いずれも医師であるＸ（夫）とＹ（妻）は、昭和61年10月に婚姻し、平成6年9月ころから別居した。
　ＸとＹ間で、平成13年3月に、長男（平成4年11月生）との面会交流等に関する下記の内容（抜粋）の調停（前件調停）が成立した。
「3　Ｙは、Ｘが第1項記載の未成年者と毎月少なくとも2回面接することを認める。具体的な面接方法は以下のとおりとする。
　⑴　面接は、毎月第2土曜日からその翌日の日曜日、及び第4土曜日からその翌日の日曜日に行うこととする。
　⑵　Ｘは、第2土曜日、第4土曜日の午前9時頃から午前10時頃までの間にＹの住所において、Ｙから第1項記載の未成年者を引き取り、Ｙは、翌日の日曜日の午後5時台（大阪発の時間）の特急（スーパー白兎号）に乗ることができるような時間帯に、Ｘから第1項記載の未成年者を引き取ることとする。
　⑶　なお、平成13年3月の面接日は、同月17日（土曜日）の昼頃から翌日の日曜日とし、具体的な時間については、当事者双方が事前に協議の上定める。
　⑷　Ｘと第1項記載の未成年者とが面接交渉するにつき、その日時、場所、方法等で都合が悪い場合には、未成年者の意思を尊重し、かつ、その福祉を慎重に配慮して、その都度、当事者双方が事前に協議の上、前項の日時等を変更することとする。
　4　第1項の未成年者が前項の他にもＸＹとの面接を希望する場合などには、その意思を尊重し、当事者双方が協議の上、適宜、面接回数を増やすなどすることとする。」
　しかし、Ｙは、面会交流を行わず、2度の履行勧告も功を奏さなかった。そこで、Ｘは、平成13年12月、上記調停条項3項に基づき、間接強制を求めた。

判旨

　1　原審は、以下のように述べて、Ｘの申立てを却下した。
「面接交渉においては、子の意向を出来る限り尊重する必要があり、また、現に未成年者を監護している親の反対を押し切って面接交渉を強制的に実現することが子の福祉に反する結果となる可能性が高い。したがって、面接交渉の義務につ

いては、その方法の如何を問わず、強制執行することは許されないものと解するのが相当である。」

　2　抗告審は、以下のように述べて、原決定を取り消し、神戸家裁に差し戻した。「家庭裁判所の調停又は審判によって、面接交渉権の行使方法が具体的に定められたのに、面接交渉義務を負う者が、正当な理由がないのに義務の履行をしない場合には、面接交渉権を行使できる者は、特別の事情がない限り、間接強制により、権利の実現を図ることができるというべきである（家事審判法15条、21条但書き参照）。」「さらに、間接強制の申立てに対する決定をするには、Yの審尋が必要であるから（民事執行法172条）、本件を原審判所に差し戻すこととする。」

　3　差戻審は、次のように述べて、以下の主文の決定を下した。

　主文「1　Yは、（略）調停申立事件において平成13年3月14日に成立した調停調書の執行力ある正本に基づき、別紙同調停調書の3項のとおり、Xを当事者双方間の長男である未成年者と、毎月少なくとも2回面接させなければならない。

　2　Yが、本決定の告知を受けた日以降、前項の義務を履行しないときは、YはXに対し、不履行1回につき20万円の割合による金員を支払え。」

「非監護者である実親の子に対する面接交渉権は、子の福祉のために認められるべきものと解されることからすれば、面接交渉義務者である監護者実親が間接強制を拒むことができる「正当の理由」とは、例えば、監護している子が面接交渉権利者である実親に対し、その従前の養育態度などに起因する強い拒否的感情を抱いていて、面接交渉が、子に情緒的混乱を生じさせ、子と監護者実親との生活関係に悪影響を及ぼすなど、子の福祉を害する恐れがあるといった、主として子及び監護者実親の側における、間接強制を不相当とすべき諸事情をいうものであり、他方で、面接交渉権利者である非監護者実親が、間接強制を求めることが許されない「特別の事情」とは、例えば、非監護者実親の面接交渉が、もっぱら監護者実親に対する復縁を目的とするものであるとか、その方法、手段が不適当であるなど、面接交渉が権利の濫用に当たるといった、主として非監護者実親の側における、間接強制を不相当とすべき諸事情をいうものと解される。」

　4　差戻後の抗告審も抗告を棄却し、最高裁も抗告を棄却した。

　1　調停または審判によって面会交流の義務を負う者が、正当な理由がないのに義務を履行しない場合には、特別の事情がない限り、権利者は間接強制をなしうるとした判例として重要である。

　2　また差戻審が、正当な理由を具体的に例示している点も参考になろう。

〔解説・評釈等〕二宮周平・判夕1150号103頁、梶村太市・民商131巻3号126頁、伊藤茂夫・判夕1184号122頁

131 暴力を原因とする離婚と面会交流
暴力を振るった父の申立てを却下した事例

横浜家審平成14年1月16日（平成13年（家）1142号）家月54巻8号48頁

事案

X（夫）とY（妻）は、昭和55年ころ知り合い、約10年間の同棲生活を経て、平成3年12月に婚姻届出をした。そして、平成6年5月に長女（未成年者）が生まれた。

平成11年7月ころ、YがXとその妹Aの関係を問い詰めた際、Xは、未成年者及びAの面前で、Yに対し、手拳で同人の顔面を多数回殴るなどの暴力を加えた。その後、同年9月、11月にもXは、Yに暴力を振るい、Yは、加療2か月を要する肋骨骨折等の傷害を負った。また、Xは、同年10月に、保育園において、喧嘩をして泣いていた未成年者を突き飛ばし、同人に全治4週間を要する上腕部骨折の傷害を負わせた。

Yは、同年12月に未成年者を連れて家を出て、Xと別居した。

Yは、平成11年12月に離婚を求める調停申立てをしたが、不成立となり、離婚訴訟を提起した。平成13年11月、未成年者の親権者をYと定めて離婚を認め、Xに慰謝料として500万円の支払いを命ずる判決が確定した。

Xは、Yに対して、未成年者との面会交流を求める本件審判申立てをした。

判旨

裁判所は、以下のように述べて、Xの申立を却下した。

「子の監護者とならなかった親と子とが面接交渉をすることは、一般、抽象的には、子の利益にそうものと考えられるところから、子の監護に関する処分の内容として認められているが、具体的に面接交渉を認めるか否かは、監護について必要な事項か否か、あるいは、子の利益のため必要があるか否かという観点から、決められるべきことがらであり、面接交渉を認めることが子の最上の利益にそうものであると認められない場合には、面接交渉を求めることはできないと解するのが相当である。」

「XはYに対し、繰り返し、暴力をふるい、骨折を伴うような重大な傷害を与えていること、そのため、Yは、Xに対し、強い恐怖感を抱いており、所在を知られることによって、再び暴行を受けるかもしれないという危惧感をいだいており、そのような感情を抱くことが不自然、不相当ということはできないこと、これに対し、Xにおいて、例え暴力をふるったことに理由があるとしても、その暴力について反省し、Yの恐怖感を和らげるような行動が十分にとられているとは認めがたいこと（平成13年6月に到達したXのY代理人宛の書面によると、XはYが嘘をついているとしてYに対し詫びを求めており、また、人の心を分からない人には天罰が降りてもおかしくないなどの記載がある）、Y及び未成年者は、現在は、暴力を受けることなく、安定した状態で生活をしていること、前記認定のような暴力が過去にあり、未成年者は積極的

にXとの接触を求めてはいないことなどが認められ、これに本件記録に現れた一切の事情を総合すると、Xが未成年者に愛情を抱いている事実があるとしても、現時点において、Xが求める面接交渉を認めることが子の最上の利益に合致するとは認められない。反対に、もし、これを認めると、未成年者が再び両親の抗争に巻き込まれ、子の福祉が害される危険がある。」

Key point
1 夫が妻と未成年者に対して暴力を振るったことが主な離婚原因となった事案で、非監護親の夫からの面会交流を却下した審判例である。
2 非監護親が監護親に暴力を振るっている場合には、離婚後であっても監護親の恐怖感、拒否感が強く、面会交流が子の福祉に合致しない場合が多いであろう。しかし、非監護親が暴力を振るっていた場合であっても、条件を検討して面会交流を認めうる余地のある場合もあり、暴力事案において一律に面会交流を却下するのは適切でない。

〔解説・評釈等〕榮春彦・判夕1125号102頁、五島京子・民商128巻6号92頁

132 面会交流の調停に基づく間接強制
調停条項が債務名義にならないとして申立てを却下した事例

原　審…高松家審平成14年6月25日（平成14年（家ロ）24号）家月55巻4号69頁
抗告審…高松高決平成14年11月15日（平成14年（ラ）87号）家月55巻4号66頁

事案　X（妻）は、Y（夫）に対し、長男（平成11年4月生）の親権者指定、面会交流を求める調停申立てをなし、平成13年9月に以下の内容の調停（前件調停）が成立した。
「ア　当事者双方は、当事者間の長男の親権者をY（父）と定める。（第1項）
イ　Yは、Xに対し、Xが長男（平成11年4月20日生）と毎月2回面接することを認め、その方法、場所等については、Xにおいて良識にかなった面接方法を選択することができることとし、特に制限をしない。（第2項）
ウ　当事者双方は、面接場所は、Yの自宅以外の場所とする。（第3項）
エ　XとYは、Xの上記未成年者（長男）が通っている保育所の行事への参加等については、これを協議して定める。（第4項）
オ　Yは、Xに対し、上記未成年者の保育記録等の成長を記載した記録を随時見せることを約束する。（第5項）」
　Xは、調停成立後の平成13年10月に長男と1回面会交流をしたが、その後は、Xが妊娠した子を産むか産まないかでYと意見が対立したことから、長男との面会交流は実現できなかった。
　Xの申立てにより、面会交流の履行勧告がされたが、Yはこれを拒否した。
　Xは、平成14年3月に、前件調停条項第2項に基づき、面会交流の間接強制等を求める本件申立てをした。

判旨　1　原審は、Xの申立てを認め、以下の主文の審判を下した。
「1　Yは、Xに対し毎月2回Xの指定する日時、場所において、両者間の長男（平成11年4月20日生）と面接交渉させよ。
2　Yが、審判送達の日以降において、前項の債務を履行しないときは、Yは、Xに対し、1回につき金5万円を支払え。」
2　抗告審は、以下のように述べて、原審判を取り消し、間接強制の申立てを却下した。
「調停条項のうち、債務名義として執行力を有するのは、当事者の一方が他方に対し、特定の給付をなすことを合意の内容とする給付条項のみであり、特定の権利若しくは法律関係の存在又は不存在を確認する旨の合意を内容とする確認条項については、債務名義にはならない。そして、ある調停条項が、当事者の給付意思を表現した給付条項であるか、権利義務の確認にとどまる確認条項であるかは、当事者の内心の意思によって決まるものではなく、調停条項全体の記載内容をも参酌しつつ、当該調

停条項の文言から客観的に判断すべきものである。

　本件においては、上記調停条項の第2項は「Yは、Xに対し、Xが長男（平成11年4月20日生）と毎月2回面接することを認め」と記載されているのみであり、その文言から直ちにYが特定の給付をなすことを合意したことを読み取ることはできない。かえって、同調停条項で使用されている「認め」との表現は、裁判所において調停条項や和解条項が作成される場合に確認条項を表示する場合の常套文言であり、仮に給付条項とするのであれば当然「面接させる」等の給付意思を明確にした表現がされるべきものであるから、特段の事情のない限り、上記調停条項第2項は給付条項ではなく確認条項にとどまると解される。もっとも、上記調停条項第2項には、面接の「方法、場所等については、Xにおいて良識にかなった面接方法を選択することができることとし、特に制限をしない」との記載もあり、面接の方法、場所等についてXが選択することが認められている。しかし、面接の方法、場所等についてXに選択する権利があるといっても、現実に未成年者と面接を行うに当たっては、事前の連絡、調整等が当然必要になるものであること、上記調停条項には、今後の長男の監護に関し、当事者間の協議を予定していることが明らかな条項（第4項）も存することなどを考慮すると、Xが面接の方法、場所等について選択することができるとされているからといって、上記調停条項第2項をもって確認条項ではなく、給付条項であると解することはできない。そして、他に、上記調停条項第2項をもって給付条項であると解するに足りる特段の事情を認めることはできない。

　そうすると、上記調停条項第2項をもって給付条項と解することはできず、これを債務名義として強制執行の申立てをすることはできないといわざるを得ない。」

1　面会交流の調停に基づく間接強制が、前件調停条項が確認条項であり、債務名義にならないとして却下された事案である。
2　「面接交渉を認め」とした調停条項が、確認条項であり、これを債務名義として強制執行申立てができないとの結論には、この調停条項は、面会交流を義務者が受忍するという不作為義務をも課するものであり、強制執行ができるとの反対説がある。

〔解説・評釈等〕岡部喜代子・民商129巻6号164頁、原啓一郎・判タ1154号202頁

133 保護命令が発令された父の面会交流
父の申立てを却下した事例

東京家審平成14年10月31日（平成14年（家）5830号）家月55巻5号165頁

事案

X（夫）とY（妻）は、平成10年9月頃から交際を始め、Yは平成12年5月に未成年者を出産し、同月XとYは、婚姻届出をした。

Xは、Yに対して、大声で怒鳴りつけ、暴力を振うことがあった。

XとYは、平成13年6月に別居し、Yは、同年7月に離婚調停の申立てを行い、これが不調となったため、離婚訴訟を提起し、平成14年3月に離婚、未成年者の親権者をYと定める判決が言い渡されたが、Xは、控訴、上告している。

平成14年5月に、Yの申立てに基づき、Xに対して配偶者からの暴力の防止及び被害者の保護に関する法律に基づく保護命令（接近禁止命令）が発令された。

Xは、平成14年6月に、面接交渉調停申立てと未成年者に対する嫡出子否認調停申立てをなし、面接交渉調停が本件審判に移行した。

Xは、平成13年7月から平成14年5月までの間に、十数回、未成年者と面会するため、突然保育園を訪問している。

判旨

裁判所は、以下のように述べて、Xの申立てを却下した。

「一般に、父母が別居中の場合も、未成熟子が別居中の親と面接・交流の機会を持ち、親からの愛情を注がれることは、子の健全な成長、人格形成のために必要なことであり、面接交渉の実施が子の福祉を害する等の事情がない限り、面接交渉を行うことが望ましい。

しかし、真に子の福祉に資するような面接交渉を実施するためには、父母の間の信頼・協力関係が必要である。しかるに、本件においては、YがXの暴力等を理由に提起した離婚訴訟が係属しているのみならず、保護命令が発令されており、XとYは極めて深刻な紛争・緊張状態にあり、従来からの経緯に照らせば、このような深刻な対立状態が早期に解消されることは期待しがたいとみるのが相当である。そうすると、未成年者はまだ2歳の幼児であるから、このような状況下で面接交渉を行えば、父母間の緊張関係の渦中に巻き込まれた未成年者に精神的な動揺を与えることは避けられず、未成年者の福祉を害するというべきである。

また、Xは、現実に、未成年者の通う保育園に出向いて面会を強行しているが、その態様は一方的で配慮を欠くものであったといわざるをえず、未成年者も面会後精神的に不安定になるという反応を示している。

さらに、Xは、本件と同時に未成年者に対し嫡出子否認調停事件を申し立てており、父親としての純粋な愛情に基づく面接交渉の実施を期待できるのか疑念を抱かざるをえない。」

1 夫の妻に対する暴力が離婚原因となって離婚訴訟が係属し、かつ夫に対して接近禁止の保護命令が発令されている場合に、夫からの2歳の子の面会交流を却下した事案である。この事案においてはこの結論は妥当であろう。

2 面会交流の申立てが却下される典型的な事案として参考になる。

〔解説・評釈等〕犬伏由子・民商129巻6号169頁

134 面会交流調停の変更
子の福祉に反するとし面会交流を一時停止した事例

原　審…那覇家沖縄支審平成15年9月29日（平成15年（家）105号、106号）家月56巻8号55頁

抗告審…福岡高那覇支決平成15年11月28日（平成15年（ラ）26号）家月56巻8号50頁

事案　X（妻）とY（夫）は、平成6年7月に、長男（平成元年4月生）及び長女（平成3年12月生）の親権者をXと定めて協議離婚した。

平成7年6月にYの申立てによる面接交渉調停において、Xは、Yに対し、Yが事件本人らとそれぞれ毎月1回第2土曜日に面会交流することを認め、特別な事情がない限り、Yは面会交流の日時を変更してはならないこと等を内容とする調停（前調停）が成立した。

平成14年11月、Yから同年8月以降面会交流が履行されていないとして、履行勧告の申立てがされた。Xは、平成15年1月に、事件本人らの現在の状況や意向を反映した新しい面会交流のルールを作りたい等と主張して、面会交流の調停申立てをなし、本件審判に移行した。

判旨　1　原審判は、以下のように述べて、以下のように前調停を変更した。

主文「(1)　Yは、平成16年3月31日までの間、事件本人らと面接交渉をしてはならない。

(2)　同年4月1日以降、事件本人らからYに対して面接を希望する旨の連絡があった場合には、Xは、Yに対し、Yが事件本人らと面接することを認める。その具体的日時、場所及び方法等については、子の福祉に配慮して、当事者間で事前に協議して定める。

Xは、事件本人らがYに対して連絡することを妨げるようなことをしない。」

「XとY間の感情的対立が深刻であること、Yは、書面等を通じて述べる内容に照らしても、もっぱら、親権者であるXの監護方針を自己の方針に沿うように是正させるために面接交渉を求めていると認められること、本件調停等の手続中においても、家庭裁判所調査官から指摘等があるにもかかわらず、自己の感情の赴くままに不適切な面接交渉を繰り返していること、Yは、面接交渉が子の福祉を図るためのものであるという、面接交渉を理解する上で最も重要な視点に欠けているといわざるを得ないことなどの諸点に照らせば、現状においてYに面接交渉を認めた場合、親権者であるXによる監護養育を阻害し、事件本人らの精神的安定に障害を与えるといわざるを得ず、本件事件本人らの福祉のためには、前回調停の調停条項を変更して、当面の間Yによる面接交渉を認めないこととするのが相当である。そして、その具体的な期間等については、Xにおいても、適切に行われれば、事件本人らの福祉上面接交渉は必要

であり、事件本人らが憚ることなく十分に自己の意思をＹに対して表明できるような時期になれば、事件本人らの情緒が不安定になることもなく面接交渉に臨めるであろうと考えていると認められるところ、事件本人らの意向も考慮すれば、平成16年３月末日までの間面接交渉を一切認めないこととし、同年４月以降も、事件本人からＹに対して面接を希望する旨の連絡があった場合に限り、面接交渉を認めることとするべきであるが、面接にあたっては、事前に、その具体的方法等を当事者間で協議して決めるのが相当である。」

　2　抗告審も以下のように述べて、原審判を維持した。
「本件においては、前回調停において面接交渉の内容・回数等につき取り決めがされたにもかかわらず、現実にはＹがこれを遵守せずに不規則な形で面接交渉が行われていたことに端を発し、また、主として長男の教育方針に関するＸとＹとの見解の相違等から、両名の間の感情的対立が激化して深刻な軋轢を生じている状況にあり、このような両親の間の感情的対立が事件本人らに過度の精神的ストレスを生じさせる結果になっているであろうことは容易に推認できるところである。また、Ｙが親として事件本人らの教育に関して関心を抱き、相談に乗ったり意見を述べたりすること自体は問題とするには当たらないけれども、Ｙは、それのみにとどまらず、親権者であるＸの監護教育方針が自己のそれと異なることに強い不満を抱き、Ｘの監護教育方針に格別不適切なところや問題視すべき点があるわけでもないのに、Ｘの監護教育方針を自己のそれに沿うようにさせようとして介入し、専らそのための手段として事件本人らとの面接交渉を求めている傾向が窺えること、Ｙに、家庭裁判所調査官から、調停係属中に待ち伏せのような形で面接交渉を行うことに不適切である旨の指摘があったにもかかわらず、これを無視して長男をバス停で待ち伏せるなどして面接交渉を繰り返していること、このことに加えてＹの審判手続での主張等からみると、Ｙは、面接交渉が子である事件本人らの福祉に適うものでなければならないという基本的な視点に欠ける面があることが認められる。これらの諸点に徴すれば、現状においてＹと事件本人らとの面接交渉を認めると、親権者であるＸによる有効適切な監護養育に支障が生じ、事件本人らの精神的安定に害を及ぼす虞が強いというべきであるから、事件本人らの福祉のために、前回調停の調停条項を変更し、当分の間は面接交渉を認めないこととするのが相当である。」

　1　面会交流の調停条項を、このとおり履行することは子の福祉に反するとして、母の主張を入れて、長男が高校入学するまで面会交流を中止させ、以後は子が希望する場合に面会交流をすることにした事例である。

　2　原審、抗告審とも、前調停を変更する理由として、前調停に基づく面会交流が子らの福祉に反することを述べ、特に事情変更の原則を適用はしていない。

〔解説・評釈等〕花元彩・民商132巻４～５号226頁

135 親権者の再婚相手と子の養子縁組による面会交流の変更

再婚による事情変更を認め、宿泊付面会交流を認めないとした事例

原　審…京都家審平成17年8月24日（平成17年（家）262号、263号）家月58巻11号56頁

抗告審…大阪高決平成18年2月3日（平成17年（ラ）1023号）家月58巻11号47頁

事案

X（妻）とY（夫）は、平成9年5月に、婚姻届出をし、未成年者らが生まれた。XとYは、平成15年10月に、未成年者ら（長男D、長女E）の親権者をYと定めて協議離婚した。協議離婚に際して、Yは、Xに対して、未成年者らと面会交流をすることを認めており、平成15年11月から、1か月に1回、YがXの実家に未成年者らを連れてきて、同所で未成年者らをXに引渡し、1泊した後、翌日の夕食後に、Yが迎えにくるという方法で面会交流が行われていた。

平成16年9月に面会交流が行われた後に、Yは、面会交流を拒否するようになった。

Xは、面会交流の調停申立てをなし、調停は平成17年1月に不成立となり、本件審判に移行した。

XとYは、主に宿泊付の面会交流を認めるか否か等で意見が対立していた。

なお、原審判後の平成17年8月に、YはBと再婚し、Bは未成年者らと養子縁組した。

判旨

1　原審は、月1回の面会交流とそのうち年2回は宿泊付面会交流等を認める審判を下した。

2　抗告審は、以下のように述べて、原審判を変更し、Y及びBは下記の面接要領記載の内容で面会交流させる義務があるとした。

なお、Bが未成年者らと養子縁組したことにより、家事審判法12条により、職権でBを利害関係人として審判に参加させた。

「離婚後約10か月間は、宿泊付きで面接交渉が実施されていたことは、上記のとおりであるが、現在においては、これまでとは事情が異なる。すなわち、現在は、Y及びBは、その共同親権の下で未成年者らとの新しい家族関係を確立する途上にあるから、生活感覚やしつけの違いから、未成年者らの心情や精神的安定に悪影響を及ぼす事態はできるだけ回避されなければならず、宿泊付きの面接交渉は、そのような危惧が否定できないものというべきであるから、現段階においては避けるのが相当である。土曜日には、未成年者らをXに引き渡す適切な者が見当たらず、また、従前の経緯からすれば、Y方でBからXに子らを引き渡す方法も相当でないという物理的な理由も考慮しなければならない。

今後、日帰りによる面接交渉が円滑に実施され、未成年者らに新しい生活習慣が身に付き、上記のおそれが払拭された時点で、改めて、宿泊付きの面接交渉の実施の可否が検討されるべきである。」

「面接要領
1　面接回数、日時
　(1)　回数　平成18年2月から、毎月1回
　(2)　日時　第4日曜日の午前11時から同日午後4時の間（時間厳守）
2　未成年者らの引渡方法
　　Y及びB（両名の指定する親族を含む。）は、上記面接開始時に、京都府○○市△△所在の「□□」駐車場において、Xに未成年者らを引き渡し、Xは、上記面接終了時に、同所において、未成年者らをY及びB（両名の指定する親族を含む。）に引き渡す。
3　未成年者らに対するプレゼント
　　Y及びBは、Xが、未成年者らと面接交渉するに際し、誕生日、クリスマス、正月のプレゼントを渡すことを認めなければならない。
　　この場合におけるプレゼントの価格は、未成年者らの年齢等に照らし、社会通念上相当な限度に留めるものとする。
4　面接日等の変更
　　当事者は、その協議により、面接実施の日時、未成年者らの引渡場所、面接の方法など必要な事項を変更することができる。
5　学校行事等への参加
　　Xは、未成年者らに関する保育園や学校の行事に参加してはならない。
　　Y及びBは、未成年者らが上記行事に参加した場合において、その状況を撮影したビデオ、写真等があるときは、適宜、Xに提供するものとする。」

1　離婚後に親権者の再婚相手と子が養子縁組したことを事情変更として、宿泊を伴う面会交流を認めなかった事例である。
2　抗告審が示した面接要領は、かなり詳しく定めているので、実務上参考になる。

〔解説・評釈等〕山田美枝子・民商137巻1号84頁、志村由貴・判タ1245号111頁

136 面会交流審判に基づく間接強制
間接強制を認めた事例

原　審…札幌家決平成24年 9 月12日（平成24年（家ロ）5001号）
抗告審…札幌高決平成24年10月30日（平成24年（ラ）271号）
許可抗告審…最決平成25年 3 月28日（平成24年（許）48号）民集67巻 3 号864頁、家月65巻 6 号96頁、判時2191号39頁

事案

X（夫）とY（妻）は、平成16年 5 月に婚姻し、平成18年 1 月に長女が生まれた。平成22年11月にXとYを離婚し、長女の親権者をYとする判決が確定した。

平成24年 5 月に、札幌家裁において、Yに対し、別紙面会交流要領のとおりXが長女と面会交流をすることを許さなければならないとする審判がされ、同審判は、同年 6 月に確定した（以下、この審判を「本件審判」といい、別紙面会交流要領を「本件要領」という。）。

本件要領には、①面会交流の日程等について、月 1 回、毎月第 2 土曜日の午前10時から午後 4 時までとし、場所は、長女の福祉を考慮してX自宅以外のXが定めた場所とすること、②面会交流の方法として、長女の受渡場所は、Y自宅以外の場所とし、当事者間で協議して定めるが、協議が調わないときは、JR甲駅東口改札付近とすること、Yは、面会交流開始時に、受渡場所において長女をXに引渡し、Xは、面会交流終了時に、受渡場所において長女をYに引渡すこと、Yは、長女を引渡す場面のほかは、Xと長女の面会交流には立ち会わないこと、③長女の病気などやむを得ない事情により上記①の日程で面会交流を実施できない場合は、XとYは、長女の福祉を考慮して代替日を決めること、④Yは、Xが長女の入学式、卒業式、運動会等の学校行事（父兄参観日を除く。）に参列することを妨げてはならないことなどが定められていた。

Xは、平成24年 7 月、本件審判に基づき、Yがその義務を履行しないときはYがXに一定の金員を支払うよう命ずる間接強制決定を求める申立てをした。

判旨

1　抗告審は、不履行 1 回につき 5 万円を支払うよう命ずる間接強制決定をした。

2　許可抗告審は、以下のように述べてYの抗告を棄却した。

「子を監護している親（以下「監護親」という。）と子を監護していない親（以下「非監護親」という。）との間で、非監護親と子との面会交流について定める場合、子の利益が最も優先して考慮されるべきであり（民法766条 1 項参照）、面会交流は、柔軟に対応することができる条項に基づき、監護親と非監護親の協力の下で実施されることが望ましい。一方、給付を命ずる審判は、執行力のある債務名義と同一の効力を有する（平成23年法律第53号による廃止前の家事審判法15条）。

監護親に対し、非監護親が子と面会交流をすることを許さなければならないと命ずる審判は、少なくとも、監護親が、引渡場所において非監護親に対して子を引き渡し、非監護親と子との面会交流の間、これを妨害しないなどの給付を内容とするもの

が一般的であり、そのような給付については、性質上、間接強制をすることができないものではない。したがって、監護親に対し非監護親が子と面会交流をすることを許さなければならないと命ずる審判において、面会交流の日時又は頻度、各回の面会交流時間の長さ、子の引渡しの方法等が具体的に定められているなど監護親がすべき給付の特定に欠けるところがないといえる場合は、上記審判に基づき監護親に対し間接強制決定をすることができると解するのが相当である。」

1　監護親がすべき給付が特定されている面会交流の審判に基づく、間接強制を認めた最高裁決定として重要である。
2　本最高裁決定と同日の平成24年（許）41号事件の決定は、面会交流の頻度や各回の面会交流時間の長さは定められているが、未成年者の引渡しの方法については何ら定められていないとして、給付の特定がなく間接強制決定はできないとした。
　また、同日の平成24年（許）47号事件の決定は、当該調停調書は面会交流の大枠を定め、その具体的な内容は協議で定めることを予定しているとして、同様に給付の特定がなく間接強制決定はできないとした。
3　子の引渡方法も含めた面会交流の詳細を定めた面会交流審判が下されるのは、実務上未成年者が乳幼児の場合等に限定されるのではないかと思われる。
〔解説・評釈等〕柴田義明・「判解」ジュリ1470号76頁、川嶋四郎・法セミ59巻6号116頁、野村秀敏・民商149巻2号41頁、大濱しのぶ・リマ49号126頁、小池泰・ジュリ1466号93頁、本間靖規・ジュリ1466号152頁

9

子の引渡し

傾向と実務

第1　はじめに

別居中又は離婚後の父母間で、別居親から同居親に対して子の引渡し請求をするには、主に以下の方法がある。

(1)　①　子の監護に関する処分としての子の引渡し（民法766条、家事法別表第2第3項）

②　①の審判前の保全処分としての子の引渡しの仮処分（家事法105条、157条、175条）

これは離婚の前後を問わず、申立てをすることができる。

離婚前には、通常は子の監護者を指定すると同時に子の引渡しを命ずることになる。しかし、[⇒152] 抗告審決定のように、仮処分では子の引渡しのみを認め、子の監護者指定は保全処分ではなく本案の審判で判断する事例も出てきている。

離婚後は、非親権者・非監護者から引渡し請求をする場合には、同時に自分への親権者の変更または監護者の指定の申立てをすることが多い。

(2)　①　離婚訴訟に附帯請求する子の引渡し請求（人訴法32条）

②　①を本案とする保全処分（人訴法30条1項）

これには、申立人が親権者として指定される蓋然性と離婚請求認容の蓋然性を疎明することが必要なため、この方法はあまり使われていない。

(3)　人身保護請求

第2　人身保護請求

1　人身保護請求は、法律上正当な手続きによらないで、身体の自由を拘束されている場合には、被拘束者自身または他の誰からでも裁判所にその救済を請求することができる制度である（人保法2条）。

人身保護請求手続は、迅速性、実効性がある。

すなわち、この審問期日は原則として請求の日から1週間以内に開かなけ

ればならず（人保法12条4項）、裁判所は速やかに裁判をしなければならない（人保法6条）。

　また、裁判所は、被拘束者を出頭させることを命ずることができ、人身保護命令に従わない拘束者には、勾留、過料を課すことができ、被拘束者の救済を妨害した者には、2年以下の懲役、5万円以下の罰金を課すこともできる（人保法26条）。

　そのため、子の引渡し請求について、人身保護請求が広く利用されてきた。

　しかし、平成5年の最高裁判決［➡137］がこの要件を厳格に解したのを契機として、その後、人身保護請求に基づく子の引渡し請求は激減した。

2　人身保護請求認容の要件

判例に基づく人身保護請求の要件は以下のとおりである。

(1) 子が拘束されていること

　子がその意思に基づいて親と生活している場合には、拘束とはいえない。

(2) その拘束が違法であること

　① 親権者による拘束の場合

　　共同親権者の一方による監護は親権に基づくものとして、特別の事情がない限り適法であるから、その拘束が違法であるというためには、他方の監護が子の幸福に反することが明白であることが必要とされる（明白性の要件、［➡137、139］）。

　　そして、明白性の要件に該当する場合としては、

　　ア　幼児引渡しを命ずる仮処分又は審判が出され、その親権行使が実質上制限されているのに拘束者がこれに従わない場合

　　イ　拘束者の監護の下においては著しくその健康が損なわれたり、満足な義務教育を受けることができないなど、拘束者の幼児に対する処遇が親権行使という観点から見てもこれを容認することができないような例外的な場合が挙げられている［➡140］。

　　さらに、アと類似するケースとして、離婚調停における合意に反して子の監護を継続し、子の住民票を母に無断で自分の住所地に変更した父については、顕著な違法性があるとされた［➡141］。

　　また、離婚調停中の合意に基づく面接交渉の際に、子を連れ去った父

9章　子の引渡し　311

の拘束について、顕著な違法性があるとされた［→**145**］。
　② 監護権者の非監護権者に対する請求の場合
　　被拘束者を監護権者の監護の下に置くことが拘束者の監護の下に置くことに比べて子の幸福の観点から著しく不当なものでない限り、非監護者による拘束は、顕著な違法性があると解されている［→**144**］。
(3) 救済の目的を達成するために、他の適切な方法がないこと

第3　家事事件手続法上の保全処分

1　法律構成

　審判前の仮処分（家事法105条、157条、175条）として子の引渡しを求める方法である。

　本案の審判としては、以下のものが考えられる。

① 別居中の夫婦間での子の監護者指定の審判申立て［→**143**］
② 別居中の夫婦間で、既に監護者の指定がされていたり、これまで申立人による監護が事実上認められていた場合の、監護権に基づく子の引渡し請求
③ 離婚後、親権者または監護者からの親権または監護権に基づく子の引渡し
④ 離婚後、非親権者または非監護者からの親権者・監護者の変更・指定の申立て

　また、家事事件手続法によって、審判事件の申立てをしなくても、調停事件の申立てがされていれば、保全処分の申立てをできることになった（家事法105条1項）。

2　要件

　子の引渡し保全処分は、仮の地位を定める仮処分であり、認められる要件は、①本案認容の蓋然性があること　②争いのある権利関係について債権者に生ずる著しい損害又は急迫の危険を避けるための必要があること（民保法23条2項）である。

　［→**152**］は、母が子を保育園から連れ去った事案について、父が速やかに審判前の保全処分の申立てをした場合には、原則として子の引渡しの保全処分を認めるとしている。この判例が上記②の要件を緩和したものであるかは

議論があるが、ハーグ条約の締結後、違法性の判断、保全処分の許容性について、同条約の枠組を国内事案についても準用する傾向が見られる。
3 保全が認められなかった事案
　保全の必要性を、子に対する虐待、放任等が現になされている場合や、子が相手方の監護が原因で発達遅滞や情緒不安を起こしている場合等に限定した判例もある［⇒147、153］。

第4　子の監護に関する処分

1 子の監護に関する処分として、離婚の前後を問わず、民法766条1項、家事法別表第2第3項の類推適用により、子の引渡しを求めることができる。
2 離婚訴訟に附帯して、子の監護に関する処分として子の引渡しを請求することもできる（人訴法32条1項、2項）。
　この場合に、この附帯請求を本案とする子の引渡しの仮処分申立てもできる（人訴法30条1項）［⇒138］。
3 判断基準
(1) 監護権者から非監護権者に対する子の引渡し請求については、子の福祉に反することが明らかな場合等特段の事情が認められない限り、これを認めている［⇒146］。
(2) 別居中の夫婦のうち、一方配偶者甲が公然かつ平穏に子を監護していたのに、他方配偶者乙が子を無断で連れ去った場合には、子の福祉の観点から、乙に引続き子を監護させる場合に得られる利益が、甲に子を監護させる場合に得られる利益をある程度有意に上回ることが積極的に求められない限り、甲の子の引渡し請求を認めるとする判例がある［⇒151］。

第5　子の引渡しと執行方法

(1) 直接強制
　子の引渡し仮処分審判に基づく直接強制を、物と幼児を同一視することはできないとして、否定した判例がある［⇒142］。
　しかし、これを肯定する判例もある［⇒143］。
(2) 間接強制
　子の引渡しの債務名義に基づき、間接強制ができることは争いがない［⇒

143]。

第6　その他の制裁

1　未成年者略取罪（刑法224条）

　親権者が２歳の子を保護されている環境から引き離し、自分の事実的支配に置いた行為は、未成年者略取罪に該当し、親権者であることは違法性阻却事由とはならないとする判例がある［⇒150］。

2　親権侵害による損害賠償請求

　第三者による子の奪取行為を親権侵害の不法行為として慰謝料請求を認容した判例がある［⇒149］。

137 共同親権に服する子についての人身保護請求

夫による監護が子の幸福に反することが明白とはいえないとし棄却した事例

一　審…神戸地判平成5年3月22日（平成4年（人）6号）民集47巻8号5122頁
上告審…最判平成5年10月19日（平成5年（オ）609号）民集47巻8号5099頁
差戻審…神戸地判平成5年12月15日（平成5年（人）3号）判タ874号281頁

事案

　X（妻）とY1（夫）は、昭和63年2月に婚姻し、同年7月に長女が、平成元年7月に二女が生まれた。

　X・Y1夫婦は、平成2年に県営住宅に転居し同所で生活していたが、夫婦関係は次第に円満を欠くようになり、Y1は、平成4年8月12日、子ども達を連れて伯母の墓参に行き、帰途そのままY1の実家であるY2の家で生活をするようになった。

　Xは、平成4年9月1日に、母とともにY1の実家に赴いて子ども達の引渡しを求めたが、これを拒否されたため、子ども達を連れ出したところ、追いかけてきたY1の父であるY2と母であるY3と路上で子ども達の奪い合いとなり、結局子ども達は、Y2らによってY2宅に連れ戻された。

　Xは、平成4年9月末ころ、離婚調停申立てをしたが、親権者等について協議が整わず、不調となった。

　Xは、人身保護法に基づき、Y1、Y2、Y3に対して子ども達の釈放、Xへの引渡しを求めた。

判旨

　1　一審は、以下のように述べて、Xの請求を認容した。

「被拘束者らのように3、4歳の幼児にとっては、母親において、監護、養育する適格性、育児能力等に著しく欠ける等特段の事情がない限り、父親よりも母親の下で監護、養育されるのが適切であり、子の福祉に適うものとされている。

　そこで、前記の事実に基づいて考察するに、被拘束者らに対する愛情、監護意欲、居住環境の点では、XもY1らも大差は認められないが、父親であるY1は仕事のため夜間及び休日しか被拘束者らと接触する時間がないのに対して、母親であるXは被拘束者らが幼稚園に行くまで仕事をせず、育児に専念する考えを持っていることからすれば、Xの下で被拘束者らが監護、養育される方がその福祉に適する。なお、現在、Y3が被拘束者らの世話に当っているが、通常、幼児の成長過程において母親の愛情を必要とすることは論をまたない。また、経済的な面では、Xは自活能力が十分ではないが、Xの両親がXを全面的に援助することを約束していることからすれば、この点において、Y1ら側と比べて幾分劣るとはいえ遜色はないものと考えられる。

　したがって、本件においては、被拘束者らを母親であるXの下で養育することが子

9章　子の引渡し　315

である被拘束者らの福祉に適うものと考えられ、結局、本件拘束には顕著な違法性があるといわざるを得ない。」

2　上告審は、以下のように述べて、原判決を取消し、神戸地裁に差し戻した。
「夫婦の一方（請求者）が他方（拘束者）に対し、人身保護法に基づき、共同親権に服する幼児の引渡しを請求した場合には、夫婦のいずれに監護させるのが子の幸福に適するかを主眼として子に対する拘束状態の当不当を定め、その請求の許否を決すべきである（最高裁昭和42年（オ）第1455号同43年7月4日第一小法廷判決・民集22巻7号1441頁）。そして、この場合において、拘束者による幼児に対する監護・拘束が権限なしにされていることが顕著である（人身保護規則4条参照）ということができるためには、右幼児が拘束者の監護の下に置かれるよりも、請求者に監護されることが子の幸福に適することが明白であることを要するもの、いいかえれば、拘束者が右幼児を監護することが子の幸福に反することが明白であることを要するものというべきである（前記判決参照）。けだし、夫婦がその間の子である幼児に対して共同で親権を行使している場合には、夫婦の一方による右幼児に対する監護は、親権に基づくものとして、特段の事情がない限り、適法というべきであるから、右監護・拘束が人身保護規則4条にいう顕著な違法性があるというためには、右監護が子の幸福に反することが明白であることを要するものといわなければならないからである。」
「これを本件についてみるのに、原審の確定した事実関係によれば、被拘束者らに対する愛情、監護意欲及び居住環境の点においてＸとＹらとの間には大差がなく、経済的な面ではＸは自活能力が十分でなくＹらに比べて幾分劣る、というのである。そうだとすると、前示したところに照らせば、本件においては、被拘束者らがＹらの監護の下に置かれるよりも、Ｘに監護されることがその幸福に適することが明白であるということはできない。換言すれば、Ｙらが被拘束者らを監護することがその幸福に反することが明白であるということはできないのである。」

3　差戻審は、本件拘束が違法性が顕著な場合に該当する疎明はないとしてＸの請求を棄却した。

夫婦の一方が他方に対し、人身保護法に基づき、共同親権に服する幼児の引渡しを請求する場合には、他方の監護につき拘束の違法性が顕著であるというためには、その監護が子の幸福に反することが明白であることを要すると判示した最高裁判例として重要である。

〔解説・評釈等〕大内俊身・判解〈平成5年［41］〉513頁、山口純夫・判夕846号106頁、野田愛子・判評426号207頁、水野紀子・ジュリ1046号95頁、吉田欣子・判夕852号138頁、大村敦志・法協112巻8号1162頁

138 人事訴訟法による子の引渡し仮処分
人身保護請求における明白性の要件は不要であるとした事例

原原審…大分地杵築支部命令平成5年8月4日（平成5年（ヨ）8号）
原　審…大分地杵築支決平成6年4月25日（平成5年（モ）72号）
抗告審…福岡高決平成6年9月22日（平成6年（ラ）102号）判タ881号274頁

事案

X（妻）は、平成2年9月Y（夫）と婚姻し、主に農業を営むYの両親と同居生活を始めたが、Yの母親との間に確執が生じた。Xは、平成4年8月長女夏子を出産したが、Yの母親とのことでYと口論になったことがきっかけで、別居することを決意し、同年11月に長女を連れて実家に戻った。

Yは、平成5年に2回夫婦関係調整調停申立てをしたが、いずれも不成立になった。Yは、平成5年7月18日、父親とともにXに面接した際、長女を抱いて自動車に乗り込み、長女を連れ去った。

Xは、同月21日、長女の引渡しを求める本件仮処分申立てをなし、8月4日にその発令を得た。Yは、本件仮処分命令に応じないばかりか、Xと長女との面接さえ許さず、Y方の出入口には、Xの父一族の進入厳禁と記載した大きな看板を立て、Xとの接触も完全に拒否している。

Yは、同年7月22日離婚訴訟を提起し、Xは、離婚を求める反訴を提起している。

Yは、本件仮処分命令に保全異議申立てをなし、原審は本件仮処分を認可した。Yは、これを不服として保全抗告を申し立てた。

判旨

裁判所は、以下のように述べて、Yの抗告を棄却した。

「本件仮処分の申立ては、人訴法16条に基づくものであって、離婚の訴えが認容された場合になされるべき親権者の指定に伴う人訴法15条5項、2項所定の子の引渡しを本案とするものであるから、これが発令されるためには、被保全権利として、離婚が認容され債権者が親権者と指定される蓋然性が存することが必要であり、保全の必要性としては、人訴法16条により民事保全法23条2項が準用され、債権者に生ずる著しい損害又は急迫の危険を避けるためこれを必要とする事情の存することが必要とされるのであり、また、これで足るというべきである。

Yは、本件仮処分の申立ては人身保護法に基づく幼児引渡請求と同一事案であって、最高裁平成5年10月19日第三小法廷判決は、右事案において幼児引渡しが認容されるためには、請求者に監護されることが子の幸福に適することが明白であること、換言すれば、拘束者が監護することが子の幸福に反することが明白であることを要すると判示しているから、本件仮処分申立てにおいても右と同様の観点から判断すべきである旨を主張する。しかしながら、人身保護法に基づく幼児引渡請求につき右のように解する根拠が、人身保護制度の趣旨、拘束の違法性が顕著であることが要件とさ

れていること（人身保護規則4条）などにあることは、その判示と補足意見から明らかであって、人訴法16条に基づく本件仮処分申立てにつき右のように解する根拠はなく、Yの主張は独自の見解というべきであって採用することはできない。」

「YとXはいずれも経済状態や居住環境に問題はないものの、Yは、別居に際してXと夏子をXの実家に送り届け、調停に際しては一旦は親権をXに認めながら養育費が問題となって翻意し、さらには、夏子を強引に奪取した上、母親であるXと夏子との面接を拒絶しているものであって、Yが夏子の監護養育に固執しているのは必ずしも夏子への愛情だけによるものとはいえない面が認められ、しかも、実際の監護養育においてはYが老齢の両親に任せているのに対し、Xは自ら愛情をもってこれに携わる希望を有しているのであり、一般的には祖父母よりも母親が監護養育するほうが子の心身の健全な育成と人格の形成にとって好ましいことは明らかである。以上の諸事情を比較考量すると、夏子の親権者としてXが指定される蓋然性は高いというべきである。そして、夏子の親権者がXに指定されることを前提に、Yが夏子を奪取して1年以上を経過しており、その間、Xと夏子との面接を拒絶していることを考えると、Xには、監護養育に不可欠な夏子との愛情の交流が回復困難となる切迫した危険が生じているというべきであるから、保全の必要性も認めることができる。」

人事訴訟手続法16条（現人事訴訟法30条）に基づく子の引渡しを求める仮処分の要件について、人身保護請求の明白性の要件は不要であるとした判例である。

139 別居中の妻から夫に対する人身保護請求
夫による拘束が子の幸福に反することが明白といえないと棄却した事例

一　審…札幌地判平成5年10月18日（平成5年（人）1号）家月47巻2号138頁
上告審…最判平成6年2月8日（平成5年（オ）2108号）家月47巻2号135頁
差戻審…札幌地判平成6年3月24日（平成6年（人）2号）判タ857号254頁

事案

　X（妻）とY1（夫）は、平成4年1月に婚姻し、平成5年2月に長女が生まれた。

　Xは、平成5年5月15日に、長女を連れて当時夫婦が居住していた札幌市のマンションを出て、Y1と別居し、苫小牧市に住む親戚方に身を寄せた後、実母の住む札幌市のアパートに移り、同アパートで生活している。

　Y1は、平成5年5月22日、Xの親戚方を訪れて、長女を連れ戻し、以後Y1の両親であるY2及びY3の自宅において、同居しながら、長女を監護養育している。

　Xは、人身保護法に基づき、Y1、Y2、Y3に対して子どもの釈放、Xへの引渡しを求めた。

判旨

　1　一審は、以下のように述べて、Xの請求を認容した。

「Xは、出産後本件拘束に至るまで約3か月間、母として被拘束者を大過なく監護養育したのであって、被拘束者に対する母としての愛情を持っていると考えられ、今後も、実母の援助を期待しうる状況で被拘束者を監護養育する意欲と能力を有しているということができる。一方、本件拘束中、被拘束者はY1らの監護養育の下で順調に発育したのであって、Y1らも父、祖父母としての愛情を持っていると考えられる。しかし、被拘束者は、身体的発達のために細やかな面倒を受ける必要があるばかりでなく、母親から抱かれたり・あやされたり等その手により直接こまごまとした面倒を受けそのスキンシップにより安定した性格・人間的情緒の発達が始まると考えられる1歳に満たない幼児であるから、被拘束者の人間としての幸福を考えると、被拘束者にとっては母親のもとで監護養育されるのが最も自然であり幸福であるというべきである。」

　2　上告審は、以下のように述べて、原判決を取り消し、札幌地裁に差し戻した。

「夫婦の一方が他方に対し、人身保護法に基づき、共同親権に服する幼児の引渡しを請求する場合には、夫婦のいずれに監護させるのが子の幸福に適するかを主眼として子に対する拘束状態の当不当を定め、請求の当否を決すべきところ（最高裁昭和42年（オ）第1455号同43年7月4日第一小法廷判決・民集22巻7号1441頁）、この場合において、夫婦の他方による乳児の監護・拘束が権限なしにされていることが顕著であるというためには、その監護・拘束が子の幸福に反することが明白であることを要する

ものであって（最高裁平成5年（オ）第609号同年10月19日第三小法廷判決・略）、この理は、子が生後1年未満の乳児であるとの一事によって異なるものではない。

これを本件についてみるのに、原審の確定した事実関係によれば、被拘束者に対する監護能力という点では、Y1らとXとの間に差異があるとは一概に断じ難く、双方の経済状態及び居住環境という点では、Y1らのそれがむしろ優れているといえるのであって、本件記録に徴する限り、被拘束者が生後1年未満の乳児であることを考慮に入れてもなお、Y1らによる被拘束者の監護・拘束がその幸福に反することが明白であるとまでは到底いえない。」

3　差戻審は、Xの請求を棄却した。

［⊃137］と同様に、共同親権に服する幼児の人身保護請求には、拘束者の監護が子の幸福に反することが明白であることが必要であり、本件では被拘束者が1歳未満の幼児であっても明白性の要件には該当しないとした事例である。

140 別居中の妻から夫に対する人身保護請求
明白性の要件に該当する場合を例示した事例

一　審…大阪地判平成5年12月21日（平成5年（人）10号）家月47巻3号57頁
上告審…最判平成6年4月26日（平成6年（オ）65号）家月47巻3号51頁

事案　X（妻）とY（夫）は、昭和56年12月に婚姻し、昭和59年12月長女が、昭和62年2月に二女が生まれた。

Xは、平成5年3月に、Yに対して「別れてくれ」と言い、Yが「夜にでもその話しをしよう」と言って、話し合いを拒むと、しばらくして子ども達を連れてXの両親宅に移り、子ども達の転校等の手続きをした。

Yは、平成5年5月に離婚調停申立てをしたが、子ども達の親権をめぐって対立したため、不調となり、同年10月に離婚訴訟を提起した。

Yは、平成5年11月27日、小学校付近で、登校してきた子ども達を車に乗せ、Y宅に連れてゆき、以後子ども達と生活している。

Xは、人身保護法に基づき、Yに対して子ども達の釈放、Xへの引渡しを求めた。

判旨　1　一審は、以下のように述べて、Xの請求を認容した。

「被拘束者らが平成5年4月以来Xの両親宅に同居し○△市立○○小学校に通学して、約8か月間教育上十分配慮の行き届いた安定した生活を送っており、被拘束者らがY宅に居ては、これらがすべて失われること、被拘束者らの気管支喘息がXの両親宅への転地により改善されたが、Y宅がある地域は、環境的には被拘束者らの気管支喘息を悪化させるおそれがあること、被拘束者らは、8歳（12月26日で9歳）と6歳の女児で、母親であるXからの監護を欠くことは適当でないことを考慮すると、被拘束者らがYの監護の下に置かれるよりも、Xに監護されることが子の幸福に適することが明白であると解すべきであり、即ち、Yが被拘束者らを監護することが子の幸福に反することが明白であると解すべきである。」

2　上告審は、以下のように述べて、原判決を破棄し、大阪地裁に差し戻した。

「請求者であると拘束者であるとを問わず、夫婦のいずれか一方による幼児に対する監護は、親権に基づくものとして、特段の事情のない限り適法であることを考えると、右の要件を満たす場合としては、拘束者に対し、家事審判規則52条の2又は53条に基づく幼児引渡しを命ずる仮処分又は審判が出され、その親権行使が実質上制限されているのに拘束者が右仮処分等に従わない場合がこれに当たると考えられるが、更には、また、幼児にとって、請求者の監護の下では安定した生活を送ることができるのに、拘束者の監護の下においては著しくその健康が損なわれたり、満足な義務教育を受けることができないなど、拘束者の幼児に対する処遇が親権行使という観点からみてもこれを容認することができないような例外的な場合がこれに当たるというべき

である。」

「結局、原審は、被拘束者らにとってはYの下で監護されるよりXの下で監護される方が幸福であることが明白であるとはしているものの、その内容は単に相対的な優劣を論定しているにとどまるのであって、その結果、原審の判断には、人身保護法2条、人身保護規則4条の解釈適用を誤った違法があ」る。

共同親権に服する子の人身保護請求が認められるための明白性の要件に該当する場合として、①家事審判規則52条の2又は53条に基づく幼児引渡しを命ずる仮処分又は審判が出されているのにこれに従わない場合、②拘束者の幼児に対する処遇が親権行使の観点からみても容認できない例外的な場合を挙げて、単に拘束者と被拘束者の監護内容の優劣により明白性の要件を認定すべきではないと判示した最高裁判決として重要である。

〔解説・評釈等〕西謙二・判解〈平成6年［17］〉334頁、小川栄治・法教171号122頁、半田吉信・ジュリ1060号100頁、棚村政行・ジュリ1068号88頁、吉田欣子・判タ882号152頁、田尾桃二・NBL579号62頁、水野紀子・民商113巻2号276頁

141 調停における合意に反する拘束
明白性の要件を認め人身保護請求を認容した事例

一　審…岡山地判平成6年2月25日（平成6年（人）1号）家月47巻5号44頁
上告審…最判平成6年7月8日（平成6年（オ）761号）家月47巻5号43頁

事案

X（妻）とY（夫）は、昭和57年4月に婚姻し、昭和62年6月に長女が、平成元年12月に二女が生まれた。

平成3年3月に、Yが単身転居したため、その後は、Xが子ども達を監護養育してきた。Xは、平成5年8月に、離婚調停申立てをした。

その第1回期日の12月1日に、XとYの間で、子ども達が冬休みの間、Yが子ども達と一緒に暮らせるように、子ども達をYのもとに行かせ、遅くとも平成6年1月15日には、子ども達をXのもとに帰す合意（本件合意）が成立した。Xは、本件合意に基づき、子ども達をYのもとに行かせたが、Yは、第2回、第3回の調停期日にも子ども達を同行せず、Xに引渡すことを拒否した。Yは、平成6年2月3日ころ、子ども達の住民票をXに無断でYの住所に移動し、Yの住所地において長女の小学校入学等の手続きを進めている。

Xは、人身保護法に基づき、Yに対して子ども達の釈放、Xへの引渡しを求めた。

判旨

1　一審は、以下のように述べて、Xの請求を認容した。

「Yが、女児である被拘束者らの父親として適さないと、一般的に断定すべき証拠はなく、Yによる監護が被拘束者らの幸福に反することが明白であるとは、特に、長期的な視野でみた場合には、一概にはいえない。

しかし、他方、Yによる本件拘束の開始は、前示のとおり、XとYの夫婦関係の紛争を、被拘束者らに対する監護を含めて調停するための、裁判所における家事調停手続の場において、Yの、是非とも被拘束者らと休暇を過ごしたいという趣旨の、Xのもとに被拘束者らを帰す期限を付けた要望に対し、調停委員のすすめがあって、Xが応じたことを契機とするものである。したがって、Y、X及び関係者の間において、被拘束者らのYのもとでの滞在は、前示約束の期限内の一時的なものであることが了承され、右期限後に、Yが被拘束者らをXのもとに帰さない事態は、全く予定されていなかったのである（Yにとって予定の行動であったとすれば、ことは更に重大である。）。しかるに、Yは、前示家事調停手続、本件人身保護請求手続を通じて、本件合意に反し、被拘束者らを今後引き続き監護する意思を示し、Xのもとですでに公立の小学校への入学通知書が届いている状況であるにもかかわらず、急きょ被拘束者らの住民票をXに無断でYの住所に移転し、Yの住所地において、被拘束者らの入学等の手続を進めている。このようなYの性急な行為は、一般的に、幼児にとって居住環境を安定させること、感じ易い年齢の女児にとって母親の存在が大切であることについ

9章　子の引渡し

て配慮しないものであることに加えて、いたずらに紛争が複雑化することを顧みず、単に被拘束者らを自らの手もとにとどめて家事事件手続を自己の望む方向へ進行させようとするものとみられても仕方がないものである。右Yによる被拘束者らに対する監護・拘束は父親によるものとはいえ、現時点では、子の幸福を希求する法の趣旨にそわず、すでに開始された家事事件手続の裁判所による運用に対する信頼を損なうものであって、著しく信義則に反し、許されないものというべきである。」

2 上告審も、以下のように述べて、原判決を維持した。

「Yが調停委員会の面前でその勧めによってされた合意に反して被拘束者らの拘束を継続し、被拘束者らの住民票を無断でYの住所に移転したことなどの事情にかんがみ、本件拘束には、人身保護法2条、人身保護規則4条に規定する顕著な違法性があるものとした原審の判断は、正当として是認するここができ」る。

離婚調停中に冬休みの間だけ子ども達を父のもとに行かせる旨の調停手続における合意に反して、期限が過ぎても子ども達を母のもとに帰さず、以後子ども達を監護している父に対して、明白性の要件があるとして、人身保護請求を認めた事例である。

142 直接強制による子の引渡し執行
仮処分に基づく直接強制は法に規定がなく認められないとした事例

札幌地決平成6年7月8日（平成6年（ヲ）765号）判タ851号299頁

事案

X（母）は、本件幼児A男（平成3年11月生）の親権者変更申立事件を本案として、家庭裁判所に審判前の保全処分を申し立て、本件幼児の引渡し仮処分審判（本件債務名義）が下された。

その主文は、「YはXに対し、事件本人A男を仮に引き渡せ」となっていた。

XはY（父）に対し、本件債務名義に基づき、強制執行申立てをしたが、札幌地方裁判所執行官は、平成6年6月に、強制執行申立却下の執行処分をした。

そこで、Xは、同執行処分の取消しと本件債務名義に基づく強制執行の実施を求める本件訴訟を提起した。

判旨

裁判所は、以下のように述べて、Xの申立てを棄却した。

「本件債務名義は、（略）、家事審判法15条の3及び家事審判規則52条の2による審判前の保全処分として発令された仮処分命令であるところ、その執行について、家事審判法は、「民事保全法その他の仮処分の執行……に関する法令の規定に従う。」としているのみで（同法15条の3第6項）、何ら特別の執行方法を規定しておらず、これを承けるべき民事保全法52条1項も、「仮処分の執行については、……強制執行の例による。」とするに止まっている。とすれば、執行官が本件強制執行を執行官法1条1号事務として遂行し得るか否かは、結局のところ、民事執行法に基づいて幼児の引渡執行をなし得るかという点にかかっていることになる。

民事執行法上、執行官が執行機関とされている引渡執行のなかで、本件において利用可能な方法としては、動産の引渡執行（民事執行法169条）以外には想定できない。本件において、申立代理人が本件債務名義に基づく引渡執行を執行官に対して申し立てたのも、かかる理解に基づくものであろう。

しかしながら、一般に引渡執行は、執行官が債務者の目的物に対する占有を解いてこれを債権者に引き渡す方法によりなされるものである（講学上、いわゆる「与える債務」についての強制執行方法とされている。）から、そこには債務者による目的物に対する排他的全面的支配関係が存在することが前提である。そして、引渡執行が許される実質的根拠は、目的物に対する債務者の支配を解いてそれを債権者に引き渡すことにより、債務者と目的物との関係を債権者と目的物との関係に置換することが可能であることから、国家が強制的にこれを実施しても債務者の人格尊重の理念に抵触せず、かつ、最も効果的な方法であることに求められると考える。そうだとすると、たとえ幼児であってもそこには人格の主体もしくは少なくともその萌芽を認めるのが相当であって、その引渡執行を許容するときは、親の子に対する占有ないし支配関係

なるものを想定するのと同一の結果をもたらすことになり相当ではなく（本件では親権者の意思をも無視することにもなる。）、物と幼児とを同一視することはできないというべきである。しかも、この種の強制執行申立ての実質は、債務者と幼児との間の人格的接触と債権者と幼児との間のそれとの異質性を前提にしたうえで、債務者と幼児との人格的接触を遮断するとともに、債権者と幼児との間の親子の人格的接触を暫定的にせよ確保しようとするところにあると解されるのであって、人格的接触が本来的に相互交流的性格を有することからすると、幼児の引渡によって、債務者と幼児との関係と同一の関係を債権者との間で実現することにはならず、これを強制的に行うとすれば、もはや国家機関による強制的実現の許容性の範囲を逸脱するといわざるを得ない。」

「したがって、民事執行法上、幼児の引渡を許容する明文の規定は存在しないといわざるを得ない以上、子の引渡を直接的に求める執行は許されないというべきである。」

２歳の幼児の引渡仮処分審判に基づく、幼児の引渡の直接執行を民事執行法上これを認める規定がないとして、認めなかった事例である。

〔解説・評釈等〕吉村真幸・家月47巻8号115頁、園田賢治・別ジュリ208号142頁、本間義信・別ジュリ177号176頁

143 家事審判法に基づく子の引渡し請求
子の引渡しの実行方法は直接強制によるしかないとした事例
東京家審平成8年3月28日（平成7年（家）15473号）家月49巻7号80頁

事案

X（妻）とY（夫）は、平成2年5月に婚姻し、同年11月に長男が、平成6年2月に二男が生まれた。

Yは、新婚時代から、気に入らないことがあれば、Xに対し、殴る蹴る、髪をつかむ、物を投げる等の暴力を振るった。Xは、平成7年9月に、離婚を決意して、未成年者両名を連れて、長野市にある実家に戻った。

平成7年10月13日、Yは、Xの実家を訪問し、Xに対し、「今後はいつ会えるかわからないので、おもちゃを買ってあげたい」などと言って、未成年者両名を連れ出し、そのまま戻らなかった。

その後、未成年者両名は、草加市にあるYの父の自宅で、Y、Yの父、Yの父の同棲相手女性と生活している。

Xは、未成年者らを連れ去られた後、離婚調停の申立てと、人身保護請求訴訟を提起したが、その後、平成7年11月に、子の監護者をXと指定し、子の引渡しを求める本件審判申立て及び仮処分申請をした。

平成7年12月22日に、Yに対してXに未成年者両名を引き渡すことを命じる仮処分審判がされ、審判書は、同日Yに執行官送達された。

当日、X及び代理人は、執行官に随伴して、Y宅に赴き、未成年者両名の引渡しを求め、説得を試みたが、Yは承知しなかった。

Xは、同月25日、前記仮処分事件について履行勧告の申立て及び間接強制の申立てを行った。

平成8年1月30日、Yに対して、①決定書送達の日から3日以内に未成年者両名を引渡すこと、②引渡しをしないときは、1日あたり3万円の金員をXに支払うことを命ずる決定がされた。しかし、Yはたとえ間接強制により損害金をとられようとも未成年者らの引渡しはしない、との姿勢を崩さなかった。

判旨

1 裁判所は、以下のように述べて、未成年者両名の監護者をXと指定し、Yに対して未成年者両名の引渡しを命じた。

「本件夫婦の問題を解決するには、相当の時間を要するものと予想されるので、XとYが別居中の、未成年者両名の監護者を指定する必要がある。

今回Yに連れ去られるまで、未成年者両名は、Xの監護の下で平穏に成長してきており、従前のXの監護は良好に行われてきている（この点は、Yも認めるところである。）そうすると、このような関係にあった実母と乳幼児が離れて生活することは、生物学的、発達心理学的にみても、未成年者らの今後の心身の発達に障害となる可能性があるといえよう。

YやYの父が、現在、未成年者両名を、愛情を持って育てていることは想像に難くないが、その養育対応は刹那的であり、未成年者両名に精神的安定をもたらすには不

十分であるといわざるをえない。未成年者両名の年齢からすれば、母親の細やかな愛情を最も必要とする時期である。この時期に、YやYの父による監護が、Xのそれに比して良好であると窺うに足りる資料は全く存在しないのである。

　併せて、Yのこれまでの裁判所に対する対応は監護者としての適格性に疑問を抱かせるものである。

　したがって、当裁判所は、未成年者両名の福祉のためには、Xがその監護にあたることこそが相当と考える。」

　2　「当裁判所は、未成年者両名の年齢、これまでのYの対応等を考慮すれば、本件未成年者両名の引渡しを実現する方法は、直接強制によるしかないものと考えており、また、直接強制こそが、子の福祉に叶うものであると考えていることを付言しておく。」

　3　なお、本審判確定後、Xからの直接強制の申立てに基づき、執行官及びXの代理人がY及び未成年者が居住するYの実父の住居に臨場して執行が試みられた。しかし、Yの実父らが玄関のドアーに施錠したまま執行官等の立入りを拒否し、Yが引渡しに応じなかったため、執行官は、Xの代理人の了承を得て執行不能とした。

　夫婦の別居中に、子を連れ去られた場合の法的手続の方法及びその困難さがよくわかる事例であり、実務上参考になる。
　本件の場合には、子の引渡し仮処分にYが従っていないことから、人身保護請求の明白性の要件も具備しているといえよう。

144 非監護権者に対する人身保護法に基づく子の引渡し請求

監護権者による監護が著しく不当でない限りは引渡しを認めるとした事例

一　審…奈良地判平成10年9月30日（平成10年（人）1号）家月51巻10号126頁
上告審…最判平成11年5月25日（平成11年（オ）1850号）家月51巻10号118頁

事案

　X（妻）とY（夫）は、平成2年5月に婚姻し、平成4年3月に長女が生まれた。XとYは、平成5年春ころから円満を欠くようになり、Xは平成6年7月2日に、長女を連れて実家に戻り、Yと別居した。
　Yは、同月13日に、Xの実家を訪れたところ、Xが不在であったことから、Xの母の承諾を得て、長女を夕食に連れ出した。Yは、その後長女をY宅に連れ帰り、Xに電話をかけ、長女をどうするか問いかけたところ、Xがどちらでもよいと返答したため、Yが育てる旨を告げ、以後長女を監護養育している。
　Yは、離婚訴訟を提起し、Xも離婚の反訴を提起し、平成8年5月、離婚と長女の親権者をYと定める判決がされたが、控訴審では、Xを親権者と定める判決がされ、同判決は平成9年6月に確定した。
　Xは、平成6年12月に、Yに対して長女の引渡しを求める審判を申し立てたが、平成7年5月に、同申立ては却下された。
　そこで、Xは、Yに対して平成10年3月に、本件人身保護請求をした。
　なお、Yは、平成10年4月、Yを長女の監護者と指定することを求める調停申立てをしたが、調停は不成立となり審判に移行した。

判旨

　1　一審は、以下のように述べて、Xの請求を棄却した。
　「Xは、被拘束者に対する愛情及び監護意欲の点において欠けるところはないと考えられはするものの、人身保護の手続が非常の救済手続であり、かつ、Yの子の監護者の指定の審判が係属中であることに鑑みると、右の審判手続においてYの申立てが却下された場合に改めて人身保護の申立てをするのは格別、本件においては、Yによる被拘束者の監護が権限なしにされていることが顕著である場合には該当しないと解するのが相当である。」
　2　上告審は、以下のように述べて、原判決を破棄し、地裁に差し戻した。
　「法律上監護権を有しない者が子をその監護の下において拘束している場合に、監護権を有する者が人身保護法に基づいて子の引渡しを請求するときは、被拘束者を監護権者であるXの監護の下に置くことがYの監護の下に置くことに比べて子の幸福の観点から著しく不当なものでない限り、非監護権者による拘束は権限なしにされていることが顕著である場合（人身保護規則4条）に該当し、監護権者の請求を認容すべきものとするのが相当であるところ（最高裁平成6年（オ）第1437号同年11月8日第三

小法廷判決・民集48巻7号1337頁)、本件においては、Xの被拘束者に対する愛情及び監護意欲には欠けるところがなく、監護の客観的態勢も調っているということができるから、Xの監護の下に置くことが被拘束者の幸福の観点から著しく不当ということは到底できない。原判決の挙げるYの監護が平穏に開始され、Yの愛情の下にその監護が長期間続いていること、被拘束者が現在の生活環境に慣れ、安定した生活をしていること等の事情は、Xによる監護が著しく不当なものであることを基礎付けるものではない。」

Key point

1　子の監護権者の非監護権者に対する人身保護請求について、監護権者の監護のもとに置くことが子の幸福の観点から著しく不当でない限り、これを認めるとした最高裁判例として意義がある。

2　なお、最高裁判決が引用している最判平成6年11月8日は、未婚の母である原告から未認知の子（3歳9か月）の父及びその妻に対して、人身保護請求をした事案である。

〔解説・評釈等〕山口純夫・判タ1024号87頁、都築民枝・判タ1036号166頁

145 離婚調停中の妻から夫に対する子の人身保護請求

面接の機会に子を連れ去った父の拘束には顕著な違法性があるとした事例

一　審…広島地判平成11年1月7日（平成11年（人）3号）
上告審…最判平成11年4月26日（平成11年（オ）133号、平成11年（受）116号）
家月51巻10号109頁

事案

　X（妻）とY（夫）は、平成6年9月に婚姻し、平成8年1月に長男が、平成9年12月に長女が生まれた。
　XとYは、婚姻後にY宅で生活をしていたが、XとYの両親、姉との折り合いがよくなかったことから夫婦の仲も悪化し、Xは、平成10年7月に2人の子を連れてY宅を出て、婦人保護施設に入った。
　Xは、平成10年9月に、離婚調停申立をなし、Yは、同年10月子らとの面接交渉を求める調停申立をした（両調停を併せて「本件調停」）。
　平成10年11月の調停期日に、同年12月に児童相談所においてYと2人の子が面接交渉する旨の合意が成立したが、その日は長女が発熱したため、再度協議し、Xの代理人である弁護士の事務所で面接することを合意した。
　Yは、その面接の際に、2人の子のうち、長男を強引に連れ去った。
　Yは、医師であり、Yらが所有するビルの1階で開業し、4階に居住している。長男は、Y及び同じビルに住むYの両親、姉が監護養育にあたっており、監護養育状況は良好である。
　Xは、人身保護法に基づき、長男の引渡しを求めた。

判旨

1　一審は、以下のように述べて、Xの請求を棄却した。
「右事実関係の下において、Yが被拘束者を連れ去った行為の態様は悪質であるが、Y並びにその両親及び姉による被拘束者の監護養育状況は良好であり、Xが被拘束者の引渡しを受けた場合に同人を監護養育することを予定しているB寮は同人の監護養育にとって必ずしも良好な環境であるとはいえないことからすると、Yによる被拘束者の監護が同人の幸福に反することが明白であるということはできず、Yによる被拘束者の拘束が権限なしにされていることが顕著であるとは認められない」
2　上告審は、以下のように述べて、原判決を破棄し、原審に差し戻した。
「XとYは、本件調停の期日において、調停委員の関与の下に、現にXが監護している2人の子を日時場所を限ってYと面接させることについて合意するに至ったものであり、Yは、右の合意によって2人の子との面接が実現したものであるにもかかわらず、その機会をとらえて、実力を行使して被拘束者を面接場所からY宅へ連れ去ったのである。Yの右行為は、調停手続の進行過程で当事者の協議により形成された合意を実力をもって一方的に破棄するものであって、調停手続を無視し、これに対するX

9章　子の引渡し　331

の信頼を踏みにじったものであるといわざるを得ない。一方、本件において、Xが被拘束者を監護することが著しく不当であることをうかがわせる事情は認められない。右の事情にかんがみると、本件においては、Yによる被拘束者に対する拘束には法律上正当な手続によらない顕著な違法性があるというべきである。被拘束者が、現在、良好な養育環境の下にあることは、右の判断を左右しない。」

　離婚調停中に合意した面会交流の機会に、子を連れ去った父に対して、拘束の顕著な違法性があるとして、人身保護請求を認める判断をした最高裁判例である。

〔解説・評釈等〕山口純夫・判評492号188頁、島田充子・丹羽敦子・判タ1036号168頁

146 親権者母から父に対する子の引渡し請求
父に法的権限がなく、特段の事情がない限り認めるとした事例

原　審…甲府家審平成14年6月10日（平成14年（家）129号）家月55巻8号57頁
抗告審…東京高決平成15年3月12日（平成14年（ラ）1405号）家月55巻8号54頁

事案

　X（妻）とY（夫）は、平成7年7月に婚姻し、同年6月に長男が、平成10年2月に長女が生まれた。

　Xは、平成5年からスナックを経営し、X、Y、子ども達は、その収入で生活していた。Xは、遅くとも平成12年9月ころ、自分が経営するスナックの男性客と不貞関係を持つようになり、これがYに発覚したことから、XはYに対して離婚を申し出、平成13年3月に、Xが離婚届を提出して、協議離婚した。なお、XとYは、子ども達の親権者を誰とするかを実質的に協議したことはなく、Xが離婚届提出の際に、自らを親権者として届出をした。

　Xは、平成13年6月4日に、1人で家を出て、横浜市の実家に帰った。

　Xは、同月7日、Y宅を訪れ、子ども達を引き取ろうとしたが、長男がYの住所地である山梨県に残りたいと言ったため、長女のみを引き取った。Xは、長男の誕生日を祝うため1週間だけ、長男を横浜市に連れていったが、その後Xが、長男をYのもとに帰さなかったことからYと口論となり、同月29日に、Xは、子ども達をYのもとに連れて行った。

　Xは、平成13年7月に、Yに対し、子ども達の引渡しを求める調停申立てをしたが、同月Xは、長女を横浜市に連れて帰った。

　平成13年8月、XYは相互に子との面会交流をすることを認め、長男の小学校入学前に長男の養育について協議すること等の調停が成立した。

　平成14年1月20日に、Yは、Xの了解を得て長女もY宅に連れ帰った。

　Xは、平成14年2月に、Yに対し、子ども達の引渡しを求める調停申立てをなし、本件審判に移行した。

判旨

　1　原審は、以下のように述べて、長男の引渡しを求める申立てを却下し、長女の引渡しのみを認めた。

「XとYとの離婚後、ほぼ一貫して行われているYによる長男の養育が安定した状態にあり、かつ長男が再三にわたり、Xの元ではなく、Yの元で生活したいとの意向を表明していることからすれば、長男は未だ6歳ではあるけれども、その意向を尊重せず、長男をXに引き渡すのが相当であるのは、Xの元で養育されることが、Yの元で養育されるよりも、明らかに長男の福祉にかなうと認めるに足りる事情が存在することが必要であると解される。

　この点、本件においては、XとYとの間で、長男に対する愛情や監護意欲、経済的状況、物質的環境等の点で、現時点において明らかな優劣があるとは認められない。」

「本件においては、長男の意思とYが長男を継続して養育監護しているとの事実を尊

重し、長男がYに養育されているとの状況を変化させないのが、現在の長男にとって最善の利益であるというべきである。」

2 抗告審は、以下のように述べて、長男に関する原判決を取り消し、長男のXへの引渡しを認めた。

「本件（甲事件、乙事件）は、協議離婚において、未成年者らの親権者となったXが、非親権者であって監護権者でもないYに対して子の引渡しを求めるものであるところ、Yは長男を監護する権限を有するものではなく（現在は未成年者らを事実上養育しているに過ぎない。なお、Yが原審において監護者指定の申立てを行っていないことは、一件記録によって明らかである。）、Yには長男の引渡しを拒絶し得る法律上の根拠はないのであるから、子の福祉を実現する観点から、Xの本件申立てが長男の福祉に反することが明らかな場合等の特段の事情が認められない限り、本件申立てを正当として認容すべきものであると解される。」

「上記のとおり長男は、Yのもとでの生活を望んでおり、その意思には十分配慮する必要があるが、未だ小学校1年生で可塑性がある上、X側が受入態勢を十分に整え、新たな生活環境に1日も早く適応できるよう支援し、種々配慮することによってこの問題を解決することは可能であると考えられる。」

Key point

1 親権者母から非親権者父に対する子の引渡し請求について抗告審は、父には何ら長男を監護する権限がないので、子の福祉に反することが明らかな特段の事情がない限り、子の引渡し請求は正当としてこれを認めた。

2 本件では、協議離婚の際、親権者の協議がされていないこと、長男が父との生活を望んでいることから、むしろ、裁判所が父に長男の監護者指定の申立てをうながす等の措置をとる方がよかったと思われる。

〔解説・評釈等〕本山敦・判タ1136号92頁、永山榮子・民商131巻6号228頁、中山直子・判タ1154号106頁

147 子の引渡しの審判前の保全処分
保全の必要性を虐待・放任など限定的に解した事例

原　審…横浜家横須賀支審平成14年8月5日（平成14年（家ロ）101号）家月55巻6号127頁
抗告審…東京高決平成15年1月20日（平成14年（ラ）1725号）家月55巻6号122頁

事案　　X（妻）とY（夫）は、昭和63年1月に婚姻届出をし、長男（昭和64年1月生）、二男（平成3年5月生）、三男（平成5年12月生）の3人の子がいる。Yは、ガソリンスタンドを経営しており、Xは、専業主婦である。

平成12年9月に、Yが女性従業員と旅行に出かけたことが発覚したことから、Xは、離婚を決意し、当時医師から治療に専念する必要があると言われたことからやむなく、同年10月24日に単身で実家に帰り、Yと別居した。

Xは、同年11月17日、Yに対して婚姻費用分担調停と離婚調停申立をした。

しかし、Yは、同年11月29日に、協議離婚届に子ども達の親権者をYと記載して、協議離婚の届出をした。

平成12年12月、平成13年1月には、子ども達とXとの面会交流が行われたが、その後は面会交流は実現しなかった。

Xは、平成13年2月に、Yに対して離婚無効確認、Yの不貞行為等を理由とする離婚、子ども達の親権者をXと定めること等を求める訴訟を提起した。

Xは、平成13年5月に、子ども達の引渡しを求める審判の申立てをした（本案事件）。そして、Xは、平成14年5月に、本案事件の審判前の保全処分として、子ども達の引渡しを求めた。

判旨　1　原審は、以下のように述べて、Xの申立てを認めた。

「現在Yのもとで生活している事件本人らは、母別居後の生活面に特には問題はなく、表面上は一応安定しているかに思える生活をしているが、父母であるXとYが子供らの前で不和となり、父が母に暴力を振ったりし、父が他の女性とつきあい、その女性を家に連れてくるなどの行為をさまざま見聞きしてきたものであり、これらのYの言動が感受性豊かな年代の事件本人らに与える影響は無視しえないものがあり、これからの事件本人らの成長過程にあって、心理的な環境の改善は極めて重要といえる。

事件本人らの養育についての客観的、経済的環境の整備については、X側、Y側ともさしたる差異がない状況であるから、こうした精神的、心理的環境の側面において、YのもとでよりもXのもとで監護養育した方が一層事件本人らの福祉に資し、妥当であるといえる。さらに、XとYとの身分関係の訴訟の進行状況、本件本案についての終局的行方等にはなお日時を要するとすると、その間日々の生活をしている事件本人らの状況を現状のまま放置しておくことはその福祉に著しく反するから一日も早

く、事件本人らをYのもとからXのもとに引き渡すことが緊急の要請であるといえる。」

 2　抗告審は、以下のように述べて、原審判を取り消し、本件申立てを却下した。
「審判前の保全処分を認容するには、民事保全処分と同様に、本案の審判申立てが認容される蓋然性と保全の必要性が要件となるところ、家事審判規則52条の2は、子の監護に関する審判前の保全処分に係る保全の必要性について、「強制執行を保全し、又は事件の関係人の急迫の危険を防止するための必要があるとき」と定めている。そして、子の引渡しを求める審判前の保全処分の場合は、子の福祉が害されているため、早急にその状態を解消する必要があるときや、本案の審判を待っていては、仮に本案で子の引渡しを命じる審判がされてもその目的を達することができないような場合がこれに当たり、具体的には、子に対する虐待、放任等が現になされている場合、子が相手方の監護が原因で発達遅滞や情緒不安を起こしている場合などが該当するものと解される。

 事件本人らは、現在、Yの下で一応安定した生活を送っていることが認められ、上記保全の必要性を肯定すべき切迫した事情を認めるに足りる疎明はないから、その余の点について判断するまでもなく、本件審判前の保全処分の申立ては理由がない。」

　子の引渡しを求める審判前の保全処分について、保全の必要性を子に対する虐待、放任等が現になされている場合等かなり限定的に解した判例である。
〔解説・評釈等〕平田厚・民商129巻2号117頁、秋武憲一・判タ1154号236頁

148 家事審判法による子の引渡し請求
親権指定の協議が調っていたとはいえず、子の福祉から母への引渡しを認めた事例

原　審…横浜家横須賀支審平成14年8月5日（平成14年（家ロ）101号）
抗告審…東京高決平成15年1月20日（平成14年（ラ）1724号）家月56巻4号127頁
許可抗告審…最決平成15年5月14日（平成15年（許）14号）家月56巻4号137頁

事案　X（妻）とY（夫）は、昭和63年1月に婚姻届出をし、長男（昭和64年1月生）、二男（平成3年5月生）、長女（平成5年12月生）の3人の子がいる。Yは、ガソリンスタンドを経営しており、Xは、専業主婦である。

平成12年9月に、Yが女性従業員と旅行に出かけたことが発覚したことから、Xは、離婚を決意し、当時医師から治療に専念する必要があると言われたことからやむなく、同年10月24日に単身で実家に帰り、Yと別居した。

Xは、同年11月17日、Yに対して婚姻費用分担調停と離婚調停申立てをした。

しかし、Yは、同年11月29日に、協議離婚届に子ども達の親権者をYと記載するなどして、協議離婚の届出をした。

平成12年12月、平成13年1月には、子ども達とXとの面接交渉が行われたが、その後は面接交渉は実現しなかった。

Xは、平成13年2月に、Yに対して離婚無効確認、Yの不貞行為等を理由とする離婚、子ども達の親権者をXと定めること等を求める訴訟を提起した。

Xは、平成13年5月に、子ども達の引渡しを求める審判の申立てをした（本件本案事件）。なお、本案事件の審判前の保全処分事件が［●147］である。

判旨　1　原審は、以下のように述べて、Xの申立てを認めた。
2　抗告審も、以下のように述べて、Yの抗告を棄却し、原審判を維持した。

「戸籍の上では、YとXの協議離婚が成立しており、Yが事件本人らの親権者とされており、Xは非親権者であるが、協議離婚の成立自体に疑義がある上、少なくとも事件本人らの親権者の指定については、協議離婚届提出前に両者の間で協議が調うに至っていたとは認め難く、事件本人らの親権については、未だYとXが共同してこれを行使する状態にあるものと見る余地が十分あるというべきである。」

「そして、本件記録によれば、Yが合意に反して面接交渉の実施に非協力的な態度をとり続けるため、合意に基づいて面接交渉の実施を求めるXとの間で日程の調整をめぐって頻繁に紛争が生じ、そのためYとXの対立が更に悪化するという事態に陥っており、Yのこのような態度が早期に改善される見込みは少ないことが認められる。

このような父母の状況が事件本人らの情緒の安定に影響を及ぼし、YとXの対立に巻き込まれ、両者の板挟みになって両親に対する忠誠心の葛藤から情緒的安定を失

い、その円満な人格形成及び心身の健全な発達に悪影響を及ぼすことが懸念される（長男が、面接交渉をめぐるYとXの対立に巻き込まれて、精神的なストレスが高まったことから、じんましんと嘔吐の症状が出たことに、その表れと見られる。）。これに加えて、長男は中学2年生、二男は小学校5年生、長女は小学校3年生であり、いずれも人格形成にとって重要な時期にあることを考慮する必要がある。

　そうすると、Yとの面接交渉について柔軟に対応する意向を示しているXに監護させ、Yに面接交渉させることにより、事件本人らの精神的負担を軽減し、父母双方との交流ができる監護環境を整え、もって事件本人らの情緒の安定、心身の健全な発達を図ることが望ましいというべきである。」

Key point

1　本件は、［●147］の本案事件の審判である。
　　［●147］の抗告審は、保全の必要性がないとして、子の引渡しの保全処分を却下した。
　　他方、［●147］の抗告審判決と同時に、子の引渡し審判については、同じ高裁が、子を母に監護させることが子の福祉にかなうとして、母の父に対する子の引渡し請求を認容した原審判を維持している。
2　特に、本件では、戸籍上は協議離婚により、子の親権者が父となっているが、親権者の指定について協議が調っていたとはいい難いとして、親権については共同して行使する状態にあるものとした点が重要である。

〔解説・評釈等〕山口亮子・民商132巻4〜5号192頁

149 親権侵害による損害賠償請求
子の連れ去りに協力したカウンセラーの責任を認め賠償を命じた事例

名古屋地判平成14年11月29日（平成14年（ワ）63号）判タ1134号243頁

事案

X（夫）とA（妻）は、平成4年3月に婚姻し、長女（平成4年7月生）と長男（平成10年9月生）の2人の子どもが生まれた。

XとAは、平成13年4月ころ別居したが、別居後まもなく長女と長男はXと生活するようになり、長女は小学校に、長男は保育園に通っていた。

Yはカウンセラーとして活動するほか、シェルターの運営等の活動もしている。

Aは、平成13年5月にアパートに引っ越しをし、6月1日に、Yとともに、長女が通う小学校に行き、Yが教師に対して「おばさんです」「彼女にお子さんを渡してあげてください」などと話しているうちに、Aが長女の教室に行き、抱きかかえるようにして長女を連れ、タクシーに乗せた。その後保育園に行き、Aは、園長の制止を振り切って長男を連れ、タクシー内で待っていたY、長女とともに、Aのアパートに行った。

その後、2人の子どもは、Aと母子生活支援施設に入所した。

平成13年8月ころ、長女がXに電話をかけ、家に帰りたい旨を訴え、Xは、子どもらを連れ帰り、以後子どもらと生活している。

Aの申立てにより、平成13年11月に、Xに対して保護命令が出された。

Aは、子の引渡し審判及び審判前の保全処分（子の引渡し）の申立てをしたが、いずれも却下された。

Xは、Yに対して、Xの親権を侵害したとして不法行為に基づく1000万円の慰謝料の支払を求める本件訴訟を提起した。

判旨

裁判所は、以下のように述べて、Yに対して30万円の慰謝料の支払いを命じた。

「A自身においてはXの暴力を恐れて身を隠すという事情があったとしても、子供らについては、小学校や保育園から実力で奪取してまでXの下から取り戻さなければその福祉を害するといった緊急やむを得ない事情があったとは言い難く、Aが、法的な手段によらずに、子供らを白昼小学校や保育園から強引に連れ去った行為は、社会通念上許容できる限度を超えた違法なものというべきである。

したがって、Aに同行、加担したYの行為も同様に違法との評価を免れず、Xの長女と長男に対する平穏な親権の行使を妨げたものとしてXに対する不法行為を構成するというべきである。

本件においてXのAに対する暴力的言動があり、いわゆるドメスティックバイオレンスの問題が背景にあるとしても、これはあくまでXとAとの夫婦間の問題であり、AがXと別居した後、子供らがXの下で安定した生活を送っていたことからすれば、

このことが母親であるAの実力による子供らの奪取を正当化する事情になるとはいえない。

この点、Yは、本件はドメスティックバイオレンスの問題であり、Aに同行した当日のYの行動に関しても、付添いの線を超えないように心がけていた旨供述するが、夫婦間のドメスティックバイオレンスの問題と親子の問題とは区別すべきであることは前記のとおりであるし、また、（略）Yの当日の行動は、「おばさん」役を演じたり、長女の手を引っ張ってタクシーに乗せるなどして、Aの子供らの奪取行為を容易にする言動をしているのであって、単なるAの付添い役にとどまるものとは評価できない。

以上の検討によれば、Aの子供らの奪取行為に同行、加担したYの行為は、Yが子供らを実力で奪取する方法に必ずしも賛成しておらず、当初はAに同行することを断っていたが、Aに懇請されて同行することになったことを考慮しても、違法であるといわざるを得ない。」

1　母とカウンセラーが、2人の子どもを、通っている小学校、保育園から連れ去った行為が、父の親権を違法に侵害した不法行為と認められた事例である。
2　被告は、夫が妻に暴力を振るっていたことを子どもを連れ去った理由としているが、裁判所は、夫の妻に対する暴力が子どもの連れ去りの正当な理由とはならないとした点が特に注目に値する。

150 親権者父の未成年者略取罪
違法性は阻却されず、未成年者略取罪の成立を認めた事例

一　審…青森地八戸支判平成16年3月9日（平成14年（わ）170号）
控訴審…仙台高判平成16年8月26日（平成16年（う）69号）
上告審…最決平成17年12月6日（平成16年（あ）2199号）刑集59巻10号1901頁、家月58巻4号59頁

事案　Y（夫）とB（妻）は、東京都内で生活していたが、平成13年9月に、口論した際YがBに暴力を振るうなどしたことから、Bは、長男Cを連れて青森県の実家に帰ってYと別居した。Bは、離婚訴訟を提起した。
　Yは、平成14年11月22日午後3時45分ころ、保育園の歩道上において、Bの母であるDに連れられて保育園から帰宅しようとしていたCを抱きかかえ、付近に駐車中の車まで全力疾走して、車に乗り込み、Dが制止するのを意に介さず、車を発進させてCを連れ去った。Yは、同日午後10時20分ころ、林道上において、Cとともに車内にいるところを警察官に発見され、逮捕された。

判旨
1　一審、控訴審ともYに対する未成年者略取罪の成立を認めた。
2　上告審も以下のように述べて、上告を棄却した。

「Yは、Cの共同親権者の1人であるBの実家においてB及びその両親に監護養育されて平穏に生活していたCを、祖母のDに伴われて保育園から帰宅する途中に前記のような態様で有形力を用いて連れ去り、保護されている環境から引き離して自分の事実的支配下に置いたのであるから、その行為が未成年者略取罪の構成要件に該当することは明らかであり、Yが親権者の1人であることは、その行為の違法性が例外的に阻却されるかどうかの判断において考慮されるべき事情であると解される（最高裁平成14年（あ）第805号同15年3月18日第二小法廷決定・刑集57巻3号371頁参照）。本件において、Yは、離婚係争中の他方親権者であるBの下からCを奪取して自分の手元に置こうとしたものであって、そのような行動に出ることにつき、Cの監護養育上それが現に必要とされるような特段の事情は認められないから、その行為は、親権者によるものであるとしても、正当なものということはできない。また、本件の行為態様が粗暴で強引なものであること、Cが自分の生活環境についての判断・選択の能力が備わっていない2歳の幼児であること、その年齢上、常時監護養育が必要とされるのに、略取後の監護養育について確たる見通しがあったとも認め難いことなどに徴すると、家族間における行為として社会通念上許容され得る枠内にとどまるものと評することもできない。以上によれば、本件行為につき、違法性が阻却されるべき事情は認められないのであり、未成年者略取罪の成立を認めた原判断は、正当である。」

1　離婚訴訟中の親権者父が2歳の子を、保育園から帰宅途中に、抱きかかえて車に乗せて連れ去った行為について、未成年者略取罪の成立を認めた判例である。
　本判決によると、親権者による子の連れ去り行為として違法性が阻却される場合はきわめて例外的であると思われる。

2　滝井繁男裁判官は、被告人の本件連れ出しは、社会的相当性の範囲内にあり、その違法性が阻却されるとする反対意見を述べている。

〔解説・評釈等〕前田厳・判解刑事篇〈平成17年［31］〉671頁、門田成人・法セミ51巻2号123頁、松原芳博・ジュリ1313号172頁、松澤伸・ジュリ1389号108頁、島岡まな・別ジュリ190号28頁

151 別居中の父が子を無断で連れ去った場合
父の監護が母より優位でない限り母の引渡し請求を認容するとした事例

原　審…青森家弘前支審平成17年3月31日（平成17年（家）6号、7号、8号）家月58巻4号78頁

抗告審…仙台高秋田支決平成17年6月2日（平成17年（ラ）11号）家月58巻4号71頁

事案　　X（妻）とY（夫）は、平成10年4月に婚姻し、長女（平成10年生）、二女（平成11年生）、三女（平成12年生）をもうけた。

　Yは、Xに対して暴言を吐いて侮辱し、たびたび殴る蹴るの暴行を加えた。Xは、平成14年秋ころ、3人の子を連れて実家に逃げ帰ったが、Yに連れ戻された。その後もYの暴力はやまず、Xは、平成15年6月、Yから右側頭部を平手打ちされ鼓膜が破れる傷害を負った。

　Xは、平成16年8月に、3人の子を連れて実家に帰り、Yと別居した。

　Yは、平成16年10月に、Xに無断で、保育園から3人の子を連れ出し、以後Xが子らと会うことも連絡をとることも禁じた。

　Xは、平成17年1月に離婚訴訟を提起した。

　Xは、3人の子の引渡しを求める本件審判申立てをした。

判旨　　1　原審は、以下のように述べて、Xの請求を棄却した。

「未成年者3名の親権者の帰趨をめぐっての本案訴訟が既に係属しており、遠くない将来、その判断がされるであろう現状にあるが、かかる状況下においては、子の引渡しの審判と本案訴訟との判断が区々となり、それに伴い短期間の内に子の生活環境等を含む監護養育状況の変化が繰り返され、その心身の安定が害されるような結果となることは、子の福祉の観点から、好ましい事態とは言えない。とすると、この段階において、子の心身の安定を重視して考慮すべきであり、例えば、監護親による現状の監護状況が劣悪で、緊急にその監護状況から離脱させる必要があるとか本案訴訟において非監護親が親権者と指定されるであろうことが明らかである等の特段の事情がある場合に限り、監護親から非監護親への子の引渡しを認めるのが相当である。」

　2　抗告審は、以下のように述べて、原審判を取り消し、Yに対して3人の子の引渡しを命じた。

「別居中の夫婦のうちの一方配偶者甲が公然かつ平穏に子をその監護下に置き、監護を継続していたにもかかわらず、他方配偶者乙が子を無断で連れ去るなど、違法に子をその監護下に置いたため、甲が家庭裁判所に子の引渡しを申し立てた場合には、子の福祉の観点から、乙に引き続き子を監護させる場合に得られる利益と甲に子を監護させる場合に得られる利益を比較し、前者が後者をある程度有意に上回ることが積極

的に認められない限り甲による子の引渡請求を認容すべきものと解される。
　なぜなら、乙が、違法な連れ去りによらず、正当に家庭裁判所に子の引渡しを申し立てていれば、乙の監護によって得られる利益の方がある程度有意に甲の監護によって得られる利益を上回ることを明らかにしない限り、その申立ては認められないはずであるにもかかわらず、違法に子を連れ去ったことによって、甲がその監護によって得られる利益の方がある程度有意に乙の監護によって得られる利益を上回ることを明らかにしなければならなくなってしまうとすれば、乙が法的な手続を選択するよりも自力救済を選択することによってかえって有利な地位を獲得することを許すことになり、違法行為を助長する結果を招き、家庭裁判所の審判によって子の奪い合いを抑え、平穏に子の監護に関する紛争を解決することが困難となるからである。また、違法に子を連れ去る行為は、法律や社会規範を無視することをいとわない行動を採ったことを意味するものであり、そもそも監護者としての適格性を疑わせる事情という側面があることも否定し難い。」
「前者の利益と後者の利益との間に有意な差異は認められない。したがって、XのYに対するCら未成年者3名の引渡請求を認容すべきである。」

　別居中の父が、子を母に無断で連れ去った場合に、連れ去った父に引き続き子を監護させる場合に得られる利益が、母に子を監護させる場合に得られる利益よりある程度優位に上回ることが認められない限り、母による子の引渡し請求を認容するとした判例である。

〔解説・評釈等〕山口亮子・民商136巻1号140頁

152 子の連れ去りによる審判前の保全処分
父へ仮の子の引渡しを認めた事例

原　審…甲府家審平成20年11月7日（平成20年（家ロ）1003号）家月61巻7号65頁
抗告審…東京高決平成20年12月18日（平成20年（ラ）1919号）家月61巻7号59頁

事案

X（夫）とY（妻）は平成16年に婚姻し、平成17年に長男Cが生まれた。

XとYは、平成19年Cの親権者をYと定めて離婚したが、同年再婚した。Yは、平成20年心療内科を受診し、環境を変えるように勧められ、同年一人で実家に帰った。

同年、Yは、Cが通園している保育園に行き、保育士がいないすきをついて門のかんぬきを外して園内に入り込み、Cを連れ出し、以後Cを監護している。

XはYに対し、Cの監護者を仮にXと定め、仮にCの引渡しを求める審判前の保全処分の申立てをした。

判旨

1　原審は、Yの不法性がきわめて顕著とはいえないとして、Xの申立てを却下した。

2　抗告審は、次のように述べて原審判を変更し、XへのCの仮の引渡しを認め、仮の監護指定は却下した。

「共同親権者である夫婦が別居中、その一方の下で事実上監護されていた未成年者を他方が一方的に連れ去った場合において、従前未成年者を監護していた親権者が速やかに未成年者の仮の引渡しを求める審判前の保全処分を申し立てたときは、従前監護していた親権者による監護の下に戻すと未成年者の健康が著しく損なわれたり、必要な養育監護が施されなかったりするなど、未成年者の福祉に反し、親権行為の態様として容認することができない状態となることが見込まれる特段の事情がない限り、その申立てを認め、しかる後に監護者の指定等の本案の審判において、いずれの親が未成年者を監護することがその福祉にかなうかを判断することとするのが相当である（原審は、子の引渡しは未成年者の保護環境を激変させ、子の福祉に重大な影響を与えるので監護者が頻繁に変更される事態は極力避けるべきであり、保全の必要性と本案認容の蓋然性について慎重に判断すべきものとしている。この点、その必要もないのに未成年者の保護環境を変更させないよう配慮すべき要請があることはそのとおりであるとしても、審判前の保全処分が対象とする事案は様々であり、事案に応じて審理判断の在り方は異なるから、これを原審のように一律に解することは失当であるといわざるを得ない。殊に本件においては、明らかに違法な行為によって法的に保護されるべき状態が侵害されて作出された事態に関して、それが作出された直後における

いわば原状への回復を求めることの当否が問題となっているのに、その事態を審理判断の所与の出発点であるかのように解し、原審のいうように慎重に審理判断したのでは、既に説示した最高裁判例（著者注：⇒**150**）の考え方に明らかに反し、家庭裁判所に期待された役割を放棄することになるばかりか、かえって違法行為の結果の既成事実化に手助けしたこととなってしまう。また、このことは、違法行為の結果を事実上、優先し、保護するような状況を招来するから、結果的に自力救済を容認し、違法行為者にかえって有利な地位を認めることになりかねない。そのような対応では、実力による子の奪い合いを助長し、家庭裁判所の紛争解決機能を低下させるばかりか、元来趣旨としたはずの未成年者の福祉にも反する事態へと立ち至ることが明らかであって、本件のような事案を前提とした場合、原審のような枠組みで審理判断をすることは明らかに相当性を欠くというべきである。）」

1　母が未成年者を保育園から連れ去った事案について、父が速やかに審判前の保全処分の申立てをした場合には、原則として子の引渡しを認め、その後本案審判において監護者指定を判断するとした判例として重要である。

2　これは、国内事案についてもハーグ条約の枠組に準じて、子の引渡しを審理する方向性を示すものであろう。

〔解説・評釈等〕山口亮子・判タ1312号61頁、野村秀敏・民商141巻6号109頁

153 審判前の保全処分の必要性
母の申立てを却下した事例

原　審…前橋家太田支審平成24年8月9日（平成24年（家ロ）1004号）
抗告審…東京高決平成24年10月18日（平成24年（ラ）1926号）判時2164号55頁

事案

　X（妻）とY（夫）は平成19年4月に婚姻し、平成20年に長男が生まれた。
　Xは、平成24年3月27日に、署名捺印した離婚届を置いて長男を連れてY宅近くの実家に帰り、以後別居している。
　長男は平成22年5月からA保育園に通園していたが、Yは、平成24年5月26日正午頃、長男と遊ぶ約束をしていると言って長男を連れ出し、Y宅に連れ帰った。同月27日、YはXの父の連絡に応じて長男をXの実家に連れてきたが、長男が泣きながら「パパがいい」と言った等のため、Xは、もう長男を返してもらえないと思い、洋服類と長男に関するメモをYに渡した。
　以後、Yは両親の助力を得て長男を養育している。
　Xは、Yに対し、平成24年6月14日、長男の監護者の指定及び引渡しを求める審判の申立てをなし、同時に本件審判前の保全処分の申立てをした。

判旨

　1　原審は、Xの申立てを認め、Xを長男の仮の監護者に指定し、Yに対し長男の引渡しを命じた。
　2　抗告審は、次のように述べ、本件では保全の必要性がないとして原審判を取消し、Xの申立てを却下した。
「審判前の保全処分により未成年者の引渡しを命じる場合は、後の処分によりこれとは異なる判断がされて複数回未成年者の引渡しの強制執行がされるという事態を可能な限り回避するような慎重な配慮をすることが必要である。加えて、審判は非訟手続であり、口頭弁論制度と三審制の中で審理される訴訟手続とは異なり、事案に応じて柔軟に審理し、即時抗告審の裁判により迅速に権利関係の確定が図られることも考慮する必要がある。審判前の保全処分としての子の引渡命令についての以上の法的性質及び手続構造からすれば、審判前の保全処分として未成年者の引渡しを命じる場合には、監護者が未成年者を監護するに至った原因が強制的な奪取又はそれに準じたものであるかどうか、虐待の防止、生育環境の急激な悪化の回避、その他の未成年者の福祉のために未成年者の引渡しを命じることが必要であるかどうか、及び本案の審判の確定を待つことによって未成年者の福祉に反する事態を招くおそれがあるといえるかどうかについて審理し、これらの事情と未成年者をめぐるその他の事情とを総合的に検討した上で、審判前の保全処分により未成年者について引渡しの強制執行がされてもやむを得ないと考えられるような必要性があることを要するものというべきである。」

1　審判前の保全処分として未成年者の引渡しを命ずる要件を厳格に解し、監護の原因が強制的奪取か、虐待の防止、生育環境の急激な悪化等がある場合に限定した抗告審判例である。
　　2　本抗告審判例は［⭕147抗告審］と同様の考え方に基づくものである。
〔解説・評釈等〕本間靖規・判評657号156頁

10

国際離婚

傾向と実務

第1　はじめに

1　日本人と外国人との離婚、日本に住む外国人同士の離婚、外国に住む日本人同士の離婚など、なんらかの外国の要素を含む離婚をここでは国際離婚という。
2　国際離婚については、どの裁判所が管轄権を有するかの裁判管轄権の問題、どの国の法律を提供するかの準拠法が問題となる。
　また、外国判決を日本で執行することができるかについても問題となる。

第2　国際的裁判管轄

どのような場合に日本の裁判所が裁判権を有するかの問題である。

1　離婚の国際的裁判管轄権

離婚について、日本の裁判所に国際的裁判管轄権を認める要件について法律の規定はない。判例は、①被告の住所が日本にある場合には当然に認め、②被告の住所が日本になくても、原告の住所が日本にあり、原告が遺棄された場合、被告が行方不明である場合その他これに準ずる場合には、正義公平の理念により認めるとし［○154］、この原則によっている判例もある［○163］。
［○159］は、被告がドイツに居住している事案について、ドイツでは離婚判決が確定したが、その判決は日本では効力がないため、原告は日本で離婚訴訟を提起するしか方法がないことを理由として日本の裁判管轄を認めている。
［○166］は、被告が日本に住所がない場合でも、原告が日本に住所を有し、かつ婚姻共同生活地が日本にあった場合には、特段の事情がない限り、日本が国際的裁判管轄を有すると判断している。更に、［○169］は被告の暴力を原因とする離婚請求について、被告の住所地であるフランスで訴訟を提起することは暴力を受けるおそれがあるとして、日本に国際的裁判管轄を認めている。

2　子の親権、監護に関する国際的裁判管轄権

判例は、子の住所地が日本にあれば、日本の裁判管轄権を認めている（父

と子の面会交流について、●156)。

［●162］は、面会交流の事案であるが、子の住所地に専属的国際裁判管轄権があるとしている。

［●166］は、親権者指定の裁判について、離婚の訴えの国際的裁判管轄権を有する国と子の住所地の国に国際的裁判管轄権があるとしている。

［●171］は、子の住所地及び常居所地に国際的裁判管轄があるとしながらアメリカワシントン州の命令に違反して日本に帰国した子の監護者変更等の管轄を否定している。

第3　準拠法

1　離婚の準拠法
(1)　離婚の準拠法については、以下のように定められている（適用通則法27条、25条）。
   ①　夫婦の本国法が同一であるときは、その共通本国法
   ②　夫婦の共通本国法がない場合において、夫婦の常居所地法が同一であるときは、その共通の常居所地法
   ③　①②もないときには、夫婦に最も密接な関係のある地の法
   ただし、夫婦の一方が日本に常居所を有する日本人である場合には、日本法による。

［●157］は、フランス人妻とイギリス人夫の離婚について、［●165］は、アメリカ人夫と中国人妻との離婚について、それぞれ密接関連地法として日本法を適用している。

(2)　離婚の方法として裁判離婚によらなければならないかの問題、離婚原因については、離婚の準拠法による。

(3)　離婚慰謝料、財産分与についても、離婚の効力に関する問題として離婚の準拠法によると解されている［●158］。

2　子の親権、監護等の準拠法
   子の親権、監護等の準拠法については、親子間の法律関係として、
   ①　子の本国法が父または母の本国法（父母の一方が死亡し、または知れない場合にあっては、他の一方の本国法）と同一である場合には、子の本国法による。

② その他の場合には、子の常居所地による。

（適用通則法32条）［◯155、157、158、165］

なお、2以上の国籍を有する者の本国法の決定については、適用通則法38条1項（旧法例28条1項）の規定による［◯157］。

3 公序良俗違反

外国法によるべき場合において、その規定の適用が公序良俗に反する場合には、これを適用しない（適用通則法42条）。判例では、離婚に伴い未成年者の親権者が自動的に父と定まる大韓民国民法を公序良俗に反するとしたもの［◯155］、離婚に際しての財産分与を認めない中華民国民法を公序良俗に反するとしたものがある［◯167］。

第4 外国判決の承認

1 外国裁判所の確定判決は、以下の要件のすべてを具備する場合に、日本において効力を有する（民訴法118条）。

① 法令または条約により外国裁判所の裁判権が認められること
② 敗訴の被告が訴訟の開始に必要な呼出し若しくは命令の送達（公示送達その他これに類する送達を除く。）を受けたこと又はこれを受けなかったが応訴したこと
③ 判決の内容及び訴訟手続が日本における公の秩序又は善良の風俗に反しないこと
④ 相互の保証があること

なお、面会交流に関する外国非訟裁判の承認については、旧民訴法200条（現民訴法118条）は適用されないが、条理によりその承認の要件としては①と③で足りるとした判例がある［◯162］。

［◯170］は、オーストラリアの離婚判決につき①及び③の要件を欠くとして、これを無効としている。また、有責配偶者の離婚請求が信義則上許されていない場合に離婚を認めている点が③の日本の公の秩序に反しているとしている。

2 外国裁判所の判決に基づき強制執行する場合には、民事執行法24条の執行判決を得てすることができる。

［◯160］は、母のもとで生活している子の父への引渡し等を命じたテキサ

ス州判決を、子の福祉に反し公序良俗に反するとして、その執行の許可をしなかった。

　［●164］は、給与天引方法による養育費の支払いを命じたミネソタ州判決のうち、父に養育費の支払いを命ずる部分の執行を認めた。

154 日本居住の韓国人妻の日本非居住の韓国人夫に対する離婚請求

被告が日本非居住でも、原告住所があり特別の事情があれば日本の裁判管轄を認めるとした事例

一　審…高松地丸亀支判昭和36年8月28日民集18巻3号493頁
控訴審…高松高判昭和37年1月29日民集18巻3号495頁
上告審…最大判昭和39年3月25日（昭和37年（オ）449号）民集18巻3号486頁

事案

　　X（妻）は、もと日本人であったが、昭和15年9月、当時の中華民国上海市において朝鮮人であるY（夫）と婚姻し、同市において同棲を続けた後、昭和20年8月終戦とともに朝鮮に帰国しYの家族と同居した。
　　Xは、慣習、環境の相違からその同居に堪えられず、昭和21年12月Yの事実上の離婚の承諾をえて、日本に引き揚げてきた。爾来Yから1回の音信もなく、その所在も不明である。
　　Xは、引き揚げから15年経過した後に、上記の事実は、韓国親族相続法840条5号の配偶者の生死が3年以上明らかでないとき及び同条6号の婚姻を継続し難い重大な事由があるときに該当するとして、Yに対して離婚を求める訴訟を、Xの住所地の高松地方裁判所丸亀支部に提起した。

判旨

　1　一審は、以下のように述べて、Xの訴えを却下した。
　「外国人間の離婚訴訟については、原告が我が国に住所を有する場合でも、少くとも被告が我が国に最後の住所を有したことをもつて我が国の裁判所に裁判権を認める要件となすべきであつて、我が国に渡来したことのない被告に対してまで我が国の裁判所に裁判権を認めることは被告に対して事実上応訴の道を封ずる結果となり不当であるというべきである。本件において、Xの主張によれば、Yは我が国に渡来したことがないというのであるから、本件離婚訴訟については、我が国の裁判所には裁判権がないものといわなければならない。」
　2　控訴審も、Xの控訴を棄却した。
　3　上告審は、以下のように述べて、原判決を破棄し、一審判決を取り消し、本件を東京地方裁判所に移送した。
　「離婚の国際的裁判管轄権の有無を決定するにあたつても、被告の住所がわが国にあることを原則とすべきことは、訴訟手続上の正義の要求にも合致し、また、いわゆる跛行婚の発生を避けることにもなり、相当に理由のあることではある。しかし、他面、原告が遺棄された場合、被告が行方不明である場合その他これに準ずる場合においても、いたずらにこの原則に膠着し、被告の住所がわが国になければ、原告の住所がわが国に存していても、なお、わが国に離婚の国際的裁判管轄権が認められないとすることは、わが国に住所を有する外国人で、わが国の法律によつても離婚の請求権

を有すべき者の身分関係に十分な保護を与えないこととなり（法例16条但書参照）、国際私法生活における正義公平の理念にもとる結果を招来することとなる。

　本件離婚請求はXが主張する前記事情によるものであり、しかもXが昭和21年12月以降わが国に住所を有している以上、たとえYがわが国に最後の住所をも有しない者であつても、本件訴訟はわが国の裁判管轄権に属するものと解するを相当とする。」

「もつとも、本件訴訟がわが国の裁判管轄権に属するといつても、如何なる第一審裁判所の管轄に属するかは別個の問題であつて、Xは原告の住所地の地方裁判所の管轄に属するものとして本訴を提起しているが、本訴は人事訴訟手続法1条3項、昭和23年最高裁判所規則第30号の定めるところにより、東京地方裁判所の管轄に専属すると解するのが相当である。」

　離婚訴訟の国際的裁判管轄権について、最高裁のはじめての判例であり、きわめて重要である。

　すなわち、被告の住所が日本にある場合は無条件に、被告の住所が日本になくとも原告の住所が日本にある場合には、正義公平の理念から特別の事情がある場合には、日本の裁判管轄権を認めるものである。

〔解説・評釈等〕栗山忍・曹時16巻5号100頁、桑田三郎・判評70号8頁、江川英文・ジュリ303号93頁、溜池良夫・民商51巻6号66頁、早田芳郎・別ジュリ87号188頁、田村精一・別ジュリ133号210頁、貝瀬幸雄・別ジュリ145号42頁、岡野祐子・別ジュリ210号208頁

155 日本居住の韓国人夫婦間の子の親権者の指定
大韓民国民法を公序良俗に反するとして適用排除した事例

一　審…名古屋地判昭和47年8月31日（昭和46年（タ）7号）判タ288号335頁
控訴審…名古屋高判昭和51年6月29日（昭和47年（ネ）432号）判タ344号233頁
上告審…最判昭和52年3月31日（昭和51年（オ）1017号）民集31巻2号365頁、
　　　　判時850号22頁

事案　X（妻）とY（夫）は、いずれも大韓民国の国籍を有し日本に居住している。XY間には2人の子がある。
　Xは、Yから不当な待遇を受け、両者間の婚姻関係は破綻し、準拠法である大韓民法840条1項6号に定める「婚姻を継続し難い重大な事由があるとき」にあたるとして、Yに対して離婚、子の親権者をXと定めることを求める本件訴訟を提起した。

判旨　1　一審は、Xの離婚請求は認容したが、子の親権者については、以下のように述べて、親権者を指定しなかった。
「大韓民国民法には、父母の離婚にともなう子の親権者に関してはすでに法定されているのみならず、同法は、その第837条において子の養育に関するものであれば、法院（裁判所）は当事者の請求により必要事項を定めることができると規定しているが、親権者指定に関しては、裁判所に対し離婚の判決においてこれを指定する権限を付与していないため、親権者を指定することはできないので、右言渡しはしない。」
　2　控訴審は、Xの離婚請求を認容し、子の親権者についても以下のように述べて、Xを親権者と指定した。
「離婚の場合の未成年者の子の親権者の指定は、離婚を契機として生ずる親子関係にほかならないから、法例第20条によるが、同条の定めるところによると、親子間の法律関係は父の本国法によるとされるところ、大韓民国渉外私法第22条によると、「親子間の法律関係は父の本国法による」とあり、法例第29条による反致条項を適用する余地はない。そうすると、本件離婚にともなう未成年者の子の親権者の指定の準拠実質法は、大韓民国法にほかならないことになる。」
「大韓民国民法によると、（略）離婚にともなう未成年者の子の親権者の指定に関しては、法律上自律的に父と定まることになつており、母は親権者に指定される余地はなく、」「本件の場合、いかに外国人間の離婚の問題とはいえ、父の本国法である大韓民国法に準拠すると、わが国ではすでに廃止された旧民法時代の親子関係が復活することになり、子の福祉についてみても、扶養能力のない父に子を扶養する親権者としての地位を認め、現在実際に扶養能力を示している母からその地位を奪うことにな

り、法例第30条にいわゆる公序良俗に反するものということができる。そこで、わが国の民法第819条第2項を適用し、Xを親権者と定める。」

3　上告審も、以下のように述べて、控訴審判決を支持し、上告を棄却した。
「本件離婚にともなう未成年の子の親権者の指定に関する準拠法である大韓民国民法909条によると、右指定に関しては法律上自動的に父に定まっており、母が親権者に指定される余地はないところ、本件の場合、大韓民国民法の右規定に準拠するときは、扶養能力のない父であるYに子を扶養する親権者としての地位を認め、現在実際に扶養能力のあることを示している母であるXから親権者の地位を奪うことになって、親権者の指定は子の福祉を中心に考慮決定すべきものとするわが国の社会通念に反する結果を来たし、ひいてはわが国の公の秩序又は善良の風俗に反するものと解するのが相当であり、これと同旨の原審の判断は、正当として是認することができる。したがって、本件の場合、法例30条により、父の本国法である大韓民国民法を適用せず、わが民法819条2項を適用して、Xを親権者と定めた原審の判断はもとより正当である。」

Key point　離婚の際の親権者の指定について、親子間の問題として旧法例20条によることとし、旧法例30条の公序良俗に反するものとして大韓民国民法909条5項の適用を排除し、日本民法819条2項により母を親権者と指定した判例である。
〔解説・評釈等〕井田友吉・判解〈昭和52年［14］〉152頁、山田鐐一・ジュリ659号114頁、徳岡卓樹・法協96巻3号125頁、松岡博・判夕335号109頁、沢木敏郎・判評224号22頁

156 イギリス人父と日本居住子との面会交流
旧法例20条、29条により日本法を適用した事例

東京家審昭和62年3月31日（昭和60年（家）8871号）家月39巻6号58頁

事案

X（夫、イギリス人）とY（妻、日本人）は、昭和52年11月に婚姻し、東京都内で生活を始めた。なお、Xには、Yとの婚姻前に2度の婚姻歴がある。

昭和53年9月長男（事件本人）が生まれた。XとYは、昭和54年5月に一家で香港に転居したが、夫婦喧嘩が絶えず、同年11月にYは事件本人を連れて日本に帰り、Xと別居した。

Yは、昭和58年に、東京家庭裁判所に離婚調停の申立てをなし、昭和58年6月、事件本人の親権者をYと定めて調停離婚が成立した。

調停調書には、Xと事件本人との面接交渉の条項は特に設けられていなかったが、YがXに対して面会交流を認める旨の合意が事実上成立していた。

Xは、離婚後しばらくは事件本人と面会交流を行っていたが、Xが、Yの親友Aと交際したことがきっかけとなり、昭和58年9月からYはXと事件本人を会わせなくなった。

Xは、昭和59年8月に、面接交渉を求める調停申立てをなし、本件審判に移行した。

なお、Xは、昭和58年12月上旬にロンドンから東京に転居し、昭和60年6月にAと婚姻した。

判旨

裁判所は、次のように述べて、以下の審判を下した。
1　主文

「1　Xは、事件本人が高等学校を卒業するまで、事件本人が通学する学校の春期及び冬期の休暇の各期間中の1日を、同じく夏期の休暇の期間中の3日間を、それぞれ事件本人の所在する場所を訪問して事件本人と面接することができる。

2　Xは、事件本人がYのもとを離れてXと面接することを希望する場合には、Yの監護権を侵害しない範囲内で第1項に定める期間を、事件本人の希望に従う方法で面接することができる。この場合は、YはXと事件本人との面接交渉に協力しなければならない。特に、第1項に定めるもののうち、夏期の休暇の期間中の3日間を旅行する方法で面接する場合には、XとYとは旅行先及び日程につき十分協議するものとし、この場合の旅費その他の費用はXの負担とする。」

2　「未成年者の監護に関する問題については未成年者の住所地の裁判所に裁判管轄権があるとするのが各国国際私法の原則と解されるところ、（略）事件本人の母であるYはもちろんのこと、事件本人の父であるXは日本に住所を有し、事件本人もYのもとに居住するものであるから、本件事件本人の監護に関する裁判については日本の裁判所が裁判権を有し、かつ、その住所地を管轄する当裁判所が管轄権を有していると解される。

そして、未成年者の監護に関する問題は、親子間の法律関係に属するものと解されるから、本件の準拠法は法例20条により父の本国法によることになる。ところが、父の本国法であるイギリスの国際私法原則によると、当事者の双方又は一方が住所を有する地（法廷地）の法律を適用すべきものと解されるから、本件については法例29条により結局日本の法律が適用されることになる。
　事件本人が現在日本の小学校に在校する児童であり、Yの事件本人の教育方針としてはおそらくここしばらくは日本において学校教育を受けさせるであろうこと、更に、事件本人が日本人と英国人との混血と一見してわかる風貌を有していることなどから、事件本人は日本の社会内にとどまらず、将来、より広く国際人として活躍し始めるかも知れないことは、Yが考えるとおりであること、仮にそうであるとすれば事件本人が日本の高等学校を卒業するころがその将来の生き方を決定するひとつの転機となる時期であろうこと、現在は事件本人は英語の会話能力はないがその時期に至ればその能力の有無も判断できるであろうこと、その他諸般の事情を総合して判断すると、Xとしては、事件本人と面接するに当たつてイギリスまで連れて行きたい意向を有しているであろうが、当裁判所は、とりあえず、事件本人が日本の高等学校を卒業する時期までは日本においての面接交渉について定めることとし、それ以降の面接交渉については改めて当事者間において協議して定めるのを相当と判断するものである。」

Key point

1　面会交流の国際的裁判管轄は、子の住所地の裁判所にあり、準拠法については、親子間の法律問題に属するものとして旧法例20条によることを述べた判例である。この点については異論はないだろう。
2　事件本人の父がイギリス人、母が日本人であることから、将来はイギリスに行く可能性があること等を考慮して、高校卒業までの日本における面会交流を認めた審判として参考になる。

157 フランス人妻からイギリス人夫に対する子の親権者指定申立て

法例21条によりイギリス法を適用した事例

水戸家審平成3年3月4日（平成2年（家イ）565号）家月45巻12号57頁

事案

X（妻、フランス国籍）は、Y（夫、イギリス国籍）とともに、1979年5月に日本に来て、同年8月に長男（イギリス、フランスの二重国籍）が生まれた。XとYは、3年8か月を日本で過ごし、その後親子3人で世界一周の船旅に出て、1990年5月に日本に帰った。

1990年4月にXとYは、グアムで婚姻した。

Xは、病気にかかったこともあり、Yとの放浪的な生活を嫌うようになり、離婚すること、長男はYが養育監護することに当事者間で合意ができた。

Xは、引続き日本に居住し、Yとの離婚成立後は、日本人であるAと結婚する予定であり、Yは、1年前後は日本に留まるつもりであるが、いずれ長男を連れてケニアで生活するつもりである。

Xは、離婚、長男の親権者をYと定めることを求める本件審判申立てをした。

判旨

裁判所は、以下のように述べて、Xの申立てを認めた。

1　「法例16条によれば、同法14条が離婚に準用されるところ、同法14条によれば、夫婦の本国法が同一であるときは、その法律により、その法律がないときは、夫婦の常居所地法が同一であるときは、その法律によるが、以上のいずれの法律もないときは、夫婦に最も密接な関係にある地の法律によることとされている。ところで、本件においては、当事者はその本国を異にし、また、Xの日本における滞在期間は、1979年5月から3年半余及び今回の1990年5月以降現在までのもののみであり、Xは、その後Yとしばらくして別居しており、以上の生活状況からすると、法例14条及び16条にいう常居所を日本に有するとはいえないので、結局本件に適用さるべき法律は、夫婦に最も密接な関係にある地の法律ということとなる。

Yは法例14条及び16条にいう常居所を日本に有するということができ、その他の前記の日本とYとの関わり具合及びXも今後日本に引き続き居住し、日本人と早期に婚姻する予定であること等を勘案すると、夫婦に最も密接な関係にある地の法律は本件においては、日本法に他ならないということができる。」

2　「次に当事者間の長男の親権者の定めについては、法例21条によることになるところ、右長男はイギリス及びフランスの二重国籍を有するところ、法例28条1項によれば、当事者が常居所を有するときは、その国の法律により、もしその国がないときは、当事者に最も密接な関係のある国の法律に依るべきところ、本件においては、当事者間の長男については常居所は少なくともフランス及びイギリスには存しないか

ら、本件においては、法例28条1項にいう当事者に最も密接な法律によるべきところ、本件当事者間で長男の養育監護は、今後父であるYがこれをなすことに合意があり、かつ、長男本人においてもこれを了解してYと現在生活を共にしており、今後Yと長男はいずれ英語圏のケニアに居住し、右長男に対しイギリス人としての教育を受けさせたいとの意向である。そうであるとすれば、法例28条1項にいう当事者に最も密接な法律は、本件の場合イギリス法にほかならず、しかして、法例21条によれば、長男の父であるYはイギリス国籍を有し、長男の前記密接関連国と同一であるから、結局イギリス法によることとなる。しかして、イギリスにおける子の親権、監護権の帰属の問題についての関係法規であるところの未成年者後見法（GUARDIANSHIP OF INFANTS ACT）、婚姻事件法（MATRIMONIAL ACT）及び婚姻訴訟法（MATRIMONIAL PROCEEDINGS ACT）等によれば、夫婦の離婚の際裁判所は、子の福祉を考慮して夫または妻のいずれかを、子の親権者とすることができるところ、本件においては、X及びYの前記の合意及び子の福祉に鑑み、Yを右長男の親権者とすることを相当とする次第である。」

3　「本件は、XとYの離婚については法例16条及び14条により結局密接関連としての日本民法が適用されるので、当事者間に離婚の合意があるときは、調停離婚が許されるところであるが、他方子の親権者の指定については法例21条により、子の密接関連国であるイギリス法が適用されるところ、同国法においては我が国におけるが如き全くの協議離婚あるいは調停離婚制度は無いといってよく、親権者の指定は裁判所がなすこととしているので、XとYの離婚と子の親権者の裁判所による指定を同時になす関係上、本件を調停によらしめるのは相当でないので、当裁判所は、当調停委員会を構成する家事調停委員（略）の各意見を聞いた上、家事審判法24条により、調停に代わる審判をし、主文のとおり審判する。」

1　離婚について、離婚の準拠法を定める旧法例16条に基づき密接関連地法である日本法を適用し、親権者の決定については法例28条1項に基づく子の密接関連地法をイギリス法とし、法例21条に基づき子の本国法であるイギリス法を適用した事例である。
2　本件において、夫の常居所が日本にあると認定した点は疑問がある。
3　イギリス法においては、協議離婚、調停離婚制度がないので、調停に代わる審判によった点は、実務上参考になる。

〔解説・評釈等〕奥田安弘・別ジュリ133号24頁、小山昇・別ジュリ133号128頁、植松真生・ジュリ1085号110頁、南敏文・別ジュリ185号10頁、国友明彦・別ジュリ210号10頁

158 日本居住アメリカ人夫の日本居住アメリカ人妻に対する離婚等請求
共通常居所地である日本法を適用した事例

横浜地判平成3年10月31日（平成2年（タ）16号、122号）家月44巻12号105頁

事案

X（夫）は、昭和5年に日本で生まれた日本人であるが、アメリカ軍に従軍し、渡米して、昭和35年5月にアメリカアリゾナ州で米国籍を取得した。

Y（妻）は、昭和14年に日本で生まれた日本人である。

XとYは、沖縄県で知り合い、昭和48年4月に那覇市で婚姻の届出をし同年7月に渡米し、昭和50年10月までジョージア州に、その後昭和51年9月ころまでテキサス州及びバージニア州に、その後はメリーランド州に居住した。Yは、昭和55年2月にメリーランド州で帰化してアメリカ国籍を取得した。

Xは、昭和55年3月、アメリカ陸軍軍属として日本に配属され、Yとともに来日した。昭和56年9月に、長男A男（米国籍）が、沖縄県で生まれた。

Yは、平成元年1月に、A男を連れてXと別居した。

Xは、Yに対して、離婚、A男の親権者をXと定めることを求める訴訟を提起し、Yは、離婚、A男の親権者をYと定めること、財産分与、慰謝料を求める反訴を提起した。

判旨

裁判所は、以下のように述べていずれの点についても日本法を適用し、X・Yの双方の離婚請求を認め、A男の親権者をYと定め、Xに対して150万円の慰謝料及び150万円の財産分与の支払を命じた。

1　離婚請求について

「X・Yは、ともに米国籍を有するところ、米国は、法例28条3項にいう「地方ニ依リ法律ヲ異ニスル国」すなわち不統一法国に当たるが、同条項にいう「規則」は、米国にはないとされているので、X・Yの本国法の決定は、同条項の「最モ密接ナル関係アル地方ノ法律」によることとなる。そして、（略）X・Yの米国籍取得の事実によれば、Xの本国法はアリゾナ州法、Yの本国法はメリーランド州法であるものと認められる。」

「したがって、X・Yにとって共通本国法は存しないことになる。」

「Xは、Xの母が徳島県に一人で住んでいることなどから、日本に相当期間定住する意思で自ら希望して米国軍属として、同じく沖縄県を郷里（Yの母は平成2年5月死亡）とするYとともに前記のとおり来日し、以後10年間以上日本に定住していることが認められるから、XとYは、日本を常居所としているものであり、日本民法が共通常居所地法と認められる。」

2　財産分与及び慰謝料請求について

「離婚に伴う財産分与及び離婚そのものによる慰謝料請求については、いずれも離婚

の際における財産的給付の一環を成すものであるから、離婚の効力に関する問題として、（略）法例16条本文（14条）によるべきものと解するのが相当であり、本件においては、日本民法が適用されることになる。」

3　親権者指定について
「親権者の指定については、子の福祉（利益保護）の観点から判断すべきもので、離婚を契機として生じる親子間の法律関係に関する問題であるから、法例21条によるべきものと解するのが相当である。

そこで、まず、子であるA男の本国法について検討するに、X・Yについての前記（略）認定の事実に加え、A男は、（略）米国籍を取得したが、日本で出生して以来、引き続き現在まで日本に居住し、米国には約2か月間旅行したことがあるに過ぎないことに照らすと、A男にとって、米国内に「最モ密接ナル関係アル地方」（法例28条3項）は存せず、法例21条の適用としては、「子ノ本国法ガ父又ハ母ノ本国法……ト同一ナル場合」には該当しないものと解するのが相当であり、「子ノ常居所地ニ依ル」こととなる。」

「A男は、日本を常居所としているものと認められるから、親権者の指定についても、日本民法が適用されることになる。」

Key point
1　いずれもアメリカ国籍の夫婦の離婚について、アメリカが法例28条3項の不統一法国であること、夫と妻に共通本国法がなく、共通常居所地法により日本法を適用した事例である。
2　また、離婚慰謝料、財産分与請求についても、離婚の効力に関する問題として法例16条によることを明らかにしている。

〔解説・評釈等〕佐野寛・判評410号212頁、横山潤・ジュリ1022号188頁、鳥居淳子・ジュリ1024号284頁、早田芳郎・リマ7号160頁、島田充子・前田昌宏・判タ821号160頁

10章　国際離婚　363

159 日本居住日本人夫のドイツ居住ドイツ人妻に対する離婚等請求

被告の住所地が日本になくとも条理に従って日本の裁判管轄を認めた事例

　一　審…浦和地越谷支判平成 3 年11月28日（平成元年（タ）26号）民集50巻 7 号1467頁
　控訴審…東京高判平成 5 年 1 月27日（平成 3 年（ネ）4316号）民集50巻 7 号1474頁
　上告審…最判平成 8 年 6 月24日（平成 5 年（オ）764号）民集50巻 7 号1451頁

事案

　X（夫）とY（妻）は、昭和57年 5 月にドイツ民主共和国（当時）において、同国の方式により婚姻し、昭和59年 5 月に長女が生まれた。

　Xら一家は、昭和63年からドイツ連邦共和国ベルリン市に居住していたが、Yは、平成元年 1 月以降、Xとの同居を拒否した。

　Xは、平成元年 4 月、旅行の名目で長女を連れて来日した後、Yに対してドイツ連邦共和国に戻る意思のないことを告げ、以後長女とともに日本に居住している。

　Yは、平成元年 7 月、自己の住所地を管轄するベルリン市シャルロッテンブルグ家庭裁判所に離婚訴訟を提起した。この訴訟の訴状等のXに対する送達は、公示送達によって行われ、平成 2 年 5 月に、離婚を認容し、長女の親権者をYと定める判決が確定した。

　Xは、平成元年 7 月に、Yに対して離婚、長女の親権者をXと定めること、300万円の慰謝料の支払いを求める本件訴訟を、浦和地裁越谷支部に提起した。

判旨

　1　一審は、以下のように述べて、Xの請求を却下した。

　「一般に被告の住所が国際的裁判管轄権を決定する場合の基準の一つになることはいうまでもないが、だからといってあらゆる訴訟についてそれが原則的に妥当するといったものではなく、離婚訴訟においては、離婚原因となる事実の有無が審理の中心となるが、離婚を認容するか否かの最終的な判断は、多くの場合婚姻共同生活の実体の解明なしにはよくなし得ないところであるから、その審理は、右婚姻共同生活が営まれた地を管轄する国の裁判所で行われることが望ましく、その国に、原被告双方ともに住所を有しないような場合ならともかく、原被告のどちらかが住所を有する場合には、その国の裁判所が国際的裁判管轄権を持ち、その他の国の裁判所はこれを持たないものと解するのが相当である。」

　2　控訴審は、以下のように述べて、原判決を取り消し、浦和地裁に差し戻した。

　「離婚訴訟の国際的裁判管轄権については、夫婦の一方が国籍を有する国の裁判所は、少なくとも、国籍を有する夫婦の一方が現に国籍国に居住し、裁判を求めているときは、離婚訴訟について国際的裁判管轄権を有すると解するのが相当である。婚姻

生活の実体について審理する必要があることから、実際に婚姻生活が行われた国又は夫婦が共に居住する国の裁判所は、夫婦のどちらかがその国の国籍を有するかどうかにかかわりなく、国際的裁判管轄権を有すると解すべきであることは当裁判所も否定するものではないが、このことが、夫婦の一方の国籍国の裁判所の管轄権を否定する理由になるとは考えられない。」

3　上告審も、以下のように述べて、上告を棄却した。
「離婚請求訴訟においても被告の住所は国際裁判管轄の有無を決定するに当たって考慮すべき重要な要素であり、被告が我が国に住所を有する場合に我が国の管轄が認められることは、当然というべきである。しかし、被告が我が国に住所を有しない場合であっても、原告の住所その他の要素から離婚請求と我が国との関連性が認められ、我が国の管轄を肯定すべき場合のあることは、否定し得ないところであり、どのような場合に我が国の管轄を肯定すべきかについては、国際裁判管轄に関する法律の定めがなく、国際的慣習法の成熟も十分とは言い難いため、当事者間の公平や裁判の適正・迅速の理念により条理に従って決定するのが相当である。そして、管轄の有無の判断に当たっては、応訴を余儀なくされることによる被告の不利益に配慮すべきことはもちろんであるが、他方、原告が被告の住所地国に離婚請求訴訟を提起することにつき法律上又は事実上の障害があるかどうか及びその程度をも考慮し、離婚を求める原告の権利の保護に欠けることのないよう留意しなければならない。

これを本件についてみると、前記事実関係によれば、ドイツ連邦共和国においては、(略)判決の確定により離婚の効力が生じ、XとYとの婚姻は既に終了したとされている（記録によれば、Yは、離婚により旧姓に復している事実が認められる。）が、我が国においては、右判決は民訴法200条2号の要件を欠くためその効力を認めることができず、婚姻はいまだ終了していないといわざるを得ない。このような状況の下では、仮にXがドイツ連邦共和国に離婚請求訴訟を提起しても、既に婚姻が終了していることを理由として訴えが不適法とされる可能性が高く、Xにとっては、我が国に離婚請求訴訟を提起する以外に方法はないと考えられるのであり、右の事情を考慮すると、本件離婚請求訴訟につき我が国の国際裁判管轄を肯定することは条理にかなうというべきである。」

　　被告の住所が日本になくとも、当事者間の公平や裁判の適正・迅速の理念により条理に従って、日本の管轄を肯定する場合のあること、既に被告の住所地であるドイツにおいて離婚訴訟が確定しているが、その判決は日本で効力が認められないため、原告が離婚するには、日本で離婚訴訟を提起するしか方法がない場合に、日本に国際裁判管轄があるとした最高裁判例として重要である。

〔解説・評釈等〕山下郁夫・判解〈平成8年［20］〉458頁、渡辺惺之・判評464号199頁、小野寺規夫・判タ945号314頁、道垣内正人・ジュリ1120号132頁、多喜寛・ジュリ1113号287頁、櫻田嘉章・別ジュリ210号210頁

10章　国際離婚　365

160 子の引渡しを命じたテキサス州判決の執行
公序良俗に反して許されないとした事例

一　審…東京地判平成4年1月30日（平成3年（ワ）520号、16374号）家月45巻9号65頁
控訴審…東京高判平成5年11月15日（平成4年（ネ）388号）高民集46巻3号98頁、家月46巻6号47頁

事案

X（アメリカ人、夫）と、Y（日本人、妻）は、1982年7月にテキサス州の法令に従い婚姻し、同州に居住し、同年9月に長女ナオミ（アメリカ国籍）が生まれた。

XとYは、1984年5月に、テキサス州地方裁判所（本件外国裁判所）の離婚判決により離婚した。本判決は、Yを長女の単独支配保護者（Sole Managing Conservator）すなわち保護親（Custodial Parent）、Xを夏休み等の一定期間だけ長女をその保護下に置くことができる一時占有保護者（Possessory Conservator）と定め、かつ本件外国裁判所の許可なく州外へ子を移動させることを禁じた。

Yは、本件外国裁判所の制限付きの許可を得て、1989年5月に、長女を連れて日本に転居した。

Xは、1989年9月、Yに対して本件外国裁判所に、長女の親子関係に関する訴えを提起し、同年11月長女の単独支配保護者をYからXに、一時占有保護者をXからYにそれぞれ変更するとともに、Yに対し、特定の期間を除いて、長女をXに引渡すこと及び養育費を支払うことなどを命ずる判決（本件外国判決）が言い渡され、確定した。

Xは、本件外国判決に基づき、Yに対して長女の引渡しを命ずる部分の強制執行の許可を求めた。

判旨

1　一審は、本件外国判決は、民事訴訟法200条及び民事執行法24条1項・3項所定の外国裁判所の判決に該当し、民事訴訟法200条の各号の要件を満たしているとして、Xの請求を認容した。

2　控訴審は、以下のように述べて、原判決を取り消し、Xの請求を棄却した。
「民事訴訟法200条3号の要件が充足されているか否かを判断するに当たっては、当該外国判決の主文のみならず、それが導かれる基礎となった認定事実をも考慮することができるが、更に、少なくとも外国においてされた非訟事件の裁判について執行判決をするか否かを判断する場合には、右裁判の後に生じた事情をも考慮することができると解するのが相当である。外国裁判が公序良俗に反するか否かの調査は、外国裁判の法的当否を審査するのではなく、これを承認、執行することがわが国で認められるか否かを判断するのであるから、その判断の基準時は、わが国の裁判所が外国裁判の承認、執行について判断をする時と解すべきだからである。」
「右の事実によれば、本件外国判決は、ナオミが日本で生活するようになった場合に

は、ナオミの聴覚障害、日本における少数者に対する偏見・差別、激しい受験戦争等の事情から、アメリカ合衆国において生活するよりも適応が困難になるので、アメリカ合衆国で生活させる方がよりナオミの福祉に適うとの理由により、ナオミの単独支配保護者をYからXに変更し、それに伴って、Yに対し、Xへのナオミの引渡及び扶養料の支払等を命じたものであり、他には右の変更を基礎付ける事由はないものと推認されるところ、ミドリ（筆者注：ナオミの誤り）が日本に居住してから既に4年余を経過しており、同人は、最初のうちは、日本語が理解できず苦労をしたが、小学5年生の現在では、言語の障害もかなり少なくなり、明るく通学しており、かえって、現在では英語の会話や読み書きができない状態にあるのであるから、いま再び同人をしてアメリカ合衆国において生活させることは、同人に対し、言葉の通じないアメリカ合衆国において、言葉の通じない支配保護者のもとで生活することを強いることになることが明らかである。ナオミが幼児であるならばいざ知らず、本件口頭弁論終結時において、間もなく11歳になろうとしているのであるから、このようなナオミを、現時点において、右のような保護状況に置くことは、同人の福祉に適うものでないばかりでなく、かえって、同人の福祉にとって有害であることが明らかであるというべきである。したがって、ナオミの単独支配保護者をYからXに変更した本件外国判決を承認し、これを前提とした本件外国判決中の給付を命ずる部分を執行することは、ナオミの福祉に反する結果をもたらすもので公序良俗に反するというべきである。

　以上のとおりであるから、本件外国判決は、全体として民事訴訟法200条3号の要件を欠くというべきである。」

　外国判決に執行判決を付与するにあたり民訴法200条3号（現民訴法118条）の要件が充足されているかの判断基準時は、日本の裁判所が外国判決の承認、執行について判断する時であるとし、子が日本で安定した生活をしていることから、子の引渡しを命ずることは子の福祉に反し公序良俗に反するとした判例として重要である。

〔解説・評釈等〕長谷川俊明・際商22巻5号553頁、渡辺惺之・ジュリ1046号286頁、西野喜一・判タ882号254頁、釜谷真史・別ジュリ210号222頁

161 中国人妻から日本人夫に対する離婚慰謝料請求

慰謝料の算定は請求者の現居住地を重視せず婚姻地での額を相当とするとした事例

- 一　審…秋田地大曲支判平成 5 年12月14日（平成 4 年（タ） 5 号）家月48巻 5 号69頁
- 控訴審…仙台高秋田支判平成 8 年 1 月29日（平成 5 年（ネ）124号、平成 6 年（ネ）23号）家月48巻 5 号66頁

事案

　Y（夫、日本人）は、平成 2 年11月、中国四川省成都市を訪れ、X（妻、中国人）と同国四川省の方式に基づいて婚姻した。Xは、平成 3 年 4 月に来日し、Yの住所地でYの両親とともに生活した。

　Yは、Xにプレゼントするため、11回にわたり合計約27万円相当の商品を万引きし、同年 7 月懲役 1 年 2 月、 3 年間の執行猶予の判決を受けた。

　Xは、平成 3 年12月にYと別居し、平成 5 年 9 月に調停離婚した。Xは、平成 4 年 9 月に中国に帰国し、以後中国で生活している。

　Xは、Yに対して離婚による慰謝料として300万円を請求する本件訴訟を提起した。

判旨

　1　一審は、以下のように述べて、Yに対して20万円の慰謝料の支払いを命じた。

「夫婦間の暴行はそれ程重大な状況にあったとは言い難いし、また窃盗事件自体も被告は常習であったとは言い難いところであるが、婚姻して中国から単身来日、Y以外に頼るべき者のいないXの立場からすれば、これらの事由により相当のショックを受け、婚姻生活に失望し、離婚を求める気になったとしてもやむをえないものと考えられる。従って、YはXに離婚を伴う（ママ）慰謝料を支払うべき義務がある。

　そこで、その場合の慰謝料額についてであるが、（略）で認定したところによると、慰謝料としては、20万円とすることが相当である（なお、付言するに、離婚慰謝料は、離婚したことにより受けた精神的苦痛を慰謝するものであるから、離婚した者がどの地で慰謝料を費消することが予定されているか、いい換えると、離婚を求めた者が離婚当時どこで生活していたかを考慮することは当然である。）。」

　2　控訴審は、以下のように述べて、原判決を変更し、Yに対して100万円の慰謝料の支払いを命じた。

「本件慰謝料額の算定についてであるが、離婚慰謝料は、離婚したことにより受けた精神的苦痛を慰謝するものであり、離婚した者がその離婚調停成立当時どこで生活していたかとの点も考慮すべき一事情であることは否定できない。しかし、本件慰謝料が日本における婚姻生活の破綻に基づき現に日本において請求されていることに照ら

すと本件慰謝料額を算定するに当たっては、Xの中国に帰国後の同地の所得水準、物価水準如何は、逸失利益の算定の場合と比較してさほど重視すべきものではなく、かえってこれを重要な要素として慰謝料の額を減額すれば、Yをして、一般的に日本人である妻と離婚した者の支払うべき慰謝料の額と対比し、不当に得をさせる結果を生じ、公平を欠くこととなると考えられる。当裁判所は、以上の理由により、前記で認定した事実関係（Xが既に中国に帰国している事実も当然に考慮して）のもとにおいてに、本件でYに負担させるべき慰謝料の額は100万円をもって相当と認めるものである。」

離婚慰謝料の算定にあたり、請求者が離婚時に中国に居住していることを評価すべきかが争われた事例である。
控訴審判決が述べたとおり、日本における婚姻生活の破綻に基づく慰謝料の算定については、請求者がその後中国に帰国したことは、重視すべきではないだろう。

〔解説・評釈等〕南敏文・判タ945号176頁、五十嵐清・ジュリ1113号275頁、宇田川幸則・ジュリ1159号167頁

162 フランス居住父と日本居住子との面会交流事件

フランス判決に基づく面会交流を認めず、日本での面会交流のみを認めた事例

京都家審平成6年3月31日（平成元年（家）2699号）判時1545号81頁

事案

X（父、フランス国籍）とY（母、日本国籍）は、1983年12月にフランスで婚姻し、1985年3月長女（フランスと日本の二重国籍）が生まれた。

Yは、1986年8月ころ、長女を連れて日本に帰国し、Xと別居した。

Xは、1990年1月にパリ地方裁判所に離婚訴訟を提起し、1992年3月にパリ控訴院の離婚、長女の親権者をYとする判決（本件外国判決）が確定した。

パリ控訴院判決には要旨下記の条項があった。

「両親の間において別段の合意がなされない限り、次に定める期間、子を父親のもとに同居させるものとする。
・フランスの学校のクリスマス休暇の前半の期間
・復活祭休暇中の10日間
・フランスの学校の夏休み中、偶数年については前半の期間、奇数年については後半の期間（子の旅費については、いずれも父親がこれを負担することを条件とする）」

Xは、1989年11月、Yに対して、長女との面会交流を求める審判の申立てを京都家庭裁判所にした。

判旨

1　裁判所は、以下の内容の審判を下した。

主文「一　1　Yは、Xに対し、日本国内において、Xが事件本人と面接交渉することを認めなければならない。

2　面接の日時、場所等の具体的方法については、その都度、XとYにおいて、事前に協議して定める。この場合事件本人の福祉を優先的に考慮すること。

3　Xと事件本人の面接交渉の方法として、事件本人の希望があれば宿泊を伴う面接も認めなければならない。

4　Xと事件本人の面接交渉に要する費用は、Xの負担とする。

二　Xが事件本人と日本国外（フランス）での面接交渉を求める申立てについては、事件本人が中学校に進学するまでこれを認めないこととし、それ以後のXと事件本人との日本国外（フランス）での面接交渉については、同時点において改めて当事者間において協議するものとする。」

2　国際裁判管轄権及び準拠法

「本件は、フランス人の父（X）から、日本人の母（Y）に対して、フランス及び日本の二重国籍を持つ当事者間の長女（事件本人）との面接交渉を求める事案であるところ、同事件の国際的裁判管轄権に関しては、我が国には特別の規定も、確立した判例法の原則も存在しないが、子の福祉に着目する子の住所地国である日本の裁判所に専属的国際裁判管轄権を認めるのが相当である。

また、準拠法については、法例21条に従い母の本国法と同一である子の本国法の日本法が準拠法である（なお、法例28条1項により二重国籍を持つ事件本人の本国法は、事件本人の常居所である日本であると解される。）」

3　フランス控訴院判決の承認について
「フランス控訴院判決の承認の問題については、離婚等を内容とする訴訟裁判の部分と面接交渉等に関する非訟裁判の部分に区分して判断されるべきものと解する。（略）面接交渉に関する外国の非訟裁判の承認については、日本民事訴訟法200条の適用はないと解されるが、条理により、その承認の要件としては、外国の裁判が我が国の国際手続法上の裁判管轄権を有する国でなされたこと、それが公序良俗に反しないことの二つをもって足りると考える。（略）本件面接交渉申立審判事件については、日本国が専属的国際裁判管轄権を有するものと解されるので、上記フランス控訴院判決の面接交渉に関する判決事項を承認することはできず、当裁判所が同事項について独自の立場で判断をすることになる。」

4　面接交渉の具体的方法等について
「事件本人は、まだ年令（ママ）的にも未熟で母との連帯感が強く、自己の意思で行動する社会性に欠けていること、外国語の会話能力が殆どゼロに近いところから、自分の意図を父に理解して貰えないことに強い不安感を抱いているものと認められる。そして、国内での父との数少ない面接交渉も、結果的には、その不安感を増幅させることになっているものと認められる。

　従って、Xとしては、国内での事件本人との面接交渉を通じて、事件本人の意図を理解し、同人のXに対する信頼関係を徐々に高め、事件本人の生育と外国語能力の発達を待って、同人の自発的意思で渡仏を決心させる努力をすることが必要と考える。また、Xにおいても、日本語の会話能力を身につけ、事件本人との意思疎通の幅を広げることが望まれる。

　してみると、事件本人が渡仏してXと面接交渉することについては、事件本人が小学校を卒業して中学校に進学し、ある程度自主的な判断能力を持ち、外国語の会話能力を身につけた時点で、改めて当事者間で協議して、決定するのが相当であると判断する。」

1　面会交流の国際的裁判管轄権について、子の住所地国に専属的管轄があるとし、準拠法については法例21条を適用した事例である。
2　また、面接交渉に関する外国判決の承認については旧民訴法200条の適用はないとしながら、その承認の要件は条理により、①外国判決が日本の国際手続法上の裁判管轄権を有する国でなされたこと、②公序良俗に反しないこと、の2つであるとし、本件では①が欠けるとして、面会交流に関するフランス判決を承認せず、日本における面会交流のみを認めた事例である。

〔解説・評釈等〕海老沢美広・ジュリ1091号255頁、高桑昭・リマ13号156頁、河野俊行・別ジュリ210号232頁

163 日本居住日本人妻のカナダ居住カナダ人夫に対する離婚予備的反訴
日本の裁判管轄を認めた事例

一　審…名古屋地判平成 6 年12月14日（平成 6 年（タ）6 号）判タ891号243頁
控訴審…名古屋高判平成 7 年 5 月30日（平成 6 年（ネ）946号）判タ891号248頁

事案　Y（夫、カナダ人）は昭和52年ころ来日し、昭和56年 5 月にX（妻、日本人）と日本法に従って婚姻届出をし、昭和58年12月に長男（日本とカナダの二重国籍）が生まれた。昭和59年 5 月に、XとYは、長男を連れてカナダに渡った。

平成 2 年 4 月ころ、XがYの女性関係に疑いを持ち、この女性のことをYに問いただしたことから喧嘩となり、YはXに離婚の申し入れをし、別居状態となった。平成 2 年 5 月ころ、双方が代理人を立てて離婚条件の話し合いをし、同年 6 月から合同調停（メディエイション）が開かれたが、その期日において、Xが長男を連れて日本に帰ることを希望したことから、Yは、同年 8 月15日までに必ず長男を連れてカナダに戻ることを条件にこれを承諾した。

Xは、平成 2 年 7 月11日、長男とともに日本に帰り、以後長男をカナダには帰さず、自分も同年 8 月以降カナダには戻らなかった。

平成 2 年 9 月に、長男の親権者をXと定めて協議離婚届（本件離婚）が提出されたが、そのYの署名押印欄はXが署名押印を代行したものであった。平成 3 年 5 月に、Yは、Xに対して、本件離婚の無効確認を求める訴訟（本訴）を提起した。Xは、Yに対して予備的反訴として、離婚を求めた（本件反訴）。

判旨　1　一審は、以下のように述べて、Xの予備的反訴の訴えを却下した。
「XがYから遺棄されたとはいえないこと、Yが行方不明であるとはいえないことは明らかであるし、XとYが名実ともに夫婦としての生活を継続していた昭和56年 5 月から平成 2 年 4 月までの約 9 年間のうち、日本を生活の本拠としていたのは約 3 年間に過ぎず、昭和59年 5 月以降約 6 年間はカナダを生活の本拠とし、夫婦としての最後の生活地及び共通の住所地はいずれもカナダであること、前記のXの本件反訴における請求原因に記載したとおり、Xが離婚原因として主張する事情はそのほとんどがカナダにおける結婚生活時に生じているのであって、右離婚原因事実の存否を判断するためにはXとYのカナダにおける結婚生活の状況を審理の対象とすることが不可欠であり、そのためには証拠収集の便宜及び証人の出頭確保等の観点からカナダの裁判所において審理を行うことが相当であること、Yは、既にカナダ国内及び日本国内において、事実上失われた長男に対する親権及び監護権を回復するため、相当な精神的、物質的負担を余儀なくされており、更に本件反訴について日本において実質的な防御活動を行う負担には耐え難い状態となっていることが認められる。

また、前記認定のとおり、Xとその長男が現在日本に居住しているのは、Xがカナダで行われていた合同調停の席において成立した合意の内容に反し、長男を日本に連

れ帰ったままカナダに戻ってこなかったことに原因があるのであって、これをXに有利な事情として重要視することは、訴訟手続上の信義則に反するといわなければならない。

さらに、日本国内においてY側から離婚無効の本訴が提起されている点に関しても、本件本訴と反訴は事実上の争点を異にし実質的な関連性に乏しいことが認められるばかりでなく、本件本訴は、前記渉外身分訴訟における国際裁判管轄権の分配の原則に照らすと、Xの住所地国である日本に裁判管轄権がありカナダにはないと解される（略）ところ、Yが多額の費用をかけて日本において離婚無効の訴えを提起することを余儀なくされた（Yは本件反訴の却下を求めており、渉外離婚訴訟において被告が異議なく応訴した場合と同視できないことはもちろんである。）のに乗じ、本件本訴の存在を理由にXが本来カナダでしか提起できないはずの離婚訴訟を日本で提起できることとなると解することは、Xとその長男が日本に居住するに至った前記事情に照らしても、訴訟手続における公正を損なうおそれがあり妥当ではないというべきである。

以上の諸事情を比較検討すると（略）、本件反訴の裁判管轄権は、原則どおりYの住所地を管轄するカナダの裁判所に専属すると解するのが相当である。」

2　控訴審は、以下のように述べて、原判決を取り消し、名古屋地裁に差し戻した。
「本件反訴の如きいわゆる渉外離婚訴訟事件について、日本に国際裁判管轄権を肯定するには、当事者間の便宜公平、判断の適正確保等の訴訟手続上の観点から、当該離婚事件の被告の住所が日本にあることを原則とすべきであるが、他面、国際私法生活における正義公平の見地から、原告が遺棄された場合、被告が行方不明である場合、その他これに準ずる場合等、特別の事情の存する場合においては、被告の住所が日本になくても、原告の住所が日本にあれば、補充的に日本に裁判管轄権を認めることができるというべきである。」
「そうすると、Yは、本件反訴提起の当時から、行方不明とまではいえないまでも、少なくとも常住居所が明らかでないものというべきであるのに加え、現にXを相手方として日本の裁判所に離婚無効確認の訴えを提起し、これが原裁判所に係属中であることが明らかであるから、本件反訴については、訴訟当事者間の公平という基本理念に照らし前記渉外離婚訴訟事件の国際裁判管轄権についてのいわゆる被告主義の一般原則の例外である特別の事情が存するものとして、日本に国際裁判管轄権を認めるのが相当である。」

カナダ居住カナダ人夫の日本居住日本人妻に対する離婚無効確認訴訟において日本居住日本人妻が提起した離婚等請求予備的反訴について日本に管轄権を認めるかどうかについて、一審と控訴審で判断が異なった事例である。
ただし、控訴審においては、夫の常住居所が不明になったことを理由としているので必ずしも一審と控訴審で理論が異なっているわけではない。

〔解説・評釈等〕田村精一・ジュリ1091号264頁、多喜寛・リマ14号155頁、小田敬美・判夕945号318頁、中西康・ジュリ1142号116頁

164 給与天引きによる養育費の支払いを命ずるミネソタ州判決の執行
判決の執行を認めた事例

一　審…東京地判平成8年9月2日（平成6年（ワ）24641号、平成7年（ワ）10286号）判時1608号130頁
控訴審…東京高判平成10年2月26日（平成8年（ネ）4388号、平成8年（ネ）4397号）判時1647号107頁

事案

X（母、日本人）は、平成5年4月18日にA男を出産した。

XはY（父、日本人）に対し、同年4月12日に、アメリカ合衆国ミネソタ州の地方裁判所（ミネソタ州地裁）に、A男の父親確認の訴えを提起し、Yは不出頭のまま、同年9月に、A男の父親がYであるとし、Yに対してA男の養育費の支払いを命じる本件外国判決が下され、同判決は確定した。

Xは、Yに対して、本件外国判決に基づき、同判決主文3項の養育費の給付を命じる部分につき、強制執行することの許可を求める本件訴訟を提起した。

なお、本件外国判決3項（一部略）は、以下のとおりである。

「Yの現在の使用者、又は将来の使用者、又は他の基金の支払者は、その原因如何にかかわらず、Yの収入から天引し、ミネソタ州ミネアポリス市《番地略》へネピン州A・アンド・Bサービスに、次のとおり、Yの支払期間及び義務に応じ、分割して送金する。

a　A男の養育費として、1993年10月1日から同人が18歳に達するまで、同人が中等学校に就学している場合は20歳まで、同人に肉体的精神的疾患があって自活できない場合にはその間（婚姻その他により法的に成人となったときはその時まで）、さらに裁判所の決定があるときはこれに基づき、毎月1250ドル。」

判旨

1　一審は、以下のように述べて、Xの訴えを却下した。

「民事執行法24条、民事訴訟法200条により、外国判決の給付を命じた部分につき執行判決を求める訴えは、わが国において当該外国判決を承認しこれに基づく執行を可能とすることを目的とするものであるから、同条にいう外国裁判所の判決は、わが国の強制執行に親しむ具体的な給付請求権を表示してその給付を命じる内容を有する判決のみをさし、当該外国判決の給付を命じる部分が、わが国の強制執行にそぐわず、同部分につき執行を許可しても、そのままではわが国において強制執行をすることができないような内容を有する外国判決については、執行判決を求める利益がないのみならず、給付を命じる部分を承認し、執行を許可することもできないものというべきである。」

2　控訴審は、以下のように述べて、原判決を取り消し、下記の養育費支払義務について、XがYに対して強制執行することを許可した。

「A男の養育費として、1993年10月1日から同人が18歳に達するまで、同人が中等学

校に就学している場合は20歳まで、同人に肉体的精神的疾患があって自活できない場合にはその間、（婚姻その他により法的に成人となったときはその時まで）、さらに裁判所の決定があるときはこれに基づき、毎月1250ドル。」

「養育費支払についての給与天引制度は、アメリカ合衆国の前記法律によって認められたものであって、我が国には存在しない制度であるから、我が国においては、本件外国判決によって、判決の当事者ではないYの使用者等に対し、差押え等を介することなく、A男の養育費をYの給与から天引し、これを公的な集金機関に送金すべきことを命ずることができないのは明らかであるが、判決によって支払を命じられた養育費については、ミネソタ州法上、支払が30日間以上ないときには、支払請求権者が支払義務者に対し所定の通知をし、支払義務者が支払をするか、所定の手続をとらない限り、執行することができるとされているのであって、本件外国判決のうち、Yの使用者等に対し、Yの給与の天引きとヘネピン州サポート・アンド・コレクションサービスへの送金を命ずる部分は、ミネソタ州において、Yに対し養育費の支払を命ずるものとして執行力を有しているというべきであるから、本件外国判決のうち養育費の支払を命ずる部分の執行力を、我が国においても外国裁判所の判決の効力として認めることができるものである。」

 養育費支払について給与天引を命じたアメリカミネソタ州判決の執行について、一審はこの外国判決は日本の強制執行にそぐわないとしてこれを却下したのに対し、控訴審は、父に養育費の支払いを命ずる判決として、執行を許可した事例である。

〔解説・評釈等〕猪股孝史・判評482号191頁、横溝大・ジュリ1157号300頁、小野寺規夫・判タ1005号220頁

165 日本居住アメリカ人夫のアメリカ居住中国人妻に対する離婚等請求

夫の現住地、過去の夫婦生活地である日本法を準拠法とした事例

横浜地判平成10年5月29日（平成8年（タ）137号）判タ1002号249頁

事案

X（夫、米国国籍）は日本企業の香港駐在員として勤務していた際に、Y（妻、中国国籍）と知り合い、1988年3月在日米国大使館において婚姻手続をとった上、これを港区長に届出受理され夫婦となり、1990年8月に長男（米国国籍）が生まれた。

XとYは、1992年に日本に転勤となり、西宮市で生活をした。

Yは、1992年7月、長男を連れて上海の実家に帰省したまま戻らず、Xが長男だけを上海から日本に連れて帰り、以後別居状態となった。

Yは、1995年9月に、上海からアメリカカリフォルニア州に転居したが、その後、1996年5月ころトランジットのビザをとるため数日間Xと会ったのを最後に、1年に1回くらいアメリカから一方的に電話をかけてくるにとどまり、アメリカ国内での住居所は不明である。

Xは、Yに対して、離婚、長男の親権者をXと定めることを求める本件訴訟を提起した。なお、Yは公示送達による呼出を受けたが、出頭していない。

判旨

裁判所は、以下のように述べて、Xの請求を認容した。

1　「本件離婚請求の準拠法については、法例16条本文により、同法14条を準用することになるが、まず、Xは米国籍であり、Yは中国籍であるから、共通本国法は存在せず、また、Xは日本に定住者の資格で在留しており、その常居所は日本であるのに対し、Yは永住権を取得している米国のいずこかに住居所を有しているにすぎないから、夫婦の共通常居所地法も存在しない。そこで、夫婦に最も密接な関係がある地の法律によるべきところ、前記のとおり、XとYは、日本で婚姻した後、Xの転勤に伴って香港から長男を伴って来日し、1992年（平成4年）6月から一時期日本で共同生活を始めたことがあり、Xと長男は、いずれも日本における定住者の在留資格を有し、在留期間を3年ごとに延長し、夫婦が別居状態となった以降も、引き続き日本で生活して現在に至っているから、こうした事実に照らすと、夫婦に最も密接な関係がある地の法律は日本法であり、本件離婚請求については日本法が準拠法になるというべきである。」

2　「離婚に伴う未成年の子の親権の帰属は、父母の離婚によって発生する問題ではあるが、離婚を契機として生ずる親子間の法律関係に関する問題であるから、準拠法は法例21条によるべきである。本件において、XとYとの間の長男は、米国籍を有するが、米国は、実質法のみならず抵触法についても各州ごとに相違しており、統一

的な準国際私法の規則も存在しない不統一法国であるから、法例28条3項にいう内国規則はなく、当事者に最も密接な関係ある地方の法律を当事者の本国法とすべきことになるが、子の国籍が米国である以上、子の本国法としては、米国内のいずれかの法秩序を選択せざるを得ない。(略) 外国人登録原票上の国籍の属する国における住所又は居所は、長男及びXとも、オハイオ州クリーブランド市であることが認められ、Xがオハイオ州で生まれ、同州の大学を卒業して来日したことは前示のとおりであるから、右事情にかんがみると、子の本国法としては、法例28条3項にいう当事者に最も密接な関係ある地方の法律としてオハイオ州法を選択し、長男の親権の帰属は、法例21条による子と父の共通本国法である同州法の定めるところによって決するのが相当である。」

Key point

1 日本居住アメリカ人夫のアメリカ居住中国人妻に対する離婚請求について、夫婦が日本で生活したことがあること、夫が定住者として日本で生活していることから密接関連地法として日本法を適用した事例である。

2 親権者の指定については、アメリカ国籍の子について法例28条3項に基づき密接関連地法としてオハイオ州法を本国法とし、法例21条に基づき、父子の同一本国法としてアメリカオハイオ州法を適用した事例である。

〔解説・評釈等〕織田有基子・ジュリ1190号142頁、北坂尚洋・別ジュリ210号16頁

166 日本人夫のアメリカ人妻に対する離婚等請求

被告非居住でも日本の裁判管轄を認めた事例

名古屋地判平成11年11月24日（平成7年（タ）167号）判時1728号58頁

事案

X（夫、日本人）は、平成4年9月に名古屋市において、Y（妻、アメリカ人）と婚姻届出をし、名古屋市で生活を始めた。

平成4年11月に長男が、平成6年5月に長女が生まれた。子ども達はいずれも日本、アメリカ双方の国籍を有している。

Yは、平成7年5月にXに無断で、2人の子どもを連れてアメリカに帰った。

Yは、平成7年5月に米国オレゴン州マリオン郡巡回裁判所（米国裁判所）に、永久別居及び2子の親権者をYと指定する旨を求める訴訟を提起した。

Xは、平成7年7月に、Yに対して離婚、2子の親権者をXと定める、500万円の慰謝料の支払いを求める本件訴訟を提起した。

Yは、平成8年2月に、アメリカ裁判所に、上記永久別居の訴えを離婚の訴えに変更する旨の申立をし、平成8年8月に、XとYの婚姻が終了する旨及び2子の親権をYとする旨の判決が下され、同判決は平成10年3月に確定した。

判旨

裁判所は、以下のように述べて、XとYの婚姻は、Xの暴行、虐待によって破綻したと認定し、XとYとを離婚する旨の判決を下し、Xのその余の請求は棄却した。

1　国際裁判管轄について

(1)　離婚の訴え

「被告が我が国に住所を有しない場合であっても、原告の住所が我が国にあり、原被告の婚姻共同生活地が我が国にあった場合には、原告が被告を婚姻共同生活地から強制的に退去させたなどの当事者間の公平を害する特段の事情のない限り、我が国が国際裁判管轄を有すると解するのが相当である（人事訴訟手続法1条1項参照）。

婚姻共同生活地には、通常、離婚の訴えの審理に必要な証拠の多くが存在するから、裁判の適正・迅速に資するし、応訴を強いられる被告にとっては、不利益があるとしても、婚姻共同生活地は、通常、夫婦の協議によって決定されるものであるから、同地で離婚の裁判を受けることはやむを得ないし、また、同地で生活した経験を有する以上、言語や文化的障害も比較的小さいといえるから、特段の事情のない限り、当事者間の公平に合致し、条理にかなうと解されるからである。以上に加えて、管轄を定める基準は可能な限りあらかじめ明確であることが望ましいところ、原告の住所と婚姻共同生活地を基準とすることは明確であり、当事者の予測可能性を確保しうるものであるといいうる。

ただし、原告が被告を婚姻共同生活地から強制的に退去させた場合は、被告にとっ

て、不利益の大きい婚姻共同生活地で裁判を受けることがやむを得ないとはいえず、当事者間の公平に合致せず、条理にかなうとはいえないから、原告の住所が我が国にあり、原被告の婚姻共同生活地が我が国にあったとしても、我が国は国際裁判管轄を有しないと解するのが相当である。」

「ＸがＹを婚姻共同生活地から強制的に退去させたなどの当事者間の公平を害する特段の事情は認められない。したがって、Ｘの住所地があり、ＸＹの婚姻共同生活地があった我が国は本件離婚の訴えの国際裁判管轄を有すると解するのが相当である。」

　(2)　親権者指定の申立て

「親権者指定の裁判の国際裁判管轄は、離婚の訴えの国際裁判管轄を有する国及び子の住所地の所在する国が有すると解するのが相当である。」

　2　米国確定判決の日本における効力

「米国確定判決中のＸＹ間の婚姻が終了するとの部分は、民事訴訟法118条1号の要件を満たさないからその余の点について判断するまでもなく、我が国において、効力を有しないというべきである。」

「米国確定判決中の親権者指定に関する部分は、民事訴訟法118条各号の要件を満たすから、我が国において、効力を有するものと解するのが相当である。

　したがって、本件親権者指定の申立ては、米国確定判決の効力に抵触するから、不適法である（なお、米国確定判決中の親権者指定に関する部分が我が国において効力を有することを前提にした場合、本件親権者指定の申立ては、実質的には、米国確定判決後の事情をも考慮した親権者変更の申立てであると解する余地がないわけではないが、仮にこのように解したとしても、我が国において、地方裁判所は親権者変更の申立ての管轄を有しないから［民法819条6項］、本件親権者指定の申立ては不適法である。）。」

1　離婚の訴えの国際裁判管轄について、被告が日本に住所を有しない場合でも原告の住所が日本にあり、婚姻共同生活地が日本にあった場合には、特段の事情がない限り、日本が国際裁判管轄を有すると判断した判例として重要である。

2　また、親権者指定の裁判の国際裁判管轄について、離婚の訴えの国際裁判管轄を有する国及び子の住所地の国が有すると判断した点も重要である。

〔解説・評釈等〕高杉直・ジュリ1228号290頁、原啓一郎・判タ1096号230頁

167 中華民国国籍夫婦の財産分与
中華民国民法を公序良俗に反するとして適用排除した事例

一　審…東京地判平成12年2月23日（平成9年（ワ）16648号）家月53巻5号180頁
控訴審…東京高判平成12年7月12日（平成12年（ネ）1566号）家月53巻5号174頁

事案　X（夫、台湾・中華民国国籍）とY（妻）は、昭和22年に婚姻した。日本人であったYは、中華民国国籍に帰化した。XとYは、昭和24年から本件土地上にあった本件建物4に住むようになった。その後本件建物4は滅失登記をしないまま解体して移築され、その跡に未登記の本件建物2が建てられ、そこにXY及び長女が住んだ。昭和52年10月に、XとYは協議離婚した。

その際に、Xは、Yに対して、本件土地と本件建物2を財産分与することが合意され、本件土地については、昭和52年11月に財産分与を原因とする所有権移転登記手続がされた。本件建物2については、未登記であったことから、登記上は本件建物4について財産分与を原因とする所有権移転登記手続がされた。

Xは、Yに対して、財産分与をしたことはない等と主張して、本件土地及び本件建物2外について所有権確認、本件土地について真正な登記名義の回復を原因とする所有権移転登記手続等を求める本件訴訟を提起した。

判旨
1　一審は、Xの請求を棄却した。
2　控訴審も、以下のようにXの控訴を棄却し、一審判決を維持した。

「Xは、XとYの離婚に関しては本国法である中華民国民法が適用され、同民法でも協議離婚が認められているが、本件の協議離婚においては同民法が要求する手続がされていないから、両者間に離婚は成立しておらず、したがって、財産分与もあり得ないと主張する。しかし、離婚の方式については、婚姻のような特別な定め（旧法例13条1項ただし書）がないから、旧法例8条が適用されると解するのが相当である。そうすると、本件の協議離婚は、同条2項により行為地法である日本法の手続によることができるところ、XとYの離婚届は適法に世田谷区長に受理されていることが認められるから（略）、XとYの離婚は有効に成立したというべきである。」

「Xは、中華民国民法は財産分与を認めていないから、XのYに対する財産分与は効力を有しないと主張しており、同民法が財産分与を認めていないことは、Yも自認しているところである。しかし、協議離婚に際し、夫から妻への財産分与を全く認めないことは、我が国の公の秩序又は善良の風俗に反するものといわざるを得ないから、旧法例30条により、財産分与を認めない中華民国民法は適用されないと解すべきである。そうすると、財産分与の成立及びその効力は、日本民法によることになるから、XからYに対する本件土地及び本件建物2の財産分与は有効である。」

Key point 　財産分与を認めていない中華民国民法は、公序良俗に反するとし旧法例30条により、その適用を排除し、日本民法を適用して、夫から妻への離婚に伴う土地建物の財産分与を有効とした事例である。
　これについては、中華民国民法の他の規定により当事者の合意による財産分与を有効とすることができるとの批判がある。
　本判決のように、旧法例30条を適用した後は、法廷地法である日本法を適用するのが判例の立場である。
〔解説・評釈等〕鳥居淳子・判評509号227頁、南敏文・判タ1096号226頁、竹下啓介・ジュリ1268号231頁

168 カリフォルニア州裁判所の扶養料支払いを命じる判決の執行

判決内容が日本法と大きく隔たり、公序良俗に反し許されないとした事例

一　審…横浜地横須賀支判平成12年5月30日（平成9年（ワ）73号）判タ1059号235頁
控訴審…東京高判平成13年2月8日（平成12年（ネ）3501号）判タ1059号232頁

事案

　X（妻、日本人）とY（夫、日本人）は、いずれも日本において医師免許を得た医師であるが、昭和40年に婚姻し、平成2年にアメリカカリフォルニア州法によって離婚した。
　XとYは、結婚生活の大半をアメリカカリフォルニア州で送っており、平成4年5月に、カリフォルニア州上級裁判所によって、Yに対して清算的財産分与を命じる①の内容の判決（財産分与判決）が出され、同年12月に、離婚後の扶養料支払いを命ずる②の内容の判決（扶養料判決）が出された。
　①　Xは、Yから夫婦共有財産の財産分与の一部として、Yが金融機関に設定したIRA口座内の金員についてその38.95パーセント、すなわち41万0923米ドルを与えられる。
　②　YはXに対し、同人の生活費として1993年1月1日から5年間、毎月1万米ドルを、毎月1日に半額、15日に半額の支払い条件で支払え。
　Xは、昭和63年ころから日本とアメリカを行き来していたが、平成5年4月に帰国し、以後日本において医師をしている。Yも平成5年10月に日本に帰国し、医院を開業している。
　Xは、Yに対して、財産分与判決の執行不能をYの債務不履行として、損害賠償として約11万3000米ドルの支払いと扶養料判決に基づき強制執行の許可を求める本件訴訟を提起した。

判旨

　1　一審は、以下のように述べて、扶養料判決の承認は公序良俗に反しないとして、Xの請求をすべて認容した。
「外国判決の承認の要件として内容面での公序良俗違反の有無は、事件の渉外性を考慮した上での内国の基本的価値や秩序を害するかという国際私法的公序であるところ、わが国でも夫婦の離婚にあたって、財産分与の一環として扶養的要素も考慮されるものであって、補充性の要件の有無について相異があるとしても、それのみで本件扶養料判決が公序良俗に反することはなく、本件での具体的な事情のもとで、本件扶養料判決が過酷な結果をもたらすものであるかどうかを検討すべきである。」
　2　控訴審は、以下のように述べて原判決を取り消し、Xの請求をすべて棄却した。
「共に日本国籍を有する夫婦の離婚に伴う権利関係が、離婚後の元夫婦の常居所地である外国の裁判所でその常居所地の法律に基づいて判決され、当該外国法からみてその判決内容に問題がない場合でも、当事者の常居所が判決の前提とする土地から我が国に変わり、当該判決の内容が我が国の法律の定める内容と大きく隔たるものである

ときは、当該外国判決の内容どおりとしても障害が生じないという特別の事情があるのでない限り、その判決の内容は、我が国の公序に反するものと解するのが相当である。

本件扶養料判決は、他の離婚給付に照らした元配偶者の生活維持の必要性を要件とせずに、すでに離婚した者に相手方の扶養を命じている。これは、カリフォルニア州家族法には、「当事者の婚姻の解消又は法定別居を命ずるすべての判決において、裁判所は、一方の当事者に他の当事者の扶養のためになにがしかの金額を、また、裁判所が正当かつ相当であると考え得る期間支払うよう命ずることができる」との規定が存する(略)からである。しかし、その内容は、我が国の法律の内容と大きく隔たるものである。

そして本件の場合は、Y、Xとも米国での生活は、扶養料判決後の帰国によって、行われなくなったのである。Xの米国での医学修行の必要性も消滅している。この面で扶養料判決の最も大きな前提は存在しなくなったといってよい。そうすると、扶養料判決それ自体の内容上の妥当性は、その前提が存在しないことによって、すでに失われているものというべきである。

Yは、外国裁判所に対する不信感から、本件扶養料判決の取消しを外国裁判所に申し立てていない。しかし、そのような申立てを外国でするには、一般に、多額の費用と時間を要することを考慮すると、そのような外国裁判所に対する申立てがなくても、その判決について我が国において執行を許可するかどうかを検討するに当たり、受訴裁判所がその内容的な妥当性を審査することが許されるものというべきである。

そうすると、共に日本国籍を有する夫婦の離婚についてされた本件扶養料判決は、当事者の常居所が判決の前提とする土地から我が国に変わり、当該判決の内容が我が国の法律の定める内容と大きく隔たっていること及び当該外国判決自体の前提とする事実関係が判決後に消滅していて、その内容自体の妥当性も失われていること、以上のいずれの観点からも、これをそのまま執行させることは、我が国の公序に反するものといわねばならない。

外国判決は、その成立に至る手続や内容に我が国の公序に反するものがあるときには、その我が国における執行を許可することはできないのであって、Xの執行許可の請求は、理由がなく、これを認容することができないものである。」

なお、財産分与判決の執行不能の事実もないとして、執行不能を理由とする損害賠償請求も理由がないと判示した。

Key point 日本人妻が日本人夫に対し、常居所地であったカリフォルニア州裁判所で下された扶養料判決に基づき執行許可を求めたのに対して、扶養料判決の内容が日本法の内容と大きく隔たり、夫婦が日本で生活していることでその判決の前提となる事実関係も消滅したとして、公序良俗違反により執行を認めなかった事例である。

〔解説・評釈等〕中西康・ジュリ1224号328頁、小野寺規夫・判タ1096号182頁、渡邉惺之・リマ25号151頁、村上愛・ジュリ1280号143頁

169 日本人妻のフランス人夫に対する離婚請求

フランスでの裁判で身の危険を生じるおそれがあるとして日本の裁判管轄を認めた事例

東京地判平成16年1月30日（平成14年（タ）485号）判時1854号51頁

事案

　　X（妻、日本人）は、平成10年4月ころ、仕事のため日本で生活していたY（夫、フランス人）と知り合い、平成11年9月、仕事を終えて帰国するYとともに渡仏した。XとYは、同年11月パリ第3区区役所に婚姻届を提出した。平成13年2月に長男一郎が生まれた。

　　Xは、平成13年6月に、Yから暴行を受けたとしてYを告訴し、長男を連れて家を出て、日本に帰国し、以後Yと別居をしている。

　　Xは、平成13年6月に、フランスの裁判所に離婚調停手続を申し立てたが、同年9月にこれを取り下げた。

　　Yは、Xに対して暴行を加え、日常生活への支障が8日間を超えない傷害を負わせた罪により、平成13年10月にフランスの裁判所で有罪判決を受けた。

　　Xは、Yに対して、離婚、長男の親権者をXと定めること、慰謝料として1000万円の支払いを求める本件訴訟を提起した。

判旨

　　1　裁判所は、以下のように述べて、離婚、長男の親権者をXと定め、Yに対して300万円の慰謝料の支払いを命じた。

「Xとしては、こうしたYの暴行等により、このままYと婚姻生活を継続した場合には、Xや一郎の身体ひいては生命に危害が及ぶものと考え、やむを得ず、乳飲み子であった一郎を連れて日本に帰国し、両親の保護を求めたものと認められ、Xの行動は、その経緯に照らすと合理性があり、Xが日本へ帰国することを余儀なくしたのは、専らYのこうした言動にあるというべきである。

　そもそも、生命、身体の自由、安全を求める権利は、人が人として当然に保有する権利であって、何人もこれを犯すことはできないし、その権利性は、国際人権規約の条項等を指摘するまでもなく、いずれの国においても尊重されるべき普遍的権利であるというべきである。その権利は、正当防衛等特に法が許容した場合以外には犯す（ママ）ことができないのであって、ただ、婚姻関係にあるというだけで、夫から妻への暴行等を許容し得ないことはいうまでもない。そして、広く世界的に制定されているＤＶ防止法の立法趣旨等に鑑みれば、配偶者から暴力行為を受けた他方配偶者は、その制定がない場合においても、人格権に基づき、その接近等を排除する権利を有するものというべきであり（我が国においても、ＤＶ防止法制定以前には、配偶者からの暴力を受けた他方配偶者の申立てにより、人格権に基づく接近禁止の仮処分を発令する運用が定着していた。）、訴訟提起、遂行等のために、相手方配偶者と接近することを余儀なくすることが相当でないことはいうまでもない。

そして、〈証拠略〉によれば、フランス民法251条1項は、「共同生活の破綻によって、又は有責事由によって離婚を請求するときは、勧解の試みtentative de conciliationが裁判上の審理の前に義務付けられる。」とし、同法252条1項は、「裁判官は、夫婦を勧解しようと務めるときは、その立会いの下に夫婦を合わせる前に、個別に夫婦のそれぞれと個人的に話し合わなければならない。」としている。

したがって、本件で、Xがフランスにおいて離婚を請求しようとする場合、Xの請求する離婚はフランス民法にいう有責事由による離婚であるから、裁判官が勧解の試みを行う必要があり、その際には、当事者の出頭が義務付けられ、その結果、Xは、フランスに入国し、滞在しなければならなくなる。しかし、先に判示したXが日本へ帰国した経緯、Xの帰国後に調査会社による不審な行動があること等に照らして考えると、Xにフランスに入国し、滞在することを求めることは、XをYからの従前同様の暴力等を加えられる危険にさらす可能性を高めるものというべきであって、Xの人格権の保護の要請にそぐわないものというべきである。

そうすると、XがYの住所地国であるフランスに離婚請求訴訟を提起することについては、Xの生命、身体が危険にさらされるという事実上の障害があり、YがXの首を絞め、絞首のあとを残したこともあるという事実を考えると、その程度は、Xの生命に関わるもので、障害の程度は著しいものというべきである。」

フランス居住フランス人夫の暴力により日本人妻がフランスから日本に帰国し、日本で離婚訴訟を提起したケースについて、フランスで訴訟を提起すると暴力を受けるおそれがある等として、日本に国際裁判管轄を認めた事例である。
〔解説・評釈等〕山田恒久・ジュリ1290号144頁、江泉芳信・ジュリ1291号298頁、近藤ルミ子・判タ1184号236頁

170 オーストラリアの離婚判決の効力
日本における効力を認めなかった事例

東京家判平成19年9月11日（平成18年（家ホ）204号、936号）家月60巻1号108頁

事案　X（妻、日本国籍）とY（夫、オーストラリア国籍）は、平成12年12月に日本において婚姻し、平成13年10月長男が生まれ、日本に居住してきた。
　Yは、平成17年4月、Xと別居してオーストラリアに行き、同地の裁判所において離婚訴訟を提起し、平成18年2月離婚を認める判決（本件離婚判決）が言い渡され、日本においてXとYの離婚届が受理された。
　Xは、Yに対し、東京家裁に離婚無効確認訴訟を提起した。

判旨　裁判所は、次のように述べて、Xの請求を認め離婚の無効を確認した。
　1　民訴118条1号の要件不備
「我が国の渉外離婚事件の国際裁判管轄については、原則として当該離婚事件の被告住所地国に裁判管轄権が認められるが、例外的に原告が遺棄された場合、被告が行方不明である場合その他これに順ずる場合には、原告の所在地にも管轄権を認められると解すべきである（最高裁判所昭和39年3月25日大法廷判決（著者注：○154）、最高裁判所昭和39年4月9日第1小法廷判決（裁判集民事73号51頁））。
　したがって、外国離婚判決が民事訴訟法118条1号の要件を具備するかどうかについては、このような法原則に従って判断するのが相当である。
　これを本件についてみると、前記認定のとおり、X（離婚訴訟の被告）の住所地は我が国にあり、Y自身も我が国においてXと婚姻し、共同生活を営んでいたのであり、しかも、Yは、我が国において仕事に就いており、XとYは婚姻後オーストラリアに居住したことは一度もないのである。こうした事実からすれば、当事者間の公平、裁判の適正・迅速の理念や前記（略）の法原則に照らせば、本件豪州裁判所にX及びYの離婚訴訟についての管轄権があるとは認められないというべきである。」
　2　同条3号の要件不備
「仮にXとYとの婚姻関係が修復不可能な程度に破綻しているとしても、前記のとおり、その原因はYの不貞行為等の身勝手な行動にあるから、Yは有責配偶者であるというべきである。Yは、Yが乙山と交際を始めた当時すでに婚姻関係は破綻していたと主張しているけれども、前記認定のとおり、少なくとも平成16年3月ころまではXY間に大きなトラブルはなく、当時すでに婚姻関係が破綻していたとは到底認められないから、採用することはできない。
　そして、別居期間が約3年3か月であり、相当長期間に及んでいるともいえず、X及びY間には、いまだ満5歳の長男がおり、Xらは実家において居住しているもの

の、前記のとおりの両親の状況からすると、経済的には不安定な状態であるというほかなく、Yの前記態度からすれば、離婚に伴う十分な経済的給付が得られる見込みがあるとはいえず、結局のところ、Xは、離婚により精神的、経済的に苛酷な状況に置かれることが十分予想されるのである。

　このような事情を踏まえると、YからXに対する離婚請求は、信義誠実の原則に反するものであり、我が国の裁判所においては、認められるものではないというべきである。」

　1　結婚以来日本に居住していた日本人妻とオーストラリア人夫について、オーストラリアの離婚判決が、民訴118条1号及び3号に要件を欠くとして無効とした判決である。

　2　有責配偶者の離婚請求が信義則に反する場合、これを認めた外国判決が民訴法118条3号の日本における公の秩序に反して無効とした点も参考になる。

〔解説・評釈等〕織田有基子・ジュリ1362号144頁、佐野寛・リマ38号138頁、北澤安紀・ジュリ1376号348頁、南敏文・別冊判タ25号122頁

171 子の監護に関する事件の国際裁判管轄
日本の管轄を認めなかった事例

一　審…東京家審平成20年8月7日（平成20（家）6519号ほか）家月61巻11号65頁
抗告審…東京高決平成20年9月16日（平成20年（ラ）1411号）家月61巻11号63頁

事案　X（妻、日本国籍）とY（夫、アメリカ国籍）は、2000年アメリカワシントン州の方式で婚姻し、2003年に未成年者が生まれた（日米の二重国籍）。

XとYは、2006年に別居した。

2008年6月、ワシントン州上級裁判所は、離婚命令によって次の内容の監護計画を同裁判所の命令として承認した。

「ア　X及びYの双方を、未成年者の共同親権者、共同監護権者とし、同人に関わる重要な決定は、合同で行う。

イ　未成年者は、米国内でXと一緒に住むが、第1週の火曜午前9時から水曜午前9時までと金曜午前9時から日曜午後6時まで、第2週の火曜午前9時から木曜午後6時まではYと一緒に過ごす。

ウ　未成年者の米国及び日本の旅券は、同人が11歳になるまではYの両親が、以降はYが保有する。

Xが日本に未成年者を連れて行くことを希望する場合には、45日前までに旅程表を含む事前通知を相手方に提出し、8000ドルの保証金を預けることを要する。」

Xは、2008年7月に、Yの代理人弁護士に保証金を預けて、12日間の滞在予定で日本に一時帰国した。

Xは、子と日本で生活することを決意し、日本に住民登録をしてそのまま日本国内に滞在している。

Xは、Yに対し、子の監護者をXに変更すること及び養育場所を日本に変更することを求める審判申立てを東京家裁にした。

判旨　1　一審は、以下のように述べて、日本に国際裁判管轄を認めることはできないとして、申立てを却下した。

「本件のような監護者の変更等について、日本両国に適用される国際裁判管轄を定める条約は存在せず、我が国法上明文の規定もないから、条理によってこれを決するほかない。

親子関係事件、特に本件のような監護者の変更等申立事件の場合には、子の福祉の観点から、子の生活関係の密接な地で審判を行うのが相当であり、子の住所地又は常居所地の国に、国際裁判管轄が認められるべきである。」

「未成年者が米国への帰国予定日を2週間余り過ぎてなお日本国内に滞在しているからといって、直ちに未成年者の生活関係の密接な地が日本国ということは適当でない

し、未成年者の居所を形式的に捉えて、同人の住所地又は常居所地が日本になったと評価して、我が国に国際裁判管轄を認めるのは相当でない。」
　2　抗告審も、原審判を相当とし、Xの抗告を棄却した。

　1　アメリカの裁判所命令に違反して子を連れて日本に帰国した妻が、子の監護者変更等の申立てをしたのに対し、子の住所地又は常居所地が日本にあるとは認められないとして、日本の裁判管轄を否定した判例である。
　2　本事案は、ハーグ条約実施法施行後は、ハーグ条約に基づき子の返還命令が下されるケースであろう。
〔解説・評釈等〕北坂尚洋・民商142巻2号115頁、森川伸吾・ジュリ1414号256頁、早川眞一郎・リマ41号146頁、永山倫代・別冊判タ29号144頁

判例索引

【最高裁判所】

最判昭和31年2月21日(昭和26年(オ)469号)民集10巻2号124頁 …………… 96
最判昭和33年7月25日(昭和28年(オ)1389号)民集12巻12号1823頁 …………… 36
最大判昭和39年3月25日(昭和37年(オ)449号)民集18巻3号486頁 …………… 354
最判昭和45年11月24日(昭和45年(オ)426号)民集24巻12号1943頁 …………… 38
最判昭和46年5月21日(昭和46年(オ)50号)民集25巻3号408頁 …………… 40
最判昭和46年7月23日(昭和43年(オ)142号)民集25巻5号805頁 …………… 97
最判昭和52年3月31日(昭和51年(オ)1017号)民集31巻2号365頁、判時850号22頁 …………… 356
最判昭和53年11月14日(昭和53年(オ)706号)民集32巻8号1529頁 …………… 134
最判昭和54年3月30日(昭和51年(オ)328号)民集33巻2号303頁 …………… 109
最判昭和55年7月11日(昭和53年(オ)321号)民集34巻4号628頁 …………… 132
最判昭和57年3月26日(昭和56年(オ)1197号)判時1041号66頁 …………… 24
最判昭和58年12月19日(昭和57年(オ)798号)民集37巻10号1532頁 …………… 135
最決昭和59年7月6日(昭和58年(ク)103号)家月37巻5号35頁 …………… 278
最判昭和62年9月2日(昭和61年(オ)260号)民集41巻6号1423頁 …………… 41
最判平成元年3月28日(昭和62年(オ)839号)家月41巻7号67頁 …………… 43
最判平成元年9月14日(昭和63年(オ)385号)家月41巻11号75頁 …………… 140
最判平成元年12月11日(昭和63年(オ)270号)民集43巻12号1763頁 …………… 237
最判平成2年7月20日(平成2年(オ)695号)民集44巻5号975頁 …………… 144
最判平成2年9月27日(平成2年(オ)718号)家月43巻3号64頁 …………… 147
最判平成2年11月8日(平成元年(オ)1039号)判時1370号55頁 …………… 45
最判平成5年10月19日(平成5年(オ)609号)民集47巻8号5099頁 …………… 315
最判平成6年1月20日(平成3年(オ)403号)家月47巻1号122頁 …………… 111
最判平成6年2月8日(平成5年(オ)2108号)家月47巻2号135頁 …………… 319
最判平成6年2月8日(平成5年(オ)950号)家月46巻9号59頁 …………… 54
最判平成6年4月26日(平成6年(オ)65号)家月47巻3号51頁 …………… 321
最判平成6年7月8日(平成6年(オ)761号)家月47巻5号43頁 …………… 323
最判平成6年11月24日(平成4年(オ)1814号)判時1514号82頁 …………… 115
最判平成8年3月26日(平成5年(オ)281号)民集50巻4号993頁 …………… 113
最判平成8年6月18日(平成7年(オ)2176号)家月48巻12号39頁 …………… 119
最判平成8年6月24日(平成5年(オ)764号)民集50巻7号1451頁 …………… 364
最判平成9年4月10日(平成7年(オ)1933号)家月49巻9号92頁 …………… 249
最判平成11年4月26日(平成11年(オ)133号、平成11年(受)116号)家月51巻10号109頁 …………… 331
最判平成11年5月25日(平成11年(オ)1850号)家月51巻10号118頁 …………… 329
最判平成12年3月9日(平成10年(オ)560号)民集54巻3号1013頁 …………… 159
最決平成12年5月1日(平成12年(許)5号)民集54巻5号1607頁 …………… 288
最決平成15年5月14日(平成15年(許)14号)家月56巻4号137頁 …………… 337

最決平成15年8月6日(平成15年(許)26号)家月56巻2号160頁 ……………… 295
最判平成16年6月3日(平成14年(受)505号)家月57巻1号123頁 ……………… 27
最決平成16年11月2日 ……………………………………………………………… 169
最判平成16年11月18日(平成15年(受)1943号)判時1881号83頁 ……………… 101
最判平成16年11月18日(平成16年(受)247号)家月57巻5号40頁 ……………… 59
最決平成17年6月9日(平成17年(許)10号)家月58巻3号104頁 ……………… 84
最決平成17年9月15日(平成17年(許)28号)家月58巻4号90頁 ……………… 202
最決平成17年12月6日(平成16年(あ)2199号)刑集59巻10号1901頁、家月58巻4号59頁 … 341
最決平成18年4月26日(平成18年(許)5号)家月58巻9号31頁 ……………… 86
最判平成19年3月30日(平成17年(受)1793号)家月59巻7号120頁、判時1972号86頁 … 262
最決平成25年3月28日(平成24年(許)48号)民集67巻3号864頁、家月65巻6号96頁、判時2191号39頁 … 307
最決平成26年4月14日(平成25年(許)26号)民集68巻4号279頁 ……………… 228

【高等裁判所】

仙台高判昭和26年6月11日民集10巻2号135頁 ……………………………………… 96
東京高判昭和28年11月28日民集12巻12号1844頁 ………………………………… 36
高松高判昭和37年1月29日民集18巻3号495頁 …………………………………… 354
福岡高判昭和42年11月7日民集25巻5号821頁 …………………………………… 97
大阪高判昭和45年1月28日(昭和40年(ネ)1866号)民集24巻12号1951頁 ……… 38
東京高判昭和45年10月29日(昭和42年(ネ)2747号)民集25巻3号420頁 ……… 40
東京高判昭和50年12月22日(昭和49年(ネ)1657号)民集35巻2号324頁 ……… 109
名古屋高判昭和51年6月29日(昭和47年(ネ)432号)判タ344号233頁 ……… 356
東京高判昭和52年11月7日(昭和50年(ネ)2832号)民集34巻4号642頁 ……… 132
東京高判昭和53年2月27日(昭和51年(ネ)2265号)民集32巻8号1542頁 ……… 134
東京高判昭和56年5月26日(昭和55年(ネ)1037号)判時1009号67頁 ………… 187
札幌高判昭和56年8月27日(昭和55年(ネ)125号)判時1034号97頁 …………… 24
大阪高判昭和57年4月16日(昭和56年(ネ)1495号)民集37巻10号1562頁 …… 135
東京高決昭和57年7月26日(昭和57年(ラ)148258号)家月35巻11号80頁 …… 70
東京高決昭和58年3月30日(昭和57年(ラ)824号) ………………………………… 278
東京高決昭和58年6月21日(昭和57年(ラ)794号)家月36巻6号37頁 ………… 72
東京高決昭和58年12月16日(昭和57年(ラ)821号)家月37巻3号69頁 ………… 73
東京高判昭和60年12月19日(昭和60年(ネ)1813号)民集41巻6号1443頁 …… 41
札幌高決昭和61年11月18日(昭和61年(ラ)10号)判タ631号191頁 …………… 215
東京高判昭和62年3月9日(昭和60年(ネ)2175号)家月41巻7号71頁 ………… 43
東京高判昭和62年11月24日(昭和61年(ネ)1201号)民集43巻12号1779頁 …… 237
東京高判昭和62年12月23日(昭和62年(ネ)2299号)家月41巻11号80頁 ……… 140
東京高判昭和63年4月25日(昭和62年(ネ)2768号)判時1275号61頁 ………… 188
東京高判昭和63年6月7日(昭和62年(ネ)408号、414号)判時1281号96頁 … 137
東京高判昭和63年12月22日(昭和60年(ネ)3408号)判時1301号97頁 ………… 142
東京高判平成元年4月26日(昭和63年(ネ)1939号)判時1317号82頁 ………… 45
東京高判平成元年11月22日(昭和62年(ネ)2794号、平成元年(ネ)2530号)判時1330号48頁 … 41

高松高判平成2年2月7日(平成元年(ネ)26号)民集44巻5号989頁	144
名古屋高判平成2年2月28日(平成元年(ネ)622号)	147
東京高判平成2年4月25日(昭和63年(ネ)3168号)判時1351号61頁	47
東京高判平成2年6月27日(平成元年(ネ)2962号)判時1360号118頁	146
大阪高決平成2年8月7日(平成2年(ラ)124号)家月43巻1号119頁	240
大阪高判平成2年12月14日(平成2年(ネ)1079号)判時1384号55頁	51
東京高判平成2年12月20日(平成2年(ネ)1470号)	111
東京高判平成3年3月14日(平成元年(ネ)3217号)判時1387号62頁	140
名古屋高判平成3年5月30日(平成2年(ネ)267号)判時1398号75頁	49
大阪高判平成4年5月26日(平成3年(ネ)1726号)判タ797号253頁	149
東京高判平成4年5月28日(平成3年(ネ)1886号)民集50巻4号1001頁	113
大阪高判平成4年7月15日(平成3年(ネ)1249号)	115
大阪高決平成4年7月31日(平成4年(ラ)11号)家月45巻7号63頁	281
東京高判平成5年1月27日(平成3年(ネ)4316号)民集50巻7号1474頁	364
大阪高判平成5年3月10日(平成4年(ネ)1271号)家月46巻9号68頁	54
東京高決平成5年9月6日(平成5年(ラ)313号)家月46巻12号45頁	190
東京高決平成5年9月28日(平成5年(ラ)579号)家月46巻12号58頁	152
東京高判平成5年11月15日(平成4年(ネ)388号)高民集46巻3号98頁、家月46巻6号47頁	366
大阪高判平成6年3月31日(平成5年(ネ)749号)判時1515号89頁	26
東京高決平成6年4月15日(平成5年(ラ)214号)家月47巻8号39頁	218
大阪高決平成6年4月19日(平成6年(ラ)67号)家月47巻3号69頁	247
福岡高決平成6年9月22日(平成6年(ラ)102号)判タ881号274頁	317
東京高判平成7年4月27日(平成4年(ネ)3304号)家月48巻4号24頁	151
名古屋高判平成7年5月30日(平成6年(ネ)946号)判タ891号248頁	372
東京高判平成7年6月26日(平成6年(ネ)4215号)家月49巻9号97頁	249
仙台高決平成7年11月17日(平成7年(ラ)119号)家月48巻9号48頁	220
仙台高秋田支判平成8年1月29日(平成5年(ネ)124号、平成6年(ネ)23号)家月48巻5号66頁	368
東京高決平成8年12月20日(平成8年(ラ)1246号)家月49巻7号72頁	75
名古屋高決平成9年1月29日(平成8年(ラ)204号)家月49巻6号64頁	286
大阪高判平成9年11月20日(平成9年(ネ)2280号)民集54巻3号1034頁	159
東京高判平成10年2月26日(平成8年(ネ)4388号、平成8年(ネ)4397号)判時1647号107頁	374
東京高判平成10年2月26日(平成9年(ネ)2506号)家月50巻7号84頁	157
東京高決平成10年3月13日(平成9年(ラ)2323号)家月50巻11号81頁	161
東京高判平成10年3月18日(平成9年(ネ)437号、2881号)判時1690号66頁	156
東京高決平成10年4月6日(平成9年(ラ)2110号)家月50巻10号130頁	251
名古屋高判平成10年7月17日(平成10年(ネ)405号、559号)判タ1030号259頁	253
東京高決平成10年9月16日(平成10年(ラ)927号)家月51巻3号165頁	192
東京高判平成10年12月21日(平成10年(ネ)3872号)判タ1023号242頁	121
大阪高決平成11年2月22日(平成10年(ラ)756号)家月51巻7号64頁	76
東京高決平成11年9月20日(平成11年(ラ)395号)家月52巻2号163頁	194

福岡高決平成11年10月26日（平成11年（ラ）199号）民集54巻5号1627頁	288
大阪高判平成12年3月8日（平成11年（ネ）3367号）判時1744号91頁	100
大阪高決平成12年4月19日（平成11年（ラ）1096号）家月53巻1号82頁	224
東京高判平成12年7月12日（平成12年（ネ）1566号）家月53巻5号174頁	380
東京高決平成12年12月5日（平成12年（ラ）2337号）家月53巻5号187頁	257
名古屋高判平成12年12月20日（平成12年（ネ）206号、385号）判タ1095号233頁	165
東京高判平成13年1月18日（平成11年（ネ）4495号）判タ1060号240頁	56
東京高判平成13年2月8日（平成12年（ネ）3501号）判タ1059号232頁	382
名古屋高判平成13年12月19日（平成13年（ネ）598号外）	27
大阪高決平成14年1月15日（平成13年（ラ）1295号）家月56巻2号142頁	295
東京高判平成14年6月26日（平成13年（ネ）5675号）家月55巻5号150頁	58
福岡高決平成14年9月13日（平成14年（ラ）254号）家月55巻2号163頁	196
高松高決平成14年11月15日（平成14年（ラ）87号）家月55巻4号66頁	299
東京高決平成15年1月20日（平成14年（ラ）1724号）家月56巻4号127頁	337
東京高決平成15年1月20日（平成14年（ラ）1725号）家月55巻6号122頁	335
仙台高決平成15年2月27日（平成14年（ラ）196号）家月55巻10号78頁	226
東京高決平成15年3月12日（平成14年（ラ）1405号）家月55巻8号54頁	333
大阪高決平成15年3月25日（平成14年（ラ）895号）家月56巻2号158頁	295
東京高判平成15年6月26日（平成14年（ネ）6062号）判時1855号109頁	198
東京高決平成15年7月15日（平成15年（ラ）778号）判タ1131号228頁	200
東京高決平成15年8月15日（平成15年（ラ）670号）家月56巻5号113頁	259
東京高判平成15年8月27日（平成15年（ネ）583号）	101
広島高判平成15年11月12日（平成15年（ネ）307号）	59
福岡高那覇支決平成15年11月28日（平成15年（ラ）26号）家月56巻8号50頁	303
東京高決平成15年12月26日（平成15年（ラ）2047号）家月56巻6号149頁	78
仙台高決平成16年2月25日（平成16年（ラ）23号）家月56巻7号116頁	79
札幌高決平成16年5月31日（平成16年（ラ）45号）家月57巻8号94頁	81
東京高決平成16年6月14日（平成15年（ラ）397号）家月57巻3号109頁	169
福岡高判平成16年8月26日（平成15年（ネ）957号）家月58巻1号91頁	61
仙台高判平成16年8月26日（平成16年（う）69号）	341
東京高決平成16年9月7日（平成16年（ラ）1139号）家月57巻5号52頁	83
大阪高判平成16年10月15日（平成16年（ネ）464号）判時1886号52頁	171
福岡高決平成17年3月15日（平成16年（ラ）57号）家月58巻3号98頁	84
仙台高秋田支決平成17年6月2日（平成17年（ラ）11号）家月58巻4号71頁	343
札幌高決平成17年6月3日（平成17年（ラ）64号）家月58巻4号84頁	202
大阪高決平成17年6月9日（平成17年（ラ）252号）家月58巻5号67頁	173
東京高決平成17年6月28日（平成17年（ラ）728号）家月58巻4号105頁	203
東京高判平成17年7月6日（平成17年（ネ）1742号）家月59巻7号123頁	262
広島高決平成17年11月2日（平成17年（ラ）129号）家月58巻9号33頁	86
大阪高決平成18年2月3日（平成17年（ラ）1023号）家月58巻11号47頁	305

大阪高判平成19年1月23日(平成18年(ネ)1663号、2296号)判タ1272号217頁	175
広島高判平成19年4月17日(平成18年(ネ)564号)家月59巻11号162頁	103
大阪高判平成19年5月15日(平成18年(ネ)2622号)判タ1251号312頁	63
東京高決平成20年1月30日(平成19年(ラ)1685号)家月60巻8号59頁	205
東京高判平成20年2月27日(平成19年(ネ)4045号)判タ1278号272頁	29
東京高決平成20年9月16日(平成20年(ラ)1411号)家月61巻11号63頁	388
福岡高決平成20年11月27日(平成20年(ラ)55号)判時2062号71頁	207
東京高決平成20年12月18日(平成20年(ラ)1919号)家月61巻7号59頁	345
名古屋高判平成21年5月28日(平成19年(ネ)892号、平成20年(ネ)154号)判時2069号50頁	177
東京高決平成22年7月30日(平成22年(ラ)683号)家月63巻2号145頁	266
東京高決平成24年10月18日(平成24年(ラ)1926号)判時2164号55頁	347
札幌高決平成24年10月30日(平成24年(ラ)271号)	307
仙台高決平成25年6月25日(平成25年(ラ)7号)	228
大阪高判平成26年3月13日(平成25年(ネ)349号、1313号)判タ1411号177頁	179
福岡高決平成26年6月30日(平成26年(ラ)82号)判タ1410号100頁	268

【地方裁判所】

福島地会津若松支判民集10巻2号132頁	96
前橋地高崎支判昭和26年3月23日民集12巻12号1832頁	36
高松地丸亀支判昭和36年8月28日民集18巻3号493頁	354
大阪地判昭和40年12月8日(昭和39年(タ)19号)民集24巻12号1953頁	38
福岡地直方支判昭和41年12月18日民集25巻5号814頁	97
宇都宮地足利支判昭和42年2月16日(昭和38年(タ)1号)民集25巻3号413頁	40
名古屋地判昭和47年8月31日(昭和46年(タ)7号)判タ288号335頁	356
東京地判昭和49年6月28日(昭和46年(ワ)931号)民集33巻2号318頁	109
甲府地判昭和50年11月7日(昭和46年(ワ)150号、237号、昭和50年(ワ)118号)民集34巻4号635頁	132
東京地判昭和51年9月24日(昭和46年(タ)490号ほか)民集32巻8号1533頁	134
札幌地判昭和55年3月21日(昭和54年(タ)82号)	24
長野地飯山支判昭和55年3月28日(昭和54年(タ)3号ほか)	187
神戸地洲本支判昭和56年7月7日(昭和54年(ワ)17号)民集37巻10号1540頁	135
東京地判昭和60年6月28日(昭和59年(タ)178号)民集41巻6号1441頁	41
横浜地小田原支判昭和60年7月29日(昭和57年(タ)29号)家月41巻7号74頁	43
横浜地判昭和61年3月26日(昭和58年(タ)207号)民集43巻12号1766頁	237
東京地判昭和61年12月22日(昭和57年(タ)487号、昭和58年(タ)356号)判時1249号86頁	25
横浜地判昭和62年1月29日(昭和59年(タ)130号)判時1281号98頁	137
大分地判昭和62年7月14日(昭和55年(ワ)623号)判時1266号103頁	139
東京地判昭和62年7月27日(昭和60年(ワ)15791号)家月41巻11号84頁	140
水戸地麻生支判昭和62年9月11日(昭和58年(タ)5号ほか)	188
東京地八王子支判昭和62年12月21日(昭和56年(タ)38号)	142
東京地判昭和63年6月20日(昭和62年(タ)440号)判タ682号204頁	45
東京地八王子支判昭和63年9月29日(昭和62年(タ)92号)	47

高知地安芸支判昭和63年12月22日（昭和61年（タ）6号ほか）民集44巻5号981頁	144
東京地判平成元年8月29日（昭和63年（ワ）2197号ほか）判時1360号121頁	146
岐阜地判平成元年10月13日（平成元年（ワ）143号）家月43巻3号67頁	147
東京地判平成2年3月29日（昭和62年（ワ）11929号）	111
津地四日市支判平成2年4月23日（昭和62年（タ）21号）判時1398号76頁	49
大阪地判平成2年5月14日（昭和63年（タ）1号）判時1367号78頁	51
京都地判平成2年6月14日（昭和63年（ワ）2856号）判時1372号123頁	99
長野地判平成2年9月17日（平成2年（タ）2号）判時1366号111頁	53
浦和地川越支判平成3年5月15日（平成元年（ワ）413号）	113
神戸地尼崎支判平成3年5月28日（平成元年（ワ）739号）	115
大阪地判平成3年7月29日（平成元年（タ）52号）	149
横浜地判平成3年10月31日（平成2年（タ）16号、122号）家月44巻12号105頁	362
浦和地越谷支判平成3年11月28日（平成元年（タ）26号）民集50巻7号1467頁	364
東京地判平成4年1月30日（平成3年（ワ）520号、16374号）家月45巻9号65頁	366
大阪地堺支判平成4年4月30日（平成元年（タ）24号）家月46巻9号79頁	54
東京地判平成4年8月26日（昭和63年（ワ）571号）家月48巻4号69頁	151
東京地判平成4年12月10日（平成4年（ワ）3650号）判タ870号232頁	117
神戸地龍野支判平成5年2月5日（平成4年（タ）4号）	26
神戸地判平成5年3月22日（平成4年（人）6号）民集47巻8号5122頁	315
大分地杵築支部命令平成5年8月4日（平成5年（ヨ）8号）	317
広島地判平成5年8月27日（平成3年（ワ）312号）家月47巻9号82頁	245
札幌地判平成5年10月18日（平成5年（人）1号）家月47巻2号138頁	319
秋田地大曲支判平成5年12月14日（平成4年（タ）5号）家月48巻5号69頁	368
神戸地判平成5年12月15日（平成5年（人）3号）判タ874号281頁	315
大阪地判平成5年12月21日（平成5年（人）10号）家月47巻3号57頁	321
岡山地判平成6年2月25日（平成6年（人）1号）家月47巻5号44頁	323
札幌地判平成6年3月24日（平成6年（人）2号）判タ857号254頁	319
大分地杵築支決平成6年4月25日（平成5年（モ）72号）	317
札幌地決平成6年7月8日（平成6年（ヲ）765号）判タ851号299頁	325
東京地判平成6年9月28日（平成5年（タ）519号）家月49巻9号100頁	249
名古屋地判平成6年12月14日（平成6年（タ）6号）判タ891号243頁	372
東京地判平成8年9月2日（平成6年（ワ）24641号、平成7年（ワ）10286号）判時1608号130頁	374
横浜地判平成9年1月22日（平成6年（タ）8号、124号）判時1618号109頁	156
横浜地判平成9年4月14日（平成8年（タ）136号）家月50巻7号90頁	157
大阪地判平成9年7月25日（平成8年（ワ）11514号）民集54巻3号1027頁	159
名古屋地判平成10年3月31日（平成9年（ワ）987号）判タ1030号261頁	253
横浜地判平成10年5月29日（平成8年（タ）137号）判タ1002号249頁	376
東京地判平成10年7月29日（平成9年（ワ）9217号）判タ1023号246頁	121
奈良地判平成10年9月30日（平成10年（人）1号）家月51巻10号126頁	329
広島地判平成11年1月7日（平成11年（人）3号）	331

大阪地判平成11年3月31日(平成10年(ワ)7687号)判タ1035号187頁	123
横浜地相模原支判平成11年7月30日(平成9年(タ)36号)判時1708号142頁	56
東京地判平成11年9月3日(平成8年(タ)376号)判時1700号79頁	163
神戸地判平成11年9月8日(平成8年(タ)69号)判時1744号95頁	100
名古屋地判平成11年11月24日(平成7年(タ)167号)判時1728号58頁	378
静岡地浜松支判平成11年12月21日(平成10年(ワ)548号)判時1713号92頁	290
名古屋地判平成12年1月24日(平成9年(タ)138号)	165
東京地判平成12年2月23日(平成9年(ワ)16648号)家月53巻5号180頁	380
横浜地横須賀支判平成12年5月30日(平成9年(ワ)73号)判タ1059号235頁	382
仙台地判平成13年3月22日(平成11年(タ)126号)判時1829号119頁	167
東京地判平成13年4月3日(平成12年(タ)376号)家月55巻5号160頁	58
名古屋地岡崎支判平成13年6月27日(平成12年(タ)88号)	27
東京地判平成14年11月14日(平成14年(ワ)3957号)	198
名古屋地判平成14年11月29日(平成14年(ワ)63号)判タ1134号243頁	339
東京地判平成14年12月25日(平成13年(ワ)26038号)	101
広島地判平成15年6月27日(平成14年(タ)52号)	59
福岡地判平成15年10月24日(平成14年(タ)175号)家月58巻1号96頁	61
京都地判平成16年1月15日(平成14年(ワ)3133号)判時1886号57頁	171
東京地判平成16年1月30日(平成14年(タ)485号)判時1854号51頁	384
青森地八戸支判平成16年3月9日(平成14年(わ)170号)	341
東京地判平成17年2月16日(平成16年(タ)264号ほか)家月59巻7号128頁	262
東京地判平成24年12月27日(平成24年(ワ)12019号)判時2179号78頁	181

【家庭裁判所】

東京家審昭和54年11月8日(昭和54年(家)1934号、1935号、1936号、1937号)家月32巻6号60頁	236
横浜家審昭和57年2月15日(昭和55年(家)5108号)家月35巻11号86頁	70
浦和家審昭和57年4月2日(昭和56年(家)764号、765号)家月35巻8号108頁	276
東京家審昭和57年11月25日(昭和57年(家)4869号)	72
東京家審昭和57年12月10日(昭和56年(家)9827号)	73
長野家諏訪支審昭和57年12月15日(昭和57年(家)374号)	278
旭川家審昭和61年3月26日(昭和61年(家)46号)	215
東京家審昭和62年3月31日(昭和60年(家)8871号)家月39巻6号58頁	358
大阪家審平成元年9月21日(昭和62年(家)394号)家月42巻2号188頁	239
大津家審平成2年2月13日(昭和58年(家)607号、608号)家月43巻1号123頁	240
東京家審平成2年3月6日(平成元年(家)3672号、3673号、3674号)家月42巻9号51頁	242
岡山家審平成2年12月3日(平成2年(家)198号、199号)家月43巻10号38頁	279
水戸家審平成3年3月4日(平成2年(家イ)565号)家月45巻12号57頁	360
神戸家審平成3年11月27日(平成3年(家)3035号、3036号)家月45巻7号70頁	281
札幌家審平成4年4月28日(平成4年(家ロ)2013号)家月45巻1号132頁	217
山口家審平成4年12月16日(平成3年(家)421号)家月46巻4号60頁	244
東京家八王子支審平成5年3月15日(平成4年(家)1949号)家月47巻8号42頁	218

横浜家審平成5年3月31日(平成5年(家)205号、206号、207号)家月46巻12号53頁	190
東京家八王子支審平成5年6月22日(昭和60年(家)3951号)家月46巻12号61頁	152
大阪家審平成5年12月22日(平成5年(家)433号、434号)家月47巻4号45頁	283
和歌山家審平成6年1月18日(平成5年(家)196号、197号、198号)家月47巻3号74頁	247
京都家審平成6年3月31日(平成元年(家)2699号)判時1545号81頁	370
東京家審平成6年5月31日(平成4年(家)8127号)家月47巻5号52頁	154
山形家審平成7年8月3日(平成7年(家)192号)家月48巻9号51頁	220
東京家審平成8年3月28日(平成7年(家)15473号)家月49巻7号80頁	327
横浜家審平成8年4月30日(平成6年(家)3582号、3583号)家月49巻3号75頁	284
千葉家松戸支審平成8年7月4日(平成8年(家)127号)家月49巻7号78頁	75
名古屋家審平成8年9月19日(平成8年(家ロ)1011号)家月49巻6号72頁	286
東京家審平成9年10月3日(平成7年(家)15491号)家月50巻10号135頁	251
水戸家龍ヶ崎支審平成9年10月7日(平成9年(家)90号)家月50巻11号86頁	161
新潟家長岡支審平成10年3月30日(平成9年(家)5011号)家月51巻3号179頁	192
大津家審平成10年8月5日(平成5年(家)607号)家月51巻7号71頁	76
札幌家審平成10年9月14日(平成9年(家)890号)家月51巻3号194頁	255
福岡家久留米支審平成11年7月29日(平成9年(家)246号)民集54巻5号1634頁	288
京都家審平成11年8月20日(平成9年(家)436号、平成10年(家)1393号、2857号、4326号)家月52巻1号98頁	222
大津家審平成11年11月9日(平成11年(家)71号)家月53巻1号86頁	224
神戸家姫路支審平成12年9月4日(平成12年(家)167号)家月53巻2号151頁	256
横浜家審平成12年9月27日(平成11年(家)1975号)家月53巻5号189頁	257
浦和家審平成12年10月20日(平成12年(家)964号)家月53巻3号93頁	292
東京家審平成13年6月5日(平成13年(家)1370号、1371号、1372号)家月54巻1号79頁	293
神戸家龍野支決平成13年12月7日(平成13年(家ロ)26号)家月56巻2号144頁	295
横浜家審平成14年1月16日(平成13年(家)1142号)家月54巻3号48頁	297
甲府家審平成14年6月10日(平成14年(家)129号)家月55巻8号57頁	333
高松家審平成14年6月25日(平成14年(家ロ)24号)家月55巻4号69頁	299
福岡家久留米支審平成14年7月19日(平成14年(家ロ)1004号、1005号)家月55巻2号172頁	196
横浜家横須賀支審平成14年8月5日(平成14年(家ロ)101号)家月55巻6号127頁	335、337
神戸家決平成14年8月12日(平成14年(家ロ)26号)家月56巻2号147頁	295
東京家審平成14年10月31日(平成14年(家)5830号)家月55巻5号165頁	301
仙台家審平成14年12月4日(平成14年(家)741号、742号、743号、744号)家月55巻10号82頁	226
東京家審平成15年2月26日(平成13年(家)5248号)家月56巻5号118頁	259
横浜家川崎支審平成15年3月17日(平成14年(家)776号、777号、778号、779号)	200
那覇家沖縄支審平成15年9月29日(平成15年(家)105号、106号)家月56巻8号55頁	303
東京家審平成15年10月6日(平成15年(家)3370号)家月56巻6号152頁	78
盛岡家遠野支審平成15年12月26日(平成15年(家)334号)家月56巻7号136頁	79
東京家審(平成16年(家)10225号)	203
札幌家審平成16年2月6日(平成16年(家)92号)家月57巻8号96頁	81
千葉家松戸支審平成16年6月8日	83

宮崎家審平成16年7月14日	84
大阪家審平成17年1月12日（平成15年（家）7139号）家月58巻5号71頁	173
札幌家苫小牧支審平成17年3月17日（平成16年（家）420号）家月58巻4号86頁	202
青森家弘前支審平成17年3月31日（平成17年（家）6号、7号、8号）家月58巻4号78頁	343
広島家審平成17年8月19日（平成17年（家）534号）家月58巻9号35頁	86
京都家審平成17年8月24日（平成17年（家）262号、263号）家月58巻11号56頁	305
福岡家審平成18年1月18日（平成17年（家）1278号、1279号、1280号）家月58巻8号80頁	261
神戸家尼崎支判平成18年3月16日（平成17年（家ホ）46号）	175
東京家審平成18年6月29日（平成17年（家）3831号、3832号）家月59巻1号103頁	264
大阪家判平成18年8月30日（平成17年（家ホ）620号）	63
広島家判平成18年11月21日（平成18年（家ホ）52号）	103
東京家八王子支判平成19年6月28日（平成18年（家ホ）310号）	29
東京家判平成19年9月11日（平成18年（家ホ）204号、936号）家月60巻1号108頁	386
名古屋家豊橋支判平成19年9月20日（平成17年（家ホ）35号）	177
福岡家審平成20年1月11日（平成19年（家）985号ほか）	207
東京家審平成20年8月7日（平成20年（家）6519号ほか）家月61巻11号65頁	388
甲府家審平成20年11月7日（平成20年（家ロ）1003号）家月61巻7号65頁	345
さいたま家越谷支審平成22年3月19日（平成21年（家）462号）家月63巻2号153頁	266
東京家審平成22年11月24日（平成22年（家）8915号）家月63巻10号59頁	88
名古屋家岡崎支審平成23年10月27日（平成23年（家ヘ）2号）判タ1372号190頁	90
前橋家太田支審平成24年8月9日（平成24年（家ロ）1004号）	347
札幌家決平成24年9月12日（平成24年（家ロ）5001号）	307
神戸家伊丹支判平成24年12月20日（平成22年（家ホ）10号、19号）	179
福島家審平成24年12月25日	228
熊本家審平成26年1月24日（平成25年（家）903号、904号）判タ1410号108頁	268
福岡家審平成26年3月14日（平成26年（家）47号ないし50号）判タ1412号387頁	209
福岡家審平成26年12月4日（平成24年（家）1139号、1140号、1392号）判時2260号92頁	230

● 著者紹介

本橋　美智子（もとはし・みちこ）

1953年　神奈川県生まれ
1975年　東北大学法学部卒業
現在　　弁護士（第一東京弁護士会）
　　　　本橋総合法律事務所
主な著書
「要約　著作権判例212」（共著、学陽書房）
「家族を幸せにする遺言書のつくり方」（かんき出版）
「新　離婚をめぐる相談100問100答」
　（共著、第一東京弁護士会人権擁護委員会編　ぎょうせい）
「暮らしの法律110番　結婚・離婚・再婚」（中央経済社）
「要約　相続判例109」（学陽書房）
「要約　遺言判例100」（学陽書房）

新版　要約離婚判例

2007年12月16日　初版発行
2010年 9月10日　5刷発行
2016年 1月25日　新版発行

著　者　本　橋　美智子
　　　　　　もと　はし　み　ち　こ
発行者　佐久間　重　嘉

発行所　学　陽　書　房
　　〒102-0072　千代田区飯田橋1-9-3　Tel 03(3261)1111
　　　　　　　　　　　　　　　　　　　Fax 03(5211)3300
　　　　　　　　　　　　　　　　　　　Printed in Japan

装丁／佐藤　博　印刷／文唱堂印刷　製本／東京美術紙工

★乱丁・落丁本は、送料小社負担にてお取り替えいたします。
ISBN 978-4-313-31314-9 C3032
©2016　Michiko MOTOHASHI